Responsabilidade Pré-Contratual: Uma Perspectiva Comparada dos Direitos Brasileiro e Português

Responsabilidade Pré-Contratual: Uma Perspectiva Comparada dos Direitos Brasileiro e Português

2018

Ana Prata

ALMEDINA

RESPONSABILIDADE PRÉ-CONTRATUAL: UMA PERSPECTIVA COMPARADA DOS DIREITOS BRASILEIRO E PORTUGUÊS

AUTOR
Ana Prata

EDITOR
EDIÇÕES ALMEDINA, S.A.
Rua Fernandes Tomás, nºs 76-80
3000-167 Coimbra
Tel.: 239 851 904 · Fax: 239 851 901
www.almedina.net · editora@almedina.net

DESIGN DE CAPA
FBA.

PRÉ-IMPRESSÃO
EDIÇÕES ALMEDINA, SA

IMPRESSÃO E ACABAMENTO
Artipol - www.artipol.net

Dezembro, 2018

DEPÓSITO LEGAL
449709/18

ALMEDINA | GRUPOALMEDINA

BIBLIOTECA NACIONAL DE PORTUGAL – CATALOGAÇÃO NA PUBLICAÇÃO

PRATA, Ana

Responsabilidade pré-contratual : uma perspectiva comparada dos direitos brasileiro e português. – (Monografias)
ISBN 978-972-40-7727-7

CDU 34

Parte I

1. Introdução

Como se sabe, a questão da responsabilidade *in contrahendo* foi inicialmente suscitada em 1861[1] [2] por Rudolph von Jhering[3], que procurava sobretudo resolver as injustiças decorrentes do dogma da vontade[4], apenas se tendo ocupado dos contratos inválidos.

No princípio do século XX, Gabrielle Fagella[5] coloca a questão da ruptura das negociações, com a criação da ficção de um contrato preli-

[1] Sobre a questão da data ("período" lhe chama o autor) em que foi escrito o artigo, v. Paulo Mota Pinto, Nota introdutória a *Culpa in Contrahendo ou indemnização em contratos nulos ou não chegados à perfeição*, tradução de Paulo Mota Pinto, 2008, p. VI, nota 4.f.

[2] Há notícia de uma decisão do *Oberappellationsgericht* de Lübeck de 17 de Julho de 1822 que condenou um comerciante a indemnização, antes da celebração de qualquer contrato, por ter provocado danos contra a *bona fidem* da outra parte, isto é, que entendeu que a boa fé constituía um princípio geral de comportamento.

[3] *Culpa in Contrahendo...*, cit..

É do autor a distinção entre dano e interesse: v. Paulo Mota Pinto, *Interesse contratual negativo e interesse contratual positivo*, 2008, p. 6; como diz Mota Pinto, pp. 14 e 15, "o interesse negativo foi associado à inexistência de uma vinculação negocial, servindo frequentemente para marcar a separação entre as consequências indemnizatórias em caso de invalidade, de informações erradas na conclusão do contrato, por um lado, e de inexecução ou de não cumprimento, por outro".

[4] As injustiças eram visíveis sobretudo nos casos em que o declaratário, que confiara na declaração errónea, via o contrato ser declarado inválido com fundamento na divergência entre a vontade e a declaração, como naqueles em que qualquer das partes, supondo que o objecto negocial era idóneo, o via declarado nulo por impossibilidade objectiva.

[5] "Dei periodi precontrattuali e della lora vera ed esatta costruzione scientifica", *in Studi Giuridici in Onore di Carlo Fadda pel XXV anno del suo insegnamento*, Vol. III, pp. 271 e ss..

minar entre as partes a partir do momento em que encetam negociações. A ideia básica de G. Faggella era a de que o início das negociações implicaria um acordo pré-contratual, expresso ou tácito, no sentido da sua continuação até que se alcançasse ou a celebração do negócio ou a verificação por ambas as partes de que o entendimento não seria possível. Aquele acordo basear-se-ia na concordância em iniciar negociações e nos usos do comércio.

As conclusões de G. Faggella foram, logo no ano seguinte, trabalhadas por Raymond Saleilles[6], que introduziu o tema em França recorrendo à figura do abuso do direito[7] [8].

É curioso observar como, sendo a questão da ruptura das negociações preliminares a que mais frequentemente suscita a atenção das

Para outras referências de estudos do autor sobre o tema, v. Vladimir Monsalve-Caballero, "The Legal and Historical Panorama of Culpa in Contrahendo at Contractual Negotiations. An Approach from European and Latin American Law", *in Revista de Derecho* nº 39, 2013, p. 126, nota 3, que também se ocupa dos reflexos do trabalho de Faggella na doutrina e na jurisprudência italianas (*ibidem*, pp. 126-127 e notas 7 e 9).

[6] "De la responsabilité précontractuelle. A propos d'une étude nouvelle sur la matière", *in Revue Trimestrielle de Droit Civil*, Tome sixième-Année 1907, pp. 703 e ss.
Não é, pois, inteiramente verdade que "a teoria da *culpa in contrahendo* [...] [tenha sido] construída sobretudo pela doutrina e jurisprudência alemãs", como diz Mariana Fontes da Costa, "O dever pré-contratual de informação", *in Revista da Faculdade de Direito da Universidade do Porto*, nº 4, 2007, p. 370. Sem o dizer, mas ocupando-se do tratamento da questão na Alemanha, e seguindo Menezes Cordeiro, Paulo Fernando Modesto Sobral do Nascimento, "A Responsabilidade Pré-Contratual pela Ruptura das Negociações", *in Estudos em Homenagem ao Professor Doutor Inocêncio Galvão Telles*, Volume IV, pp. 184 e ss..

[7] A ideia de que a responsabilidade pré-contratual, mormente nos casos de ruptura injustificada das negociações, releva do abuso do direito foi muito acolhida: em Portugal: v., p. ex., Pedro de Ascenção Barbosa, *Do Contrato-promessa*, 1956, pp. 78 e 79.

[8] Um problema que também ocupou a doutrina foi o das consequências indemnizatórias da revogação da proposta contratual, em especial nos casos em que as ordens jurídicas não continham limites a essa revogabilidade, como acontecia (e acontece) no Direito italiano, em que o art. 1328º do *Codice Civile* permite a revogação da proposta até à conclusão do contrato, mas dispõe que, se o aceitante tiver iniciado de boa fé a execução antes de saber da revogação da proposta, tem o proponente obrigação de o indemnizar "das despesas e perdas sofridas pela execução iniciada do contrato". Vicenzo Cuffaro, "Responsabilità Precontrattuale", *in Enciclopedia del Diritto*, Volume XXXIX, 1988, pp. 1272, diz que a responsabilidade aqui prevista não tem que ver com a *ratio* do art. 1337º (que impõe a boa fé como regra de conduta nas negociações e na formação do contrato), mas deve qualificar-se como pré-contratual.

doutrinas e é submetida aos tribunais[9], todos apontem Jhering como pai da figura, quando este aspecto só foi colocado por G. Fagella bastante mais tarde. Talvez o adjectivo não seja o mais apropriado para qualificar os autores que, a propósito de G. Fagella, observam que teve "o mérito de introduzir o tema no campo da doutrina latina"[10].

Os problemas de que se ocupa aquilo que se designa por responsabilidade pré-contratual ou *culpa in contrahendo* colocam-se de forma diversa nos contratos que podemos chamar, usando muito genericamente a qualificação de Ian Macneil[11], contratos relacionais[12]: nestes últimos, para o que agora interessa, há como que um prolongamento temporal da fase negociatória durante a vida do contrato, dada a impossibilidade de previsão de muitos dos seus elementos no momento da respectiva conclusão; essa impossibilidade impõe a negociação de aspectos do contrato durante a sua vida – obrigação que pode provir de cláusulas contratuais (*hardship clauses* e/ou cláusulas de "melhores esforços", por exemplo), criando uma relação de cooperação em que a boa fé desempenha um papel de grande relevância, tanto mais quanto, não raramente, ocorre uma situação de desigualdade das partes. Ora, se a renegociação tem lugar durante a vida do contrato, ela não pode furtar-se à regulação do princípio da boa fé, em termos muito aproximados dos que norteiam as negociações preliminares.

Também em muitos contratos nacionais e internacionais[13], por as partes fixarem acordos preliminares sob várias designações, a questão apresenta especificidades.

[9] Como diz, p. ex., Récio Eduardo Cappelari, *Responsabilidade pré-contratual (aplicabilidade ao Direito brasileiro)*, 1995, pp. 108-109.

[10] Récio Cappelari, cit., p. 24, citando Menezes Cordeiro, *Da Boa Fé no Direito Civil*, p. 542.

[11] *The New Social Contract: an inquiry into modern contractual relations*, 1980, p. 34.

[12] Por se tratar de observação marginal, não se justifica uma exposição desenvolvida do conceito de *relational contract* que, assim, se omite.

[13] Não é certo, como diz Luís Manuel Telles de Menezes Leitão, "Negociações e responsabilidade pré-contratual nos contratos comerciais internacionais", *in Revista da Ordem dos Advogados*, 60, 2000, p. 50, que esta problemática seja privativa "de contratos que transcendem as fronteiras do ordenamento jurídico". A particularidade destes pode estar – e está – na necessidade de definir regras, para além das (insuficientes) existentes aplicáveis quando o contrato tem contacto com dois ou mais ordenamentos. Neste domínio, as "soluções" apontadas pelo autor (pp. 51 e 52) constituem conselhos vãos – por definição –, mas que talvez confortem quem os dá.

Nos contratos internacionais, a importância das negociações preliminares é, muitas vezes, relevantíssima, já pelos interesses económicos envolvidos, já pelos riscos acrescidos que, não raro, comportam: flutuações cambiais, alterações impostas pelos governos (imposição de contingentes ou de tarifas, controlo de importações/exportações), riscos de transporte marítimo em alto mar, guerras, boicotes...[14].

Por outro lado, os problemas englobados neste instituto com muito menor frequência se colocarão nos contratos que são concluídos instantaneamente, isto é, entre presentes[15], se bem que neles não se encontrem completamente excluídos, pois, mesmo nestes, como observa Carlyle Poop[16], aquele que adquire o bem ou o serviço verifica as condições da oferta, compara-a com outras, avalia da sua conveniência e só então decide; o processo pré-contratual existe, mas não é as mais das vezes exteriorizado.

2. A situação em várias ordens jurídicas de *civil law*

O regime da responsabilidade pré-contratual teve acolhimento em diversas ordens jurídicas: assim, nos Códigos Civis grego[17], italiano[18],

[14] A maioria dos exemplos é de Carlyle Popp, *Responsabilidade Civil Pré-Negocial*, 2006, pp. 239 e 240.

[15] Não vejo razão para a afirmação de Filipe Miguel Cruz de Albuquerque Matos, "A fase preliminar do contrato", *in Comemorações dos 35 Anos do Código Civil e dos 25 Anos da Reforma de 1977*, Volume II, *A Parte Geral do Código e a Teoria Geral do Direito Civil*, 2006, p. 311, de que "cada vez mais se vai abandonando o esquema tradicional de contratação imediata resultante de um cruzamento instantâneo de uma proposta contratual e da respectiva aceitação".

[16] Cit., pp. 229 e 230.

[17] Arts. 197º e 198º do Código de 1940. Na tradução francesa de Monsalve-Caballero, op. e loc. cit., p. 130, art. 197º: "*Au cours des négociations, pour la conclusion d'un contrat, les parties se doivent mutuellement la conduite dictée par la bonne foi et les usages dans les rapports d'affaires*"; artigo 198º: "*Celui qui a causé, par sa faute, un préjudice à l'autre partie, au cours des négociations, pour la conclusion d'un contrat, este tenu à réparation même si le contrat n'a pas été conclu. La disposition relative à la prescription des réclamations nées d'actes illicites s'applique par analogie à la prescription de cette réclamation*".

[18] Arts. 1337º ("*Trattative e responsabilità precontrattuale*). *Le parti, nello svolgimento delle trattative e nella formazione del contratto, devono comportarsi secondo buona fede*", e 1338º ("*Conoscenza delle cause d'invalidità*). *La parte che, conoscendo o dovendo conoscere l'esistenza di una causa d'invalidità del contratto, non ne ha dato notizia all'altra parte è tenuta a risarcire il danno da questa risentito per avere confidato, senza sua colpa, nella validità del contratto*", do Código Civil de 1942, na versão actualizada, em que estas normas não sofreram alteração.

Sobre a jurisprudência italiana, v. Alberto Cuccuru, Nota, *in Altalex*, 15 de Abril de 2009: assim, a decisão da Cassação Civil, de 8 de Outubro de 2008 (pr nº 024795): "No desenvol-

checoslovaco[19], no *Zivilgesetzbuch* da RDA e mais recentemente[20] no

vimento das negociações e na formação do contrato, as partes devem comportar-se segundo a boa fé, entendida na sua acepção objectiva, isto é, como regra de conduta que se consubstancia no princípio da solidariedade contratual, articulando-se nos dois aspectos da lealdade e da protecção. Como se sabe, é útil para assinalar a 'negociação', como fase preliminar em relação à formação do contrato, a circunstância de os contactos que nela se integram não se encontrarem ainda finalizados quanto à perfeição do acordo, mas visarem por certo a consecução da idoneidade do mesmo para satisfazer as suas exigências específicas na base de apreciações de oportunidade e conveniência. A distinção do Código entre 'negociações' e 'formação do contrato' é essencial para compreender que o comportamento segundo a boa fé ali prescrito é pretendido pelo ordenamento desde o início, isto é, mesmo numa fase meramente exploratória, que não seja ainda expressa em actos negociais típicos. [...] Uma das hipóteses mais frequentes é a da chamada retirada [*recesso*] injustificada (ou ruptura das negociações em que se confiava), que se considera existir sempre que aquele que criou na outra parte uma confiança legítima em ordem à conclusão do contrato se retira sem válidas ou plausíveis justificações, provocando um dano ao outro contraente. [...] A responsabilidade do sujeito nasce, sobretudo, nas situações em que o mesmo tenha dolosa ou culposamente levado o outro a confiar razoavelmente na conclusão do contrato. [...] Há culpa quando o sujeito não respeita a prudência normal ao induzir a outra parte a confiar na conclusão do contrato, ou seja, leva as negociações por diante, sem verificar as suas próprias possibilidades ou sem ter uma determinação suficiente. É pois princípio pacífico na jurisprudência que a retirada injustificada levada a cabo por uma parte durante a fase das negociações, quando as mesmas tenham criado na outra parte a convicção da conclusão do contrato, dá lugar a responsabilidade pré-contratual (Cass. 14 Junho 1999, n. 5830). [...] para a finalidade da afirmação desta responsabilidade, basta o comportamento não intencional ou meramente culposo da parte que – sem justo motivo – tenha interrompido as negociações, frustrando assim as expectativas da contraparte, a qual, confiando na conclusão do contrato, tenha sido levada a fazer despesas ou tenha renunciado a oportunidades mais favoráveis. [...] Outra hipótese de responsabilidade pré-contratual é dada pela estipulação dolosa ou culposa de contrato inválido ou ineficaz. Nesta hipótese, o que releva é o conhecimento da existência de uma causa de invalidade sem dela dar conhecimento à outra parte, sendo assim obrigada a ressarcir o dano sofrido pela outra parte que confiou, sem culpa sua, na plena validade do contrato [...]".

[19] § 45 no Código Civil de 1950.

[20] O § 311 do *BGB*, que a consagra, entrou em vigor, como toda a lei da modernização do direito das obrigações, em 2002. É este o seu texto: "*Wirksamwerden gegenüber nicht voll Geschäftsfähigen* (1) *Wird die Willenserklärung einem Geschäftsunfähigen gegenüber abgegeben, so wird sie nicht wirksam, bevor sie dem gesetzlichen Vertreter zugeht.* (2) *Das Gleiche gilt, wenn die Willenserklärung einer in der Geschäftsfähigkeit beschränkten Person gegenüber abgegeben wird. Bringt die Erklärung jedoch der in der Geschäftsfähigkeit beschränkten Person lediglich einen rechtlichen Vorteil oder hat der gesetzliche Vertreter seine Einwilligung erteilt, so wird die Erklärung in dem Zeitpunkt wirksam, in welchem sie ihr zugeht*".

BGB alemão[21] [22]. O Código Suíço das Obrigações continha já disposições avulsas relativas a casos especiais de responsabilidade pré-contratual. A Lei Federal de 30 de Março de 1911, que completou o Código Civil, embora não tenha alterado estas regras, dispõe, no artigo 26º, que "a parte que invoca erro seu para se subtrair ao efeito do contrato tem de reparar o dano resultante para a outra parte da invalidade da convenção se o erro for devido a culpa sua, salvo se a outra parte conhecia ou deveria ter conhecido o erro"; o artigo 31º, nº 3, estabelece que "a ratificação de um contrato viciado por dolo ou celebrado por força de um receio fundado não implica necessariamente a renúncia ao direito de pedir indemnização". Monsalve-Caballero refere também a lei israelita – Lei do *Knesset* 1973-5733, de que se ocupa Paulo Sobral do Nascimento[23] –, mas não foi possível encontrá-la. O mesmo autor[24] cita ainda o artigo 863º do Código Comercial colombiano, os artigos 689º e 690º do Código Civil do Paraguai[25], o artigo 465º do Código Civil boliviano e o artigo 5º do Decreto sobre Contratos Económicos e Comerciais cubano (de 2003). Também o art. 1198º do Código Civil argentino, alterado pela Lei nº 17.711/68, prevê que "os contratos devem celebrar-se [...] de boa-fé [...]"[26].

Vera Jacob de Fradera[27] conclui que "pode afirmar-se que, em relação à *culpa in contrahendo*, o direito Latino-Americano tem mostrado maior dinamismo e progressos do que o direito na Europa".

R. J. P. Kottenhagen[28], analisando o Direito holandês, depois de dizer que o Código Civil de 1992 não contém qualquer preceito sobre

[21] Já havia normas no *BGB* que impunham a obrigação de indemnizar em algumas hipóteses: assim, os §§ 122, 523, 524, 600 e 694. Isto para não referir a *AGB-Gesetz*.

[22] Para uma análise das soluções em vários ordenamentos europeus, v. Hugh Beale, "Pré-contractual Obligations: The General Contract Law Background", *in* www.juridicainternational.eu.

[23] Op. e loc. cit., pp. 224 a 226.

[24] Op. e loc. cit., pp. 142 e 143.

[25] V. também Calyle Popp, cit., p. 153, que refere ainda o art. 187º do mesmo CC do Paraguai.

[26] No sentido de que o preceito engloba a boa fé pré-contratual, Vera Jacob de Fradera, "Dano pré-contratual: uma análise comparativa a partir de três sistemas jurídicos, o continental europeu, o latino-americano e o americano do norte", *in Revista de Informação Legislativa*, *in* http://www2.senado.leg.br, e Carlyle Popp, cit., p. 160.

[27] Dano pré-contratual..., op. e loc. cit., p. 179.

[28] "From Fretededom of Contract to Forcing Parties to Agreement", in From Freedom of Contract to Forcing Parties to Agreement. On the Consequences of Breaking Off Negotia-

responsabilidade pré-contratual, refere uma decisão do Supremo Tribunal de 1957, segundo a qual as partes que se encontram em negociações "tomam parte numa 'relação legal regida pelo princípio da boa fé'. Uma consequência deste ponto de vista é a de que 'as partes têm de ter em conta os 'justificado interesses da outra parte'. Como resultado o tribunal chegou à formulação de um 'dever de cuidado'; neste caso dever para o comprador de averiguar os factos do objecto do contrato. Alguns anos depois o tribunal formulou um dever semelhante para o vendedor de revelar factos materiais ao comprador no decurso das negociações (*Booy – Wisman*, HR 21 jan. 1966, NJ 1966, 183). Nestes casos os contratos já estavam verdadeiramente formados e o princípio da boa fé foi formulado no contexto da doutrina *de misrepresentation*. Estes desenvolvimentos em *case law* constituíram o princípio de reapreciação do direito numa segunda situação em que o contrato não se encontrava concluído entre as partes, especialmente em casos de ruptura das negociações. O primeiro e ainda *leading case* neste campo é Plas – Valburg". Carlyle Popp[29] afirma que "o grande mérito do direito holandês é o reconhecimento do interesse positivo da parte lesada pelo rompimento das tratativas, podendo [...] aplicar, conforme o caso, a execução em forma específica, ou seja, o reconhecimento judicial da parte em ter o contrato celebrado, efectivando-o".

Na falta de preceito, a doutrina[30] e jurisprudência espanholas entendem que os preliminares (tratos previos) são regidos pela boa fé.

O Direito francês contém hoje, depois da alteração do *Code Civil* de 10 de Fevereiro de 2016, o artigo 1112, cujo teor é "*L'initiative, le déroulement et la rupture des négociations précontractuelles sont libres. Ils doivent impérativement satisfaire aux exigences de la bonne foi. En cas de faute commise dans les négociations, la réparation du préjudice qui en résulte ne peut avoir pour objet de compenser la perte des avantages attendus du contrat non conclu*". Já antes se encontravam decisões judiciais reconhecendo a responsabilidade pré-contratual[31], a mais relevante tendo sido o *arrêt Manoukian* da *Cour de*

tions in Different Legal Systems, 12 *Ius Gentium, Journal of the University of Baltimore Center for International and Comparative Law* 2006, pp. 74 a 76.

[29] Cit., pp. 189 e 190.

[30] P. ex., José M. Lete del Río, *Derecho de Obligaciones*, Vol. II, 1989, pp. 53, 60 e 61.

[31] Assim, p. ex. e entre outras, a da *Cour de Cassation* de 20 de Março de 1972, que entendeu haver responsabilidade delitual na ruptura abusiva das negociações. Para considerar o

Cassation de 26 de Novembro de 2003. Antes da alteração do Código Civil, Yann Martin-Lavigne[32], depois de afirmar que os tribunais franceses "consideram [...] que 'a liberdade é o princípio no domínio das relações pré-contratuais, nela compreendendo a liberdade de romper em qualquer momento as negociações'", reconhecia que, na "ausência de relação contratual na fase das negociações, os tribunais aplicam o artigo 1382 do código civil", acrescentando que "o ante-projecto sobre a reforma do direito das obrigações, apresentado em Setembro de 2005 pelo Professor Pierre Catala, propõe que se completem as disposições do código civil introduzindo um artigo 1104 cujos termos seriam os seguintes: '*L'initiative, le déroulement et la rupture des pourparlers sont libres, mais ils doivent satisfaire aux exigences de la bonne foi. L'échec d'une négociation ne peut être source de responsabilité que s'il est imputable à la mauvaise foi ou à la faute de l'une des parties*'". O autor observava que "esta proposta tendia a formalizar a jurisprudência actual" e citava várias decisões judiciais que entenderam haver responsabilidade civil em casos de ruptura de negociações de forma desleal ou leviana, concluindo que não exigem intenção de prejudicar.

3. Referência ao Direito inglês

Já no Direito Inglês, tão avesso a vinculações anteriores ao contrato, o caso *Walford v. Miles*, de 1992[33] [34], continua a representar a recusa de qualquer vinculação pré-contratual. Nele se decidiu[35]: "*Each party to the negotiations is entitled to pursue his (or her) own interest, so long as he avoids making misrepresentations. To advance that interest he must be entitled, if he*

carácter abusivo da ruptura, a *Cour d'Appel* salientara a "sua brutalidade, a ausência de motivo legítimo, o estado de avanço das negociações, o conhecimento pelo autor da ruptura da importância dos gastos [...] pela contraparte e, enfim, o facto de que esta última tinha sido voluntariamente mantida numa prolongada incerteza, em violação das regras da boa fé nas relações comerciais".

[32] "La rupture des pourparlers d'aqusition", *in* http://www.agorabiz.com/blog/article/la-rupture-des-pourparlers-dacquisition/86

[33] *In* http://www.australiancontractlaw.com/cases/walford.html.

[34] Antes deste, R. J. P. Kottenhagen, op. e loc. cit., p. 66, refere o caso *William Lacey (Hounslow) Ltd. v. Davis* (1957), onde se decidiu que as negociações são "como um jogo, e os seus custos são parte do encargo [*overhead expense*] dessa actividade [*business*] que se espera que dê os lucros correspondentes àqueles para que tais contratos são realizados".

[35] Lord Ackner foi o "relator", por assim dizer.

thinks it appropriate, to threaten to withdraw from further negotiation or to withdraw in fact in the hope that the opposite party may seek to reopen negotiations by offering him improved terms. [...] *A duty to negotiate in good faith is as unworkable in practice as it is inherently inconsistent with the position of the negotiating party.* [...] *There is clearly no reason in the English contract law why A, for good consideration, should not achieve an enforceable agreement whereby B agrees for a specified period of time, not to negotiate with anyone except A in relation to the sale of his property*"[36]. Vera J. de Fradera[37] refere que "uma corrente doutrinária, contrária à *consideration*, liderada pelo Professor Atiah, inspirado por um artigo americano, de autoria de F. Kessler e E. Fine, afirma que entre as partes existe uma *reliance*, uma confiança, de sorte que toda a responsabilidade seria fundada em uma esperança frustrada, daí o direito à reparação". R. J. P. Kottenhagen[38] diz também que, "apesar de o contrato principal não ter sido concluído, o tribunal pode entender que há um contrato colateral que dá origem a alguns direitos durante o processo negociatório" e que, "mesmo que não haja contrato, uma parte pode ser titular de uma compensação [*restitutionary relief*] com base no facto de a outra parte ter obtido um benefício com a transacção pelo qual deve compensar o autor [*plaintiff*] mesmo que nenhum contrato tenha tido lugar (enriquecimento injusto). Finalmente uma parte pode ser responsável pela perda que tenha provocado à outra parte em caso de *fraudulent misrepresentation* (um pedido por responsabilidade civil extraobrigacional [*tort*], por exemplo, quando nunca houve uma intenção de celebrar um contrato) ou de *negligent misrepresentation*", acrescentando que "em Inglaterra apenas se podem pedir interesses negativos" e que a execução específica, isto é, "o forçar das partes da reabrir negociações" "não é possível".

4. Referência ao Direito dos EUA

No Direito norte-americano, também não se reconhece, em princípio, responsabilidade pré-contratual[39].

[36] Numa análise tão sumária que é difícil ficar com um quadro de regime, Hugh Beale, op. e loc. cit., afirma que, em caso de *misrepresentation*, há direito a indemnização segundo o regime da responsabilidade civil ("*tort measure*").

[37] "Dano pré-contratual ...", op. e loc. cit., p. 173.

[38] Op. e loc. cit., pp. 67 e 69.

[39] Referindo este Direito, Alan Schwartz e Robert E. Scott, "Precontractual Liability and Preliminary Agreements", *in Harvard Law Review*, Volume 120, January 2007, number 3,

Aparentemente[40], alguns tribunais norte-amercanos têm reconhecido esta responsabilidade, designadamente por rompimento das negociações, como o ilustram os casos *Drennan v. Star Paving Co,51Cal. 2d* 409, 333 (1958), *Corp, v. Quimby, 51 Del.* 264, 144 (1958)[41], *Hoffmann v.*

p. 664, nota 7, dizem que este não providencia qualquer solução enquanto não há um contrato completo. Os mesmos autores, p. 668, dizem também que a doutrina tem o entendimento de que os tribunais podem, por vezes, impor responsabilidade por confiança (*reliance*) em investimentos feitos antes de um acordo entre as partes. Mais adiante (p. 673) referem que, em alguns casos (uma minoria dos estudados), os tribunais "passam por cima" [*turn on*] como se houvesse um acordo preliminar para negociar de boa fé.
Afirmando também que o Direito norte-americano não prevê responsabilidade pré-contratual, Lucian Aryre Bebchuk e Omri Ben-Shahar, "Precontractual Reliance", *in Journal of Legal Studies*, Vol. XXX (June 2001), p. 424. Mas estes autores observam que, "em décadas recentes, [...], têm sido reconhecidos alguns fundamentos de responsabilidade. Uma parte pode ser responsável pelos custos do investimento de confiança da outra em três hipóteses possíveis: se induziu confiança através de *misrepresentation*, se a confiança foi retirada, ou se foi feita uma promessa específica durante as negociações". Acrescentam (p. 462) que, "em *common law*, entendimentos ou factos que levam a contratar preliminares, mesmo quando manifestam uma intenção de ficar vinculado, frequentemente não são executados devido à sua incompletude ou falta de definitividade suficiente. Os tribunais mostram-se relutantes em fazer o contrato pelas partes e em providenciar soluções que não tenham base no acordo existente". São referidas algumas decisões ilustrativas da posição, designadamente de casos de revogação da proposta (pp. 450 e ss.), não ficando claro o que significam os autores quando dizem que "estes casos não dão grande indicação da natureza da responsabilidade, isto é, se se trata de completa responsabilidade contratual ou de mera responsabilidade pré-contratual pela confiança".
No mesmo sentido, R. J. P. Kottenhagen, op. e loc. cit., p. 67.

[40] Alan Schwartz e Robert E. Scott, *ibidem*, pp. 668-669, observam que este caso tem dado origem a "confusões", mas a explicação que fornecem não esclarece muito, pois, dizendo que o tribunal se baseou em "*promissory estoppel*", reconhecem que ela não é clara. Não é o caso de Lucian Aryre Bebchuk e Omri Ben-Shahar, op. e loc. cit., pp. 458-459, que se lhe referem como paradigmático da aplicação da "doutrina da 'boa fé'".

[41] Ambos referidos por Friederich Kessler e Edith Fine, "Culpa in Contrahendo, Bargaining in Good Faith, and Freedom of Contract: A Comparative Study", *in Harvard Law Review*, Volume 77, January 1964, Number 3, pp. 419-420 e 423-424, que explicam que, no primeiro, o "Juiz Traynor, exprimindo uma decisão unânime, recusou a faculdade de os réus revogarem [a proposta] até à aceitação", invocando "um argumento de *culpa in contrahendo* ao enfatizar que o erro na proposta que era o motivo para a revogação do réu era devido a negligência do réu", e, no segundo, em que o tribunal invocou as "doutrinas de *misrepresentation* e *promisory estoppel*" para "proteger a vítima" de uma ruptura de negociações que a contraparte iniciara sem intenção de chegar a acordo negocial, concluiu: "*that bids were not invited in good faith, but as a pretence to conceal the purpose to let the contract to some favored bidder* [...]". Os autores concluem (pp. 437 e 448-449) que, "procurando encontrar soluções aceitáveis entre os

Red Owl Stores, inc. (1965)[42] [43] e *Itek Corp. v. Chicago Aerial Industries, Inc.*,

legítimos interesses do *promissor* e do *promisee*, a doutrina tradicional neste país tem vindo a redefinir-se através de um corpo de *case law* demasiado extenso para poder ser ignorado. Neste processo de redefinição do nosso direito dos contratos, a *culpa in contrahendo* e as noções de enriquecimento injusto têm desempenhado um papel significativo"; "a nossa investigação mostra que noções de boa fé e *culpa in contrahendo* não se confinaram aos países de *civil law*. [...] Muito embora os casos não utilizem a expressão *culpa in contrahendo*, a filosofia da responsabilidade pela conduta censurável [*blameworthy*] subjacente tem encontrado expressão de diversos modos. [...] O ideal da segurança nas transacções, um corolário da teoria objectiva dos contratos, teve de criar espaço para a flexibilidade".

[42] Uma cadeia de supermercados comprometeu-se a vender ao autor uma licença (*franchise*), aconselhando o autor a vender a sua padaria, a deslocar-se para outra cidade e a abrir um supermercado mais pequeno como meio de ganhar experiência e comprar uma parte que a cadeia tinha escolhido para potencial localização da licença. Mais tarde, a cadeia de supermercados disse ao autor que fechasse o seu pequeno supermercado, que estava a trabalhar com lucro, apenas para depois romper as negociações. O tribunal decidiu: "*We deem it would be a mistake to regard an action grounded on promissory estoppel as the equivalent of a breach-of--contract action. As Dean Boyer points out, it is desirable that fluidity in the application of the concept be maintained.* [...] *While the first two of the above listed three requirements of promissory estoppel present issues of fact which ordinarily will be resolved by a jury, the third requirement, that the remedy can only be invoked where necessary to avoid injustice, is one that involves a policy decision by the court. Such a policy decision necessarily embraces an element of discretion. We conclude that injustice would result here if plaintiffs were not granted some relief because of the failure of the defendants to keep their promises which induced plaintiffs to act to their detriment*".

Elementos retirados de R. J. P. Kottenhagen, op. e loc. cit., p. 68, que acrescenta que, segundo a doutrina da "*promissory estoppel*", só os danos negativos podem ser indemnizados.

[43] Robert E. Scott, "Hoffman v. Red Owl Stores and the Myth of Precontractual Reliance", *in* http://moritzlaw.osu.edu/lawjournal/issues/volume68/number1/scott.pd, pp. 1 a 4, observa que uma das razões por que se tem ignorado uma grande parte das decisões em matéria de responsabilidade pré-contratual, nos EUA, resulta da errada compreensão que se fez desta decisão do *Wisconsin Supreme Court*, o que leva os advogados a reclamar indemnização por confiança nas negociações preliminares e, para sua surpresa, a perderem as acções. O autor diz que a orientação deste caso não foi seguida por aquela mesma ou outras jurisdições que, ao invés, estabeleceram limitações muito restritivas para a imposição de responsabilidade "baseada em declarações [*representations*] feitas durante o processo de negociação", e que um olhar atento aos factos neste caso revela uma história muito diferente da que é convencionalmente atribuída à disputa entre Joseph Hoffman e os representantes de *Red Owl Stores* (o relato minucioso dos factos, do julgamento e recursos encontra-se a pp. 5 a 20), dizendo que entretanto as *legal rules* sobre acordos preliminares evoluíram durante os muitos anos passados sobre a decisão.

A verdade é que o autor discorda de que possa haver indemnização por violação da boa fé nos preliminares de um contrato, dizendo que "não existe nada no Direito que fundamente a decisão do tribunal", antes o *Restatement of Contracts* trata o compromisso (*promise*) que decorre de negociações nos mesmos termos em que o faz relativamente àquele que tem por

248 A.2d 625 (Del. 1968)[44]. Alan Schwartz e Robert E. Scott[45], depois de referirem que os tribunais têm dificuldade com acordos preliminares, dizem que os "*agreements to agree*", quando são vagos ou não contêm as cláusulas essenciais necessárias para que se possa considerar haver um contrato, não fundamentam direito a indemnização, em caso de incumprimento[46]. Observam, porém, que os tribunais têm vindo a adoptar uma orientação de que surge uma nova regra segundo a qual existe uma "presunção de que os acordos preliminares não criam contratos vinculativos", mas que, se a vontade das partes for a de ficarem vinculadas, então considera-se que está criado "um dever de negociar segundo a boa fé mesmo quando uma das partes prefere não continuar a relação".

base a confiança justificada (*induced reliance*), concluindo que a doutrina da incerteza (*doctrine of indefiniteness*), que sustenta que, para uma declaração (*representation*) ser qualificada como um compromisso, "tem de ser suficientemente clara e definida de modo a justificar que o beneficiário acredite que foi realizado um compromisso vinculativo [*commitment*]. Se os termos da manifestação de intenção são incertos ou indefinidos, então, por definição, não há base para a qualificação como acordo [...]. Ao invés, as comunicações iniciais das partes uma com a outra entram na categoria das negociações preliminares não vinculativas. *Hoffman* é pois errado como tema de doutrina do contrato" – pp. 20 e 21.

[44] Depois de negociações, em 4 de Janeiro de 1965, a *Chicago Aerial Industries* (doravante *CAI*) aceitou a proposta da *Itek*, desde que esta obtivesse o financiamento necessário, de que uma carta de intenções informal fosse feita, de que os pormenores fossem acertados e os documentos preparados. A *Itek* obteve o financiamento e, a 15 de Janeiro seguinte, foi elaborada e assinada pelas partes uma carta de intenções. Em 23 de Fevereiro do mesmo ano, a *CAI* veio estabelecer o preço final, com o qual a *Itek* concordou de imediato. Logo de seguida, a *CAI* recebeu os representantes da *Bourns*, a quem disse que as negociações com a *Itek* se encontravam num impasse, o que lhes permitia estar disponíveis para um acordo com a *Bourns*, com quem chegaram a um preço mais favorável. A 2 de Março, a *CAI* notificou a *Itek* por telegrama de que, como consequência da verificação de circunstâncias imprevisíveis, o negócio não teria lugar, por não haver entendimento entre as partes. O tribunal considerou que a questão essencial era a de saber se existira a 15 de Janeiro um acordo vinculativo, o que entendeu que não acontecera porque as condições que vieram a ser acordadas eram diversas das tidas em vista nessa data.

[45] Op. e loc. cit., pp. 674 a 676.

[46] No mesmo sentido, Robert E. Scott, op. e loc. cit., p. 1, afirma que a ideia de que os tribunais identificam uma "obrigação geral nascida das próprias negociações" que constituiria o alegado fundamento para a imposição de responsabilidade em caso de estas falharem, não tem provas. Acrescenta que, "na verdade, os tribunais colocam qualquer espécie de acordo como necessária pré-condição para uma indemnização do promissário. As verdadeiras questões são: Quando é que pode ser encontrado um acordo preliminar? E como é que a natureza desse acordo determina quando e como é que um promissário pode ser indemnizado?"

Entendem os últimos autores citados que esta nova orientação não providencia grande ajuda, pois são muitos os factores a ter em conta e as decisões judiciais são incertas. Robert E. Scott[47], analisando o problema da indemnização na fase pré-contratual, designadamente considerando o caso *Hoffmann v. Red Owl Stores, inc.*, *supra* mencionado, observa que alguns autores opinam que ela pode fundar-se num dever de negociar segundo a boa fé, o que ao autor parece difícil, já pelas "dificuldades inerentes à aplicação de tal parâmetro [...] [, já porque] não havia prova de qualquer má fé por parte dos representantes [*officials*] da Red Owl".

Por seu lado, Lucian Aryre Bebchuk e Omri Ben-Shahar[48] dizem que, "antes de entrar em negociações contratuais, as partes podem escolher a adopção de um entendimento [*arrangement*] privado relativo à atribuição das despesas de confiança pré-contratual no caso de o contrato não vir a ser feito", e que, se o Direito vier a reconhecer um regime de alguma responsabilidade pré-contratual, as partes tenderão a afastá-la por acordo; reconhecem, todavia, que "pode ser desejável impor responsabilidade em ordem a desencorajar certas condutas indesejáveis no decurso das negociações, tal como *misrepresentation* ou má-fé negocial", pois, na ausência de responsabilidade por "confiança pré-contratual", "as partes sub-investem na confiança", porque "não podem recuperar

[47] Op. e loc. cit., p. 21. O autor prossegue a sua análise, citando opiniões (p. ex., a de Mark Gergen) segundo as quais a responsabilidade se funda em *negligent misrepresentation*, à qual contrapõe que "há muitos problemas na aplicação desta teoria no contexto do período das negociações", que muitos tribunais "não reconhecem de todo este ilícito [*tort*] e a norma do *Restatement* exige que a parte que faz a afirmação de facto [*statement*] tenha um dever de fornecer a informação correcta ao autor [*plaintiff*]". Em sua opinião, no contexto das relações comerciais, só pode haver *negligent misrepresentation* se "a parte que faz a afirmação de facto tiver um único ou perito especializado ou se estiver numa posição especial de confiança [*trust and confidence*] com a parte lesada de tal modo que seja justificada a crença em *negligent misrepresentation*. [...] Além disso, um pedido por *negligent misrepresentation* em regra não pode fundar-se em compromissos incumpridos ou afirmações de facto acerca de eventos futuros. Finalmente, a recuperação de meros danos económicos por *negligent misrepresentation* só procede quando existe uma especial relação entre as partes ou quando a afirmação é feita por alguém que esteja em actividade profissional de fornecer informação para orientação de outros" (pp. 22 e 23). Embora o autor continue a escrever com base em raciocínios de outros, creio que não é útil acompanhá-lo, pois a sua orientação visa apenas demonstrar que os danos pré-contratuais não são, em regra (porque não pode dizer, perante o caso em apreço, que nunca), indemnizáveis, o que, a meu ver, não consegue.

[48] Op. e loc. cit., pp. 430 a 432.

qualquer das suas despesas [...] no caso de o contrato não se formar"[49]. Os mesmos autores consideram[50] que "um possível método de obtenção do resultado [desejável] é o de impor integral reparação por confiança pré-contratual a uma parte que negoceie de uma forma oportunista *ex post.* [...] de acordo com a regra considerada, uma parte seria considerada em falta, tornando-se responsável pelos custos da outra parte [...]". R. J. P. Kottenhagen[51], apontando as diferenças entre o Direito inglês e o norte-americano, diz que, neste, se uma *letter of intent* impuser claramente um dever de negociar de boa fé, o tribunal o reconhecerá; no entanto, admite que os tribunais não impõem qualquer obrigação a quem romper negociações

Apesar de, no Direito norte-americano, o *Uniform Commercial Code* dizer o que constitui boa fé em termos não muito afastados dos europeus continentais[52] e de o § 1-304, sob a epígrafe "*Obligation of Good Faith*", estabelecer que "*Every contract or duty within [the Uniform Commercial Code] imposes an obligation of good faith in its performance and enforcement*", não pode afirmar-se que haja um reconhecimento da submissão à boa fé dos preliminares do contrato[53] [54]. Friederich Kessler e Edith

[49] Op. e loc. cit., p. 432; v. também pp. 434-435 e 446.

[50] *Ibidem*, pp. 442, 452 e 458. V. também pp. 464 a 466. A ideia é a de que, havendo responsabilidade, a parte será levada a renegociar os termos do contrato preferencialmente a abandonar o projecto, o que é considerado mais "eficiente"; ressalvam, contudo, a possibilidade de haver uma modificação das circunstâncias, isto é, se, para uma das partes, se tiver "tornado claro que a vantagem de negócio pretendido é tão baixa que não é desejável, não deve haver qualquer responsabilidade". Para que esta regra possa ser aplicada, é, no entanto, necessário que "os tribunais sejam capazes de verificar as alegações de alteração das circunstâncias e de distinguir entre realizações que eram ou não esperadas pelas partes". Por outro lado, entendem (p. 464) que a defesa da responsabilidade pré-contratual para desencorajar as partes de entrarem em negociações com projectos pré-definidos e não negociáveis não é necessariamente certa, isto é, que o instituto não leva a negociações, ou seja, à não ruptura negocial.

[51] Op. e loc. cit., pp. 68-69.

[52] *PART 2. GENERAL DEFINITIONS AND PRINCIPLES OF INTERPRETATION.* § 1-201. *General Definitions.* (20) "*Good faith, except as otherwise provided in Article 5, means honesty in fact and the observance of reasonable commercial standards of fair dealing*".

[53] A boa fé é referida, ao lado de "*fairness, due care*" ou de "*reasonableness*", como um "*standard*" que "exige do juiz tanto a descoberta dos factos numa situação particular como a sua fixação em termos que satisfaçam os objectivos ou valores sociais prosseguidos pelo standard", por Duncan Kennedy, "Form and Substance in Private Law Adjudication", *in Harvard Law*

Fine[55] afirmam que – ao tempo em que escrevem – se entende nos EUA que a boa fé prevista no *UCC* não se estende ao "estádio de formação dos contratos", referindo, como paradigma, o caso *United States v. Braunstein, (S.D.N.Y.* 1947), embora esclareçam que não é essa a sua posição, desde logo porque existem contratos forçados, em que uma das partes não pode recusar negociar e contratar. E dão o exemplo do caso *Holt v. Swenson, 252 Minn. 510, 90 N.W.* (1958), em que se decidiu que, "quanto mais longe tiverem prosseguido as negociações, menos seguro é retirar-se delas", para concluírem que "o direito dos contratos tem progredido na conciliação da liberdade contratual e da orientação de certeza" das "transacções com os ditames da boa fé e da conveniência dos negócios"[56]. Adiantam que os tribunais têm, por vezes, admitido a existência de contrato em casos em que nem todas as cláusulas se encontram acordadas, completando-o ou fornecendo critérios para a sua completude, hipóteses que se verificam com maior frequência quando a parte que invoca a incompletude tenha incitado ou encorajado a outra à prática de actos que a deixariam em clara posição de desvantagem; paralelamente, a falta da forma devida à recusa de um dos contraentes em adoptá-la tem sido considerada *estoppel* e irrelevante para a perfeição do contrato, designadamente se dela resulta um benefício para aquela parte.

Review, Vol. 89, p. 1688, que acrescenta, sem que pareça querer fazer sua a opinião, que "os objectivos da regra" "levam da adulteração ao preconceito político. O seu uso é visto como um mal em si mesmo, com independência do seu impacte na actividade privada". Mais adiante, escreve o autor, a propósito da disposição do *UCC*: "Supõe-se que a 'função social de manutenção do mercado' exige uma abordagem formal [...] Esta escolha [do *UCC*] foi claramente baseada na afirmação de que ideias como '*reasonableness*' e '*good faith*' providenciam uma maior previsibilidade na prática do que o regime de regras intrincado e técnico que substituíram" – pp. 1704-1705.

[54] Antônio Junqueira de Azevedo, "O princípio da boa-fé nos contratos", *in* www.cjf.jus.br/revista/numero9/artigo7.htm, entende que "o Projeto de Código Civil [brasileiro] não levou em consideração códigos modernos, como o *Uniform Comercial Code* (Código Comercial americano) [...]".
Também Renata Domingues Barbosa Balbino, "O princípio da boa-fé objetiva no novo Código Civil", *in* http://www.professorallan.com.br/UserFiles/Arquivo/Artigo/artigo_o_principio_da_boa_fe_objetiva_no_novo_codigo_civil.pdf, aponta a importância do acolhimento da boa fé no *UCC*.

[55] Op. e loc. cit., pp. 408 a 410.

[56] Pp. 412-413.

Vera Jacob de Fradera[57] lembra que tanto o *Uniform Commercial Code* quanto o *Restatement (Second) of Contracts* não estendem o dever de boa fé ou o *fair dealing* à fase pré-contratual. Por seu lado, Antônio Junqueira de Azevedo[58] observa que o *Uniform Comercial Code* diz que *the obligation of good faith may not be disclaimed by agreement*, ou seja, "no Direito americano está muito claro que a obrigação de boa-fé não pode ser afastada por contrato. Portanto, ele está imposto como cogente [...]. Mas, o mesmo artigo do Código americano é ainda mais completo porque acrescenta que as partes podem, por contrato, determinar quais os *standards by with the performance of such obligation is to be measured*, ou seja, o *standard* pelo qual a '*performance*', a execução da obrigação, será executada. [...]".

5. PECL, DCFR, Princípios UNIDROIT e "Roma II"

Os *Principles of European Contract Law (PECL)*[59] contêm uma Secção (3) que consagra a "Responsabilidade por negociações", dispondo o artigo 2.301: "(1). Uma parte é livre de negociar e não é responsável pelo facto de não se alcançar um acordo. (2). Porém, uma parte que tenha negociado ou tenha rompido negociações de forma contrária à boa fé ou à lealdade da negociação [*fair dealing*] é responsável pelos danos que cause à outra parte. (3) É contrário à boa fé e à lealdade das relações, em particular, que uma parte inicie ou prossiga negociações sem intenção real de obter um acordo com a outra parte".

Nos *Principles, Definitions and Model Rules of European Private Law, Draft Common Frame of Reference* (*DCFR*), o nº 2 do artigo 1:103 estabelece que "uma pessoa que esteja em negociações tem um dever de negociar de acordo com a boa fé e a lealdade das relações [*fair dealing*] e de não romper as negociações contrariamente à boa fé e à lealdade das relações [*fair dealing*]", acrescentando que "este dever não pode ser afastado ou limitado por convenção" e que quem violar este dever "é responsável por qualquer dano causado à outra parte pela ruptura".

Os Princípios UNIDROIT contêm regras semelhantes, se bem que formuladas em termos menos claros. Quando a epígrafe do artigo 2.1.15, bem como o seu nº 2 se referem a má fé, usam uma formulação equí-

[57] "Dano...", op. e loc. cit., p. 178.

[58] "O princípio da boa-fé nos contratos", op. e loc. cit..

[59] Da "Comissão Lando" de 1996.

voca, pois a violação da boa fé objectiva pode não ser sinónima de má fé[60]. E o preceito do nº 3, ao esclarecer o que deve entender-se por "má fé", fá-lo de uma forma assaz restritiva, à semelhança, aliás, do nº 3 do artigo 2.3101 dos *PECL*. O artigo 2.1.15, com a epígrafe "Negociações de má fé", dispõe: "(1) As partes têm inteira liberdade para negociar os termos de um contrato e não são responsáveis pelo fracasso em alcançar um acordo. (2) No entanto, a parte que negoceie ou interrompa as negociações de má fé é responsável pelos danos causados à outra parte. (3) Considera-se de má fé em especial uma parte que enceta ou prossegue negociações quando ao mesmo tempo tem a intenção de não chegar a qualquer acordo".

Finalmente, interessa ainda ao tema o teor do artigo 3.18: "Independentemente de o contrato ser ou não anulado, a parte que conhecia ou deveria ter conhecido a causa da anulação encontra-se obrigada a ressarcir à outra os danos causados, colocando-a na mesma situação em que se encontraria se não tivesse celebrado o contrato".

Há também que ter em conta o Regulamento (CE) nº 864/2007 do Parlamento Europeu e do Conselho de 11 de Julho de 2007 relativo à lei aplicável às obrigações extracontratuais («Roma II»), cujo Considerando (30) tem o seguinte teor: "A expressão culpa in contrahendo, para efeitos do presente regulamento, designa um conceito autónomo e não deverá forçosamente ser interpretada de acordo com o direito nacional. Deverá incluir a violação do dever de comunicar e a violação das negociações contratuais. O artigo 12º [[61]] apenas abrange as obrigações extracontratuais que tenham uma relação directa com as negociações

[60] V., contudo, p. ex., Joanna Schmidt-Swalewski, "La période précontractuelle en doit français", *in Revue Internationale de Droit Comparé*, 1990, Volume 4, p. 550, que escreve que "a má fé e a deslealdade são [...] o arquétipo do ilícito [*faute*] pré-contratual".

[61] Com o seguinte texto: "Culpa in contrahendo

1. A lei aplicável a uma obrigação extracontratual decorrente de negociações realizadas antes da celebração de um contrato, independentemente de este ser efectivamente celebrado, é a lei aplicável ao contrato ou que lhe seria aplicável se tivesse sido celebrado.

2. Caso não possa ser determinada com base no nº 1, a lei aplicável é:

a) A lei do país onde ocorre o dano, independentemente do país em que tenha ocorrido o facto que deu origem ao dano e do país ou países em que ocorram as consequências indirectas desse facto; ou,

b) Quando as partes tiverem a sua residência habitual no mesmo país no momento em que ocorre o facto que dá origem ao dano, a lei desse país; ou,

realizadas antes da celebração de um contrato. Isso significa que, se uma pessoa sofrer danos não patrimoniais enquanto um contrato é negociado, serão aplicáveis o artigo 4º ou outras disposições relevantes do presente regulamento".

Apesar de estes textos internacionais consagrarem, como se vê, a responsabilidade pré-contratual, não pode deixar de reconhecer-se que não é inequívoco – longe disso – que ela constitua o regime-regra nos contratos internacionais, pois, como também ficou visto, nas ordens jurídicas de *common law*, a orientação continua a ser de grande resistência à aceitação de vínculos jurídicos entre as partes até ao momento da conclusão do contrato[62].

c) Se resultar claramente do conjunto das circunstâncias do caso que a obrigação extracontratual, decorrente de negociações realizadas antes da celebração de um contrato, tem uma conexão manifestamente mais estreita com um país diferente do indicado nas alíneas a) e b), a lei desse outro país".

[62] A título meramente ilustrativo, vejam-se os exemplos dados por Dário Moura Vicente, "Culpa na formação dos contratos", *in Comemorações dos 35 Anos do Código Civil e dos 25 Anos da Reforma de 1977*, Volume II, *A Parte Geral do Código e a Teoria Geral do Direito Civil*, 2006, pp. 280 a 282.

Parte II
Sede Legal

1. No Brasil

a) Antes do Código Civil de 2002

Já no domínio do Código Civil brasileiro de 1916, Antônio Junqueira de Azevedo[63] [64] afirmava que o princípio da boa fé vincula as partes durante os preliminares e mesmo depois de extinto o contrato.

[63] Parecer – "Natureza jurídica da renúncia no quadro do negócio jurídico. A renúncia a direitos contratuais. Coligação por dependência entre a renúncia a direitos contratuais e o contrato fonte desses direitos", *in Novos Estudos e Pareceres de Direito Privado*, 2009, p. 99.

Referindo-se à boa fé no anterior Código Civil brasileiro, escreve o autor, "A Boa-Fé na Formação dos Contratos", *in Revista do Direito do Consumidor,* p. 81: "Há, nessa omissão do Código Civil brasileiro, um reflexo da mentalidade capitalista da segunda metade do século XIX, mais preocupada com a segurança da circulação e desenvolvimento das relações jurídicas do que com a justiça material dos casos concretos, porque a verdade é que o Código Comercial brasileiro, muito anterior ao Código Civil (o Código Comercial é de 1850), já tinha regra genérica sobre a boa-fé [artigo 131º]".

O mesmo autor, "O princípio da boa-fé...", op. e loc. cit., observa que o artigo 421º do Projecto de Código Civil (que veio a constituir o correspondente artigo 422º) "é insuficiente, deficiente e, além de tudo, revela que está num paradigma anterior aos tempos em que estamos vivendo. [...] No meu modo de entender, já estamos, no mundo, hoje, em outro paradigma. O primeiro paradigma se baseava inteiramente na segurança da lei – naquela idéia de que a lei deve ser universal, geral, prever tudo com precisão e, tanto quanto possível, ser completa. Esse paradigma, no começo do século XX, foi alterado, foi substituído pelo segundo paradigma, que hoje alguns estão chamando de 'sistema aberto'. Nesse sistema, o ponto central

Terá sido Antônio Chaves, com "Responsabilidade pré-contratual" de 1959, quem teve o mérito de ter iniciado a corrente de aceitação deste tipo de responsabilidade[65]. Também Clóvis do Couto e Silva[66], leccionando em geral sobre responsabilidade civil, entendia que a responsabilidade pré-contratual deveria ser admitida, tendo como base o "contato social", escrevendo: "Não se vê motivo para que esta hipótese deva ter uma solução especial já que se trataria, segundo um raciocínio lógico rigoroso, de uma responsabilidade delitual ou extra-contratual. Como ninguém ignora, seria necessário, para que uma *fattispecie* seja

deixou de ser a lei e passou a ser o juiz. Para isso, passou-se a utilizar conceitos indeterminados e cláusulas gerais. A boa-fé é um conceito indeterminado. Quando se refere ao tipo de comportamento exigido – por exemplo, dos contratantes – configura-se em cláusula geral. O artigo referido, com a evolução do Direito, é hoje insuficiente por várias razões. Uma delas é que não sabemos se representa uma norma cogente ou se é uma norma dispositiva. [...] Segunda insuficiência: o art. 421 se limita ao período que vai da conclusão do contrato até a sua execução. [...] Temos fases contratuais – fase pré-contratual, contratual propriamente dita e pós-contratual. Uma das possíveis aplicações da boa-fé é aquela que se faz na fase pré-contratual, fase essa em que temos as negociações preliminares, as tratativas. É um campo propício para o comportamento de boa-fé, no qual ainda não há contrato e podem-se exigir aqueles deveres que uma pessoa deve ter como correção de comportamento em relação ao outro". O autor, no texto acabado de transcrever, porque anterior ao Código Civil de 2002 e que tem em consideração o seu Projecto, diz que "sobre a responsabilidade pré-contratual é que há uma omissão do Projeto de Código Civil, no artigo em causa. [...] Portanto, o art. 421 está insuficiente, pois só fala em conclusão – o momento em que se faz o contrato – e execução. Não fala nada do que está para depois, nem falava do que estava antes".

V. também *ibidem*, nota 31.

V. também *idem*, "Insuficiência, deficiências e desatualização do Projeto de Código Civil na questão da boa-fé objetiva nos contratos", *in Revista Trimestral de Direito Civil*, 2000, p. 6.

[64] A. Junqueira de Azevedo, "O princípio da boa-fé..., op. e loc. cit., refere-se ao caso "entre a Cica e plantadores de tomate, no Rio Grande do Sul, no qual, em pelo menos 4 acórdãos, o Tribunal de Justiça do Rio Grande do Sul reconheceu que a Companhia Cica havia criado expectativas nos possíveis contratantes – pequenos agricultores –, ao distribuir sementes para que plantassem tomates e, depois, errou ao se recusar a comprar a safra dos tomates. Houve, então, prejuízo dos pequenos agricultores, baseado na confiança despertada antes do contrato, fase pré-contratual. Logo, o caso do art. 421 deveria também falar em responsabilidade pré-contratual ou extensão do comportamento de boa-fé na fase pré-contratual".

[65] Renata Helena Paganoto Moura, *Responsabilidade Contratual, in* http://mediacaoeadvocacia.com.br

[66] *Principes fondamentaux de la responsabilité civile en droit brésilien et comparé*, texto policopiado, pp. 20 e 21.

considerada como pertencente à responsabilidade contratual, a prévia existência de um contrato"[67] [68]. Paralelamente, Orlando Gomes[69] escrevia que, "conquanto não se tenha concretizado numa proposição formal, [o princípio da boa fé] rege a formação e a execução das relações contratuais, pois quando menos encontra-se difuso no texto normativo do direito das obrigações. Na linha desse pensamento correto, pode-se afirmar que, a despeito da omissão do nosso Código Civil, o ordenamento jurídico brasileiro aceita o princípio da boa fé na formação dos contratos como um dos postulados da teoria geral dos contratos que o enforma"[70] [71] [72]. Regis Fichtner Pereira[73], falando sempre do Código

[67] O autor, como tantos outros, parte do princípio de que o problema desta responsabilidade apenas se coloca em situações de contratos não celebrados ou inválidos; por outro lado, parece tomar literalmente a expressão "responsabilidade contratual", restringindo-a à que decorre do incumprimento de obrigações contratuais, o que não é inédito na doutrina brasileira.

[68] Vera Jacob de Fradera, *O Direito Privado brasileiro na visão de Clóvis do Couto e Silva*, 1997, pp. 48 e 49, sem estar a considerar a responsabilidade pré-contratual, opina que "poder-se-ia afirmar que, se não existe dispositivo legislativo que o consagre, não vigoraria o princípio da boa-fé no Direito das Obrigações. Observe-se contudo ser o aludido princípio considerado fundamental, ou essencial, cuja presença independe de sua recepção legislativa. [...] Quando num código não se abre espaço para um princípio fundamental, como se fez com o da boa-fé, para que seja enunciado com a extensão que se pretende, ocorre ainda assim a sua aplicação por ser o resultado de necessidades éticas essenciais, que se impõem ainda quando falte disposição legislativa expressa".

[69] "Responsabilidade pré-contratual", *in Pareceres Inéditos*, pp. 182 e 183; v. também p. 188, onde se lê: "Nem se poderia aceitar orientação diversa somente porque no Código vigente [o de 1916] falta um artigo sobre a boa-fé igual ao dos Códigos grego, italiano e português".

[70] Ao que acrescenta: "Tal é a opinião dos doutrinadores mais informados, a começar por Vicente Ráo na conferência sobre as relações pré-contratuais, que proferiu há cerca de trinta anos. Segundo o entendimento geral, o ordenamento jurídico do país admite a responsabilidade no caso de frustração do contrato, respondendo afirmativamente à questão sobre a obrigação de indenizar quem sofreu prejuízo por ter confiado no êxito das negociações preliminares ou preparatórias para a conclusão de um contrato".

[71] Assim, também Thais Borges da Silva, "A responsabilidade civil pré-contratual", *in* http://www.egov.ufsc.br/portal/conteudo/responsabilidade-civil-pré-contratual, que cita o Enunciado nº 25 da Jornada de Direito Civil (realizada em Setembro de 2002), *infra* reproduzido.

[72] No sentido da admissão, igualmente Rodrigo Magnos Soder, *Responsabilidade Pré-contratual no Código Civil Brasileiro: Apontamentos*, *in* http://www.lex.com.br/doutrina_23891626 RESPONSABILIDADE PRE CONTRATUAL NO CODIGO CIVIL BRASILEIRO APONTAMENTOS.aspx.

Encontra-se em Renata Barbosa Balbino, op. e loc. cit., uma imputação do princípio da boa fé à Constituição brasileira e, em particular, ao seu artigo 3º, quando diz que "constituem

Civil anterior, observava que o artigo 1.081 dele atribuía à proposta carácter vinculativo, mas, "caso não contrate, o oblato não [...] [dispunha] [...] de tutela específica [...], mas somente de tutela reparatória, de natureza pré-contratual". O que, em suma, significa que o autor entendia que este instituto já se encontrava no Código Civil de 1916. Caio Mário da Silva Pereira[74] caraterizava a responsabilidade pré-contratual, analisando o processo do seu surgimento em caso de ruptura das negociações, sem pôr em causa a existência do instituto no Direito brasileiro. Em sentido semelhante, Silvio Rodrigues[75] que imputava ao artigo 159º do anterior Código Civil o fundamento da responsabilidade por ruptura culposa das negociações. Também Judith Martins-Costa[76], em texto anterior ao Código Civil de 2002 e em que analisava justamente o Projecto deste, escrevia: "Com efeito, da boa-fé nascem, mesmo na ausência de regra legal ou previsão contratual específica, os deveres, anexos, laterais ou instrumentais de consideração com o *alter*, de proteção, cuidado, previdência e segurança com a pessoa e os bens da contraparte; [...] de informação, aviso e aconselhamento; e os de omissão e segredo, os quais, enucleados na conclusão e desenvolvimento do contrato, situam-se, todavia, também nas fases pré e pós contratual". Em sentido paralelo, Ruy Rosado de Aguiar Júnior[77] dizia: "A expectativa de um comportamento adequado por parte do outro é um componente indissociável da vida de relação, sem o qual ela mesma seria inviável. Isso significa que as pessoas devem adotar um comportamento leal em toda a fase prévia à constituição de tais relações (diligência *in contrahendo*) [...]".

objetivos fundamentais da República Federativa do Brasil: I – construir uma sociedade livre, justa e solidária [...]". Curiosamente, a autora, referindo o artigo 422º do Código Civil de 2002 e dizendo que "conferiu à boa-fé a importância desejada, incorporando-a ao nosso ordenamento jurídico como princípio geral, cuja aplicação é irradiada a todo o direito civil obrigacional", não alude ao período pré-contratual. E o motivo não é o desconhecimento, pois cita o artigo 227º do Código Civil português. Terá sido, porventura, uma opção de delimitação do seu estudo.

[73] *A responsabilidade civil pré-contratual*, 2001, p. 48.

[74] *Responsabilidade Civil*, 8ª edição revista, 1998, pp. 72 e 73.

[75] *Direito Civil*, Volume 3, *Dos contratos e das declarações unilaterais da vontade*, 27ª edição revista, 2000, pp. 59 e 60.

[76] "O direito privado como um 'sistema em construção': as cláusulas gerais no Projeto do Código Civil Brasileiro", *in* http://www.ufrgs.br.

[77] "A boa-fé na relação de consumo", *in Revista de Direito do Consumidor*, nº 14, abr./jun. 1995, p. 24.

A jurisprudência no Brasil acolheu o instituto ainda antes da entrada em vigor do actual Código Civil[78]: refiro-me ao célebre "caso dos tomates" decidido pelo Tribunal de Justiça do Rio Grande do Sul. Os factos foram, no essencial, os seguintes: em fins dos anos 80, pequenos agricultores rurais de Canguçu plantavam habitualmente tomates com sementes fornecidas pela Companhia Industrial de Conservas Alimentícias, destinatária dos frutos que utilizava para industrialização; na safra de 1987/88, a Companhia, tendo distribuído as sementes como de costume e distribuído as caixas para recolha do produto, não o adquiriu, o que deixou os agricultores sem destino para a colheita, com os inerentes danos. Verificou-se, pois, a não celebração de um contrato – ao invés do que vinha acontecendo entre as partes e sem que fosse prestada qualquer informação acerca da desistência do comprador[79]. A este propósito justifica-se citar a declaração de voto do relator, Ruy Rosado de Aguiar Júnior: "Tanto basta para demonstrar que a ré, após incentivar os produtores a plantar a safra de tomate – instando-os a realizar despesas e envidar esforços para plantio, ao mesmo tempo em que perdiam a oportunidade de fazer o cultivo de outro produto – simplesmente desistiu da industrialização do tomate, atendendo aos seus exclusivos interesses, no que agiu dentro do seu poder decisório. Deve, no entanto, indenizar aqueles que lealmente confiaram no seu procedimento anterior e sofreram o prejuízo. [...]. Confiaram eles lealmente na palavra dada, na repetição do que acontecera em anos anteriores...".

Um outro caso justificativo de menção é o decidido pela 5ª Câmara Cível também do Tribunal de Justiça do Rio Grande do Sul, em 25 de Abril de 1991, cujo relator foi igualmente Ruy Rosado de Aguiar Júnior e de cujo sumário consta o "reconhecimento de responsabilidade pré-contratual, fundada na boa-fé, para indenização das despesas feitas na preparação do negócio que não chegou a se perfectibilizar por desistência de uma das partes", mas se acrescenta que, "no caso, porém, o desistente agiu justificadamente".

[78] O Código Civil de 2002 (Lei nº 10.406 de 10 de janeiro), entrou em vigor a 12 de Janeiro de 2003, nos termos do artigo 2044º.

[79] Sérgio Pilla da Silva votou vencido, por entender que a prova apresentada era insuficiente, segundo informa Ubirajara Mach de Oliveira, "Princípios informadores do Sistema de Direito Privado: a autonomia da vontade e a boa fé objetiva", *in* http://www.rkladvocacia.com/arquivos/artigos/art_srt_arquivo20090118234524.pdf, p. 34.

A Apelação Cível da 5ª Câmara Cível do Tribunal de Justiça do Rio Grande do Sul de 19 de Dezembro de 1989 (relator Ruy Rosado de Aguiar Júnior) deliberou, por unanimidade, que "o princípio da boa-fé impõe deveres anexos, de acordo com a natureza do negócio e a finalidade pretendida pelas partes". Daí que uma vendedora de pequena loja de vestuário não pudesse cancelar pedidos já feitos, pois com isso "inviabilizaria o negócio do comprador, frustrando "a justa expectativa [deste]".

Phenélope Carvalho de Almeida[80] faz alusão a uma decisão do Tribunal de Justiça de São Paulo que terá reconhecido a responsabilidade pré-contratual "no caso de um dado contrato de locação", mas não a identifica.

Récio Eduardo Cappelari[81] refere, como "caso mais remoto" no Brasil, "o laudo arbitral realizado pelo insigne RUY BARBOSA, datado de 26 de outubro de 1917, no qual o notável jurista reconheceu responsabilidade contratual, do Estado, em caso de empreitada", e a decisão da 3ª Câmara Cível do Tribunal de Justiça de São Paulo, em 24 de julho de 1936, que "reconheceu no Processo Cível nº 21.821, a ocorrência da responsabilidade pré-contratual em caso de locação, uma vez que havia ficado combinado que a autora, que era estabelecida com uma casa de modas, deixasse o prédio a título de reformas e, quando estas findassem, o prédio estaria de novo a sua disposição, o que não ocorreu", porque "o locador, sem justo motivo, locou o imóvel a um terceiro que lhe ofereceu maior preço, descumprindo o que havia tratado".

b) Com o Código Civil de 2002

Apesar de o artigo 422º do Código Civil brasileiro se referir apenas à vinculação à boa fé na fase da celebração do contrato, paradigmaticamente Álvaro Villaça Azevedo[82] escreve que no artigo 422º "está res-

[80] Responsabilidade Pré-Contratual diante da Boa-Fé, *in Presidente Prudente*/SP 2003, p. 34. Já uma decisão de 26 de Maio de 1998 do Tribunal de Justiça de Santa Catarina, que entende que, "em havendo retratação de uma das partes no tocante à efetiva lavratura da escritura, perde para a outra parte o valor oferecido como princípio de pagamento e, destarte, como espécie de penalidade pela não conclusão do negócio, inclusive a título de indenização por dano moral", não é completamente clara, não tendo sido possível encontrar o texto integral.

[81] "Responsabilidade pré-contratual", *in Revista do Ministério Público do Rio Grande do Sul*, nº 40, pp. 182-183; os mesmos casos são referidos pelo mesmo autor, cit., pp. 86, 109 e 110.

[82] *Código Civil Comentado. Negócio jurídico. Atos jurídicos lícitos. Atos ilícitos*, Volume II, 2003, p. 211.

guardado o princípio da boa-fé objetiva, ou seja, que implica o dever das partes, desde as tratativas iniciais, na formação, na execução e após a extinção do contrato, de agir com boa-fé, sem o intuito de prejudicar ou de obter vantagens indevidas". Vinicius Dalazona[83] refere-se à "dicção recalcitrante do Código Civil brasileiro, constante do artigo 422". Aludindo às omissões do artigo 422º, também Phenélope Carvalho de Almeida[84] desvaloriza a ausência de referência ao período negociatório.

Bruno Miragem[85] toma igualmente por indiscutida a vigência da responsabilidade pré-contratual, que "decorre diretamente do princípio da boa-fé".

Aliás, o Enunciado 170, aprovado na III Jornada de Direito Civil organizada pelo Conselho da Justiça Federal, tem o seguinte teor: "a boa-fé objetiva deve ser observada pelas partes na fase de negociações preliminares e após a execução do contrato, quando tal exigência decorrer da natureza do contrato"[86].

Também no sentido do reconhecimento deste instituto no direito brasileiro codificado[87] se pronunciam os portugueses Dário Moura Vicente[88], Inocêncio Galvão Telles[89] e Carlos Ferreira de Almeida[90].

[83] "A incidência da boa-fé objetiva na fase pré-contratual. Um estudo a partir do 'caso dos tomates'", *in* http://jus.com.br

[84] Op. e loc. cit., pp. 36-37.

[85] "Responsabilidade Pré-contratual da Administração e Proteção da Confiança no Direito Brasileiro", *in Revista da Procuradoria-Geral do Estado*, nº 58, Dez/2003, pp. 141 e 143.

[86] *Apud* Vinicius Dalazona, op. e loc. cit..

[87] Ignora-se no essencial, por opção delimitadora do tema, o Código de Defesa do Consumidor, diploma basilar nesta e em outras áreas do direito dos contratos no Brasil.

[88] "A Responsabilidade Pré-Contratual no Código Civil Brasileiro de 2002", *in Revista CEJ*, nº 25, Abril/Junho 2004, pp. 36-37, e "Culpa na formação dos contratos", *in Comemorações dos 35 Anos do Código Civil e dos 25 Anos da Reforma de 1977*, Volume II, *A Parte Geral do Código e a Teoria Geral do Direito Civil*, 2006, pp. 276-277.

[89] Sem mais pormenores, o autor, *Manual dos Contratos em geral*, 4ª edição, 2002, p. 204, nota 208, indica o artigo 422º do Código Civil brasileiro como contendo a regra paralela do artigo 227º do português, isto é, o princípio da boa fé pré-contratual e consequente responsabilidade em caso de violação das obrigações daquela decorrentes.

[90] Este autor, *Contratos* I, 4ª edição, 2008, p. 202 e nota 264, diz que o artigo 422º do Código Civil de 2002 "abrange tanto a responsabilidade pré-contratual como a responsabilidade contratual baseada na actuação desconforme com a boa fé. O Código Civil brasileiro terá assim fundido num mesmo artigo as normas constantes do artigo 762º, nº 2, e do artigo 227º do seu homólogo português, desde que, em comparação com este, a omissão textual

Mais recentemente, Karina Nunes Fritz[91] escreve: "O Código brasileiro não faz menção expressa à figura da responsabilidade pré-contratual, mas ninguém mais duvida de sua recepção implícita no art. 422 CC/2002"[92][93][94].

aos preliminares do contrato não seja sobrevalorizada [...]". *Idem*, *Contratos* I, 5ª edição, 2013, pp. 191-192, nota 3.

[91] "A responsabilidade pré-contratual por ruptura injustificada das negociações", *in Revista dos Tribunais*, Maio 2009, pp. 9 e ss., e *in Civilistica*, Ano 1, Número 2.2012, *in* http://civilistica.com, p. 2.

[92] Afirmando que, por contraposição ao Código Civil de 1916, o actual, "atento à evolução do direito dos contratos, prevê, no art. 422, a boa-fé objetiva, como cláusula geral, sem deixar, contudo, explícito, a incidência desta na fase pré-contratual", Renata Domingues Balbino Munhoz, op. e loc. cit.. A autora reconhece, porém, que o dispositivo não deixa "explícito" "a incidência [...] [da boa fé] na fase pré-contratual", referindo o "Projeto de emenda ao art. 422 (proj. nº 6960, de 2002)", da autoria de Ricardo Fiuza, *infra* citado.

[93] Considerando não necessária a afirmação, no "direito positivado", do princípio da confiança, Luiz Edson Fachin, "O 'aggiornamento' do direito civil brasileiro e a confiança negocial", *in Repensando Fundamentos do Direito Civil Brasileiro Contemporâneo* (Coord. Luiz Edson Fachin), 1998, pp 128 e 129 e nota 26.

Sem pôr em causa a responsabilidade pré-contratual no Direito brasileiro, Lucimar Pedroso de Andrade, "A Responsabilidade Pré-Contratual no Direito do Trabalho", *in* http://www.calvo.pro.br/media/file/colaboradores/lucimar_pedroso_andrade/lucimar_andrade_responsabilidade-precontratual. pdf., refere a obrigação de indemnizar dela decorrente aos artigos 186º e 927º do Código Civil; mais adiante, porém, cita o artigo 422º como consagrador do princípio da boa fé pré-contratual, acrescentando que se trata de "corolário do princípio constitucional da dignidade da pessoa humana no Direito do Trabalho".

Identificando o fundamento desta responsabilidade no artigo 422º, também Marcos José de Oliveira, "Responsabilidade Civil Pré-contratual. Admissibilidade e Aplicabilidade no Direito Brasileiro", *in* http://tede.biblioteca.ucg.br, p. 92.

Em idêntico sentido, Mirella Cristina Fior, "A Responsabilidade Civil Pré-Contratual", *in Revista da Faculdade de Direito da Faculdade de Humanidades e Direito da Universidade Metodista de São Paulo*, Vol. 9, nº 9, 2012, p. 146. V. também João Hora Neto, "O princípio da boa-fé objetiva no Código de 2002", *in Revista da Escola Superior da Magistratura de Sergipe. Aracaju: ESMESE/TJ*, nº 2, 2002, p. 237; Gretchen Lückeroth Novaes, "A boa-fé objetiva no direito civil", *in* http://jus.com.br/; Fernando Henrique Guedes Zimmermann, "A Introdução da Boa-fé Objetiva nos Contratos sob a Égide do Novo Código Civil", *in Jornal Síntese* nº 97 – MARÇO/2005, p. 19; Matheus Adolfo Gomes Quirino, "Anotações acerca da Boa-Fé como Princípio de Direito Contratual no Estado Democrático de Direito", *in De Jure – Revista Jurídica do Ministério Público de Minas Gerais*, pp. 228, 229 e 232; e Louise Chrestani, "Por um novo olhar acerca da teoria da aparência: a incidência do princípio da boa-fé objetiva", *in* http://www3.pucrs.br/pucrs/files/uni/poa/direito/graduacao/tcc/tcc2/trabalhos2013_1/louise_chrestani.pdf, p. 18.

Foi apresentado, por Ricardo Fiúza, um Projecto de lei de emenda ao artigo 422º (Projeto Fiúza – nº 6960/2002) tendente a corrigir a deficiência de formulação daquele preceito, cujo artigo 1º tinha o seguinte conteúdo: "Os artigos ... 422, [...] passam a vigorar com as seguintes alterações: «Art. 422. Os contratantes são obrigados a guardar, assim nas negociações preliminares e conclusão do contrato, como em sua execução e fase pós-contratual, os princípios de probidade e boa-fé e tudo mais que resulte da natureza do contrato, da lei, dos usos e das exigências da razão e da equidade»"[95]. O projecto foi rejeitado, sendo interessante conhecer o teor do parecer do Deputado Vicente Arruda, relator nomeado para a respectiva apreciação: "Pela manutenção do texto, que fala em 'conclusão do contrato' que compreende a fase de negociação, elaboração, assinatura, e da sua 'execução', que compreende o cumprimento ou descumprimento das obrigações contratuais, bem como a

Na mesma linha, José Affonso Dallegrave Neto, *Responsabilidade Civil no Direito do Trabalho*, 2005, p. 87, e Eduardo Milléo Baracat, *A Boa-Fé no Direito Individual do Trabalho*, 2003. V. Fernando Noronha, *Direito das Obrigações: fundamentos do direito das obrigações: introdução à responsabilidade civil*, Volume I, 2003, p. 456.

[94] Em posição, se não isolada, muito minoritária, Maristela Basso e Letícia Martins, "Responsabilidade Civil nas Negociações Preliminares: Boa-Fé, Deveres anexos e Relações Negociais", *in Responsabilidade Civil Contemporânea Em homenagem a Sílvio de Salvo Venosa*, 2011, p. 274, escrevem que, como não há "no Direito Brasileiro [...] previsão específica a respeito das negociações preliminares [...], costuma-se [...] recorrer à disposição aplicável do art. 186 do Código Civil, que trata especificamente da responsabilidade extracontratual [...]" (v. também pp. 275 a 277 e 281-282).
No ac. do TJ-PR, de 30 de Junho de 2016, 1ª Turma Recursal da Fazenda Pública dos Juizados Especiais (Thais Coutinho de Oliveira), lê-se: "A responsabilidade pré-contratual é prevista no artigo 427 do Código Civil, nestes termos: **'A proposta de contrato obriga o proponente, se o contrário não resultar dos termos dela, da natureza do negócio, ou das circunstâncias do caso'**. A lei dá força vincultiva à proposta, cuja frustração pode gerar um dever de indenizar pelos princípios legais de inadimplemento, pois embora não haja contrato, assemelha-se a uma obrigação. Já as negociações preliminares consistem nas conversações prévias, sondagens e estudos sobre os interesses de cada concorrente, tendo em vista o contrato futuro, sem que haja qualquer vinculação jurídica entre os participantes. O rompimento injustificado das negociações preliminares situam-se no plano exclusivo da responsabilidade extracontratual".

[95] Sobre este Projecto, v. Flávio Tartuce, "O princípio da boa-fé objectiva em matéria contratual. Apontamentos em relação ao novo Código Civil e visão do Projeto nº 6.960/02", *in* http://www.flaviotartuce.adv.br/index2.php?sec=artigos, e Angelo Junqueira Guersoni, *Boa-fé Objetiva no Direito Contratual do Código Civil Brasileiro*, 2006, pp. 131 e 132.

solução dos conflitos entre as partes. Não devemos ceder à tentação de deixar tudo explícito, até mesmo o óbvio".

Deste ponto de vista discorda Flávio Tartuce[96] que – depois de lembrar o artigo 131º, inciso I, do Código Comercial, que dispunha: "A inteligência simples e adequada que for mais conforme a boa-fé e ao verdadeiro espírito e natureza do contrato deverá sempre prevalecer à rigorosa e restrita significação das palavras" e a pouca atenção que ele teve – lamenta a inexistência de norma paralela à do artigo 1337º do Código Civil italiano, e defende que o Projecto nº 6.960/02 deveria ter sido aprovado, observando que, para fundar a responsabilidade pré-contratual, "havia a necessidade de menção expressa no texto", "primeiro, pela carência do aplicador [...] [e] segundo porque [...] não há experiência consolidada quanto ao tema, a ensejar a aplicação da boa-fé na fase de negociações, trazendo a responsabilidade pré-contratual", acrescentando: "Em reforço, entendemos que não está óbvio no artigo que a boa-fé deve estar presente na fase de negociação. Corremos o risco da jurisprudência assim não entender. Quem sabe, o caminho a ser trilhado não seja o mesmo que teve a boa-fé objetiva do Código Comercial de 1.850, que nunca foi aplicada"[97].

Não pode tomar-se como verdadeira a afirmação de Gustav Penna Gorski[98] de que "este instituto [a responsabilidade pré-contratual] não [é] amplamente estudado e delineado na sistemática jurídica brasileira", não sendo de dar muita importância à afirmação que não procede de um jurista. Mas nem por isso se pode desconhecer uma visão destas que representa necessariamente uma posição, pelo menos, ideológica.

Juridicamente, a admissibilidade desta responsabilidade ou, melhor, das obrigações pré-contratuais releva da concepção da relação obrigacional como processo[99] [100], concepção que é anterior ao novo Código

[96] Op. e loc. cit.. Igualmente, Angelo Guersoni, cit., p. 132.

[97] É certo que o receio do autor não veio a justificar-se, ao menos no essencial, como se verá já de seguida.

[98] *A economia da responsabilidade pré-contratual e contratual*, 2005, *in* http://www.lume.ufrgs.br/, p. 59.

[99] Neste sentido, v., por todos, Daniel Ustárroz, "Sobre a Responsabilidade Pré-negocial no Direito Brasileiro", *in Revista Jurídica*, Ano 55, Julho de 2007, nº 357, pp. 91-92. O autor cita jurisprudência demonstrativa do acolhimento do instituto por esta (pp. 100-101, notas 19 e 20).

[100] Ou, como prefere Antônio Junqueira de Azevedo, "Responsabilidade Pré-contratual no Código de Defesa do Consumidor: Estudo Comparativo com a Responsabilidade Pré-

Civil. Antônio Junqueira de Azevedo[101], ressalvando o regime do Código de Defesa do Consumidor, mostra-se muito crítico, dizendo que "a relação entre os pré-contratantes terá eficácia jurídica pelo lado negativo ou patológico, da culpa ou dolo, isto é, somente pelo lado do dever *de não se comportar de forma socialmente condenável*", observando que é um "*dever*, e não *obrigação*", e acrescentando que "tanto nas tratativas quanto no momento da conclusão do contrato, a situação no Brasil é encarada [...], na verdade, pelo lado da má-fé [...] ainda aqui, trata-se, pois, de um aspecto da boa-fé *subjetiva*". O mesmo autor[102] analisa o instituto no Código de Defesa do Consumidor, dele dizendo que este, "apesar de sua ambição [...] não trouxe [...] um capítulo específico", mas que, "entretanto, há, nele, várias disposições que permitem uma construção teórica", referindo-se aos artigos 4º, III, 39, I a V e VII 51º, IV, e ao artigo 4º da Lei de Introdução ao Código Civil[103] [104].

Não pode acompanhar-se o autor nesta crítica, pois "a relação entre os pré-contratantes" só será vista "pelo lado negativo ou patoloógico" se algum deles infringir um dever[105] pré-contratual decorrente da boa fé

-contratual no Direito Comum", *in Revista de Direito do Consumidor*, 18, Abril/Junho-1996, p. 24: "tendo em vista a nossa idéia de que o contrato é um processo [...] que vai, desde a fase pré-contratual, passando à fase contratual, distribuída em três fases menores (conclusão do contrato, eficácia do contrato e execução/adimplemento do contrato), e indo até a fase pós-contratual, todas subordinadas à boa-fé objetiva [...]".

[101] "A Boa-Fé...", op. e loc. cit., pp. 81 e 82. Mais adiante, porém, escreve que "há [...] entre um princípio jurídico, que é uma idéia ordenadora, e as regras jurídicas em que ele se reflete, uma certa distância na ordem de abstração intelectual, [...]. Do caso à regra e da regra ao princípio, sobe à mente em duas etapas [...]; ganha-se em descortínio o que perde em concritude. Inversamente, uma vez adquirido o princípio, desce o aplicador do direito, do princípio, à regra e, da regra, ao caso. Ora, com o princípio da boa-fé não pode ser diferente, segue-se daí que, para seu melhor desenvolvimento na formação contratual, é indispensável seu desdobramento em regras, como na determinação do dever de informar, na de não revelar o que se soube durante a fase preliminar, na de indenizar os prejuízos causados pela ruptura das negociações. É essa espécie de desenvolvimento que acreditamos estar ocorrendo atualmente no direito brasileiro. Todavia, à medida que as regras vão sendo formuladas, os operadores do direito já não precisam apelar para o princípio da boa-fé, que passa a ser *ratio legis*, e não *lex*" (p. 89).

[102] "Responsabilidade Pré-Contratual...", op. e loc. cit., p. 23.

[103] Op. e loc. cit., pp. 25 e 27.

[104] V. também *idem*, "A Boa-Fé...", op. e loc. cit., p. 79.

[105] Não se discute agora o problema de saber se se trata de dever ou de verdadeira obrigação. Sobre a questão, v. *infra*, Parte VIII.

objectiva. E também não é certo que a situação seja "encarada pelo lado da má-fé", pois não está em causa a boa fé subjectiva, mas como é pacífico, designadamente nas doutrina e jurisprudência brasileiras, da cláusula geral da boa fé objectiva.

A jurisprudência no Brasil tem, na verdade, considerado igualmente assente a figura, como o demonstram numerosas decisões judiciais, se bem que também se encontrem algumas que recusam a sua aplicação. Neste último sentido, por exemplo, o acórdão do Tribunal Regional do Trabalho de Santa Catarina, 3ª Turma, de 24 de Agosto de 2011[106], afirma: "Ainda que demonstrado nos autos que foram cumpridos todos procedimentos necessários à seleção de trabalhador, a contratação dele não passa de mera expectativa de direito, de modo que, frustrada, apesar de poder causar transtornos ao trabalhador, não enseja nenhuma reparação por danos morais, porque não decorreu de atitude ilícita da empresa".

Acolhendo o instituto, por exemplo, o acórdão do Tribunal Regional do Trabalho do Maranhão[107] decidiu: "Na esfera trabalhista, as partes contratantes devem sempre guardar o princípio da boa-fé, mesmo na fase das negociações preliminares, haja vista que nela repousa a confiança na consumação da avença. Por isso, a frustração do contrato de trabalho, ainda que na fase preliminar, deve ser motivada, pois à medida que progridem as partes na negociação com a atribuição, inclusive, de providências dirigidas à consumação da proposta, maior é a expectativa gerada no obreiro, podendo acarretar-lhe prejuízos de ordem pessoal e material". O mesmo tribunal[108] entendeu: "A retenção da CTPS do empregado por longo período, enquanto este aguardava a contratação, exigindo deste documentação e submetendo-o a exames pré-admissionais, chegando a registro do contrato de trabalho acordado em sua CTPS com posterior cancelamento após alteração unilateral do contrato gera frustração no empregado, bem como constrangimento ante lançamento indevido em sua CTPS quando não mais intencionava contratar na função para a qual contratara, causando-lhe evento lesivo aos direitos personalíssimos do reclamante, quando da quebra da promessa de emprego.

[106] *In* http://www.lexml.gov.br/. Também o ac. do STJ, 3ª Turma, de 1 de Agosto de 2007, recusou a indemnização com este fundamento.

[107] 1ª Turma (RO 0113500-78.2010.5.16.0016; no mesmo sentido, o acórdão do mesmo tribunal, 1ª Turma (RO 0004100-95.2011.5.16.0016).

[108] 2ª Turma (RO 0201200-62.2009.5.16.0005.

[...]". O acórdão do Tribunal Regional do Trabalho de Santa Catarina[109] decidiu ser "passível de indenização por danos morais a atitude do pretenso empregador quando, na fase pré-contratual, gerou ao trabalhador, além de notória expectativa de que seria admitido, também a aviltante frustração pela contratação posteriormente não concretizada". No acórdão do Tribunal Regional do Trabalho de Mato Grosso do Sul[110] lê-se: "A responsabilidade civil do empregador não se limita ao período contratual, podendo alcançar a fase pré-contratual, nos termos do art. 422 do Código Civil"; o mesmo tribunal[111] diz noutro acórdão: "Evidenciado pelo conjunto probatório e contexto fático delineado nos autos que a não efetivação da contratação de candidata a emprego implicou em quebra da boa-fé na fase pré-contratual e abuso de direito pelo futuro empregador, cabível a reparação civil dos danos experimentados, nos termos dos arts. 186, 187 e 927 do Código Civil, mormente porque ultrapassado o processo de seleção, seguindo-se as fases de entrega de documentos, realização de exame médico e prestação de serviços, o que, por certo, acabou por criar mais que uma mera expectativa, senão a certeza quanto à formalização do contrato de trabalho". O acórdão do Tribunal Regional do Trabalho de Pará e Amapá[112] decidiu: "A fase pré-contratual é passível de acarretar deveres para ambas as partes envolvidas no negócio, em especial quando se trata de um contrato de trabalho oneroso, em que a contraprestação pelo trabalho é, via de regra, o único sustento do trabalhador e sua família"; o mesmo tribunal[113] diz: "O dano pré-contratual não decorre da violação do contrato de trabalho, mas da ofensa a um dever de conduta por uma das partes, ou seja, ao princípio da boa-fé objetiva, que deve nortear toda e qualquer relação jurídica, conforme art. 422 do Código Civil. Logo, é plenamente possível determinar a responsabilidade pré-contratual, quando uma pessoa faz negociações com outra, induzindo-a a preparar-se para ser contratada e depois, injustificadamente, deixa de celebrar a avença. Mais grave, ainda, quando a formalização do ajuste não ocorreu motivada por fator de

[109] 2ª Turma, de 1 de Agosto de 2011.

[110] 2ª Turma (RO. 1 0001435-95.2012.5.24.0001).

[111] 1ª Turma (RO 1 0000515-42.2011.5.0071).

[112] 1ª Turma (RO 0001396-70.2011.5.08.0004).

[113] 3ª Turma (RO 0000469-49.2012.5.08.0205); em sentido idêntico, o ac. do mesmo tribunal, 2ª Turma – RO 0001244-80.2011.5.08.0114.

ordem discriminatório"; ainda o mesmo tribunal[114] deliberou: "Evidenciado que houve discrepância nas informações pertinentes à oferta de emprego em face das reais condições disponibilizadas pela Reclamada e que as razões pelas quais o Autor não obteve o emprego desejado, não foi sua reprovação, mas sim a perda de interesse forçada pelas reais condições da contratação, reputa-se aplicável à Reclamada a responsabilidade subjetiva pelos danos causados em face da frustração da expectativa de obtenção de emprego. O ônus decorre do princípio da boa-fé objetiva, disposto no art. 422, da CLT, que deve nortear os atos relativos à fase pré-contratual, sob pena de incidência em ofensa ao disposto nos artigos 186, 187 e 927 do Código Civil, diante do dever de preservação da dignidade humana do trabalhador, desde o momento em que se candidata à vaga de emprego. No acórdão do Tribunal de Justiça do Distrito Federal e dos Territórios[115], lê-se: "Embora as negociações preliminares não gerem obrigações contratuais para as partes envolvidas, sujeitam-se ao princípio da boa-fé objetiva e aos deveres de lealdade e confiança (artigo. 422, CC), cuja observância também se aplica na fase pré-contratual [...]. A violação desses deveres, configurando ato ilícito, enseja a obrigação de reparar o dano daquele que se preparou para executar o contrato e realizou despesas em função da justa expectativa de realização do negócio criada pela outra parte". Também o acórdão do Tribunal Superior do Trabalho[116] considerou fundada a condenação com base nesta responsabilidade, pelos factos seguintes: "participação do reclamante em teste seletivo, realização de exames médicos, participação em treinamento específico, apresentação de documentos, contratação de outro trabalhador para a mesma vaga prometida ao reclamante e a demora de dois meses no aviso de que não mais ocorreria a contratação"; o mesmo tribunal, 6ª Turma, em acórdão de 6 de Junho de 2011, disse: "[...] a conduta da Reclamada evidenciou nítida intenção de contratar, ultrapassando a fase de uma simples escolha de candidatos, embora, posteriormente, tivesse desistido de formalizar o pacto empregatício. No contexto descrito pelo TRT, considera-se que houve a frustração concreta e culposa de um contrato claramente proposto, em fase ulterior à

[114] 2ª Turma, no ac. TRT 8ª/2ªT/RO 0000504-55.2012.5.08.0125.

[115] 6ª Turma Cível, (Pr nº 20070110517926).

[116] 1ª Turma, de 3 de Agosto de 2011 (pr nº NÂ Agora-AIRR-311500-79.2009.5.09.0654).

seleção, o que enseja a obrigação de indenizar o obreiro pelos prejuízos sofridos". O Supremo Tribunal de Justiça decidiu, no acórdão de 27 de Fevereiro de 2013, que: "A responsabilidade pré-contratual não decorre do fato de a tratativa ter sido rompida e o contrato não ter sido concluído, mas do fato de uma das partes ter gerado à outra, além da expectativa legítima de que o contrato seria concluído, efetivo prejuízo material", dizendo que "as instâncias de origem, soberanas na análise das circunstâncias fáticas da causa, reconheceram que houve o consentimento prévio mútuo, a afronta à boa-fé objetiva com o rompimento ilegítimo das tratativas, o prejuízo e a relação de causalidade entre a ruptura das tratativas e o dano sofrido". O acórdão do Supremo Tribunal de Justiça[117] entendeu que "prevalece o princípio da boa-fé contratual, segundo o qual as partes devem guardar a boa-fé, tanto na fase pré-contratual, das tratativas preliminares [...] razão pela qual os entabulantes (ainda não contratantes) podem responder por fatos que tenham ocorrido antes da celebração e da formação do contrato (responsabilidade pré-contratual) [...]". O mesmo Tribunal[118] decidiu: "A responsabilidade pré-contratual se caracteriza quando há manifesta violação da boa-fé objetiva, como no caso concreto, quando a CEF levou o apelado a erro, ao mantê-lo na perspectiva de que o contrato poderia ser realizado".[119] A 6ª Turma do Tribunal Regional do Trabalho de Mato Grosso afirmou igualmente que "a responsabilidade civil do empregador não se limita ao período contratual", pois "alcança também a fase pré-contratual, conforme artigo 422 do Código Civil brasileiro", pelo que reconheceu a existência de danos morais aos trabalhadores contratados por uma empresa para prestarem trabalho a uma outra empresa: estes haviam viajado por mais de 1 500 km para fazerem exames médicos, entregaram a documentação e assinaram o contrato; no dia seguinte, após a assistência a uma palestra sobre segurança no trabalho, foram dispensados. O tribunal entendeu haver "abuso

[117] 3ª Turma, de 11 de Novembro de 2004.

[118] 1ª Turma (Francisco Wildo), em acórdão de 15 de Outubro de 2004.

[119] O ac. da 33ª Câmara de Direito Privado do Tribunal de Justiça de São Paulo de 21 de Outubro de 2013 (Hamid Bdine), reconhecendo que "o dever de agir segundo a boa-fé objetiva está consagrado no artigo 422, noção a partir da qual se deve valorar o comportamento antes e após a celebração do contrato, pois sua inobservância implica sanção àquele que não agir do modo ideal, considerando-se o padrão de conduta do homem de bem", recusa indemnização por responsabilidade pré-contratual com a alegação de que a pedida se refere ao interesse contratual positivo.

de direito e afronta à boa fé" por parte da empregadora[120]. Não se justificando o alongamento, deixa-se apenas mais um exemplo[121]: o Acórdão do Tribunal de Justiça de São Paulo[122], de 8 de Fevereiro de 2017, onde se lê, com referência ao artigo 422º: "Embora não seja expressamente mencionado, está implícito que esses deveres de conduta relacionados ao cumprimento honesto e leal da obrigação também se aplicam à fase pré-contratual"[123].

2. Em Portugal

No Direito português, o Código Civil de 1867 previa casos avulsos de responsabilidade pré-contratual[124], e relevante doutrina aludia a este instituto para os qualificar[125].

[120] 3ª Turma, (Ricardo Villas Bôas Cueva), *in* http://www.jf.jus.br/juris/unificada

[121] Muitos outros há: p. ex., o ac. do TJ-PR-APL 0143628-24.2012.8.26.0100, de 1 de Fevereiro de 2016, 20ª Câmara de Direito Privado (Luis Carlos de Barros); o do TJ-RGS de 26 de Julho de 2017, 9ª Câmara Cível (Túlio de Oliveira Martins); o do TJ-RGS de 29 de Março de 2018, 6ª Câmara Cível (Ney Wiedemann Neto).

[122] APL 1005560-41.2016.8.26.0002, 36ª Câmara de Direito Privado (Milton de Carvalho).

[123] V. ainda o ac. do STJ de 27 de Abril de 2017, relator Luis Felipe Salomão.

[124] P. ex., o art. 697º (relativo à rescisão do contrato), cujo § 2º, tinha o seguinte teor: "Nos casos em que tenha havido dolo ou má fé, há obrigação de indemnização"; o § único do art. 896º, que determinava sobre a constituição de hipoteca: "O proprietário condicional deverá declarar no contrato a natureza do seu direito, se a conhecer, e, não o fazendo, incorrerá na pena imposta ao crime de burla, além da responsabilidade por perdas e danos"; os arts. 1047º e 1048º, relativos à evicção, que impunham responsabilidade ao vendedor; o art. 1338º, com o seguinte texto: "O mandatário, que exceder os seus poderes, será responsável pelas perdas e danos que causar, tanto para com o constituinte, como para com qualquer terceiro com quem haja contratado"; o art. 1418º, que dispunha que, "se o alquilador alugar para certos serviços cavalgaduras, que não os possa prestar por defeito pré-existente, conhecido do mesmo alquilador, responderá pelas perdas e danos a que tiver dado causa pela sua má fé"; o art. 1521º, nº 2, estabelecia que o comodatário era "obrigado a reparar os prejuízos que o comodatário padecer em razão dos defeitos ocultos da coisa emprestada, se o comodante o não preveniu, tendo conhecimento desses defeitos", para este remetendo o art. 1532º, relativo ao mútuo; o artigo 1555º, que impunha obrigação de indemnizar ao vendedor de coisa alheia, se tivesse "procedido com dolo ou má fé"; em caso de dupla venda do mesmo bem móvel pelo mesmo vendedor, o art. 1579º determinava: "responderá o vendedor pelo preço, que tenha recebido indevidamente, e por perdas e danos [...]"; e o art. 1613º, que impunha ao senhorio obrigação de indemnizar o inquilino que tivesse sofrido prejuízos em consequência de evicção.

[125] P. ex., Manuel de Andrade, *Teoria Geral das Obrigações*, com a colaboração de Rui de Alarcão, 2ª ed., 1963, p. 402, ocupando-se da obrigação de indemnizar por "violação contratual

positiva", e, em especial a consagrada no artigo 1418º, admite que "se trate [...] de *culpa in contrahendo*, e o princípio da nossa lei é que essa culpa só obriga a indemnização quando revista a forma de dolo (arts. 697º, §2º, 896º, § ún., 1555º e 1558º).
Manuel Gomes da Silva, *O Dever de Prestar e o Dever de Indemnizar*, I, 1944, p 118, incluía no dano "o desaproveitamento de despesas já feitas, v.g., a inutilização de gastos motivados pela proposta dum contrato que, por culpa do proponente, não chega a celebrar-se ou é viciado de nulidade [...]".
A. Ferrer Correia, *Erro e Interpretação na Teoria do Negócio Jurídico*, 3ª Tiragem, 1985, ao analisar as doutrinas sobre a interpretação da declaração: a teoria da vontade, segundo a qual uma declaração a que não subjaza uma vontade é nula, e aquela que designa por teoria da responsabilidade – a elaborada por Jhering –, propende para esta última, embora dizendo que – na sua formulação extrema de entender que o declarante se deve ter como vinculado ao que foi entendido como a sua vontade – não é "uma decisão inteiramente justa do conflito de interesses", na medida em que vise forçar o declaratário a ficar vinculado ao que nunca quis, entendendo que não deve impedir-se "que o interesse negativo do destinatário da declaração nula seja objecto de tutela jurídica nos casos em que o interesse positivo não obtiver satisfação", acrescentando que a teoria da *culpa in contrahendo*, que impõe a indemnização dos danos negativos, "é o único meio de defesa que se concede à parte que não errou" (pp. 54 a 57 e nota 2 desta última página).
Jaime de Gouveia, *Da Responsabilidade Contratual*, 1932, escreve que "a responsabilidade emergente da ilegítima retractação, do mesmo modo que a proveniente de qualquer outro facto ilícito cometido no período da negociações para um contrato que não se efectivou, é delitual".
Também Cunha Gonçalves, *Tratado de Direito Civil*, Vol. IV, pp 246 a 248, admite esta responsabilidade que apenas surge quando haja "culpa" ou "deslealdade".
Em texto algo confuso, Pedro de Ascenção Barbosa, cit., pp. 77 e 78, depois de rejeitar a distinção entre rompimento arbitrário ou por "motivo legítimo" das negociações, opina que, "se concorrerem os elementos da responsabilidade civil (facto violador, prejuízo, culpa e nexo ligando o facto violador ao prejuízo), surge, com base na doutrina da 'culpa in contrahendo', responsabilidade pelas perdas e danos resultantes de tal quebra, para aquele que a determinou".
Adriano Paes da Silva Vaz Serra, "Culpa do devedor ou do agente", *in Boletim do Ministério da Justiça* nº 68 – Julho – 1957, pp. 118 a 125, ocupando-se dos trabalhos preparatórios do (então) novo Código Civil, interroga-se acerca da localização sistemática da "culpa in contrahendo" observando que "poderia ficar entre as disposições relativas à formação do contrato", "mas, por outro lado, dando ela lugar a uma obrigação de indemnização, cabe também ao direito das obrigações", expondo a "teoria" de Jhering e a situação no *BGB* e no Código Civil italiano, concluindo que "parece que a teoria [...] deve ser aceita", pois "afigura-se [...] razoável que quem propõe um contrato ou, sendo-lhe ele proposto, entra em negociações a seu respeito, isto é, quem começa, por seu lado, actos preparatórios de um contrato seja obrigado a um dever de diligência para com a outra parte. As partes, que negoceiam um contrato, devem comportar-se de boa fé uma para com a outra, estabelecendo-se, por isso, entre elas, por esse simples facto, uma relação da qual derivam certos deveres e a

No articulado proposto por Vaz Serra[126], surgiam três artigos: o primeiro, depois de referir o dever de "proceder de acordo com a boa fé", especificava: "devendo, em especial, fazer-lhe comunicações, dar-lhe explicações e conservar os seus bens jurídicos, na medida que a boa fé o exigir", esclarecendo que "a responsabilidade [...] não depende de se chegar a concluir o contrato" e que "incorre em responsabilidade, no caso de rotura de negociações, aquele que entrou ou prosseguiu nelas com o único fim de as romper ou aquele que conscientemente fez com que a outra parte acreditasse, sem dúvida, em que o contrato se realizaria e depois, sem motivo justificado, rompe com as negociações". O segundo preceito tinha um nº 1 com o seguinte texto: "A responsabilidade [...] mede-se pelas regras da relação contratual a que as negociações se destinavam, salvo se lhe não for aplicável a razão de ser delas. Observa-se a mesma doutrina quanto ao prazo de prescrição", acrescentando o nº 2 que o regime aplicável à responsabilidade por actos de auxiliares é o da responsabilidade obrigacional. Finalmente, o terceiro artigo, respeitante à indemnização, dizia que ela tinha como objecto os "danos resultantes de se ter confiado na validade ou realização do contrato; mas não pode exceder o montante do interesse que o lesado tem no cumprimento do mesmo contrato, salvo se a culpa tiver causado um dano diferente da perda da prestação contratual", dizendo o nº 2 que, "se, porém, caso houvesse procedido regularmente, o contrato tivesse chegado a aperfeiçoar-se, deve indemnizar-se o interesse no cumprimento dele. É devido o mesmo interesse quando uma das partes conhecia a causa de invalidade do contrato e a outra a ignorava sem culpa, bem como quando seja de concluir ter-se garantido a validade do dito contrato"; finalmente, o nº 4 dispunha que "o dever de indemnização não existe, se a outra parte conhecia ou devia conhecer o facto em questão; mas, quando uma delas conhecia ou devia conhecer o facto e a outra o ignorava culposamente, observam-se as regras sobre a conculpabilidade do prejudicado em matéria de dever de indemnizar".

consequente responsabilidade. [...] O dever de diligência não resulta [...] de um contrato ou de um negócio jurídico unilateral, mas da boa fé ou, se se quiser, da lei. A responsabilidade por *culpa in contrahendo* não tem que depender de se chegar a concluir o contrato". Dando exemplos de responsabilidade pré-contratual, refere situações em que ela já estava contemplada no Código de 1867.

[126] "Culpa do devedor...", op. e loc. cit., pp. 145-146.

O artigo 227º do actual Código Civil veio consagrar, em geral, a vinculação das partes à boa fé, "tanto nos preliminares como na formação [...] [do contrato]", determinando que quem o não fizer responderá "pelos danos que culposamente causar à outra parte"[127].

Em alguns preceitos avulsos inseridos no próprio Código Civil, impõem-se obrigações de natureza pré-contratual e prevê-se a constituição de uma das partes em responsabilidade face à outra, por violação de obrigações desse tipo. Por exemplo, o artigo 229º, nº 1, do CC estabelece: "Se o proponente receber a aceitação tardiamente, mas não tiver razões para admitir que ela foi expedida fora do tempo, deve avisar imediatamente o aceitante de que o contrato se não concluiu, sob pena de responder pelo prejuízo havido"[128]. O artigo 245º do C.C. ocupa-se das declarações não sérias, determinando que "carecem de qualquer efeito", mas o nº 2 dispõe que, "se, porém, a declaração for feita em circunstâncias que induzam o declaratário a aceitar justificadamente a sua seriedade, tem ele o direito de ser indemnizado pelo prejuízo que sofrer". Por seu lado, o artigo 897º, nº 1, relativo à venda de bens alheios como próprios, faz impender sobre o vendedor a obrigação de convalidação do contrato, se o comprador estiver de boa fé, impondo o artigo 900º uma obrigação de indemnização sobre o vendedor que "for responsável pelo não cumprimento da obrigação de sanar a nulidade da venda ou pela mora no seu cumprimento"; no mesmo quadro, o artigo 898º dispõe: "se um dos contraentes tiver procedido de boa fé e o outro dolosamente, o primeiro tem direito a ser indemnizado, nos termos gerais, de todos os prejuízos que não teria sofrido se o contrato fosse válido desde o começo, ou não houvesse sido celebrado, conforme venha ou não a ser sanada a nulidade". Para a venda de bens onerados, também o artigo 907º impõe ao vendedor a obrigação de "sanar a anulabilidade do con-

[127] Por razões que me escapam, Paula Meira Lourenço, "Os deveres de informação no contrato de trabalho", *in Revista de Direito e de Estudos Sociais*, Ano XLIV (XVII da 2ª Série, nºs 1 e 2, Janeiro-Junho 2003, p. 43, nota 23, opina que "a expressão utilizada pelo legislador, no art. 227º do Código Civil, também não é a mais feliz".

[128] Sobre o art. "229º, nº 1, 2ª alternativa", Heinrich Hörster, *A Parte Geral do Código Civil Português. Teoria Geral do Direito Civil*, p. 476, depois de dizer que o artigo 27º "não exclui a [sua] aplicação", observa (sem que eu compreendesse o que queria dizer, pelo que corrigi o número do preceito) que, "enquanto o art. 27º exige a existência de culpa, o texto do art. 229º, nº 1, não lhe faz referência, apenas exigindo que se avise 'imediatamente'".

trato, mediante a expurgação dos ónus ou limitações existentes", e a de "promover, à sua custa, o cancelamento de qualquer ónus ou limitação que conste do registo, mas na realidade não exista", ocupando-se o artigo 908º do direito a indemnização do comprador, quanto ao "prejuízo que este não sofreria se a compra e venda não tivesse sido celebrada", obrigação que impende sobre o vendedor e por cujo não cumprimento responde, nos termos do artigo 910º; também no mesmo regime, o artigo 908º determina que, "em caso de dolo, o vendedor, anulado o contrato, deve indemnizar o comprador do prejuízo que este não sofreria se a compra e venda não tivesse sido celebrada".

Fora deste diploma, em vários normativos, se encontram referências claras à vinculação à boa fé pré-contratual e à responsabilidade resultante do incumprimento de obrigações dela decorrentes: é o caso do Decreto-Lei nº 446/85, de 25 de Outubro, que adiante será referido[129], da Lei nº 24/96, de 31 de Julho[130], do Código dos Valores Mobiliários[131] ou do Código do Trabalho[132] [133].

[129] Que contém o regime dos contratos de adesão e das cláusulas contratuais gerais.

[130] Lei de Defesa do Consumidor, cujo artigo 9º, nº 1, dispõe que "o consumidor tem direito à protecção dos seus interesses económicos, impondo-se nas relações de consumo a igualdade material dos intervenientes, a lealdade e a boa fé, nos preliminares, na formação e ainda na vigência dos contratos"; e o artigo 8º, consagrando o direito à informação do consumidor, faz impender sobre "o fornecedor de bens ou serviços", "o produtor, o fabricante, o importador, o distribuidor, o embalador, o armazenista, por forma que cada elo do ciclo produção-consumo" possa encontrar-se habilitado a cumprir a sua obrigação de informar o elo imediato até ao consumidor, destinatário final da informação", "tanto na fase das negociações como na fase de celebração de um contrato", uma obrigação de "informar de forma clara, objetiva e adequada o consumidor, nomeadamente sobre características, composição e preço do bem ou serviço, bem como sobre o período de vigência do contrato, garantias, prazos de entrega e assistência após o negócio jurídico e consequências do não pagamento do preço do bem ou serviço", e ainda dos "riscos para a saúde e segurança dos consumidores que possam resultar da normal utilização de bens ou serviços perigosos", dispondo que quem violar esse dever "responde pelos danos que causar ao consumidor, sendo solidariamente responsáveis os demais intervenientes na cadeia da produção à distribuição que hajam igualmente violado o dever de informação".

[131] Republicado pelo Dec.-Lei nº 357-A/2007, de 31 de Outubro, e alterado, designadamente, pela Lei nº 35/2018, de 20 de Julho.

O art. 304º-A, nº 1, dispõe: "Os intermediários financeiros são obrigados a indemnizar os danos causados a qualquer pessoa em consequência da violação dos deveres respeitantes à organização e ao exercício da sua actividade, que lhes sejam impostos por lei ou por regulamento emanado de autoridade pública". E o nº 2: "A culpa do intermediário financeiro presume-se

A jurisprudência tem, frequentemente, aludido ao instituto, embora nem sempre o aplique, como se vê de numerosos acórdãos, designadamente do Supremo Tribunal de Justiça[134]. Cite-se, a título de exemplo,

quando o dano seja causado no âmbito de relações contratuais ou pré-contratuais e, em qualquer caso, quando seja originado pela violação de deveres de informação".

[132] O art. 102º, sob a epígrafe "Culpa na formação do contrato", dispõe: "Quem negoceia com outrem para a conclusão de um contrato de trabalho deve, tanto nos preliminares como na formação dele, proceder segundo as regras da boa fé, sob pena de responder pelos danos culposamente causados".

[133] Não tem pertinência em Portugal colocar o problema no Direito do Trabalho, como o faz Lucimar Pedroso de Andrade, op. e loc. cit.. Admito que o autor sinta necessidade de o fazer face à posição dos tribunais brasileiros que refere.

[134] São exemplos – para além de todos os outros mencionados *infra* – os acs. nºs 826/07.4TVLSB.L1-1, de 6 de Setembro de 2009 (Rui Vouga), que entendeu não existir, *in casu*, tal responsabilidade; Pr nº 8685/08-7, de 19 de Maio de 2009 (Rosa Ribeiro Coelho); pr nº 1536/2008-1, de 7 de Agosto de 2008 (Rui Vouga), que também entendeu não haver responsabilidade; do mesmo modo, o ac. do STJ de 9 de Fevereiro de 1999 (pr nº 98A1238) (Martins da Costa), decidiu não existir na situação responsabilidade; ainda assim, o ac. do STJ de 8 de Outubro de 2002 (pr 02A2212) (Lopes Pinto); também o ac. do mesmo tribunal de 23 de Janeiro de 2003 (pr nº 02B4242) (Neves Ribeiro), o ac. do mesmo Supremo Tribunal de 25 de Setembro de 2007 (pr nº 07A2385) (Nuno Cameira); o ac. do STJ de 3 de Abril de 2008 (pr nº 07B4498) (Santos Bernardino); o ac. do STJ de 7 de Julho de 2009 (pr nº 5728/1992.S1) (Sebastião Póvoas); o ac. do mesmo tribunal de 8 de Setembro de 2009 (pr nº 456/09.6YFLSB) (Urbano Dias); o ac. do STJ de 27 de Outubro de 2011 (pr nº 2279/07.8TBOVR.C1.S1) (Oliveira Vasconcelos); o ac. do STJ de 27 de Outubro de 2011 (pr nº 6152/03.0TVLSB.S1) (Gregório Silva Jesus); o ac. do STJ de 6 de Novembro de 2012 (pr nº 4068/06.8TBCSC.L1.S1) (Nuno Cameira). ac. de 3 de Abril (pr nº 7B4498) (Santos Bernardino); igualmente, o ac. do STJ de 28 de Janeiro de 2003 (pr nº 02A3541) (Pinto Monteiro); e o ac. do mesmo tribunal de 15 de Janeiro de 2004 (pr nº 03B3834) (Ferreira Girão); também o ac. do mesmo tribunal de 27 de Abril de 2005 (pr nº 05B687) (Neves Ribeiro); o ac. do STJ de 29 de Março de 2007 (pr nº 07B764) (Salvador da Costa); o ac. deste mesmo tribunal de 8 de Abril de 2008 (pr nº 07A381) (Alves Velho); o ac. do mesmo Supremo Tribunal de 30 de Outubro de 2008 (pr nº 08B2741) (Maria dos Prazeres Pizarro Beleza); o ac. do mesmo Supremo Tribunal de 21 de Abril de 2010 (pr nº 3988/05.1TTLSB.S1) (Bravo Serra); o ac. do STJ de 24 de Janeiro de 2012 (pr nº 239/07.8TBSTS.P1.S1) (Gregório Silva Jesus); ainda o ac. do STJ de 5 de Junho de 2008 (pr nº 08B1355) (Oliveira Rocha); ac. do STJ de 8 de Janeiro de 2009 (pr nº 08B2772) (Oliveira Rocha); o ac. do STJ de 25 de Maio de 2010 (pr nº 9934/03.0TVLSB.L1.S1) (Helder Roque); o ac. do mesmo tribunal de 12 de Maio de 2011 (pr nº 1593.08.0TJLSB.LL. S1) (Silva Gonçalves); ac. do STJ de 12 de Fevereiro de 2009 (pr nº 08A2605) (Moreira Alves). V. ainda os acs. do Supremo de 15 de Dezembro de 1998 (Noronha Nascimento), o de 11 de Maio de 2000 (pr nº 00B314) (Sousa Inês); o de 13 de Maio de 2004 (pr nº 04B1324) (Araújo Barros). O ac. do STJ de 25 de Março de 2004 (pr nº 04A968) (Lopes Pinto), não decidiu, por insuficiência da matéria

o acórdão do Supremo Tribunal de Justiça de 12 de Fevereiro de 2009[135], onde se lê: "A boa fé pressupõe, na fase pré-negocial, a observância de deveres de informação, esclarecimento e lealdade, tendo em vista os interesses legítimos da contraparte. A responsabilidade pré-contratual, com a amplitude que lhe dá o citado preceito, abrange justamente os danos provenientes da violação desses deveres secundários do dever de boa-fé pré-negocial [...] Esta responsabilidade tem a sua *ratio* na protecção da confiança depositada por cada um dos contraentes nas expectativas legítimas que o outro lhe crie durante as negociações, não só quanto à validade e eficácia do negócio, mas também quanto à sua formação. Visa a tutela da confiança do sujeito na correcção, na honestidade, na lisura, na lealdade, e na colaboração activa da contraparte na satisfação das expectativas alheias. É uma responsabilidade que tanto pode ocorrer no domínio dos contratos, como dos negócios unilaterais, ou até dos puros actos jurídicos que tenham um destinatário. A celebração do contrato ou a sua anulação, não afastam a aplicação desta responsabilidade".

Mário Júlio de Almeida Costa[136] afirma que "crê" que o acórdão do Supremo Tribunal de Justiça português de 5 de Fevereiro de 1981 (Sá Gomes), é a "primeira decisão do Supremo Tribunal de Justiça que, de maneira expressa e inequívoca, sanciona a responsabilidade pré-contratual pela ruptura das negociações preparatórias, baseada no

de facto, mas aceita a responsabilidade pré-contratual. Já o ac. do STJ de 9 de Março de 2006 (pr nº 06B066) (Pereira da Silva), entendeu não ser aplicável o art. 227º, por ser o regime dos arts. 913º e ss. especial, devendo assim prevalecer sobre o anterior. Por seu lado, o ac. do STJ de 8 de Março de 2007 (pr nº 07B131) (Custódio Montes), recusou a indemnização por falta de nexo causal entre a violação da obrigação de informação e os danos invocados. Sem o dizer, por a questão não ter sido suscitada, mas parecendo no mesmo sentido, o ac. do STJ de 21 de Junho de 2007 (pr nº 07B1815) (Salvador da Costa). É confuso o teor do sumário (apenas o que se conhece) do ac. do STJ de 20 de Maio de 2008 (pr nº 08A1253) (Fonseca Ramos), pois fala em "responsabilidade contratual" e em indemnização em caso de resolução do contrato, referindo violação da boa fé nos preliminares, e dizendo designadamente: "A responsabilidade contratual pressupõe que a parte que rompe as negociações traia as expectativas que legitimamente incutiu na parte com quem negociava, de modo a que frustração do negócio exprima uma indesculpável violação da ética negocial, mormente da protecção da confiança e da prevenção do insucesso". V. ac. do STJ de 16 de Setembro de 2008 (pr nº 08A2265) (Fonseca Ramos); e ac. do mesmo tribunal de 16 de Dezembro de 2010 (pr nº 1212/06.9TBCHV.P1.S1) (Fonseca Ramos), *in* http:// http://stj.vlex.pt/vid/-373429710.

[135] Pr nº 09A0078 (Paulo Sá).

[136] *Responsabilidade Civil pela Ruptura das Negociações Preparatórias de um Contrato*, 1984, p. 23.

artigo 227º do Código Civil", acrescentando[137] que, "antes dele, cabe referir, essencialmente o [...] Acórdão do Supremo Tribunal de Justiça de 19 de Janeiro de 1978, que [...], determinou às instâncias a instrução do processo de modo a apurar se existiam ou não os pressupostos fácticos da responsabilidade pré-contratual pela ruptura das negociações [...]".

Na doutrina, como se irá vendo, encontram-se muitos autores que procuram circunscrever o âmbito da sua aplicação, embora sejam raros os que afirmam, como Albuquerque Matos[138]: "Em virtude do [*sic*] princípio da liberdade contratual constituir uma referência essencial no período pré-contratual, a existência da responsabilidade baseada na *culpa in contrahendo* tem de considerar-se como uma solução manifestamente excepcional". Para este autor, tudo quanto à boa fé pré-contratual respeite é excepcional; assim escreve: "cumpre assinalar que a prestação de esclarecimentos entre os contraente não pode ser considerada como uma exigência indeclinável. Ressalvadas as hipóteses excepcionais em que a lei estabelece certos deveres de informação, ou, mais genericamente, a boa fé imponha tais exigências com vista a corrigir desníveis entre as partes envolvidas no *iter negotii* [...]"[139]

Mas a situação já não é – nem de longe – a que existia no início dos anos 90 e a que me referia no texto que escrevi sobre este problema e em que lamentava a escassez de atenção que lhe era dispensada[140].

[137] Pp. 24-25.

[138] Op. e loc. cit., p. 316, nota 14.

[139] Op. e loc. cit., 335, nota 44.

[140] *Notas sobre a Responsabilidade Pré-Contratual*, reimpressão, 2002, pp. 23-24.

Parte III
Questões gerais

1. O problema no direito público

Discutiu-se a questão de saber se esta vinculação e a decorrente responsabilidade também são aplicáveis a contratos de direito público, tendo, durante um tempo, alguns autores – em particular portugueses, sendo paradigmático desta posição Marcello Caetano[141] – defendido que o direito administrativo não estaria submetido ao princípio da boa fé, por um lado, e que a actuação discricionária da Administração na prossecução do interesse público não permitiria que os tribunais judiciais sindicassem os seus actos, por outro – e propendendo actualmente a maioria das doutrinas e jurisprudências europeias para a afirmativa[142].

Na verdade, hoje já não se encontram facilmente autores que o rejeitem. Há, mesmo, quem disserte sobre a extensão do dano indemnizável, defendendo que a decisão de não contratar da Administração Pública tem de ser fundamentada e tomada pelo processo legalmente previsto, pelo que a violação de qualquer destas vertentes confere ao lesado o

[141] *Manual de Direito Administrativo*, Tomo I, 10ª edição, revista e actualizada por Diogo Freitas do Amaral, 11ª reimpressão, 2013, pp. 574 a 579.

[142] A título meramente ilustrativo, v. Giorgio Afferni, "Responsabilità precontrattuale e rottura delle trattative: danno risarcibile e nesso di causalità", *in Danno e Responsabilità*, 5, 2009, p. 480.

direito "a ser colocado na situação em que teria estado se o contrato tivesse sido celebrado"[143].

a) Situação em Portugal

Em Portugal, o Parecer nº 138/79, de 20 de Dezembro de 1979, da Procuradoria-Geral da República[144], afirmou que que a situação de supremacia em que se encontra a Administração "não impede a aplicação ao contrato administrativo de alguns princípios que enformam o regime civilístico", acrescentando[145] que "a Administração deve considerar-se, entre nós, em princípio, sujeita à obrigação de indemnizar com fundamento em responsabilidade pré-contratual".

Marcelo Rebelo de Sousa[146] é claríssimo ao dizer, sobre os princípios cuja aplicação "chegou, desde a década de 70, ao Direito Público", que

[143] Giorgio Afferni, op. e loc. cit., p. 484, que se refere à jurisprudência italiana que apenas confere indemnização pelos danos negativos em caso de contrato abortado com a Administração se tiver estado em causa um vício de procedimento e não de fundamentação.
V. Gianluca Giorgio, *Trattative e responsabilità precontrattuale nei rapporti di diritto amnistrativo*, Maio, 2018, *in https://www.diritto.it/trattative-responsabilita-precontrattuale-nei-rapporti-diritto-amministrativo/*, que escreve que "a responsabilidade pré-contratual representa um mínimo denominador comum das várias relações jurídicas".

[144] *In Boletim do Ministério da Justiça* nº 298, de Julho de 1980, p. 12.

[145] P. 21.

[146] *Lições de Direito Administrativo* I, Lisboa, 1994-1995, pp. 139 a 142, onde explica que este princípio da confiança visa "salvaguardar – na sua aplicação à actividade administrativa – todas as situações em que" haja "uma actuação da parte de um sujeito de Direito, integrado na Administração Pública, criando a confiança quer na durabilidade da sua eficácia, quer na possível prática de outro acto de administração", "uma situação de confiança justificada do destinatário da actuação [...]"; "a efectivação de um investimento de confiança, isto é, o desenvolvimento de actos ou omissões na base da situação de confiança; o nexo de causalidade entre a situação geradora de confiança e a situação de confiança, por um lado; o nexo de causalidade entre a situação de confiança e o investimento de confiança".
Em outro texto – "Responsabilidade pré-contratual – vertentes privatística e publicística", *in O Direito*, Ano 125º 1993 III-IV (Julho-Dezembro), p. 409 – , afirma que o "dever especial" de diligência do Estado-Administração, bem como "a adstrição aos princípios da prossecução do interesse público e da eficiência e o dever geral de boa administração" "acentuam" os "traços" do "regime de responsabilidade", "tanto para a indemnização de prejuízos por violação de deveres de protecção na conclusão de contratos, como para a responsabilidade por prospecto [...]". No sentido do "acolhimento da responsabilidade pré-contratual do estado e demais entidades públicas no quadro do direito administrativo", cita abundante bibliografia na nota 35 da p. 409.

"particularmente importante é a aplicação do princípio da boa fé objectiva em matéria contratual, englobando a 'culpa in contrahendo' (isto é, a culpa na formação do contrato, por violação de deveres de informação e de protecção) [...]" e "o princípio da confiança, nascido como sub-princípio ou princípio-corolário do princípio da boa fé, [que se] tem vindo a autonomizar em relação a ele, com 'particular relevância' na ampliação da responsabilidade civil pré-contratual da Administração Pública, para além da ocorrência de 'culpa in contrahendo', sempre que haja legítima confiança do virtual co-contraente". Diogo Freitas do Amaral[147] já não pode considerar-se tão claro, embora pareça inclinar-se no sentido da sua aceitação[148]. Finalmente, João Caupers[149], embora não se refira à responsabilidade pré-contratual, diz – o que é expressivo do seu pensamento na matéria – que "o princípio da boa fé, consagrado no artigo 6º-A do CPA [Código do Procedimento Administrativo], não apresenta especificidades no que respeita à sua aplicação pela Adminis-

[147] *Direito Administrativo*, Volume II, edição policopiada, Lisboa, 1988, pp. 28-29, 36 a 39, defende a subordinação do poder público à lei e a responsabilidade da Administração perante os sujeitos de direito privado, se houver violação de um direito subjectivo ou de um interesse legítimo, embora sem se referir ao princípio da boa fé (pp. 67 a 104, 119 a 144); o mesmo autor, *Direito Administrativo*, Volume III, edição policopiada, Lisboa, 1989, pp. 316 a 347, defende a aplicabilidade aos actos administrativos do regime comum dos vícios da vontade e respectivas invalidades, que o contrato administrativo é um verdadeiro contrato (pp. 423 a 440), mas, ocupando-se do regime da sua formação, refere as regras administrativas que a regem, sem alusão à boa fé (pp. 454 a 456), reafirma o princípio da responsabilidade civil da Administração, em especial nos contratos administrativos, mas observa que esta é regulada "por normas de Direito Administrativo" (pp. 471 a 477), e diz que só se encontram submetidos ao Direito Privado os actos de gestão privada da Administração (pp. 487 e 496 a 499).

[148] Sem ter como objecto a responsabilidade do Estado por actos ou contratos administrativos, Maria Lúcia C. A. Amaral, *Responsabilidade do Estado e dever de indemnizar do legislador*, 1998, p. 133, observa que, quanto ao "dever de indemnizar do administrador", as divergências existentes e que analisa não são grandemente relevantes, pois, nos sistemas estudados, a responsabilidade concede "aos particulares" um "grau de protecção" que "parece ser essencialmente o mesmo".

Mário Esteves de Oliveira, *Direito Administrativo*, Vol. I, 1980, pp. 661-662, sem se referir à questão, diz que, nos contratos administrativos, é prevalecente o regime de direito público, mas que "a aplicação do direito civil será contudo automática naqueles casos [...] em que as normas de direito civil contenham e revelem verdadeiros princípios gerais de direito comuns aos diversos ramos do direito".

No sentido da subordinação, v., p. ex., C. Ferreira de Almeida, 4ª. ed., cit., p. 203.

[149] *Direito Administrativo I Guia de estudo*, 3ª edição, 1998.

tração Pública", salientando que "sobressaem" "os dois limites negativos que ele coloca à actividade administrativa pública" e que são o dever de esta "não atraiçoar a confiança que os particulares interessados puseram num certo comportamento seu; não deve, depois de ter iniciado e prosseguido um procedimento tendente ao recrutamento de agentes para o preenchimento de determinados lugares, mudar de ideias, desistindo de levar o procedimento ao seu termo, salvo se ocorrerem circunstâncias imprevistas e ponderosas [...]".

Na jurisprudência, encontram-se decisões claramente ilustrativas deste entendimento[150], entre as quais avulta o acórdão de uniformização

[150] P. ex., o ac. do STA de 13 de Março de 2001 (Pires Esteves) entendeu que "o cancelamento de concurso para concessão de exploração de uma esplanada em jardim gera responsabilidade pré-contratual"; também o ac. deste tribunal de 23 de Outubro de 2003 (pr nº 01527/02) (São Pedro) decidiu que, "se um contrato nunca entrou em vigor, por se não ter verificado uma condição suspensiva de toda a sua eficácia [visto do Tribunal de Contas], a parte a quem a não verificação da condição for imputável tem obrigação de indemnizar o outro contraente"; igualmente, o ac. de 10 de Setembro de 2009 (pr nº 0299/09, Rui Botelho) decidiu como segue: "Não viola as regras da boa fé, e por isso, o preceituado na primeira parte do citado nº 1 do artº 227, o comportamento da Administração Pública, que, no âmbito de uma privatização de parte do capital social de duas empresas, disponibiliza aos concorrentes todas as informações sobre a avaliação do respectivo património, que os interessados puderam analisar e testar, avaliação efectuada com recurso a entidades privadas de idoneidade reconhecida, ainda que, posteriormente, uma delas venha a concluir, já depois de concluído o processo de privatização e pago o respectivo preço, que os dados fornecidos anteriormente podiam não estar certos". O ac. do mesmo Tribunal de 20 de Junho de 2013 (pr nº 01360/12, Costa Reis), num caso em que uma Câmara Municipal não adjudicou um projecto ao arquitecto que, nos termos do respectivo concurso, deveria ter sido o escolhido, entendeu serem indemnizáveis os danos negativos; o ac. do STA de 31 de Outubro de 2013 (São Pedro) entendeu paralelamente existir responsabilidade pela anulação de um concurso público de adjudicação de uma empreitada de obras públicas e os danos da prestação de caução com vista à celebração de tal contrato; de forma paralela, os acs., sempre do mesmo Tribunal, de 16 de Maio de 2001 (pr nº 046227, Simões de Oliveira), de 31 de Maio de 2001 (pr nº 046919, João Cordeiro) e de 15 de Abril de 2014 (pr nº 01403/12, Vítor Gomes); o ac. do STA de 12 de Fevereiro de 2009 (Rui Botelho) admitiu esta responsabilidade num caso em que, tendo havido recusa de visto pelo Tribunal de Contas, o contrato não chegou a ter lugar; também o ac. de 7 de Outubro de 2009 (João Belchior), sempre desse Tribunal, reconheceu a existência deste tipo de responsabilidade, numa situação de nulidade de um procedimento adjudicatório por falta de concurso público. O ac. da 1ª secção do Tribunal Central Administrativo Sul de 30 de Junho de 2011 (Teresa de Sousa) nega provimento a um recurso, numa situação em que fora extinto um procedimento concursal e revogada a decisão de contratar, e nem se pronuncia sobre a questão da responsabilidade pré-contratual, embora a recorrente também não a tenha colocado com clareza.

de jurisprudência de 22 de Outubro de 2009[151], em que se decidiu que, "se um contrato nunca entrou em vigor, por se não ter verificado uma condição suspensiva de toda a sua eficácia, a parte a quem a não verificação da condição for imputável tem obrigação de indemnizar o outro contraente" pelos danos negativos. Embora trate de uma situação em que não há responsabilidade pré-contratual, mas contratual, é de assinalar a opinião do acórdão do STA português de 27 de Setembro de 2005[152], segundo o qual "a conduta da Administração Pública com vista a celebrar contrato administrativo é regulada pelo Direito Administrativo, sendo no seio deste que se encontram as sanções para condutas violadoras do princípio da boa-fé, não tendo aplicação directa o artigo 227º do Código Civil, que se destina a regular as relações jurídico-privadas". É de considerar também, embora negando, no caso concreto, a existência de responsabilidade, o acórdão do Supremo Tribunal de Justiça português de 9 de Setembro de 1993[153]; em sentido idêntico, o acórdão do mesmo Supremo Tribunal de Justiça de 22 de Maio de 1996[154]; o acórdão do Supremo Tribunal de Justiça de 31 de Março de 2011[155] admite claramente a responsabilidade de um Município[156].

b) Situação no Brasil

Na doutrina brasileira, Bruno Miragem[157] é também de opinião positiva, argumentando com "a subordinação do Estado à lei", a consequente responsabilidade da Administração "pelos danos causados aos particulares", com o alargamento da responsabilidade para além dos limites do contrato (responsabilidade anterior e posterior a ele), a aplicação do princípio da confiança nas relações entre a Administração e os administrados – com análise circunstanciada dos termos desta aplicabilidade –,

[151] Pr nº 0557/08, Pais Borges.

[152] Pr nº 0858/03, Alberto Augusto Oliveira.

[153] Pr nº 082682, Sousa Macedo.

[154] Pr nº 004386, Loureiro Pipa.

[155] Pr nº 4004/03.3TJVNF.P1.S1, Sérgio Poças.

[156] V. o acórdão do mesmo tribunal de 16 de Março de 1999 (pr nº 99B136) (Nascimento Costa); embora não seja claro, pois não se ocupa expressamente da questão, v. ac. do STJ de 12 de Fevereiro de 2009 (pr nº 09A0078) (Paulo Sá).

[157] Op. e loc. cit., pp. 131 a 141 e 144 a 152.

citando concordantemente Judith Martins-Costa[158]. No mesmo sentido, Carlyle Popp[159] que dá os exemplos das "cartas de intenção firmadas visando trazer benefícios de ordem fiscal [...] para instalação no Município ou no Estado" com inadimplemente posterior, e "a revogabilidade dos atos administrativos em benefício público, como acontece no no âmbito licitatório com decisões que determinam o cancelamento de alguma licitação já vitoriosa".

Tenha-se em conta a Conclusão I do Painel referente ao direito básico à informação no V Congresso Brasileiro de Direito do Consumidor, Belo Horizonte, de 2 de Maio de 2000, aprovada por unanimidade: 'O direito à informação, conferido ao consumidor, espécie do género Direitos fundamentais, como especificação da tutela constitucional do consumidor, tendo sido expressa e conjuntamente previsto nos incisos XIV, XXXII e XXXIII, do art. 5º da CF/88. Essas normas são de aplicabilidade imediata, como direitos de prestação e protecção dirigidos ao legislador, ao Judiciário (neste caso, como critérios nucleares de interpretação), à Administração Pública e aos particulares conformadores das normas infraconstitucionais, inclusive do CDC'".

Também se encontra jurisprudência brasileira que o afirma, como, por exemplo, o acórdão do Supremo Tribunal de Justiça, 1ª Turma, de 29 de Outubro de 2007[160] (José Delgado), onde se lê: "Na contemporaneidade, os valores e princípios constitucionais relacionados à igualdade substancial, justiça social e solidariedade, fundamentam mudanças de paradigmas antigos em matéria de contrato, inclusive no campo do contrato administrativo que, desse modo, sem perder suas características e atributos do período anterior, passa a ser informado pela noção de boa-fé objetiva, transparência e razoabilidade no campo pré-contratual, durante o contrato e pós-contratual"[161] [162].

[158] P. 138 e nota 41.

[159] Cit., pp. 298 e 299.

[160] In http://www.jf.jus.br/

[161] V. também decisão do proc. nº 213/06.1BELLE TCAN, de 16 de Setembro de 2011; e o ac. do TJ-PR, de 30 de Junho de 2016 (Thais Coutinho de Oliveira).

[162] Em sentido restritivo, parece, citando Almiro do Couto e Silva, Récio Cappelari, cit., p. 117.

2. A designação do instituto

Prevenção que se justifica respeita à designação do instituto: não obstante estar consagrada a referida, ela é enganosa, pois este tipo de responsabilidade pode surgir em qualquer negócio jurídico, incluindo unilateral, pelo que mais adequada seria a de responsabilidade pré-negocial[163] [164]. Esta questão é colocada e discutida por Francesco Benatti[165] que, começando por restringi-la aos "actos unilaterais entre vivos de conteúdo patrimonial", observa que a situação se coloca face à lei para os casos de comunicação da extinção da procuração, isto é, da cessação de poderes representativos[166].

Pelo menos quando o negócio tenha destinatário, justifica-se a protecção deste último, bem como a do respectivo autor que possa ser coagido ou levado a praticá-lo por erro qualificado por dolo do destinatário[167]. E, mesmo em relação a actos jurídicos não negociais, desde que tenham destinatário, as obrigações pré-negociais podem constituir-se

[163] Neste sentido, Almeida Costa, cit., p. 32. Também, p. ex., o já citado ac. do STJ de 14 de Julho de 2009 (Paulo Sá). Carlyle Popp salienta que é "perfeitamente vislumbrável em atos negociais com declarações unilaterais de vontade a culpa *in contrahendo*. Basta, v.g., um absolutamente incapaz prometer um prémio (promessa de recompensa) para a prática de determinado ato. Todos aqueles que confiaram na promessa inválida [...] teriam, em tese, direito à reparação dos seus prejuízos. [...] A matéria abrange os negócios *mortis causa* e familiares, aqueles com maior controvérsia cerca de sua aplicabilidade". Dizendo que "a doutrina mais rigorosa dá preferência à [designação de responsabilidade pré-negocial, uma vez que o problema ultrapassa o domínio dos contratos, podendo abranger os negócios unilaterais", Judith Martins-Costa, *A Boa-Fé no Direito Privado*, 1999, p. 272.
Fernando Noronha, *Direito das Obrigações*, Vol. I, 2ª edição, 2007, p. 454, afirma que a designação vulgar é adequada, pois "nos negócios jurídicos unilaterais não existem (ou dificilmente são concebíveis) negociações preliminares", embora dizendo que "ela pode surgir relacionada com negócios jurídicos unilaterais, ainda que tal seja muito difícil de acontecer".

[164] A favor da designação de responsabilidade pré-contratual e contra a de responsabilidade pré-negocial, pelas especificidades do contrato de trabalho, tanto quanto se percebe, pois admite que esta responsabilidade pode surgir mesmo no limiar um negócio jurídico unilateral ou, até, de um simples acto jurídico, Luciano Augusto de Toledo Coelho, *Responsabilidade Civil Pré-Contratual em Direito do Trabalho*, 2008, pp. 101, 102.

[165] *A responsabilidade pré-contratual*, 1970, pp. 33 a 39.

[166] Art. 266º do CC português, que rege a oponibilidade a terceiros tanto da revogação como da modificação da procuração.

[167] Permito-me remeter aqui para o meu sobre *Notas...*, pp. 24 a 32, e autores aí citados, onde se trata também da aplicabilidade aos negócios familiares e sucessórios. V. também F. Benatti, cit., pp. 39 a 43.

e o seu inadimplemento dar origem a responsabilidade[168] [169]: assim, por exemplo, com a interpelação ou a notificação da cessão[170].

3. Início da relação pré-contratual

Porque neste estudo, como *infra* se diz[171], se não analisam os deveres de protecção e de conservação, toma-se como momento de início da submissão à boa fé o do começo das negociações. Caso se considerassem aquelas obrigações, o princípio da boa fé pré-contratual teria de se considerar como vinculativo das partes anteriormente ao início dos preliminares em sentido negociatório[172].

Quanto ao momento em que se inicia a vinculação à boa fé pré-contratual, pouco mais pode dizer-se do que que esse é aquele em que cada uma das partes confia justificada e razoavelmente na outra, não se tratando de uma convicção subjectiva, mas daquela que seja objectivamente justificada pelas circunstâncias em que as partes se encontram[173] [174].

[168] *Notas...*, cit., pp. 25 e 26.

[169] Anna del Fante, "Buona fede prenegoziale e principio costituzionale di solidarietà", *in Rassegna di Diritto Civile*, anno quarto – 1983, pp 172 e 173, entende que sobre o "contra-interessado" só impenderá um dever pré-negocial recíproco do do declarante, "se os efeitos lhe forem favoráveis", já que, noutras hipóteses, ele tratará "*de damno evitando*", o que faz sentido.

[170] Exemplos de Almeida Costa, cit., p. 32.

[171] V. Parte IV, a[2)].

[172] Como reconhece Carlyle Popp, cit., p. 227.

[173] Neste sentido, Almeida Costa, cit., p. 57. Pedro Pais de Vasconcelos, *Teoria Geral do Direito Civil*, 5ª edição, 2008, p. 490, diz singelamente que "há sempre um mínimo de confiança sem o qual nenhuma negociação é possível". V. também o ac. do STJ português de 9 de Julho de 1998 (pr 98B607) (Lúcio Teixeira), que diz: "A ruptura de negociação não justifica responsabilidade pré-contratual, nos termos do artigo 227, do Código Civil, se não houver uma 'justificada confiança', uma 'confiança objectiva' na conclusão do negócio, e não um simples convencimento subjectivo, uma mera conjectura pessoal".

[174] Almeida Costa, cit., p. 54, em muitas palavras como resulta da citação, falando da responsabilidade por rompimento de negociações, depois de dizer que tem de "falar-se de verdadeiras negociações", escreve que "condição necessária e suficiente da existência destas será a verificação de uma actividade comum dos contratantes, destinada à elaboração do projecto de negócio" e que se "impõe" "um juízo rigoroso quanto à identificação dos actos que devam considerar-se autênticas negociações – caracterizados por manifestarem já uma intenção dirigida à celebração de um contrato [...]. [...] pelo simples início desta e da sua progressão, com diálogos, estudos em conjunto, acertamento provisório de aspectos parcelares do contrato visado, etc., produz-se uma confiança que vai crescendo e que faz surgir e desen-

Estas circunstâncias são – ou podem ser – de tipo muito variado, não sendo possível fazer delas um enunciado exaustivo.

De pouco ou nada adianta tentar fazer esquemas de fases dos preliminares[175], sendo igualmente certo que tudo quanto possa dizer-se é melhor ou pior quanto melhores ou piores forem as formulações conseguidas, todo o trabalho sendo o da interpretação dos comportamentos dos sujeitos com os elementos a ter em conta.

A natureza das partes tem de ser tida em consideração, designadamente quando uma delas é um profissional e a outra não, ou, sendo-o também, pertence a um diferente sector de actividade económica ou tem escassa experiência na conclusão de contratos daquela natureza. Nestes termos, pode um mero convite para contratar gerar no destinatário a fundada convicção de que um contrato se irá concluir: se ele provém de um profissional na área de negócios em que é experiente (e também, naturalmente, dependendo da sua concreta formulação) e se dirige a um não profissional (ainda que não seja exactamente um consumidor), pode, por si só marcar o começo da fase preparatória do contrato[176] [177].

As relações anteriores havidas são também um factor a ponderar, pois, se se trata de sujeitos que têm relações não contratuais que justificam uma acrescida confiança de uma na outra, pode acontecer que a presunção de respeitabilidade e de credibilidade leve o destinatário a confiar diversamente do que sucederia se o declarante fosse outra

volver potencial ou virtualmente a responsabilidade. Essa confiança, para ser legítima, deve alicerçar-se em dados concretos e inequívocos, analisados mediante critérios de consciência e senso comum ou prática corrente".

[175] P. ex., Carlyle Popp, cit., pp. 231 e 232. Aliás, o autor reconhece a dificuldade de perceber a evolução de uma fase para outra, já que tudo tem que ver com o comportamento de ambas as partes (pp. 232-233).

[176] Como diz Jorge F. Sinde Monteiro, *Responsabilidade por Conselhos, Recomendações ou Informações*, 1989, p. 397, a "existência e intensidade [dos deveres pré-contratuais] prende-se com o tipo de relação e qualidade dos parceiros contratuais. Eles hão-de ser menores quando existem interesses contraditórios do que quando uma actividade no interesse de outrem se torna conteúdo do contrato: o desnível de informação e a qualidade de profissional ou perito desempenham [...] um papel".

[177] Reconhecendo expressamente que um convite para contratar "pode configurar-se como fonte de responsabilidade pré-contratual, desde que o seu conteúdo seja tal que permita a imediata identificação de um vínculo de confiança entre o declarante e o destinatário da oferta, v. o ac. do TJ-RGS de 31 de Agosto de 2016, 5ª Câmara Cível (Maria Cláudia Mércio Cachapuz).

pessoa[178]. Por outro lado, se já houve relações contratuais anteriores entre as duas partes – designadamente nas hipóteses em que, durante um longo período de tempo, se foram celebrando contratos sucessivos e semelhantes entre elas –, é mais provável que qualquer deles confie na repetição de tal celebração[179].

O tipo de contrato também não é indiferente, pois este pode ser, pela sua natureza, precedido habitualmente de conversações mais ou menos longas. Quando se trata de um contrato daqueles que, como regra, não são precedidos de processos negociatórios prolongados, a confiança na sua conclusão é evidentemente maior do que naqueles outros que carecem de longas análises e ponderações[180]. Há também contratos que supõem que entre as partes exista uma confiança acrescida relativamente a outros, o que tem consequências nas obrigações pré-contratuais: assim acontece com o mandato, as sociedades pessoais, a doação...[181]. Muitos outros factores que ocorram no caso concreto têm de ser levados em conta, como, por exemplo, a forma como as partes se exprimem e não só[182].

Como em quase tudo quanto à boa fé pré-contratual[183] respeita, só tomando em conta os elementos da concreta situação se pode afirmar que ela constitui, ou não, um dos sujeitos na obrigação de indemnizar dela decorrente[184].

[178] Fazendo ressaltar este aspecto quanto à obrigação de informação, Eva Sónia Moreira da Silva, *As Relações entre a Responsabilidade Pré-Contratual por Informações e os Vícios da Vontade (Erro e Dolo): O caso da Indução Negligente em Erro*, 2010, pp. 26 e 28, dizendo: "é-lhe legítimo pensar, em razão da relação de confiança particular que o une à contraparte, que esta terá a iniciativa de o informar".

[179] V., neste sentido, se necessário for, Almeida Costa, cit., p. 56, com um exemplo.
É exemplo desta situação o "caso dos tomates" referido *supra*, Parte II, I – *a)*.

[180] Para um enunciado exemplificativo das motivações do alongamento da relação pré-contratual e do conteúdo possível desta, v. Almeida Costa, cit., p. 46; *idem*, "Intervenções fulcrais do boa fé nos contratos", *in Estudos de Direito do Consumidor*, nº 2, 2000, pp. 361 e 362.

[181] Neste sentido relativamente à obrigação de informação, Sónia Moreira da Silva, cit., p. 28, que, dando também o exemplo do contrato de trabalho (o que não acompanho em geral, pois, se há contratos de trabalho com estas características, muitos há que a não têm), observa que nestes negócios pode haver "uma obrigação de informação, em razão da confiança legítima que o credor da informação pode fundar na natureza do contrato".

[182] Com pedido de desculpa pela auto-citação, permito-me remeter para cit., pp. 44 a 47.

[183] Fala-se aqui apenas da boa fé pré-contratual, pois é ela o objecto deste trabalho, mas a afirmação vale para o princípio da boa fé em todas as suas áreas de aplicabilidade.

[184] V., por todos, pela felicidade de formulações, Judith Martins-Costa, op. e loc. cit., *passim*.

Há quem[185] diga que "só importa", para este efeito, "autonomizar uma 'fase de decisão'" para salientar que a formação do contrato se prolonga até ao momento da sua conclusão (efectiva ou potencial). Claro que assim é.

Porém, o problema maior é o de saber quando se inicia a negociação, o mesmo é dizer a partir de que momento se encontram as partes, na sua relação, submetidas à boa fé. Pode ter início com um convite para contratar, embora não seja esta a regra, em especial nos contratos celebrados individualmente. Não posso, por isso, acompanhar Carlos Alberto da Mota Pinto[186] na abstracta afirmação de que "não basta para considerar iniciadas as negociações um simples convite a tratar das possibilidades do negócio, mas torna-se necessária uma actividade comum de análise e elaboração do projecto contratual". O relevante – e difícil – é a análise do comportamento das partes e sua interpretação. Como escrevi[187], "pode haver de entender-se que existem contactos preliminares negociais ainda quando uma das partes, não tendo eventualmente intenção de vir a concluir o contrato, nem sequer queira negociar com vista a tal celebração; desde que ela, pelo seu comportamento, tenha criado na contraparte a razoável convicção de que está a realizar diligências exploratórias na perspectiva séria de vir a celebrar o contrato, pode (deve) dizer-se que existem negociações"[188].

Renata Domingues Balbino Munhoz[189] afirma – o que pode, no essencial, subscrever-se – que, "se analisarmos, com rigor, como se processa

[185] Assim, C. Ferreira de Almeida, 4ª ed., cit., pp. 204-205.

[186] "A responsabilidade pré-negocial pela não conclusão dos contratos", *in Boletim da Faculdade de Direito* (Suplemento XIV), 1966, p. 191.

[187] Cit., p. 47, nota 111.

[188] Encontra-se quem, aparentemente, não pareça atribuir grande relevância à questão, como Lucimar Pedroso de Andrade, op. e loc. cit., que diz singelamente: "A responsabilidade pré-contratual começa de um comum acordo entre as partes quando se iniciam com as negociações", e que, aliás, parece confundir a situação com a decorrente de "pré-contrato", de onde retira consequências quanto à natureza desta responsabilidade. Adiante, o autor exprime-se assim: "Percebe-se que a fase pré-contratual se inicia no momento das negociações com a intenção de se chegar à conclusão do contrato definitivo".
V. também Carlyle Popp, cit., pp. 222 a 225, referido *infra*.
Phenélope Carvalho de Almeida, cit., p. 46, afirma que "um dos modos de se auferir [*sic*] a extensão destas negociações é o fator econômico. O dispêndio gasto [sic] nesta fase das tratativas. [...] Não basta existir negociações, deve haver, ainda, aceitação das mesmas [?]".

[189] *A boa-fé objetiva nas fases contratuais, in* http://www.justitia.com.br/artigos/7zz15z.pdf.

cada negócio, chegaremos à conclusão de que uma fase preparatória, por mais rápida que seja, verifica-se sempre, apesar de nem sempre ser percebida pelas partes", acrescentando que as tratativas se iniciam "quando as partes começam a se relacionar", o que, como é claro, de nada adianta[190].

Tratando do "comércio internacional", Francisco Augusto Pignatta[191] diz que neste "as dificuldades devidas à distância física existente entre as partes fazem com que este período anterior à conclusão do contrato possa ser longo. O início desta fase seria, então, o momento em que as partes tomam contacto uma com a outra e o seu fim, quando o contrato fica concluído ou quando as negociações se rompem". Mas o autor acrescenta que "não é qualquer entrada em contacto entre dois comerciantes que estabelecerá se estão ou não no início da fase pré-contratual. Para estabelecer o começo desta fase, é preciso que as suas intenções tenham como finalidade a conclusão de contrato. Pode acontecer que um comerciante contacte um outro para fazer apenas uma análise do mercado e não exista qualquer vontade de contratar subjacente ao seu contacto. Assim, o factor vontade determinará se já está em curso uma negociação ou se, ao contrário, existe apenas uma relação sem qualquer vinculação [*lien*] de direito. A grande dificuldade está na busca da vontade porque a sua determinação é imprecisa, subjectiva e difícil de apreender. Para ultrapassar este obstáculo, é preciso detectar [*dégager*] indícios mais objectivos, sinais exteriores da vontade de se vincular, a fim de garantir uma certa segurança jurídica, princípio maior do comércio internacional. Deste modo, a tomada em conta da exteriorização da vontade tem de ter um lugar preferencial na análise da fase pré-contratual. [...] o factor 'tempo' assume importância como também a 'intensidade' da relação expressa pelo número de contactos [*entretiens*] entre os parceiros. Se os contactos entre as partes são numerosos e duram desde há muito tempo, isso pode significar que as partes se encontram em negociação. Mas, pode, evidentemente, haver excepções a esta regra"[192].

[190] Porém, a autora entende que só no que designa por "fase intermédia" é que o "processo de confiança [...] [pode] ensejar a obrigação de reparar o interesse negativo [...]".

[191] *La Phase Précontractuelle sous l'Empire de la Convention de Vienne sur la Vente Internationale et des Droits Français et Brésilien*, Julho 2008, pp. 21 e 22.

[192] V. também pp. 38 e 39.

A distinção, feita por alguma doutrina italiana[193], entre contactos preliminares e negociações em sentido próprio, tem sentido, por os primeiros se caracterizarem pela unilateralidade e só nas segundas haver bilateralidade, mas nem sempre é evidente nas situações factuais[194].

Na doutrina brasileira, há vários autores que se referem, para identificar o momento da vinculação à boa fé, ao contacto social (ou negocial, para alguns[195] [196] [197]) que existe logo que seja identificável uma relação dirigida à futura celebração de um contrato.

[193] Anna del Fante, op. e loc. cit., pp. 129-130.
Já Guido Alpa, *Precontractual Liability – Reports to the XIIIth Congress International Academy of Comparative Law*, Montreal, Canada, 18-24 August 1990, policopiado, p. 8, escreve que "o termo 'negociação' é entendido no seu mais amplo sentido de qualquer 'contacto' entre as partes visando celebrar o contrato".

[194] João Calvão da Silva, "Negociações preparatórias de contrato-promessa e responsabilidade pré-contratual", *in Estudos de Direito Civil (Pareceres)*, 1996, pp. 84-85, distingue entre "puros e simples contactos preliminares, preparatórios" e "fase negociatória", caracterizando a segunda, *in casu* dirigida à clebração de um contrato-promessa de compra e venda, pela "redução a escrito" do clausulado do contrato e "pagamento da taxa de inscrição"; o autor conclui que, por aqueles dois factos, "os pré-contratantes querem uma deontologia negocial acrescida no *iter negotii*, a deontologia ética da probidade, da lealdade e da lisura própria das pessoas de bem, das pessoas que agem de boa fé e segundo a boa fé". Se a exposição suscita as maiores dúvidas, é indispensável ter presente o propósito argumentativo do autor a favor de uma das partes – no sentido de que não se estava perante um contrato-promessa, nem condicional, nem mesmo de um pacto de opção de contrato-promessa – que retira peso à ideia expressa.

[195] Karina Nunes Fritz, op. e loc. cit., p. 3, citando Larenz, diz que a boa fé objectiva impõe-se à relação entre as partes logo que há um "contato negocial, aquele que tem por razão e fim um negócio jurídico, no qual as partes entram em contato em razão de um eventual e incerto negócio jurídico", por contraposição a um mero contacto social. A autora reporta-se ao Direito alemão, onde o § 311 do BGB reformado em 2001 tem o seguinte teor, usando a tradução da autora: "Relação obrigacional jurídico-negocial e semelhante à jurídico-negocial. (1) Para o surgimento de uma relação obrigacional através de negócio jurídico, assim como para a alteração do conteúdo de uma relação obrigacional, é necessário um contrato entre as partes, se a lei não tiver outra determinação. (2) Uma relação obrigacional, com os deveres decorrentes do § 241, inciso 2, surge ainda através: 1. do início de negociações contratuais; 2. da preparação de um contrato, durante a qual uma parte, com vistas a uma eventual relação negocial, permite à outra a possibilidade de atuar sobre seus direitos, bens jurídicos e interesses, ou confia-lhe os mesmos; 3. de contatos semelhantes aos negociais. (3) Uma relação obrigacional, com os deveres decorrentes do § 241 alínea 2, pode surgir ainda para pessoas que não deverão ser parte no contrato. Uma tal relação obrigacional surge especialmente quando o terceiro toma para si confiança, em medida considerável, e, com isso, influencia significativamente as negociações contratuais ou a conclusão do contrato".

A ideia é, pôde compreender-se, de Clóvis do Couto e Silva e foi expressa em *A obrigação como processo*[198]. Em formulação um pouco mais precisa[199], Karina Nunes Fritz[200] escreve: "O início das tratativas dá-se com o estabelecimento de contato destinado à eventual conclusão de determinado contrato, sendo para tanto suficiente qualquer exteriorização do pensamento, indiferente se oral, por escrito, por meio eletrônico ou através de comportamento concludente. Necessário, porém, um consentimento, pois as negociações só se iniciam quando o outro consente, demonstrando que se interessa pela oferta ou pelo convite a negociar e quer melhor se informar sobre o assunto. Elas podem ser verbais ou escritas, tendo estas a vantagem de facilitar não apenas a prova da existência das negociações, como também da confiança legítima na celebração, um dos requisitos essenciais para a responsabilidade".

Há quem[201] pretenda identificar uma relação jurídica pré-negocial, em tudo idêntica à contratual, salvo no conteúdo da vontade: ali, a

Vera Fradera, Dano..., op. e loc. cit., p. 174, referindo o entendimento de Couto e Silva, diz que, "no contato social, [...] a proximidade entre as partes não é tão próxima como num contrato já constituído, mas onde, não obstante, já é exigido um comportamento pautado pela lealdade, pela confiança, logo, cooperativo". Reafirma a posição na p. 179.

V. também, embora em referência incidental, Ruy Rosado Aguiar Júnior, op. e loc. cit., p. 25, que escreve: "[...] os deveres atribuídos aos seus figurantes não são referenciados ao contrato, que inexiste, mas ao simples contato social, que é o suporte de fato suficiente para fazer nascer os deveres decorrentes da boa-fé".

Christoph Fabian, *O dever de informar no direito civil*, 2002, p. 122, utiliza o mesmo critério, opinando que o "contato social" tem de ter "uma componente subjectiva": "o estabelecimento do contato de ser de interesse ou ser direcionado a concluir um contrato".

196 Maria Cláudia Cachapuz, "Algumas notas sobre a responsabilidade pré-contratual", *in Revista da AJURIS*, Ano XXVI, Nº 76, Dezembro de 1999, p. 73, refere-se, mesmo, à "doutrina do contato social".

197 Já Regis Fichtner Pereira, cit., p. 44, fala de um "estímulo externo" (proposta, convite para contratar...), cuja "ocorrência dá início à segunda fase no processo de formação do negócio jurídico, que é a fase da deliberação". Esta é a fase em que as questões de responsabilidade pré-contratual surgem, segundo o autor. Isto é, é aquela em que as negociações começam, lendo-se adiante (p. 47): "Tudo o que acontece nessa fase é de relevância para a deliberação do agente sobre realizar ou não o negócio jurídico".

198 Em particular, p. 89, *apud* vários dos autores consultados.

199 A precisão é, neste domínio, inatingível.

200 Op. e loc. cit., p. 22.

201 Carlyle Poop, cit., pp. 222 a 225. Adere a este entendimento Karen Fabricia Venazzi, *Responsabilidade Pré-Contratual. O dano extrapatrimonial e a expectativa de efetivação do contrato*, 2011, p. 48.

entrada em negociações; aqui, a conclusão do contrato. Esta pretensão de identificar consentimentos na entrada nos preliminares, se bem que compreensível, é essencialmente estéril, pois, podendo as declarações ser expressas ou tácitas, tudo se reconduz, afinal, à percepção possível do hetero-significado dos comportamentos das partes, pelo que a questão permanece intacta.

Também não creio que aquela ideia do "contacto" (social) seja de grande auxílio: nem sempre, logo que se verifique um contacto tendente à futura realização de negócio jurídico, se pode falar de submissão à boa fé; casos há em que a relação pré-contratual tem imediatamente início, como há outros em que apenas mais tarde – quando um dos negociadores, ou ambos, se empenham na negociação, depositando nela, isto é, na contraparte, confiança – se pode falar em negociações e consequente constituição de uma relação regulada pela boa fé objectiva. Estão-se a considerar, para identificar a emergência de um comportamento conforme com a boa fé, designadamente, as mensagens publicitárias que, por força de lei – tanto em Portugal (artigo 7º, nº 5, da Lei de Defesa do Consumidor - Lei nº 24/96, de 31 de Julho) como no Brasil (artigos 30º e ss., 35º, 36º e ss. do Código de Defesa do Consumidor - Lei nº 8 078/90, de 11 de setembro) –, têm de respeitar requisitos em grande medida relevantes da boa fé[202]. Pode, de algum modo, aderir-se à formulação que se deixou transcrita de Karina Nunes Fritz, não podendo acompanhar-se autores, como Renata Domingues Balbino Munhoz[203], que exige que "haja consentimento ao início das tratativas", consubstanciando-se este em "duas declarações de vontade, convergentes, direcionadas ao mesmo objeto, bem como a consciência de que as responsabilidades das partes aumentarão à medida em que as tratativas forem evoluindo", por se tratar de uma formulação excessivamente restritiva[204].

[202] A importância do conteúdo de informação pré-contratual da publicidade (como também das embalagens) é reconhecida por vários autores. Por todos, Récio Cappelari, cit., p. 49.

[203] A boa-fé objetiva..., op. e loc. cit.. V. também, como ficou referido, Carlyle Poop, cit., pp. 222 a 225.

[204] Gustav Penna Gorski, *A economia da responsabilidade pré-contratual e contratual*, 2005, *in* http://www.lume.ufrgs.br/pp., pp. 62 e 72, retoma este "consentimento às negociações", observando entretanto que ele "pode ser expresso, tal qual a negociação entre duas firmas

O acórdão nº 670433 de 10 de Abril de 2013 do Tribunal de Justiça do Distrito Federal e dos Territórios, 3ª Turma, entendeu que "as informações prestadas informalmente pela empresa fabricante acerca da possibilidade de realização de serviços técnicos não podem, por si sós, serem entendidas como legítima fase pré-contratual (artigo 422 do C. Civil) para fins de vinculação e responsabilização por violação de deveres ou da boa-fé objetiva. [...] Se a empresa participante de certame licitatório, cujo objeto se refere ao oferecimento de equipamentos de informática, não empreende efetivas e formais tratativas negociais quanto à contratação de serviços de assistência técnica correspondente, então não há como pretender que a empresa fabricante dos produtos (importados) propostos, seja com ela obrigada a contratar apenas porque forneceu informações sobre eventual possibilidade de realização dos serviços técnicos exigidos pela licitante [...]".

O Supremo Tribunal de Justiça português, em acórdão de 11 de Novembro de 1997[205], diz o seguinte, que não adianta muito (porque é difícil fazê-lo): "O momento em que na fase negociatória se pode dizer que as partes se acham já vinculadas a recíprocas obrigações decorrentes da boa fé é aquela em que os contactos pré-contratuais entre as partes fazem surgir numa delas ou em cada uma delas a confiança na conduta leal, honesta, responsável e íntegra da contraparte, isto numa apreciação objectiva no quadro do ambiente económico-social em que o processo formativo do contrato teve lugar".

Sem que esteja a procurar situar juridicamente o momento da submissão à boa fé pré-contratual, diz o acórdão do Supremo Tribunal de Justiça português de 12 de Outubro de 1999[206] que "a responsabilidade civil pré-contratual baseia-se na ideia de que o simples início das negociações cria entre as partes deveres de lealdade, de informação e de esclarecimento, dignos da tutela do direito". O acórdão do mesmo

nas quais houve troca informações de forma documental (fax-símile, correspondências eletrônicas ou comuns), ou tácito, tal qual um sinal de positivo emitido pelas partes para se iniciar as tratativas pré-contratuais ou a simples omissão em relações entre empresas ou pessoas que ocorre há um considerável tempo e de forma contínua". Porém, o autor, em outro passo (pp. 64-65), reconhece que a ideia não é muito útil, pois é difícil provar que houve o tal consentimento de que fala.

Em sentido próximo, Récio Cappelari, cit., pp. 30, 35, 36 e 46.

[205] Pr nº 97A557 (Machado Soares).

[206] Pr nº 99A534 (Ferreira Ramos).

tribunal de 9 de Julho de 1998 repete: "A responsabilidade civil pré-contratual baseia-se na ideia de que o simples início das negociações cria entre as partes deveres de lealdade; de informação e de esclarecimento, dignos da tutela do direito".

Pode, na senda de Canaris, embora não inovadoramente – pois já, por exemplo, Francesco Benatti[207] o referia – dizer-se que a responsabilidade pré-contratual se funda na confiança, como o fazem, entre outros, Menezes Cordeiro[208] [209], C. Ferreira de Almeida[210] [211],

[207] Cit., em especial p. 30.

[208] *Tratado de Direito Civil*, I, 4ª edição, 2012, pp. 970-971.
O autor enuncia quatro "pressupostos" da protecção jurídica da confiança: a) existência de "uma situação de confiança conforme com o sistema e traduzida na boa-fé subjetiva e ética, própria da pessoa que, sem violar os deveres de cuidado que ao caso caibam, ignore estar a lesar posições alheias"; b) "uma justificação para essa confiança, expressa na presença de elementos objetivos capazes de, em abstrato, provocarem uma crença plausível"; c) "um investimento de confiança consistente em, da parte do sujeito, ter havido um assentar efectivo de atividades jurídicas sobre a crença consubstanciada"; d) "a imputação da situação de confiança criada à pessoa atingida pela proteção dada ao confiante; tal pessoa, por ação ou omissão, terá dado lugar à entrega do confiante em causa ou ao fator objetivo que a tanto conduziu".
Basta a leitura deste excerto para elucidar o quanto ajuda a protecção da confiança, pelo menos em algumas das suas formulações, neste contexto.

[209] O mesmo autor, pp. 975 a 977, indica ainda o princípio da materialidade, nos termos do qual existe a obrigação de avaliar a conduta das partes na relação pré-contratual em termos materiais, isto é, de acordo com as consequências que implicam; não basta, pois, a adopção formal dos comportamentos devidos, sendo indispensável que eles realizem os objectivos materiais que as normas lhes atribuem.

[210] 4ª ed., cit., p. 219.
Este autor também afirma que, "em geral e em esquema, a tutela da confiança depende da coexistência dos seguintes elementos: – uma situação de confiança efectiva e imputável a determinada pessoa (imputação da confiança); – justificação da confiança suportada por dados objectivos e credíveis; – investimento de confiança, causado por esta e traduzido em actos concretos e externos, com ou sem expressão financeira imediata; – boa fé [...] de quem confiou".

[211] Mariana Fontes da Costa, op. e loc. cit., pp. 379-380, opina que "não é pacífica [...] [a] recondução à responsabilidade pré-contratual por violação de deveres de informação à tutela da confiança e da primazia da materialidade subjacente". E conclui, após citar Carneiro da Frada: "Embora o assunto nos mereça maior reflexão, tendemos a concordar com os argumentos [...] para recusar a classificação da responsabilidade pré-contratual como uma responsabilidade pela confiança, não negando, contudo, a importância reflexa que aquela tem na salvaguarda dos valores prosseguidos por esta".

Renata Domingues Balbino Munhoz[212], Carneiro da Frada[213] ou Christoph Fabian[214].

Sendo verdade, não pode ignorar-se que este entendimento, no uso que dele tem sido feito, tem em vista a restrição do âmbito dos danos ressarcíveis neste domínio[215], pelo que só me interessa agora neste resultado, de que discordo, pois, se é indiscutível que a confiança constitui um elemento identificador da *ratio* do instituto, já não tem utilidade[216] deslocá-la daí para objecto da lesão e, ainda menos, para definir as fronteiras dos danos indemnizáveis[217].

[212] "A boa-fé...", op. e loc. cit..

[213] Manuel António de Castro Portugal Carneiro da Frada, *Teoria da Confiança e Responsabilidade Civil*, pp. 175 e 454, que escreve: "a teoria da confiança apresenta-se neste contexto especialmente idónea para a compreensão da responsabilidade por informações [...]. Apesar disso, o carácter difuso da confiança e o seu consequente *deficit* de operacionalidade no processo de aplicação do Direito [...], assim como a indesmentível tendência para uma tipificação e despessoalização da confiança, abriram aqui espaço [...] nomeadamente para a construção de uma responsabilidade alicerçada (tão-só) numa situação objectiva de violação de deveres de conduta. [...] O que está em causa [...] é simplesmente uma responsabilidade pela causação indevida de uma confiança alheia. A eventual defraudação da confiança alheia não representa por si só [...] uma infracção do *civiliter agere*. [...] Pelo menos em relação a um número muito significativo de situações valoráveis como infracções dos deveres impostos pela boa fé é fácil reconhecer que o pensamento da protecção da confiança se apresenta à partida completamente deslocado". E continua: "A responsabilidade por violação desta vertente da boa fé [credibilização da "formação e perduração das expectativas"] não se traduz, em bom rigor, numa responsabilidade pela frustração de expectativas. Aquilo que se censura ao sujeito é apenas [...] a criação ou manutenção indevida de uma confiança alheia" (p. 467). E ainda: "[...] a responsabilidade [...] decorrente não pode destinar-se à reparação do dano consistente na própria defraudação das expectativas relativas à verificação dos factos objecto da declaração, sob pena de total desrespeito da linha divisória entre a fase preambular [...] e acordo negocial. [...] O facto [...] de nos movermos ainda na antecâmara do negócio, mostra concludentemente que os ditames da boa fé não podem nunca reclamar uma vinculação à realização de expectativas alheias" (p. 483).

[214] Cit., p. 124.

[215] De forma clara o dizem Manuel Gomes da Silva e Rita Amaral Cabral, "Responsabilidade pré-contratual", "Responsabilidade pré-contratual", *in O Direito*, Ano 127º, 1995, III-IV (Julho-Dezembro), p. 457.

V. também Paulo Mota Pinto, *Interesse...*, em especial p. 16; v. p. 38.

[216] Ou terá, o que ainda me parece pior.

[217] V. Clara González, *La culpa in contrahendo (Tratamiento en el derecho alemán y presencia en otros ordenamientos)*, pp. 61 a 63, para uma análise crítica da referência à "confiança" e ao chamado "interesse de confiança".

Como já escrevi, a descrição do ilícito pré-contratual como uma "conduta lesiva da confiança"[218] tem correspondido a dificuldades em encarar esta responsabilidade como qualquer responsabilidade civil subjectiva, caracterizada constitutivamente pelo ilícito, a culpa, o prejuízo e a relação causal entre aquele e este, ou à tentativa de circunscrever o âmbito dos prejuízos reparáveis. Continuo a não enxergar, neste capítulo, razão de especialidade, menos ainda de excepcionalidade. O ilícito, pela sua indeterminação, tem de ser analisado e ponderado caso a caso e cuidadosamente, mas não há qualquer outra particularidade.

[218] Cit., pp. 36-37 e nota 88.

Parte IV
Obrigações pré-contratuais

Em qualquer caso, nem todas as obrigações pré-contratuais surgem em simultâneo e a sua intensidade e extensão crescem no decurso das negociações[219].

As classificações destas obrigações podem pecar sempre por desajustamento com a realidade de cada situação, embora se compreendam pela necessidade de organizar a exposição do tema.

a) O âmbito das obrigações pré-contratuais

a^1) Antes de analisar as obrigações emergentes da boa fé pré-contratual, tem de ponderar-se se entram no domínio da responsabilidade pré-contratual alguns casos que certa doutrina alemã assim qualificara: os de "incumprimento antecipado", isto é, aqueles em que, nas palavras de Sinde Monteiro[220], "a culpa anterior do contrato consiste em 'propor o contrato para diante' sabendo que será mal executado, *v.g.* se o hoteleiro propõe ao cliente géneros que sabe ou deve saber estarem deteriorados, verificando-se depois uma intoxicação". É que, não sendo linearmente alheios ao período pré-negocial, a haver responsabilidade

[219] Permito-me de novo remeter para o meu *Notas...*, cit., pp. 47 a 49.
[220] Cit., pp. 356-357, nota 60.

deste tipo, ela radicaria na omissão de informação que deveria ter sido prestada e não no chamado "incumprimento antecipado". O incumprimento gera responsabilidade obrigacional. Tratar-se-ão, pois, estas hipóteses no quadro da responsabilidade pré-contratual sempre que elas consubstanciem incumprimento de obrigações de informação pré-contratuais e releve esse não-cumprimento enquanto tal. Parece divergir deste ponto, embora não seja certo, dada a generalidade da proposição, P. Pais de Vasconcelos[221], quando diz que "há violação do dever pré-contratual de lealdade, por exemplo, sempre que alguma das partes entra em negociações [...] sem a intenção de cumprir, total ou parcialmente, o contrato".

Paralelamente de algum modo, têm de colocar-se as situações em que houve conclusão de contrato e início da sua execução, mas sobrevém uma declaração de nulidade ou anulação. Se ocorrerem prejuízos no cumprimento do negócio inválido, de que natureza é a responsabilidade emergente? Suponha-se que, numa locação, o locatário sofre danos por falta de informação – que lhe era devida – sobre a coisa locada: a responsabilidade parece ser pré-contratual, tanto mais que dificilmente ela poderá considerar-se fundada num contrato que juridicamente desapareceu *ex tunc*. Com menos linearidade, mas também com apropósito, o problema se coloca se os danos tiverem provindo de vício da coisa ou, no contrato de trabalho, de acidente imputável ao empregador. Poderá haver responsabilidade delitual, mas podem não se encontrar preenchidos os respectivos pressupostos e, então, é de aceitar a responsabilidade *in contrahendo*.

a²) Deixam-se deliberadamente de fora as situações em que estejam em causa deveres de segurança ou de protecção construídos pelas doutrina e jurisprudência alemãs, que no âmbito dos direitos aqui considerados, não carecem necessariamente de uma inclusão no quadro pré-contratual, por, em regra, encontrarem solução no âmbito da responsabilidade extraobrigacional[222].

[221] Cit., p. 492.

[222] V. C. Ferreira de Almeida, 4ª ed., cit., p. 209, e Karina Nunes Fritz, op. e loc. cit., pp. 13-14. Acolhendo-a, pelo menos, em parte, tanto quanto pode compreender-se, A. Menezes Cordeiro, "Dolo na conclusão do negócio. Culpa in contrahendo", *in O Direito*, Ano 125º, 1993 I-II (Janeiro-Junho), p. 160, que fala de "deveres de protecção", caracterizando-os

Quanto a estas obrigações destinadas a preservar o património e a integridade da outra parte[223], as questões não se colocam com a mesma linearidade, só face à situação concreta se podendo avaliar da sua existência e extensão e, por isso, do respectivo cumprimento ou incumprimento[224].

Dizê-lo deste modo pode ser enganador: qualquer das obrigações pré-contratuais só em concreto pode identificar-se nas suas existência e dimensão. Não que acompanhe, sem mais, Galvão Telles, quando ele diz que admitir tais obrigações pré-negociais "é ir longe de mais", mas reconheço que, a maior parte das vezes, "as possíveis agressões a esses

como a necessidade de abstenção de "atitudes que provoquem danos nos hemisférios pessoais ou patrimoniais umas das outras". A referência é, como se vê, demasiado vaga para se poder concluir com segurança de que está o autor a falar. Já não assim, pois trata-se apenas de uma identidade de denominação, P. Pais de Vasconcelos, cit., p. 491, que diz que "os deveres de boa fé na negociação têm sido tipificados em deveres de protecção, deveres de esclarecimento e deveres de lealdade", acrescentando que "os deveres de protecção vinculam as partes em negociação a fazer o que razoavelmente estiver ao seu alcance para evitar ou reduzir danos ou custos da contraparte [...] Outros danos ou custos que, ocorrendo embora concomitantementecom a negociação ou com a contratação [...] se não insiram funcionalmente no processo negocial, como os conhecidos casos do linóleo ou da casca da banana, citados na doutrina alemã, não devem ser qualificados como de culpa *in contrahendo*".
Claramente no sentido de os incluir na responsabilidade pré-contratual, Carlyle Poop, cit., pp. 212 e 215, argumentando que "constitui-se [...] como forma de democratizar o relacionamento obrigacional" e que, "além disso, torna-se mais fácil a presença dos pressupostos indenizatórios e cumpre, mais agilmente, a função profilática e preventiva, no âmbito social, que toda a teoria da responsabilidade civil possui". Para este autor, "basta a entrada no estabelecimento, ou situação similar, que estão inaugurados os deveres de proteção do comerciante em relação ao seu cliente potencial. Isto se aplica, igualmente, aos profissionais liberais, como médicos, engenheiros, advogados, arquitetos, enfim, prestadores de serviço" (p. 212, nota 873).
Na jurisprudência do STJ português, encontram-se frequentes referências a este dever, mas não à sua aplicação. Assim, p. ex., no acórdão de 11 de Janeiro de 2017 (pr nº 2644/13.1TJVNF.G1.S1) (Alexandre Reis).

[223] Que tanta importância revestiram na Alemanha no decurso do século passado, com o importante precedente do *Linoleumfall*, decidido pelo *Reichsgericht* em 7 de Dezembro de 1911, seguido das decisões do *Bundesgerichtshof* de 1961 e de 1976. Actualmente, as circunstâncias que levaram a este interesse encontram-se ultrapassadas pela reforma do Direito das Obrigações de 2001, em vigor desde 2002, estando o instituto consagrado no *BGB* – § 311, nºs 2 e 3.

[224] O mesmo não fazem alguns autores, mais apegados à doutrina alemã. Assim, p. ex., Regis Fichtner Pereira, cit., pp. 102-103.

patrimónios e integridade física [...] nada têm a ver com o *iter negotii*"[225]. Eduardo Milléo Baracat[226] dá um curioso exemplo: um acidente ocorrido durante uma entrevista de uma pessoa candidata a um emprego na sede das instalações da empresa empregadora; não é certo que, no caso, fosse necessário recorrer ao instituto, mas trata-se inequivocamente de uma situação em que a sua aplicação tem pertinência. Nesta situação, como naquelas em que o parceiro negocial sofre danos por causa de uma coisa entregue na fase negociatória por mau manuseamento, em virtude de falta de informação, ou em que os danos decorrem da própria coisa objecto da negociação (imóvel a comprar ou a arrendar que está a ser visitado e em que a parte sofre uma queda por não se aperceber de um desnível para o qual devia ter-lhe sido chamada a atenção), ou há, sem mais, responsabilidade pré-contratual ou dois fundamentos alternativos de direito indemnizatório, podendo o lesado escolher qual deles vai invocar.

Concluiria dizendo que a ligação à preparação ou conclusão do contrato terá de ser analisada caso a caso, sendo certo, como princípio, que grande parte deles será estranha a essas fases, que se terão limitado a proporcionar um contacto entre pessoas, que, por sua vez e por um ilícito em tudo idêntico a qualquer outro, alheio à conclusão de um negócio, redundou na causação de prejuízos por uma a outra, indemnizáveis nos termos gerais da responsabilidade aquiliana.

Sempre se deixará dito, por repetição embora[227], que, tratando destas obrigações nesta sede, elas só parecem poder surgir quando alguém acede às instalações de um profissional com o propósito de vir a concluir um negócio e já não quando o faz por razões diversas, como as daquele que foge a uma escaramuça de rua, se abriga da tempestade ou visa furtar um bem[228].

[225] Cit., pp. 205-206, nota 209.

[226] Cit., p. 225.

[227] *Notas...*, cit., p. 80.

[228] Há decisões jurisprudenciais brasileiras a reconhecer esta responsabilidade. P. ex., TJ-RJ–Ap. 169601320118190205, 3ª Vara Cível, recusou a indemnização por falta de prova de nexo causal entre o defeito da escada rolante e os danos da lesada. TJ-RJ-Ap. Cív. 119.070-1.j. 13.03.90, condenou o proprietário da loja a indenizar uma criança gravemente ferida num vidro do estabelecimento. TJ-PR, Ap. Cív. nº 1.540.546-4, de Curitiba – 25ª Vara Cível (Clayton Maranhão) condenou em indemnização um lojista e sua seguradora por danos

b) Os acordos pré-contratuais

Quanto aos contratos que são precedidos – quando venham a ser efectivamente celebrados – por acordos parcelares, é indispensável distinguir. Independentemente da designação[229] – que pode ser, e é, variada, e que é utilizada não apenas nos contratos internacionais, mas também em nacionais –, há que analisar-se a vinculatividade desses acordos[230].

Frequentemente, tais acordos chamam-se, quase indiferentemente, cartas de intenção (*letters of intent*)[231], memorandos de entendimento (*memoranda of understanding*), *heads of agreement*[232], cartas de conforto

morais causados a uma criança de seis anos que, correndo num *shopping*, embateu numa porta de vidro não sinalizada que se estilhaçou sobre a vítima.

[229] Menezes Leitão, op. e loc. cit., pp. 53 e ss., analisa os vários acordos preliminares em função da respectiva designação, abordagem pelo menos discutível.

[230] Carneiro da Frada, cit., pp. 543-544 e nota 568, "nega-hes [...] o efeito de vincular o sujeito à adopção da conduta perspectivada, embora mantenha [...] a responsabilidade do seu autor, por força da regra da conduta de boa fé, caso não alerte a outra parte de uma alteração das suas disposições. Além disso, responderá pela confiança (com auxílio do *venire*), indemnizando os prejuízos decorrentes do investimento de confiança feito pela outra parte".

[231] F. Pessoa Jorge, *Lições de Direito das Obrigações*, 1º Vol., 1975-76, p. 179, diz que "a chamada carta de princípio ou carta de intenção [...] é a declaração feita por uma das partes de que estão em curso negociações sérias de um contrato, sobre o qual todavia ainda não se chegou a acordo".

Heinrich Ewald Hörster, cit., p. 473, nota 30, diz singelamente, sobre esta, que "é normalmente utilizada no início das negociações, sobretudo de carácter internacional, com vista a definir a posição negocial".

Já Carlyle Popp, cit., p. 248, diz que, não sendo o contrato, é um contrato; mais adiante (pp. 251 e 252), opina que a "'lettera d'intento' serve para estabelecer um contrato preliminar visando, por exemplo, à compra de determinado equipamento, com intenção de encetar novas tratativas sobre a aquisição futura de outros bens. O documento foi realizado para tornar certo e concluído um termo contratual sobre uma parte das tratativas ou mesmo sobre todas elas. Fica aí estabelecida a intenção das partes de negociarem outros bens ou nova qualidade. O que já ficou é susceptível de execução específica, pois já não se admite o arrependimento".

Aurélien Bamdé, *Liberté et rupture des négociations: regime juridique des pourparlers et reforme des obligations*, *in* https://aurelienbamde.com/2017/01/12/liberte-et-rupture-des-negociations--regime-juridique-des-pourparlers, depois de dizer que a jurisprudência considera que pode obrigar o respectivo autor quer a continuar as negociações, quer a celebrar "pura e simplesmente" o contrato, cita uma decisão da *Cour de Cassation* de 6 de Janeiro de 2012, que "confirmou a condenação do autor de uma carta de intenção no pagamento de indemnização em razão do desrespeito pelos termos do seu compromisso".

[232] Sobre estes, v. Carlyle Poop, cit., p. 249.

(letters of confort)[233] [234] [235] [236], entre outras designações (de que são exemplo *instructions to proceed* ou *authority to proceed*[237]).

[233] Não sendo claro que esteja em causa uma opinião geral e não apenas relativa ao caso que aprecia, sobre as "cartas de conforto ou cartas de patrocínio *(confort letters; lettres de patronage; lettere di patronage; Patronatserklärungen)*", v. João Calvão da Silva, "Cartas de conforto", *in Estudos de Direito Comercial (Pareceres)*, 1996, pp. 369 e 370, que diz que se trata "de simples missivas dirigidas a um Banco para o motivar e determinar a conceder, manter ou renovar um crédito a terceiro, em geral uma entidade controlada (sociedade-filha) pelo subscritor (entidade controlante ou sociedade-mãe). O subscritor da carta (patrocinante) não é (ou não será) a entidade patrocinada ou 'recomendada' –, mas a relação que o liga à beneficiária directa do crédito explica a sua intervenção com vista a servir de suporte e dar conforto e confiança ao Banco no êxito da operação. [...] [porque] em razão da livre (auto)determinação das partes, 'cartas de conforto' é expressão ou conceito amplo [...], que cobre ou acolhe uma multiplicidade de declarações de natureza e conteúdo os mais diversos, preferimos falar de cartas de conforto para assim transparentar a pluralidade aberta e proteiforme do fenómeno e rejeitar a aparência, sequer, do seu carácter monolítico, unitário e homogéneo". O autor, pp. 374 a 378, analisa juridicamente estes instrumentos jurídicos, concluindo que, sendo, em princípio, contratos unilaterais, eles podem variar em função do seu conteúdo.

[234] A este propósito, escreve Karina Nunes Fritz, op. e loc. cit., pp. 22-23: "atualmente, é comum as partes, principalmente em contratos complexos ou de significativo valor econômico, realizarem na fase negocial atos de diversas naturezas jurídicas, de caráter negocial ou não. Os primeiros constituem verdadeiros negócios jurídicos na fase pré-contratual como o contrato preliminar [...]. Os segundos são todos os instrumentos destinados a documentar as negociações como as minutas e as cartas de intenção, denominados genericamente de punctações".

Vera J. de Fradera, "Dano pré-contratual...", op. e loc. cit., p. 174, diz que estas designações correspondem a realidades que têm "pouca ou nenhuma diferença entre si".

[235] Como diz E. Santos Júnior, "Acordos intermédios: entre o início e o termo das negociações para a celebração de um contrato", *in Revista da Ordem dos Advogados*, Ano 57, Abril 1997, p. 567, nota 3, "muitas vezes, a necessidade de tais acordos [...] resulta [...] de [...] factores externos à negociação, como a necessidade de produção de algum tipo de documento como pressuposto ou condição de as partes obterem aprovações governamentais eventualmente requeridas por lei para a celebração ou a execução do contrato em vista ou para obterem, por exemplo, um financiamento de que necessitem".

[236] Já Carlyle Popp, cit., pp 241 e 242, opina que estes documentos correspondem a uma "formação progressiva do contrato", sendo "frequentemente utilizados [...] [nos] casos em que as partes ultrapassaram determinados pontos, não sendo mais possível retornar. Significa dizer que, com relação a isto, a discussão está encerrada. É fundamental, deste modo, a celebração destes acordos parciais, cuja utilidade será grande, sobretudo se acontecer o recesso das negociações". O autor chama a atenção para o facto de a doutrina dominante afirmar "o caráter não vinculante destes acordos".

[237] Destas diz Carlyle Popp, cit., p. 252, que ocorrem "quando as partes já definiram que vão contratar, mas não sobre todos os seus termos", permitindo a parte titular do bem

A indefinição (anarquia lhe chamam expressivamente alguns[238]) terminológica leva a que opiniões gerais sobre alguns destes acordos se situem no limiar do mistério[239] [240].

que é objecto das negociações que a outra comece a "usufruí-lo". O essencial está acordado e, "enquanto discutem o resto, a compradora toma posse do bem, iniciando as obras para a construção desejada". "Grandes dificuldades ocorrerão se não houver acordo sobre os demais pontos pendentes". A solução "pode passar pelo interesse positivo ou pela execução específica ou limitar-se aos prejuízos sofridos, repondo a situação *ex ante*".

[238] Maristela Basso, *Contratos Internacionais do Comércio*, p. 186, *apud* Carlyle Poop, cit., p. 247.

[239] Alegadamente para análise das cartas de conforto, Carneiro da Frada, cit., pp. 527 a 543. O autor – no seu pensamento muito peculiar quanto à responsabilidade – afirma que "permanece [...] um certo espaço para considerar uma eventual responsabilidade pela confiança. Mas há que depurá-la da responsabilidade do emitente da carta de conforto à luz dos princípios da *culpa in contrahendo*. Os ditames da boa fé podem implicar para ele a prestação de um esclarecimento ou a necessidade de averiguar conscienciosamente a exactidão de uma informação que disponibiliza (*v.g.*, sobre a solvabilidade ou sobre a situação económica daquele a quem o crédito será concedido), sob pena de ter de ressarcir os danos provocados. [...] Elas não visam a realização das expectativas, mas evitar que surjam representações indevidas perturbando o livre exercício da decisão de contratar por parte do destinatário da carta de conforto. [...] Pode [...] dizer-se que a carta de conforto origina entre ela e a instituição financiadora uma relação específica cujo conteúdo é dado por deveres vários de informação, verdade e lealdade. [...] Ora, paralelamente ao que se viu ocorrer a propósito da ruptura das negociaçoes, se o sujeito não assumiu nenhum compromisso negocial, também não é curial impor-se-lhe, por via da boa fé, um dever 'positivo' de adoptar a conduta que perspectivou o destinatário da carta. [...] Tudo isto não prejudica [...] que a boa fé permita impor ao autor da carta condutas correctas, posteriores à sua emissão, [...] Nem por isso [...] se trata, ainda aqui, de realizar expectativas criadas, mas tão-só de prevenir representações infundadas do sujeito que podem redundar em prejuízos. A teoria da confiança é contudo susceptível de levar [...] à responsabilidade do autor da carta de conforto. [...] De facto, adoptando o emitente da carta um compromisso contrário às expectativas de conduta futura que acalentou, nisso vai uma inconsequência ou incoerência, pelo que o *venire* constitui [...] nestas hipóteses uma base de responsabilização. Importa [...] reiterar que, não existindo vinculação à realização de expectativas, a responsabilidade não deriva de um acto ilícito [...]. Por isso [...], ela apenas pode abranger a indemnização do prejuízo que o destinatário da carta não teria sofrido se não tivesse confiado. Está fora de causa o ressarcimento do dano da não realização das expectativas em si mesmo considerado".

[240] Como diz Carlyle Popp, cit., p. 247, "a utilização que deles se faz é a mais variada possível, servindo desde para documentar um convite para negociar, até para ratificar os pontos já acordados e não passíveis de discussão".

Falando indiscriminadamente das "cartas de intenção ou acordos de princípio", e dos "acordos de base (*heads of agreement*)", o ac. do STJ português de 2 de Agosto de 2014, pr nº 934/11.7TBOAZ.S1) (Pinto de Almeida) afirma "que servem essencialmente para registar e consagrar os consensos que vão sendo obtidos sobre pontos essenciais do negócio",

O seu conteúdo é constituído, muitas vezes, por acordos parcelares alcançados em negociações demoradas e complexas. Sempre que assim seja, pode afirmar-se, com alguma segurança, que eles não consubstanciam o contrato, ao qual faltam ainda cláusulas sobre aspectos em que o acordo não foi obtido[241]. Porém, mesmo que o contrato não possa ter-se por celebrado, tais documentos testemunham um processo negociatório que pode encontrar-se muito avançado e permitirão ao intérprete/ /aplicador do Direito ajuizar da razoável confiança que qualquer das partes tenha depositado na conclusão do negócio e, por vezes, até, parte dos investimentos que foram feitos tendo em vista aquele resultado[242]. Caso, sob qualquer designação, o documento pré-contratual revelar

acrescentando: "é reconhecido, porém, que qualquer desses instrumentos pode ter, apesar do nomen que lhe seja atribuído, um conteúdo diversificado: podem quedar-se pelo mero registo da existência das negociações em curso e chegar até a consignar a existência de acordo sobre alguns ou todos os elementos do contrato, tornando, neste último caso (*ultimate agreement*), a celebração apenas dependente de determinadas condições, de verificação posterior (v.g. a aprovação do contrato pelos conselhos de administração das partes, a obtenção de uma autorização administrativa, etc.). Neste caso, se as partes se põem de acordo sobre todo o conteúdo negocial, este acordo pode ser designado como acordo pré-contratual final, que representa o consenso material, completo e preciso sobre aquele conteúdo. Não constituindo ainda um contrato e não originando obrigações contratuais, tem por efeito o dever de contratar e a violação deste dever, se injustificado, envolve responsabilidade civil pré-contratual (art. 227º do Código Civil)".

241 Joanna Schmidt-Szalewsk, op. e loc. cit., p. 558, diz que, face a este tipo de documentos (de entre os quais a autora se detém nas cartas de intenção), a apreciação do respectivo valor jurídico "varia em função das expressões empregadas e do conteúdo do conjunto do documento. O factor de maior força probatória é, sem dúvida, o grau de precisão quanto aos elementos do contrato projectado e ao grau de firmeza da vontade expressa. A expressão 'ter a intenção de se vincular' equivale a 'assumir o compromisso', desde que o conteúdo da vinculação seja claro". Quanto às cartas de conforto, escreve que, "no domínio das relações financeiras", elas, quando "dirigidas por uma sociedade-mãe ao banco da sua filial são em geral interpretadas como constituindo um pré-contrato de garantia em benefício do destinatário". Porém, a autora reconhece (p. 559) que os tribunais tendem a descobrir pré-contratos no período pré-contratual, embora não diga que tal se deve à fuga do instituto da responsabilidade pré-contratual. Daí que se ocupe demoradamente das convenções que impõem a obrigação de negociar um ulterior contrato (pp. 560 e 561).

242 Agora só me ocupo deste aspecto, não falando da sua relevância para a interpretação do contrato, quando ele venha a ser concluído e haja dúvidas sobre o sentido de qualquer das suas cláusulas. Sobre este ponto, v. Albuquerque Matos, op. e loc. cit., pp. 332 a 334, que também chama justificadamente a atenção para a sua utilidade em hipóteses de erro, designadamente para esclarecer a essencialidade do elemento sobre o qual aquele incidiu.

preliminares muito avançados, salvo algum elemento interpretativo que o infirme, poder-se-á concluir que a confiança na efectiva realização do contrato é substancial e justificada, pelo que uma interrupção das negociações ou uma recusa de celebrar o contrato – salvo se suficientemente justificada – constituirá o seu autor em responsabilidade pré-contratual face à contraparte. Como diz Karina Nunes Fritz[243], "os instrumentos utilizados pelas partes para documentar as negociações e fixar os pontos já acordados, embora não gerem um dever de celebrar o contrato, ganham relevância na medida em que contribuem para a formação da confiança legítima na celebração. Eles têm como consequência imediata a prova da existência das negociações, mas são aptos também para comprovar que a confiança surgida na contraparte acerca da celebração do contrato foi legítima, justificada, pois amparada em dados objetivos, de forma que qualquer pessoa naquela situação também confiaria que o negócio seria celebrado. Isso ocorre porque as minutas criam nas partes uma ideia de estabilidade e de progresso das negociações, as quais contribuem para que elas tenham uma maior confiança de que o resultado das negociações será positivo [...]".

Carlyle Poop[244] entende que, em princípio, "o valor destes acordos releva da preponderância da boa-fé objetiva sobre a autonomia privada. Este predomínio é fruto de uma visão mais humanista das relações negociais, não se podendo desconsiderar o comportamento das partes e a confiança por ele gerado na outra". Na opinião do autor, "os acordos provisórios [...] consubstanciam-se na renúncia convencional ao poder de revogação pertencente às partes no curso normal das tratativas, relativamente a determinados pontos ou cláusulas: renúncia de que decorre o vínculo para as ambas as duas partes correspectivamente [...] ou para uma delas unilateralmente [...] de manter firme aqueles pontos ou cláusulas no caso de conclusão do contrato". O mesmo autor[245] refere o art. 885º do CC austríaco: "Se o ato formal de contrato não se acha ainda redigido, mas existe uma minuta dos pontos principais adotada e tirada pelas partes, esta minuta estabelece imediatamente os direitos e ónus que aí estão expressos".

[243] Op. e loc. cit., pp. 22-23.

[244] Cit., p. 243. V., porém, pp. 249 e 250, onde, a propósito dos *heads of agreements*, manifesta uma posição mais moderada.

[245] Cit., p. 247, nota 1003.

E, dependentemente do teor das cláusulas acordadas – que podem, mesmo, esgotar o conteúdo contratual em discussão –, tal acordo pode traduzir-se numa obrigação indemnizatória em espécie, isto é, na declaração judicial de que o contrato se encontra concluído e a produzir os seus efeitos.

Caso o(s) acordo(s), embora já abranja(m) todos os elementos essenciais, mas não esgote(m) aqueles que se encontravam em discussão, ele não poderá, em princípio, ter-se por celebrado. Mas, nestas hipóteses, há que distinguir. Se, face ao artigo 232º do Código Civil português, o contrato não pode ter-se como celebrado, por faltar o acordo sobre qualquer um elemento que uma das partes tenha suscitado[246], podem as situações de facto (e, por isso, jurídicas) variar. Podem os preliminares destinar-se a prosseguir, sendo a ruptura inesperada e injustificada, hipótese em que, dependentemente dos dados de facto (isto é, de Direito), também se pode colocar a possibilidade de recurso aos tribunais para que estes profiram sentença que faça as vezes do contrato injustificadamente abortado[247]. Por maioria de razão assim será, se uma (com o acordo da outra) ou ambas as partes iniciaram a execução do contrato, vindo, em momento ulterior, uma delas questionar a celebração[248].

[246] O que, segundo Menezes Leitão, op. e loc. cit., pp. 54 e 55, constitui regra comum "a todos os ordenamentos", afirmação que me suscita muitas dúvidas. Sobre a questão, v. b²) *infra*.

[247] Contra, Calvão da Silva, "Negociações ...", op. e loc. cit., pp. 88, 89 e 95.

Na sua linha de argumentação, Albuquerque Matos, op. e loc. cit., p. 320, afirma que, "dado nos encontrarmos situados num período onde impera a liberdade das partes, estas não se encontram, por regra, vinculadas pelo teor dos acordos pré-contratuais entretanto firmados".

[248] Fora o que sucedera na situação apreciada pelo ac. do STJ português de 5 de Fevereiro de 1981 (Sá Gomes), em que os factos eram no essencial os seguintes: os futuros cessionários de todas as quotas e do estabelecimento de uma sociedade "tinham excluído os [...] [futuros cedentes] da gestão [...] [da sociedade cujas acções estavam para comprar], e passado eles a geri-la, alterado o horário de trabalho e passado a comportar-se como os verdadeiros patrões perante os empregados da empresa que, aliás, tinham passado a obedecer-lhes como se eles fossem os patrões [além de outros comportamentos nesse sentido]". O contrato de cessão de quotas não revestira a forma legal, recusando-se os cessionários a fazê-lo sem justificação".

A situação apreciada no ac. do STJ de 26 de Fevereiro de 2015 (pr nº 4313/08.5TBSTB.L1.S1) (Granja da Fonseca) era mais complexa: as partes tinham acordado numa venda de quotas, cujo preço seria pago em prestações, ficando o montante e tempo da primeira determinado e os das seguintes a ser estipulados no momento da escritura de formalização do contrato. A prestação foi paga e o vendedor recusou a celebração do contrato.

Não estão a considerar-se os acordos pré-negociais que as partes concluem para se obrigar a comportamentos na fase preliminar e cujo incumprimento, se forem válidos, gera responsabilidade obrigacional[249].

b[1]) Disponibilidade ou injuntividade da boa fé pré-contratual

Problema que os acordos preliminares podem suscitar é o de serem constituídos ou conterem cláusulas que afastem a vinculação à boa fé pré-contratual de uma ou de ambas as partes. Trata-se de questão pouco tratada, tanto quanto sei, talvez por a sua colocação ser muito rara no mercado. Mas, a pôr-se, a resposta deve ser a da sua nulidade, dado que a boa fé constitui um princípio estruturante do ordenamento jurídico privado, tanto em Portugal quanto no Brasil[250]. Sobre ela e a propósito dos *heads of agreements*, escreve Carlyle Popp[251]: "é usual a inserção de uma cláusula de inexistência de qualquer responsabilidade entre as partes pelo malogro da negociação", dizendo que "tal cláusula [...] não será eficaz se uma delas agir com dolo ou manifesta abusividade, pois os ditames da lealdade e da correção, reflexos da boa-fé objetiva, constituem-se em direitos indisponíveis pelas partes".

No mesmo sentido, v. artigo 1:103; 2 de DRFR que dispõe que "este dever [o dever de negociar de acordo com a boa fé e a lealdade das relações e a não romper as negociações contrariamente à boa fé e à lealdade das relações] não pode ser afastado ou limitado por convenção".

Também o actual artigo 1112-1 do *Code Civil* francês estabelece, quanto ao dever de informação, que "as partes não podem limitar, nem excluir este dever".

[249] Sobre estes, v. referência em Dário Moura Vicente, "Culpa...", op. e loc. cit., p. 267, e *infra* sobre os acordos de confidencialidade.
Não compreendo se é a estes – embora se me afigue que não – que se refere Albuquerque Matos, op. e loc. cit., p. 320, nota 21, quando fala de acordos pré-contratuais "autonomizadores de certas prestações do contrato a concluir e dos contratos de execução antecipada de prestações principais", dos quais diz que "devem qualificar-se, por conterem uma regulamentação autónoma de questões específicas, como autênticos contratos definitivos".

[250] Neste sentido, por todos, Antônio Junqueira de Azevedo, "A Boa-Fé...", op. e loc. cit., p. 88, dizendo: "são ilícitos como contrários à lei os atos contrários aos bons costumes e à ordem pública; as convenções ou cláusulas que visem eliminar ou diminuir a boa-fé estão nesse caso".

[251] Cit., p. 249.

O problema pode, evidentemente, colocar-se nas negociações de um qualquer contrato – nacional, português ou brasileiro. Sendo a boa fé um princípio de que derivam deveres de ordem pública interna (em Portugal como no Brasil), tais cláusulas devem considerar-se nulas, perante o art. 800º, nº 2, do CC português, não sendo diversa a solução jurídica brasileira[252].

A questão pode ser suscitada por uma cláusula – que aparece muitas vezes como declaração unilateral – em que uma das partes declara ter conhecimento e consciência de vários aspectos (que podem ser jurídicos, financeiros, materiais ou outros) inerentes ao contrato. Estas cláusulas visam excluir a responsabilidade – muitas vezes, a pré-contratual, embora o mais das vezes a obrigacional – da contraparte. Ora, não se colocando aqui a questão de saber se este direito indemnizatório é susceptível de renúncia antecipada[253], há que chamar-se a atenção para o facto de tais cláusulas constarem frequentemente de formulários contratuais que são aceites em bloco pelos respectivos destinatários. Nestas situações como naquelas em que a minuta contratual não se destina a uma pluralidade de sujeitos, mas apenas a um, mas em que a celebração do contrato de que tal cláusula é parte integrante não admite discussão do conteúdo, há que avaliar a cláusula com cuidado acrescido no que respeita ao seu conhecimento e compreensão por parte do aderente, como sempre sucede quando estejam em causa contratos de adesão.

b^2) Aceitação com modificações

Outra hipótese, não rara, é a de a resposta de aceitação de um dos negociadores conter aditamentos ou modificações de importância reduzida, caso em que, face aos Direitos brasileiro e português, o contrato não poder ter-se por celebrado.

Outra será a situação se ele for regido pela Convenção de Viena sobre a Compra e Venda Internacional de Mercadorias de 11 de Abril de 1980[254], cujo artigo 19º, nº 2, tem o seguinte teor: "No entanto, uma

[252] Assim, Carlyle Popp, cit., p. 274, invocando o art. 25º do CDC.

[253] Sobre ele, v. supra, Parte II, 1.

[254] Que não se ocupa propriamente da fase pré-contratual. Francisco Augusto Pignatta, cit., pp. 362 e 363, é de opinião de que "é necessário aplicar as regras da Convenção às rupturas de negociações [*pourparlers*] para evitar que as partes escapem a uma sanção para os actos praticados durante as negociações, enviando uma proposta revogável e revogando-a de se-

resposta que pretenda ser a aceitação de uma proposta contratual, mas que contém elementos complementares ou diferentes que não alteram substancialmente os termos da proposta, constitui uma aceitação, salvo se o autor da proposta, sem atraso injustificado, fizer notar verbalmente as diferenças ou mandar um aviso com esta finalidade. Se não o fizer, os termos do contrato são os da proposta contratual, com as modificações constantes da aceitação", esclarecendo o nº 3 da mesma disposição: "Considera-se que alteram substancialmente os termos da proposta contratual elementos complementares ou diferentes relativos nomeadamente ao preço, pagamento, qualidade e quantidade das mercadorias, ao lugar e momento da entrega, ao âmbito da responsabilidade de uma parte em face da outra ou à resolução dos diferendos". Por força deste regime, a aceitação, ainda que com modificações, pode consubstanciar aceitação pura, e o contrato encontrar-se concluído.

Solução menos clara, mas de algum modo paralela decorre do artigo 2.11., nº 2, dos Princípios UNIDROIT: "Porém, a resposta que pretenda ser aceitação mas contenha elementos complementares ou diferentes que não alterem substancialmente os termos da proposta vale como aceitação, salvo se o proponente, sem atraso injustificado, manifestar o seu desacordo sobre esses elementos. Se o não fizer, os termos do contrato são os da proposta com as modificações constantes da aceitação". Neste texto, não se encontra indicação do que constitua "alteração substancial"[255]. Estabelece o artigo 2.14: "1) Se as partes preten-

guida com aplicação da Convenção apenas depois da eficácia da proposta. [...] A propósito da sanção da ruptura das negociações e da revogação da proposta, a nossa posição é a de fazer aplicar aplicar a Convenção de Viena, mesmo que não exista qualquer disposição específica sobre a fase pré-contratual. É desejável uma interpretação mais extensiva do texto convencional e fazer aplicar o artigo 74 ao período pré-contratual é, também, um impulso no sentido da uniformização do comércio internacional. [...] aplicar a Convenção de Viena à fase pré-contratual [...] é o resultado de um raciocínio lógico e coerente, e em nada contrário às exigências do comércio internacional".

[255] Lendo-se na anotação da "versão provisória em língua portuguesa", Roma, 1995, p. 62: "Aditamentos ou modificações respeitantes ao preço ou modo de pagamento, lugar e momento do cumprimento de uma obrigação pecuniária, à medida da responsabilidade de uma parte perante a outra ou à resolução dos diferendos constituem normalmente, embora não necessariamente, uma modificação 'substancial' da proposta. Um factor importante a ter em consideração quanto a este aspecto é saber se os aditamentos ou modificações são normalmente usados no sector de comércio em causa e portanto não constituem surpresa para o proponente".

diam concluir o contrato, o facto de remeterem a determinação do conteúdo de uma cláusula para negociações posteriores ou para decisão de um terceiro não obsta à conclusão do contrato. 2) A existência do contrato não fica comprometida pelo facto de posteriormente. *a)* as partes não chegarem a acordo, *b)* o terceiro não tomar a decisão, desde que haja outro meio razoável de determinar o conteúdo dessa cláusula nas circunstâncias consideradas tendo em conta a intenção das partes". Uma vez que o artigo 2.13 destes Princípios dispõe que, "quando uma parte, durante das negociações, exigir que a conclusão do contrato fique dependente de acordo sobre determinadas questões de fundo ou de forma, o contrato só ficará concluído se as partes chegarem a acordo sobre essas questões", basta o acordo sobre as questões essenciais para haver contrato, excepto se uma das partes levantou uma "questão de fundo" ou pretendeu que fosse observada certa forma e estas não ficaram resolvidas.

O referido artigo 2.14 parece, pois, vir dar resposta à questão da celebração do negócio apesar de existir um elemento sobre o qual as partes pretendiam acordar (ou que fosse estipulado por um terceiro) e não o fizeram, desde que, por força do artigo anterior, não tenha havido "exigência" de qualquer das partes de tal acordo sobre "questão de fundo ou de forma".

Já a norma do artigo 2.12, relativa a cartas de confirmação, não justifica semelhante destaque, pois se refere, justamente, a escritos expedidos "num prazo razoável após a conclusão do contrato", tendo como função a respectiva confirmação, "mas que contenha[m] elementos complementares ou diferentes", determinando que "esses elementos farão parte integrante do contrato, salvo se o alterarem substancialmente ou se o destinatário, sem atraso injustificado, manifestar o seu desacordo sobre esses elementos". Trata esta disposição das hipóteses em que o contrato se encontra acordado no seu essencial, confirmando-se a conclusão, mas aproveitando-se a oportunidade para especificar aspectos que não foram objecto de consenso[256].

[256] Tem razão Menezes Leitão, op. e loc. cit., pp. 56-57, quando observa que ocorre "neste caso a relevância do silêncio como aceitação da modificação do contrato, que os Princípios *UNIDROIT* [...] aceitam".

Tenho, por tudo isto, as maiores dúvidas quanto à afirmação de Menezes Leitão[257] de que, face aos Princípios UNIDROIT, "caso as denominadas cartas de intenção já contenham todos os elementos essenciais do contrato, parece que mais precisamente se falará da verdadeira formação de um contrato comercial internacional, ainda que as partes prevejam uma sua futura formalização através da redacção de um específico documento. [...] tal documento consistirá num mero *instrumentum*, onde se realizará uma mera reprodução de compromissos já vinculantes para as partes". A afirmação seria de subscrever caso não surgisse na sequência da exposição daquele regime jurídico integrado também pelo artigo 2.13.

O autor[258] parte do princípio de que "nas cartas de intenção em sentido próprio não surge [...] a estipulação de direitos e obrigações para as partes [...] [e de que] nelas as partes procuram não assumir expressamente [?] nenhuma obrigação, deixando aberta uma margem de incerteza sobre o seu cariz vinculativo, normalmente com a reserva mental de obrigar a outra parte sem se obrigar a si próprio"[259]. "Daí que em certos casos a obscuridade e ambiguidade das cartas de intenção possa ser intencional, pretendendo-se levar a outra parte a não discutir o conteúdo das negociações registado, mas deixando a si próprio a liberdade para o continuar a discutir". Diz ainda que, "em termos mínimos, as cartas de intenção podem-se limitar a registar a existência de negociações em curso, esclarecendo que ao momento nenhum acordo foi ainda alcançado e nenhuma responsabilidade poderá derivar da ruptura das negociações. Estas cartas de intenção servem normalmente apenas para justificar o tempo e as despesas empregados nas negociações, quando os negociadores venham a ser contactados a esse respeito pelas respectivas administrações. A responsabilidade pré-contratual pela ruptura negocial é, por isso, expressamente afastada, valendo estes acordos como

[257] Op. e loc. cit., p. 57.
Mas as minhas dúvidas, por contraposição às certezas do autor citado, são mero corolário de diversidade de personalidades.

[258] Que, no seu estudo, apenas tem em vista a hipótese de responsabilidade por rompimento das negociações, como resulta de todo o texto e é expressamente afirmado a p. 63, onde se lê: "[...] se ocorrer a celebração do contrato comercial internacional, há lugar a responsabilidade contratual por incumprimento, enquanto as cartas de intenção originam apenas uma responsabilidade pré-contratual pela ruptura das negociações".

[259] Op. e loc. cit., p. 57.

reconhecimento pelas partes de que o estado das negociações em curso não justifica ainda a criação de situações de confiança, em relação à conclusão das negociações"[260]. Partindo desta realidade negocial, não pode dizer-se que esteja afastada a hipótese de responsabilidade pré-contratual, porque "o reconhecimento pelas partes de que o estado das negociações em curso não justifica ainda a criação de situações de confiança, em relação à conclusão das negociações", pode constar da carta de intenções por pressão de um dos negociadores, tudo dependendo do apuramento dos factos, isto é, da razoabilidade da confiança de cada uma delas na seriedade das negociações por parte da outra, bem como no motivo (ou ausência dele) do rompimento. A sequência de afirmações ilustra um pensamento que só não se qualifica como obviamente contraditório porque empenhado – até ao limite ou para além dele – em afirmar a inexistência de vinculações inerentes à boa fé pré-contratual das negociações preliminares de que se ocupa. Porém, Menezes Leitão considera, de seguida, o registo "de acordo sobre alguns pontos, especificando a decisão de continuar as negociações para tentar atingir o acordo completo, sendo livre, porém, a decisão de celebrar ou não o contrato", deste dizendo: "Trata-se [...] de um mero acordo de negociações (*agreement to negociate*) e não de um contrato-promessa. Consequentemente, é óbvia a não existência de uma vinculação à celebração do contrato, mas já não é tão clara a inexistência de responsabilidade pré-contratual, em caso de ruptura injustificada das negociações. Deverá considerar-se que a assunção expressa da obrigação de continuar as negociações induz nas partes uma confiança justificada na futura celebração do contrato, havendo violação da boa fé [...], caso as negociações sejam arbitrariamente quebradas"[261]. O autor ocupa-se

[260] Embora, mais adiante (p. 64), escreva: "[...] uma carta de intenções [...] apenas é estipulada quando as negociações já atingiram um certo grau de avanço".

[261] Pp. 58 e 59.

Finalmente, pondera: "as partes podem registar a existência de acordo sobre todos ou quase todos os elementos do contrato, mas tornar a sua efectiva celebração dependente de condições de natureza variada. [...] [trata-se] de reenviar a conclusão contrato para um facto futuro e incerto posterior [...]. Essas condições podem ser potestativas, como a aprovação do contrato pelos Conselhos de Administração das partes, ou a obtenção de acordo sobre algumas variáveis ainda não determinadas [...], como o preço ou as quantidades e prazo de fornecimento. Mas podem ser também casuais, como a obtenção das autorizações administrativas necessárias, ou ainda mistas, como a obtenção de um financiamento junto de uma terceira

depois[262] das situações frequentes em que a carta de intenções contém "todos os elementos essenciais do contrato, mas nele é inserida a cláusula *subject to contract* ou *subject to a formal contract drawn by our solicitors*". Desta cláusula diz que é entendida pela jurisprudência "no âmbito dos direitos da *common law*" "como a intenção de adiar a vinculação das partes para a redacção e assinatura formal de um documento futuro, o que implica a consideração como nulo [?] do acordo constante dos primeiros documentos, que são configurados não como proposta contratual, mas como convites a contratar. Assim, um acordo sujeito à cláusula *subject to contract* ou similar será igualmente qualificado como carta de intenção". E o autor conclui que "o elemento definidor principal das cartas de intenção reside na consideração pelas partes de que conservam a sua liberdade de celebração do contrato, considerando a carta de intenção como um episódio de negociações ainda não concluídas. É assim que surge o relevante problema jurídico de determinar a força vinculativa das cartas de intenção em sentido próprio. A opinião mais comum entre os operadores internacionais é a de que as cartas de intenção não têm relevância jurídica, já que delas não resulta a assunção de obrigações em sentido próprio, pelo que as partes continuariam livres de discutir também os pontos da negociação já versados nas cartas de intenção". E, como se se tratasse de descoberta própria, cita[263] Ugo Draetta no entendimento de que as cartas de intenção testemunham o processo negociatório, isto é, a subordinação das partes à boa fé, constituindo o dever de actuar de acordo com esta um uso do comércio internacional. Comentando a posição de Menezes Cordeiro, que defende que as cartas de intenção consubstanciam uma hipótese de "contratação mitigada" que, no mínimo, obriga os seus subscritores a continuar o processo de negociação, admitindo que, quando tal não se verifique por parte de um deles, possa a contraparte recorrer à execução específica de carta de intenções suficientemente precisa para nela se reconhecer

entidade. Nestas situações, tem-se colocado algumas dúvidas sobre se a verificação da condição implica ou não a obrigação de celebrar o contrato, tendo-se apresentado soluções diferentes [...]. Assim, no caso *I.R.I. versus Buitoni (SME)* e no caso *Perugini* a carta de intenções foi considerada não vinculante pelos tribunais italianos. Pelo contrário, no caso *Getty versus Penzoil*, a carta de intenções foi julgada relevante pelos tribunais dos EUA".

[262] Pp. 60 a 63.

[263] Pp. 61 e 62.

o contrato, entendendo que o recurso à indemnização só existe caso tal não se verifique, diz: "A nosso ver, a possibilidade de execução específica não existe nas cartas de intenção. [...] esta pressupõe a celebração de um contrato-promessa [[264]], e com estes não devem ser confundidas as cartas de intenção, que [...] excluem expressamente o compromisso da celebração do contrato. [...] a vinculação assumida nas cartas de intenção nunca é a de celebrar um contrato definitivo (caso em que se excluiriam futuras negociações relativas a esse contrato), mas apenas a de continuar essas mesmas negociações. Ora, esta obrigação de negociar não é tutelada pela execução específica, mas antes pela responsabilidade pré-contratual, prevista entre nós no art. 227º do Código Civil".

As longuíssimas citações permitiram – espero – tornar claro o linear pensamento do convicto autor, terminando aqui.

Yann Martin-Lavigne[265] opina que uma carta de intenção "permite fixar as grandes linhas do acordo, mas sobretudo conhecer as exigências do parceiro e dar a conhecer as suas. É evidente que um novo pedido ou um pedido de modificação das condições estipuladas na carta de intenção terá de ser seriamente fundamentado".

Sem se referirem propriamente a acordos pré-contratuais explícitos, Alan Schwartz e Robert E. Scott[266], expondo a questão da responsabilidade por rompimento de negociações, distinguem consoante a fase delas em que as partes se encontram, dizendo que, se o acordo se encontra completo, os tribunais tratam a situação como havendo contrato[267], mas que, se ainda existem cláusulas em aberto ou se não foi feita a formalização que as partes consideravam essencial, o mais que pode suceder é o entendimento de que existe um acordo de prosseguir negociações[268], observando que, nesta última hipótese, a regra jurídica "emergente"[269]

[264] Trata-se, como é sobejamente sabido, de ponto discutido na doutrina portuguesa. Sobre ele já emiti opinião – *O Contrato-Promessa e o seu Regime Civil*, 2006, pp. 908-909 – no sentido de que não é apenas aplicável à obrigação de contratar com fonte em contrato-promessa, pelo que a ele não voltarei aqui.

[265] Op. e loc. cit..

[266] Op. e loc. cit., pp. 664-665.

[267] Citando os casos *Adjustrite Sys., Inc. v. GAB Bus. Servs., Inc, 145 F.3d 543, 547-48* (1998) e *Gorodensky v. Mitsubishi Pulp Sales (MC) Inc., 92 F. Supp. 2d 249, 254-55* (2000).

[268] Referindo o caso *Teachers Ins. & Annuity Ass'n v. Tribune Co., 670 F. Supp. 491, 498* (1987).

[269] P. 664, nota 7: "Esta regra surgiu com a opinião do Juiz Leval *in Tribune*. Em geral, o enquadramento [*framework*] do juiz Leval é seguido em pelo menos treze estados, dezasseis tribunais federais distritais, e sete circuits federais".

"requer que as partes nesse acordo preliminar negoceiem de boa fé os termos em aberto". Caso o contraente que prefira sair da negociação actue contra a boa fé, ele é responsabilizado pelos danos sofridos pela outra parte. Os autores acentuam, contudo, que não é exigível às partes que cheguem a acordo.

A conduta geradora da obrigação de indemnizar é ilícita, porque violadora de uma obrigação derivada da boa fé[270].

Impõe-se que se comece por uma referência a tais obrigações.

Embora não seja possível enumerar todas as obrigações pré-contratuais, em abstracto, pois a sua existência e dimensão dependem das circunstâncias[271], podem referir-se as que são mais comuns[272].

[270] Em formulação pelo menos peculiar, diz Paula Meira Lourenço, op. e loc. cit., p. 38: "[...] os deveres de informação são impostos às partes ao longo do processo de formação do contrato [(de trabalho)], independentemente da sua efectiva celebração, por decorrerem da *culpa in contrahendo*, instituto que impõe o respeito pelos valores traduzidos pela boa fé, nomeadamente a tutela da confiança e a primazia da materialidade subjacente [onde é que já lemos isto?]" (v. também p. 44).

[271] Neste sentido, p. ex., Récio Cappelari, op. e loc. cit., p. 176.

Opinando, com Clóvis do Couto e Silva, que o princípio da boa fé "recebe [...] aplicação via jurisprudencial", Mirella D'Angelo Caldeira, "A Boa Fé Objetiva como Princípio Norteador das Relações de Consumo", *in Revista da Faculdade de Direito da Universidade Metodista de São Paulo*, vol. 2, nº 2 (2005), pp. 214-215.

[272] Ruy Rosado Aguiar Júnior, op. e loc. cit., p. 26, escreve: "Os deveres nascidos da boa-fé [...] [podem] ser classificados, quanto ao momento de sua constituição, em deveres próprios da etapa de formação do contrato (de informação, de segredo, de custódia); deveres da etapa da celebração (equivalência das prestações, clareza, explicitação [...]".

Vladimir Monsalve-Caballero e Diana Paola Rodado-Barreto, La integración de la buena fe objetiva en la etapa de formación de los contratos de consumo", *in Vuniversitas Bogotá*, nº 12, Janeiro-Junho 2011, p. 503, referem as obrigações de informar, de segredo, de custódia e cuidado com a pessoa e os bens da contraparte.

Angelo J Guersoni, cit., p. 127, refere os deveres de esclarecimento e de lealdade, salientando adiante (p. 129) o "dever de informar".

O ac. do STJ português de 25 de Fevereiro de 2014 (pr nº 287/10.0 TBMIR. S1) (Maria Clara Sottomayor) refere "os deveres de informação, boa fé e lealdade nas negociações", mas crê-se que só pode tratar-se de um lapso.

1. Obrigação de informação[273]

Esta obrigação pré-contratual assume uma grande relevância, pois, como observa Fichtner Pereira[274], cada um dos negociadores representa a sua realidade negocial futura a partir dos dados de que dispõe, a maior parte dos quais lhe são fornecidos pela contraparte[275] [276]. Usando a feliz formulação de Cláudia Lima Marques[277], "hoje o contrato é informação".

Há que considerar-se que a obrigação de informação – como, aliás, a generalidade das obrigações pré-contratuais – tem um conteúdo que vai evoluindo ao longo dos preliminares, pois não fará sentido, em muitos contratos, que cada uma das partes forneça à outra um conjunto de informações que não lhe convirá que sejam conhecidas antes de ter alguma confiança na seriedade e viabilidade do negócio[278] [279].

[273] Aurélien Bamdé, op. e loc. cit., refere a obrigação de informação ao lado da obrigação de boa fé como limitações à liberdade das partes no decurso das negociações. Isto tem que ver com os arts. 1112 e 1112-1 do *Code Civil* francês, que parecem autonomizar a obrigação de informação.

[274] Cit., p. 47, onde se lê: "Nesta fase [...], cada parte irá efetivar a representação da realidade que envolve o negócio jurídico projetado. Parte dessa realidade será construída com material fornecido pelo outro contraente. Somente essa circunstância demonstra, de início, a relevância jurídica da fase das negociações com vistas à formação do contrato. [...]. Caso o agente decida por realizar o negócio jurídico, as informações obtidas na fase de formação são fundamentais também para determinar qual o seu conteúdo, especialmente para fixar a extensão da prestação que cada uma das partes se obrigará a cumprir".

[275] Permito-me transcrever o que já consta do meu *Notas...*, cit., pp. 17-18: "A conclusão do contrato repousa sempre, para cada um dos contraentes, em dois pressupostos: a) o de que o contrato a celebrar é idóneo, pelas características do bem ou da pessoa da contraparte, pelo equilíbrio económico do programa que estabelece, a satisfazer o seu interesse; b) o de que o contrato a celebrar está apto, pela qualidade do outro contraente (qualidade jurídica – capacidade, legitimidade), pela situação do bem e pelas suas próprias características jurídicas, a produzir os efeitos jurídicos e patrimoniais para que é pré-ordenado".

[276] Também o Tribunal de Justiça da União Europeia reconhece a existência desta obrigação, pelo menos desde 11 de Julho de 1974 (ac. *Dassonville*); v. ac. de 13 de Outubro de 1993 (Sexta Secção), *CMC Motorradcenter GmbH* contra *Pelin Baskiciogullari*.

[277] Prefácio a Christoph Fabian, cit., p. 26.

[278] Noutra perspectiva, observam Manuel Gomes da Silva e Rita Amaral Cabral, op. e loc. cit., pp. 451-452, que "uma solução que se traduzisse em obrigar as partes a trocarem um acervo completo de esclarecimentos relativos ao negócio projectado, desde o momento em que, com o primeiro contacto, se iniciassem preliminares, inviabilizaria economicamente qualquer processo negociatório".

[279] Numa formulação generalizadora, diz Karen F. Venazzi, cit., p. 40, que "o dever de informação corresponde ao dever de esclarecer as características do negócio e de advertir sobre

O Code Civil francês inclui, desde Fevereiro de 2016 um artigo, o 1112-1, que dispõe:

"Celle des parties qui connaît une information dont l'importance est déterminante pour le consentement de l'autre doit l'en informer dès lors que, légitimement, cette dernière ignore cette information ou fait confiance à son cocontractant.

Néanmoins, ce devoir d'information ne porte pas sur l'estimation de la valeur de la prestation.

Ont une importance déterminante les informations qui ont un lien direct et nécessaire avec le contenu du contrat ou la qualité des parties.

Il incombe à celui qui prétend qu'une information lui était due de prouver que l'autre partie la lui devait, à charge pour cette autre partie de prouver qu'elle l'a fournie.

Les parties ne peuvent ni limiter, ni exclure ce devoir.

Outre la responsabilité de celui qui en était tenu, le manquement à ce devoir d'information peut entraîner l'annulation du contrat dans les conditions prévues aux articles 1130 et suivants".

a) Comunicação e esclarecimento do conteúdo contratual

Existe, desde logo, em qualquer contrato, uma obrigação de comunicação do conteúdo clausular que pode ser acompanhada de uma outra, de informação e/ou esclarecimento[280 280].

os riscos do contrato e os eventuais danos que possam ser causados".

[280] Paulo Luiz Netto Lôbo, "A informação como direito fundamental do consumidor", *in Revista do Direito do Consumidor*, Vol. 37, Janeiro/Março 2001, p. 60, integra o direito à informação no direito de comunicação. Como direito do consumidor, observa que "está posto nas Constituições brasileira e portuguesa, como princípios explícitos". Acrescenta: "[...] Na Constituição da Argentina há norma semelhante, mas de densidade semântica maior, na linha de tendência de entender a informação como direito fundamental do consumidor" (p. 62). Adiante (pp. 63 e 64), escreve: "[...] o dever de informar não é apenas a realização do princípio da boa-fé. Na evolução do direito do consumidor assumiu feição cada vez mais objetiva, relacionado à atividade lícita de fornecimento de produtos e serviços. [...] O desenvolvimento do direito do consumidor foi além, transformando-o no correspectivo do direito à informação, como direito fundamental, e o elevando a condicionante e determinante do conteúdo da prestação principal do fornecedor. Não se trata apenas de dever anexo".

Compreende-se que, sendo a contraparte uma empresa experiente na área de negócios, não tendo ela solicitado esclarecimentos sobre o clausulado que lhe foi dado a conhecer, não haja omissão de cumprimento de qualquer obrigação pré-contratual, como decidiu o ac. do STJ português de 24 de Maio de 2007 (pr nº 07[A]1337) (Sebastião Póvoas).

Pode questionar-se a qualificação jurídica da necessidade de comunicação do conteúdo da proposta e respectivo esclarecimento. É que, se a comunicação não for feita (ou não o for de forma a ser cabalmente compreendida), o corolário inevitável é a supressão da cláusula ou cláusulas do negócio. Ora, isto permite que, no mínimo, se coloque a dúvida sobre se se trata de uma verdadeira obrigação ou de um ónus[282]. Neste último sentido pode argumentar-se que, se o proponente quer ver aquela(s) cláusula(s) figurar no contrato, isto é, ter essa vantagem, terá de a(s) comunicar suficientemente. Contra este entendimento há, contudo, que ponderar que, por um lado, as leis portuguesa[283] e brasileira[284] qualificam como deveres os de comunicação e de esclarecimento, e que, por outro, a supressão da cláusula nunca será acompanhada de responsabilidade pré-contratual se não consubstanciar um ilícito, *in casu* o não cumprimento de uma obrigação. Estes dois elementos – e, em especial, o último, que suscita o risco de a omissão se virar contra a parte protegida – fazem que com que adopte a qualificação de obrigação para estes comportamentos[285 285]. É que a eliminação da(s) cláusula(s) pode

[281] A. Menezes Cordeiro, "Dolo...", op. e loc. cit., p. 160, fala em "deveres de esclarecimento" para significar "todos os esclarecimentos e informações necessários à celebração de um contrato idóneo", acrescentando que "ficam, em especial, abarcados todos os elementos com relevo directo e indirecto para o conhecimento da temática relevante para o contrato, sendo vedada quer a omissão do esclarecimento quer a prestação de esclarecimentos falsos, incompletos ou inexactos".
Como se vê, o autor não está a referir-se ao esclarecimento do conteúdo clausular, mas, em geral, à informação (e esclarecimento) de elementos relevantes para a tomada de decisão de contratar.

[282] C. Ferreira de Almeida, 4ª. ed., cit., p. 210, nota 281, afirma que não é, "em caso algum" admissível, "qualificar como informação pré-contratual algum elemento que se inclua no próprio texto do contrato. [...] A expressão 'dever de informar' usada em relação ao conteúdo de contratos já formados é incorrecta e resulta de um resquício de uma concepção autoritária e regulamentar dos actos dos contraentes dotados de mais forte poder negocial. Quanto muito, poderá falar-se de 'ónus de comunicar', sob pena de não incluir o contrato tudo quanto não tenha sido comunicado e acordado. Esta regra tanto vale para contratos de adesão [...] como para quaisquer outros contratos".

[283] Designadamente, os arts. 5º e 6º do Dec.-Lei nº 446/85, de 25 de Outubro.

[284] Art. 46º do CDC.

[285] Não acompanho C. Ferreira de Almeida, cit., quando fala de "resquício de uma concepção autoritária e regulamentar", já porque o argumento não me é claro, já porque a manifestação da superioridade de poder negocial de uma das partes sobre a outra não constitui um "resquício", mas uma realidade que não deixa de crescer.

não ser – e não o será em muitos casos – suficiente para ressarcir os prejuízos que a parte que nominalmente a(s) aceitou tem: quer porque esse efeito demorou e foi oneroso de obter, quer por ela(s) já ter(em) sido cumprida(s), quer, ainda, por todo o contrato vir a ser declarado nulo, em razão da natureza essencial da(s) cláusula(s) suprimida(s).

No cumprimento destas obrigações, terão de se ter em conta as regras interpretativas das declarações negociais, isto é, elas só podem considerar-se cumpridas se a interpretação que delas for feita corresponder ao sentido que se supõe ser o que lhe dará o destinatário, o que significa: na lei portuguesa (artigo 236º, nº 1, do Código Civil), que o sentido apreendido seja o "que o declaratário normal, colocado na posição do real declaratário, possa deduzir do comportamento do declarante"; e na lei brasileira (artigos 112º e 113º do Código Civil), aquele que corresponda "mais à intenção nelas [declarações] consubstanciada do que ao sentido literal da linguagem" e for o "conforme a boa-fé e os usos do lugar [...]". É ilustrativo, a este propósito, o acórdão do Supremo Tribunal de Justiça brasileiro, de 12 de Junho de 2001 (Ari Pargendler), que entendeu que "as expressões 'assistência integral' e 'cobertura total' são expressões que têm um significado unívoco na compreensão comum, e não podem ser referidas esvaziadas do seu conteúdo próprio, sem que isso afronte o princípio da boa-fé nos negócios".

A obrigação de comunicação compreende todas as cláusulas do contrato; e só esta comunicação permitir apreender o significado económico-jurídico de cada uma delas.

Equivalentes – se não sinónimas – do incumprimento da obrigação de comunicação são as situações em que a cláusula se encontra em local em que dificilmente será vista[287], ou seja apresentada em termos gráficos (se o contrato for escrito) de modo a dificultar muito a sua leitura, aquelas em que ela se encontra localizada num ponto do documento contratual em que não é expectável a sua presença, ou quando tem uma redacção enganadora (porque a epígrafe tem um conteúdo diverso – ou,

[286] No sentido de que a aplicação do regime do Dec.-Lei nº 446/85, de 25 de Outubro, designadamente dos seus arts. 8º e 9º, não afasta o regime da responsabilidade pré-contratual, v. o ac. do STJ de 18 de Dezembro de 2008 (pr nº 08B3307) (Bettencourt de Faria).

[287] Se se encontrar afixada em painel, cartaz ou semelhante, como ocorre nos parques de estacionamente automóvel, por exemplo.

mesmo, contrário – ao da estipulação, porque o seu sentido só é apreensível se conjugada com outra cláusula distanciada, etc.).

O art. 46º do CDC brasileiro estabelece que os contratos de consumo "não obrigarão os consumidores, se não lhes for dada a oportunidade de tomar conhecimento prévio do seu conteúdo, ou se os respectivos instrumentos forem redigidos de modo a dificultar a compreensão do seu sentido e alcance"[288]. Daqui retira – bem, a meu ver – Christoph Fabian[289] que, se a parte for "tão míope que não pode ler o contrato", a contraparte deve explicar as partes importantes [...] [dele]".

Mas, mais: como informa Cláudia Lima Marques[290], os tribunais brasileiros têm entendido serem nulas cláusulas, em contratos de adesão, designadamente de limitação dos direitos do segurado e/ou consumidor por não se encontrarem "em destaque no contrato", o que corresponde à posição da autora. Assim, por exemplo, TJ SP, APL 40000078-39.2013.8.26.0011 (Rogério de Camargo Arruda) decidiu que, "nos contratos de adesão, as cláusulas limitativas ao direito do consumidor deverão ser redigidas com destaque. Inexistindo [...] tal destaque, a cláusula é nula". Também os acórdãos do Supremo Tribunal de Justiça AgRg no REsp 1.331.935 – SP (2012/0134714-1), de 16 de Outubro de 2012 (Ruy Rosado de Aguiar), e ainda do Supremo Tribunal de Justiça REsp 214.237/RJ, 2/8/2001 (Sálvio de Figueiredo Teixeira), e o acórdão do TJ-PR-APL 12593594 P 1259359-4, de 12 de Março de 2015 (Lilian Romero).

A omissão do cumprimento das obrigações de comunicação e de esclarecimento pode ter (deve ter, mesmo na ausência de norma que o diga

[288] Como observa Bruno Miragem, *Curso de Direito do Consumidor*, 4ª ed., 2013, p. 266, "há uma qualificação do dever de informar dos fornecedores. [...] Trata-se do dever de informação eficiente ou qualificada, que [...] não se satisfaz com o cumprimento formal pelo fornecedor, senão que tem seu atendimento posto à prova a partir da capacidade de percepção e entendimento do consumidor acerca da informação repassada. [...] é preciso reconhecer que o artigo 46 do CDC é norma que estabelece a ineficácia das obrigações estipuladas aos consumidores, razão pela qual também serve de fundamento para a definição de estipulações ou cláusulas abusivas nos contratos de consumo, em face do não atendimento do dever de informar – o que denominamos, ao examinar as espécies de cláusulas abusivas nos contratos de consumo, como as cláusulas abusivas em razão da qualidade do consentimento [...], uma espécie de abusividade formal".

[289] Cit., p. 123.

[290] Prefácio cit., pp. 26, 27 e nota 54.

claramente) como consequência a exclusão do contrato da cláusula não comunicada ou em relação à qual não houve informação sobre o respectivo sentido. Se contrato continua a ser concebido como consenso, não pode ficcionar-se este sobre um elemento desconhecido e, não o havendo, o elemento não integra o contrato[291]. Em Portugal, o artigo 8º do Decreto-Lei nº 446/85, de 25 de Outubro, di-lo expressamente, submetendo ao mesmo regime, na alínea *c)*, as "cláusulas que, pelo contexto em que surjam, pela epígrafe que as precede ou pela sua apresentação gráfica, passem despercebidas a um contratante normal, colocado na posição do contratante real" e, na alínea *d)*, as que se encontrem "inseridas em formulários, depois da assinatura de algum dos contraentes".

Sendo a cláusula suprimida, o primeiro aspecto a considerar é o da natureza essencial ou acessória do ponto omisso. Tratando-se de cláusula essencial, a sua supressão arrasta, em princípio, a nulidade de todo o contrato, que só poderá ser salvo pela conversão em negócio de tipo ou conteúdo diferentes, se preenchidos os respectivos requisitos. Só assim não será se houver norma supletiva, caso em que é esse o regime aplicável, ou se ele puder ser integrado, o que, na lei portuguesa implica o recurso à boa fé e à vontade conjectural. Sendo o elemento suprimido acessório, pode o contrato ser reduzido.

Na exclusão da cláusula do contrato pode falar-se de uma forma de reparação em espécie. Porém, havendo danos suplementares – pela mora na declaração de inexistência da cláusula, pela não declaração judicial dela, pelo facto de já ter sido, total ou parcialmente executada –, eles são indemnizáveis em dinheiro.

É este o aspecto que deixei referido *supra* e que, como disse, é decisivo, em meu entender, para que a comunicação seja considerada uma obrigação pré-contratual.

b) Informações complementares de conteúdo

Além da comunicação das cláusulas, é, em muitos casos, imprescindível o seu esclarecimento, bem como as informações jurídica, económica

[291] Neste sentido, p. ex., o ac. do STJ português de 18 de Abril de 2006 (pr nº 06A818) (Sebastião Póvoas).

e técnica, sempre que estas sejam justificadas pela natureza e/ou teor do contrato, ou pela condição relativa das partes[292].

O dever de informação estende-se também às condições de validade e de eficácia jurídica do contrato a celebrar, se uma das partes dispuser de conhecimentos de Direito (por ter assessoria jurídica ou por qualquer outra circunstância), a que a outra parte tenha dificuldade em aceder ou, dito de outro modo, a que o *bonus pater familias* (ou o sujeito razoável) não acederia, se colocado nas circunstâncias daquela parte[293] [294].

No âmbito das relações de consumo, Paulo Luiz Netto Lôbo[295] afirma: "O consumidor objetivamente considerado é um tipo ideal, médio, para fins de identificação jurídica, ou seja, é o tipo médio a que se destina o produto ou o serviço. O tipo ideal ou médio é transpessoal, ultrapassa os interesses e condições individuais ou subjetivos e envolve o interesse coletivo de todos os destinatários, no tempo e no espaço. Em alguns casos, o consumidor típico é qualquer um, inclusive o iletrado, para o qual a informação deve ser a mais simples e acessível possível,

[292] Karina Nunes Fritz, cit., p. 15, observa que "o conteúdo [...] [do] dever [de informar] não engloba apenas o ato de informar, envolvendo ainda o explicar [...], o esclarecer a contraparte sobre o contrato e suas circunstâncias para que ambas saibam exactamente quais direitos e obrigações estão efectivamente assumindo".

[293] Assim, p. ex., Manuel Gomes da Silva e Rita Amaral Cabral, op. e loc. cit., p. 451.
Sem alongamentos, Almeida Costa, "Intervenções...", op. e loc. cit., p. 363.
No sentido de que só há obrigação de informação quanto às causas de invalidade e não já quanto às de ineficácia, F. Benatti, cit., p. 72.

[294] Paulo Brasil Dill Soares e Andreza Aparecida Franco Câmara, "A quebra do contrato e do pré-contrato a partir da violação da boa fé objectiva", *in Scientia Iuris*, volume 15, nº 2, dezembro 2011, p. 13, referindo a responsabilidade pré-contratual, dizem que ela surge "quando uma das partes omite informações fundamentais para que o outro contraente possa decidir sobre a realização ou não do negócio jurídico ajustado. Ou ainda, não informando sobre circunstâncias que forçosamente gerariam a invalidade contratual [...]".
Diz, com evidente razão, C. Ferreira de Almeida, 4ª. ed., cit., p. 210, que "a troca de informações [...] é [...], especialmente em contratos com função de troca, um valor transaccionável, que confere significativo poder negocial".
Vladimir Monsalve-Caballero e D. R. Rodado-Barreto, op. e loc. cit, pp. 504-505, escrevem: "O dever de informação é exigível a todas as pessoas que em determinada relação jurídica se encontrem numa situação de superioridade de conhecimento: elas devem esclarecer ao leigo todas aquelas variáveis próprias do contrato a subscrever que podem incidir na sua capacidade de decisão, liberdade de contratação e intenção e que, por isso, desempenham um papel importante na eficácia e validade da negociação contratual".

[295] Cit., pp. 62.

como se dá com os produtos alimentícios postos à disposição em supermercados. Em outros casos, certo grau de informação técnica é necessário para o consumidor típico, como se dá com produtos de informática". Compreende-se o que o autor refere: a informação dirigida à generalidade dos destinatários do bem ou serviço; mas tal não obsta a que, numa concreta relação de consumo, a extensão da informação devida se meça pelas características do real candidato a adquirente.

Como escreve Duncan Kennedy[296], "uma parte sabe que a outra parte não sabe que o contrato tem de ser escrito para ser válido"; basta isto para que utilize esse desconhecimento, se lhe aproveitar vir a prevalecer-se dessa invalidade.

Mesmo quando – como é o caso do artigo 139º, inciso III, do Código Civil brasileiro, em termos, aliás, completamente ajustados ao que se diz de seguida – a lei distingue entre erro de facto e erro de direito, a obrigação de informação do significado jurídico das cláusulas contratuais e dos requisitos de validade e de eficácia do negócio continua a existir, se uma das partes dela dispuser, ou puder facilmente dispor, e a outra não tiver facilidade em a obter. Se se tomar, por exemplo, o disposto no artigo 4:103 dos PECL, vê-se que nele se prevê, como causa de invalidade do contrato o "erro de facto ou de direito que existia quando o contrato foi celebrado se: (a) (i) o erro foi causado por informação prestada pela outra parte; ou (ii) a outra parte conhecia ou devia conhecer o erro e era contra a boa fé e a lealdade negocial [*fair dealing*] deixar a parte errante em erro; [...] e (b) a outra parte conhecia ou devia conhecer que a parte em erro, se tivesse sabido a verdade, não teria contratado ou o teria feito apenas em termos fundamentalmente diferentes". O nº 2 dispõe que o contrato não pode ser anulado por uma parte [*avoid the contract*] se: (a) nas circunstâncias o seu erro era indesculpável [...]".

c) Informação em geral

Pode afirmar-se que a obrigação de informação compreende todas as circunstâncias ou elementos que sejam determinantes da decisão de conclusão do negócio e sejam do conhecimento de uma das partes, não o sendo previsivelmente da outra.

[296] Op. e loc. cit., p. 1700.

Saliente-se que há autores – dos quais C. Fabian é representativo – que restringem muito a obrigação pré-contratual de informação, havendo quem chegue a dizer que "exigir a uma parte na negociação que informe a outra das circunstâncias que esta não conhece é retirar à primeira poder negocial e uma adopção ilimitada de deveres de informação pré-contratuais seria incomportável para a lógica de mercado"[297]. Também Sónia Moreira da Silva [298] afirma que "a regra será a da inexistência de um dever geral de informação pré-contratual, uma vez que este é incompatível com a natural oposição de interesses entre as partes. A não revelação de uma informação não é sempre ilícita ou desleal pois, em princípio, cada contraente deve cuidar, ele próprio, das informações relevantes para o contrato. Este dever existirá se a contraparte puder legitimamente esperar a informação pré-contratual por esta ser conforme à boa fé e às concepções dominantes do comércio jurídico". Mas, como a própria autora reconhece[299], se uma das partes, "em razão [...] da sua qualificação profissional" "conhece ou devia conhecer" "um facto que ela sabe ser de importância determinante para o outro contraente, é obrigada a informá-lo [...]"; e ainda: "excepcionalmente [...], é admissível que, em algumas circunstâncias [...], nasça um dever pré-contratual de informação [...]. Pense-se, por exemplo, no caso da venda de um quadro de um pintor famoso, numa galeria de arte, onde o vendedor é um perito. Se o comprador é um leigo, não temos qualquer dúvida em afirmar que não estava ao seu alcance aperceber-se que [*sic*] o quadro [...] não passa de uma cópia. [...] se o comprador for, também ele, um perito [...], o grau de confiança que terá depositado na galeria não poderá legitimar – se não o seu afastamento, pelo menos – o não cumprimento do seu ónus de auto-informação? Não poderá [...] o comprador fazer responder a contraparte, ao menos parcialmente, atendendo-se à medida das culpas de ambos, nos termos do art. 570º? Estamos em crer que sim". Aplaude-se a concessão

Negando, em formulação não inocentemente confusa, esta ideia geral – e geralmente consensual –, Dário Moura Vicente[300] afirma que "o

[297] Mariana Fontes da Costa, op. e loc. cit., pp. 368, 375-376.

[298] Cit., pp. 24-25.

[299] Pp. 29 e 31.

[300] "Culpa...", op. e loc. cit., p. 270.

dever de informar apenas existe onde o padrão de diligência exigível ao comum das pessoas não requeira que o contraente obtenha, designadamente da contraparte, as informações e explicações necessárias a fim de se esclarecer".

A este posicionamente se voltará[301].

Naturalmente que o cumprimento desta obrigação de informação tem de ser realizado com a diligência em Direito Civil exigida: a omissão dela consubstancia culpa e esta só é apreciada depois de se verificar o ilícito pré-contratual, *in casu*, a omissão da informação devida.

d) Informação quanto ao objecto

Não se expõe detidamente o conteúdo possível do dever de informação relativo às características dos bens ou serviços que constituem objecto do contrato[302], subscrevendo-se inteiramente a seguinte afirmação de Paulo Luiz Netto Lôbo[303]: "A concepção, a fabricação, a composição, o uso e a utilização dos produtos e serviços atingiram, em nossa era, elevados níveis de complexidade, especialidade e desenvolvimento científico e tecnológico cujo conhecimento é difícil ou impossível de domínio pelo consumidor típico, ao qual eles se destinam. A massificação do consumo, por outro lado, agravou o distanciamento da informação suficiente. Nesse quadro, é compreensível que o Direito avance para tornar o dever de informar um dos esteios eficazes do sistema de proteção"[304].

[301] *Infra*, m).

[302] Sobre a evolução da obrigação de informação (do princípio *caveat emptor*) no Direito norte-americano, desde finais do século XIX até ao fim da primeira década do século XX, v. Friederich Kessler e Edith Fine, op. e loc. cit., pp. 438 a 444.

[303] Op. e loc. cit., pp. 64.

[304] Sobre o dever de informação no CDC brasileiro, Mirella D'Angelo Caldeira, op. e loc. cit., p. 205, diz ser "um dos mais importantes deveres anexos originário do princípio da boa-fé", acrescentando mesmo ser a informação "o cerne da relação de consumo" (p. 208).

V. também Antônio Junqueira de Azevedo, "A Boa-Fé...", op. e loc. cit., p. 84.

Tainah Pereira Rodrigues, *A cláusula geral da boa-fé (art. 51, IV do CDC) e sua aplicação no STJ*, 2009, p. 18, diz que o "dever de informar" "visa afastar o induzimento a erro ou mesmo o dolo por parte do fornecedor, sem que se criem falsas expectativas. Este dever legal, em conformidade com a boa-fé, impõe que o fornecedor esclareça ao consumidor sobre as garantias, riscos, prazos, cuidados e carências, tanto no fornecimento de produtos, como na prestação de serviços".

José Roberto de Castro Neves, "Boa-fé Objetiva: Posição atual no ordenamento jurídico e perspectivas da sua aplicação nas relações contratuais", *in* BuscaLegis.ccj.ufsc.br, referindo-

O artigo 8º da Lei de Defesa do Consumidor portuguesa tem o seguinte conteúdo:

"1 – O fornecedor de bens ou prestador de serviços deve, tanto na fase de negociações como na fase de celebração de um contrato, informar o consumidor de forma clara, objectiva e adequada, a não ser que essa informação resulte de forma clara e evidente do contexto, nomeadamente sobre:

a) As características principais dos bens ou serviços, tendo em conta o suporte utilizado para o efeito e considerando os bens ou serviços em causa;
b) A identidade do fornecedor de bens ou prestador de serviços, nomeadamente o seu nome, firma ou denominação social, endereço geográfico no qual está estabelecido e número de telefone;
c) Preço total dos bens ou serviços, incluindo os montantes das taxas e impostos, os encargos suplementares de transporte e as despesas de entrega e postais, quando for o caso;
d) Modo de cálculo do preço, nos casos em que, devido à natureza do bem ou serviço, o preço não puder ser calculado antes da celebração do contrato;
e) A indicação de que podem ser exigíveis encargos suplementares postais, de transporte ou de entrega e quaisquer outros custos, nos casos em que tais encargos não puderem ser razoavelmente calculados antes da celebração do contrato;
f) As modalidades de pagamento, de entrega ou de execução e o prazo de entrega do bem ou da prestação do serviço, quando for o caso;
g) Sistema de tratamento de reclamações dos consumidores pelo profissional, bem como, quando for o caso, sobre os centros de arbitragem de conflitos de consumo de que o profissional seja aderente, e sobre a existência de arbitragem necessária;

-se aos deveres na fase de formação do contrato, destaca o de informação "acerca da qualidade do objeto da prestação e a forma pela qual a obrigação será cumprida".
Angelo Guersoni, cit., p. 93, entende que foi o CDC que "trouxe como grande contribuição à exegese das relações contratuais no Brasil a positivação da boa-fé [...] [e que] o primeiro e mais conhecido dos deveres anexos é o dever de informar, constantes nos artigos 30 e 31 do CDC".

h) Período de vigência do contrato, quando for o caso, ou, se o contrato for de duração indeterminada ou de renovação automática, as condições para a sua denúncia ou não renovação, bem como as respetivas consequências, incluindo, se for o caso, o regime de contrapartidas previstas para a cessação antecipada dos contratos que estabeleçam períodos contratuais mínimos;
i) A existência de garantia de conformidade dos bens, com a indicação do respectivo prazo, e, quando for o caso, a existência de serviços pós-venda e de garantias comerciais, com descrição das suas condições;
j) A funcionalidade dos conteúdos digitais, nomeadamente o seu modo de utilização e a existência ou inexistência de restrições técnicas, incluindo as medidas de proteção técnica, quando for o caso;
k) Qualquer interoperabilidade relevante dos conteúdos digitais, quando for o caso, com equipamentos e programas informáticos de que o fornecedor ou prestador tenha ou possa razoavelmente ter conhecimento, nomeadamente quanto ao sistema operativo, a versão necessária e as características do equipamento;
l) As consequências do não pagamento do preço do bem ou serviço.

2 – A obrigação de informar impende também sobre o produtor, o fabricante, o importador, o distribuidor, o embalador e o armazenista, por forma que cada elo do ciclo produção-consumo possa encontrar-se habilitado a cumprir a sua obrigação de informar o elo imediato até ao consumidor, destinatário final da informação.

3 – Os riscos para a saúde e segurança dos consumidores que possam resultar da normal utilização de bens ou serviços perigosos devem ser comunicados, de modo claro, completo e adequado, pelo fornecedor ou prestador de serviços ao potencial consumidor.

4 – Quando se verifique falta de informação, informação insuficiente, ilegível ou ambígua que comprometa a utilização adequada do bem ou do serviço, o consumidor goza do direito de retractação do contrato relativo à sua aquisição ou prestação, no prazo de sete dias úteis a contar da data de recepção do bem ou da data de celebração do contrato de prestação de serviços.

5 – O fornecedor de bens ou o prestador de serviços que viole o dever de informar responde pelos danos que causar ao consumidor, sendo

solidariamente responsáveis os demais intervenientes na cadeia da produção à distribuição que hajam igualmente violado o dever de informação.

6 – O dever de informar não pode ser denegado ou condicionado por invocação de segredo de fabrico não tutelado na lei, nem pode prejudicar o regime jurídico das cláusulas contratuais gerais ou outra legislação mais favorável para o consumidor.

7 – O incumprimento do dever de informação sobre as consequências do não pagamento do preço do bem ou serviço determina a responsabilidade do fornecedor de bens ou prestador de serviços pelo pagamento das custas processuais devidas pela cobrança do crédito.

8 – O disposto no nº 1 aplica-se também aos contratos de fornecimento de água, gás ou electricidade, caso não sejam postos à venda em volume ou quantidade limitados, aos de aquecimento urbano ou aos de conteúdos digitais não fornecidos em suporte material".

Observa-se que, nos termos do nº 2 deste preceito, a parte que, por último, contrata com o destinatário do bem ou serviço não pode invocar ignorância da informação para se exonerar da obrigação de a prestar e da correspondente obrigação indemnizatória, por tê-la omitido com danos consequentes. Não há apenas obrigação de informar de todos os elementos do "ciclo produção-consumo" como, se for o caso, obrigação de indemnização solidária também de todos, segundo o nº 5.

Por seu lado, o inciso III do artigo 6º do CDC brasileiro, na redacção dada pela Lei nº 12.741, de 2012, qualifica como "direito básico do consumidor" "a informação adequada e clara sobre os diferentes produtos e serviços, com especificação correta de quantidade, características, composição, qualidade, tributos incidentes e preço, bem como sobre os riscos que apresentem". O artigo 31º diz: "A oferta e apresentação de produtos ou serviços devem assegurar informações corretas, claras, precisas, ostensivas e em língua portuguesa sobre suas características, qualidades, quantidade, composição, preço, garantia, prazos de validade e origem, entre outros dados, bem como sobre os riscos que apresentam à saúde e segurança dos consumidores".

O artigo 3:101 (capítulo 3, secção 1) do *DCFR* estabelece que, "antes da conclusão de um contrato de fornecimento de mercadorias, outros bens ou serviços a uma outra pessoa, o profissional tem o dever de prestar à outra pessoa tanta informação relativa às mercadorias, outros bens ou serviços a fornecer quanta seja a que a outra pessoa espere razoavelmente, tendo em conta os padrões de qualidade e desempenho que seriam normais nas circunstâncias". Já o artigo 3:102, relativo a "deveres específicos para contratação com consumidores", depois de dizer que o profissional tem o dever de não dar informações enganosas (sendo-as as que "deturparem ou omitirem factos que o consumidor médio poderia esperar que lhe fossem dadas para uma decisão informada ou para dar passos no sentido da conclusão do contrato", dispõe que o profissional tem de prestar "toda a informação relevante", que "compreende: (a) as principais características [...], a identidade e endereço, se relevante, do profissional [v. artigo 3:108], o preço [v. artigo 3:107], e qualquer direito existente de revogação [*withdrawal*]; (b) particularidades relativas ao pagamento, entrega, desempenho e queixas de utilização, se forem devidas a pedido ao profissional; (c) a língua a ser utilizada nas comunicações entre as partes depois da conclusão do contrato, se ela for diferente da língua das comunicações comerciais". O artigo 3:103 é mais exigente quanto aos deveres de informação quando o contrato seja celebrado com um consumidor que se encontre em situação de especial desvantagem [v. também artigo 3:109 (1)]. Por sua vez, o artigo 3:106 impõe que a informação seja "clara e precisa, e expressa em linguagem simples e inteligível", que, se as informações para o "contrato em concreto [tiverem de ser] providenciadas em meio durável ou de outra forma particular, têm de o ser desse modo", sem o que a informação não se considera prestada. O artigo 3:109, nomeadamente o nº 3, prevê que, além de outras sanções contidas no *DCFR*, o profissional responda pelos danos causados à contraparte, na hipótese de o contrato se ter celebrado.

Assinale-se que as informações podem constar de etiquetas, rótulos ou semelhantes, devendo ser precisas e verdadeiras, e complementadas por indicações sobre limite de prazo de utilização e outras que sejam supervenientes.

Acrescentar-se-á que a informação relativa às características do bem e ao modo e riscos da sua utilização é devida, em alguns casos, em situações em que o contrato não chega a concluir-se: assim, por exemplo, se a coisa é entregue durante os preliminares para experimentação: nestas hipóteses, se houver danos consequentes de uma errada ou imprópria utilização, a sua indemnização terá fundamento neste tipo de responsabilidade.

Não é apenas nos contratos com consumidores que a informação "adequada, suficiente e verdadeira" - para usar os adjectivos de Paulo Netto Lôbo – pertinente ao bem ou serviço objecto do contrato é devida, naturalmente, embora nestes assuma uma maior relevância social[305].

Justifica-se transcrever aqui "a conclusão I do painel referente ao direito básico à informação no V Congresso Brasileiro de Direito do Consumidor, Belo Horizonte, de 2 de maio de 2000, aprovada por unanimidade: 'O direito à informação, conferido ao consumidor, espécie do género Direitos fundamentais, como especificação da tutela constitucional do consumidor, tendo sido expressa e conjuntamente previsto nos incisos XIV, XXXII e XXXIII, do art. 5º da CF/88. Essas normas são de aplicabilidade imediata, como direitos de prestação e protecção dirigidos ao legislador, ao Judiciário (neste caso, como critérios nucleares de interpretação), à Administração Pública e aos particulares conformadores das normas infraconstitucionais, inclusive do CDC'"[306].

e) O risco de desenvolvimento

É nos contratos com consumidores que o chamado risco de desenvolvimento se coloca quase exclusivamente. É nestes, porquanto os consumidores são constantes destinatários de publicidade que lhes diz que os produtos de que dispõem estão obsoletos e que devem ser substituídos por outros, novos, alegadamente mais avançados[307], ou porque certos produtos (designadamente farmacêuticos) são retirados do mer-

[305] Não é fácil de compreensão evidente a posição de Joanna Schmidt-Swalewski, op. e loc. cit., p. 552, quando diz que "as consequências da informação inexacta raramente são tratadas pela aplicação da responsabilidade delitual [a que a autora reconduz a pré-contratual], [pois], nesse caso [...], o contrato é concluído apesar ou graças à informação deficiente; daí que as consequências de tal *faute* se manifestem depois da conclusão do contrato e sejam tratadas pela aplicação do direito dos contratos. Assim, quando o autor prova a intenção fraudulenta do réu, a falha de informações constitui um dolo, sancionado pela nulidade do contrato por aplicação do artigo 1116 do Código Civil".

[306] V. Cláudia Lima Marques, Antônio Herman V. Benjamin e Bruno Miragem, *Comentários ao Código de Defesa do Consumidor*, 3ª ed., 2010, pp. 369-370.

[307] Nathália Sant'Ana Policarpo, *O risco do desenvolvimento e a responsabilidade do fornecedor*, *in* http://www.ambito-juridico.com.br/site/index.php/?n_link=revista_artigos_leitura&artigo_id=12402&revista_caderno=10

cado, sem justificação que não seja económica, sendo substituídos por outros com propriedades semelhantes ou diversas.

O risco de desenvolvimento diz respeito às situações em que um bem ou serviço é colocado no mercado num quadro de conhecimentos científicos ou técnicos insuficientes e que vem a demonstrar-se que não é seguro ou adequado, perante a evolução dos conhecimentos.

Ora, como se sabe, os produtos mais antigos não são em regra nocivos para a saúde, nem sequer são, as mais das vezes, menos adequados à realização dos seus fins, enquanto os novos, porque, por vezes, insuficientemente testados – pela urgência em produzir e vender –, se descobre mais tarde serem portadores de defeito(s) que se desconhecia(m)[308].

Como escreve Nathália Sant'Ana Policarpo[309]: "O risco do desenvolvimento consiste no fato de que os riscos advindos da introdução de um produto no mercado não serem conhecidos ou identificados prontamente, só sendo conhecidos depois, por um desenvolvimento tecnológico não existente na época em que o mesmo foi inserido no mercado. No momento da introdução do produto ao consumo, utilizando-se de toda a técnica disponível, o fornecedor não é capaz de averiguar a existência de um vício que pode vir a trazer prejuízos ao consumidor. São aqueles vícios que tornam o produto ou serviço impróprio ou inadequado ao consumo ou que lhe diminua o valor. Esses vícios podem decorrer também da irregularidade das indicações constantes na embalagem, rótulo, oferta ou mensagem publicitária. Esses vícios só vêm a ser descobertos após um período de uso pelo consumidor daquele produto ou serviço e em decorrência de um avanço da tecnologia que permite, nesse momento, identificar o vício."[310]

[308] Orlando Gomes, citado por Nathália Sant'Ana Policarpo, *ibidem*, escreve: "Necessário é não confundir o risco do desenvolvimento com a existência de produtos obsoletos ou mesmo com produtos que tiveram seu prazo de vida útil expirado. Os primeiros possuem um desnível de inferioridade qualitativa em relação aos produtos tidos como de gerações mais novas, mas isto não implica que sejam defeituosos; quanto aos produtos que expiraram sua vida útil, tendo aí a razão de sua imperfeição, em origem não eram defeituosos, perdendo sua qualidade e segurança de uso em razão de fatores naturais".

[309] *Ibidem*.

[310] No mesmo sentido, p. ex., Ricardo Sacramento Lima, *A Teoria do Risco do Desenvolvimento*, *in* https://rsacramentolima.jusbrasil.com.br/artigos/327037801/a-teoria-do-risco-do-desenvolvimento, p. 1.

E, embora na maioria dos casos estejam em causa produtos, pode também tratar-se de serviços e suas técnicas, como, por exemplo, a fisioterapia ou outros tratamentos.

Trata-se, pois, de situações em que as empresas conseguem provar o desconhecimento do perigo ou da desadequação, ao tempo do lançamento do produto no mercado[311]. Em muitos casos, sabe-se, porém, como as grandes empresas de produção ou de distribuição de bens ou produtos ainda em investigação, isto é, insuficientemente testados, prevêem e contabilizam nos seus custos os danos possíveis das lesões decorrentes do seu consumo/utilização. Quer isto dizer que nem sequer em nome das liberdade/expansão económicas desses sectores de mercado se justifica excluir a respectiva responsabilidade, pois os operadores económicos com ela já contam (com assinalável segurança) na sua actividade produtiva e/ou distribuidora.

No Brasil, o artigo 10º do CDC contém uma posição bastante recuada sobre o problema, pois só proíbe a colocação "no mercado de consumo produto ou serviço que (o fornecedor) sabe ou deveria saber apresentar *alto grau* de nocividade ou periculosidade à saúde ou segurança" (sublinhado meu), acrescentando o § 1º que "o fornecedor de produtos e serviços que, posteriormente à sua introdução no mercado de consumo, tiver conhecimento da periculosidade que apresentem, deverá comunicar o fato imediatamente às autoridades competentes e aos consumidores, mediante anúncios publicitários", ocupando-se o § 2º dos veículos de tais anúncios. É certo que, conhecendo ou devendo conhecer, que o produto ou serviço apresenta o tal elevado grau de nocividade, tem de informar, mas esta obrigação pré-contratual de informação está muitíssimo longe de resolver o problema que aqui se coloca.

Neste quadro legal, a doutrina encontra-se muito dividida, procurando harmonizar o inconciliável, isto é, proteger o que se chama a "necessidade de desenvolvimento" com o "bem-estar do consumidor". Daqui

[311] Vera Jacob de Fradera, "O dever de informar do fabricante", *in Revista dos Tribunais* nº 656, Junho, 1990, p. 58, cita Michael Will, "Liability for failure to warn in the european community", *in International Law Journal*, Vol. 6, nº 1, Spring, 1998, pp. 140 e 147, nota 77, para dizer que, p. ex., "um fabricante alemão poderia ser responsabilizado, pela falta de informação, ainda que houvesse um único relatório a respeito do produto, por ele posto em circulação no mercado, 'publicado em chinês, e que relatasse a mais recente descoberta relacionada à periculosidade do mesmo'".

que, segundo alguns, não deva entravar-se o desenvolvimento científico e tecnológico que comporta sempre riscos que têm de ser suportados por quem os sofre, e, segundo outros, haja muitos casos em que o produtor/fornecedor não empregou toda a diligência devida ou sabia mesmo que ia, ou poderia ir, colocar no mercado um produto defeituoso, não tendo esgotado os testes e experiências que deveria ter levado a cabo, ou que, ainda que não pudesse ter feito mais, deva responder pelo risco que criou, isto é, deva ser responsabilizado. Neste sentido, Sérgio Cavalieri Filho[312] diz: "Em nosso entender, os riscos de desenvolvimento devem ser enquadrados como fortuito interno – risco integrante da atividade do fornecedor, pelo que não-exonerativo da sua responsabilidade".

P. L. Netto Lôbo[313] escreve: "No Brasil, a tendência é desconsiderar o risco do desenvolvimento como excludente de responsabilidade, enquadrando-o nos riscos da atividade do fornecedor", acrescentando: "Pessoalmente [...], entendo que, no geral, o risco de desenvolvimento deve ser considerado como exoneratório de responsabilidade. Todavia, a falta de informação suficiente acerca do estágio do conhecimento científico e tecnológico sobre a matéria infringe o dever de informar, pois sonega dados necessários à escolha do consumidor. [...] É de se ter como unívocos os significados de *state of the art* (o produto está de acordo com os padrões correntes na data de seu lançamento) e risco de desenvolvimento (o produto não alcançou o nível de qualidade e segurança que seria lícito esperar, na data de seu lançamento), que a doutrina estrangeira busca distinguir. Exemplifica-se a primeira hipótese com o cinto de segurança nos automóveis que não se tinha como necessário décadas atrás; a segunda, com a inadequação do produto por excessiva toxicidade, apenas mais tarde reconhecida". Não creio que a questão possa resolver-se muito simplesmente: casos há em que a informação do *state of art* pode ser considerada suficiente como exoneratória da responsabilidade pelos danos advindos do bem ou serviço, outros podendo existir em que a informação de que o produto é conforme com os conhecimentos existentes na data da sua fabricação ou produção não satisfaz a obrigação de informação integral, por se saber que a investigação prossegue

[312] *Programa de Responsabilidade Civil*, 9ª ed., 2010, pp. 187 e 188.
[313] Op. e loc cit., p. 65.

e que a situação existente é ainda de grande incerteza quanto aos efeitos do produto.

Segundo Ricardo Sacramento Lima[314], é claramente maioritária, na doutrina, a corrente que entende tratar-se de um risco da actividade, o que justifica dizendo: "Se assim não o fosse, nos depararíamos com a possibilidade de responsabilizar a vítima por dano ocorrido pela responsabilidade do fornecedor".

A este propósito e adoptando esta orientação, há que ter em conta o Enunciado nº 43 aprovado na I Jornada de Direito Civil promovida pelo Centro de Estudos Judiciários do Conselho da Justiça Federal[315]: "A responsabilidade civil pelo fato do produto, prevista no art. 931 do novo Código Civil, também inclui os riscos do desenvolvimento".

A situação, no Brasil, é, portanto, esta: parte da doutrina, fundamentando-se no princípio geral do art. 931º do CC que estabelece uma responsabilidade objectiva dos "empresários individuais e das empresas" "pelos danos causados pelos produtos postos em circulação", defende que há responsabilidade sem culpa em, senão todos, pelo menos em muitos dos casos de prejuízos causados por produtos, incluindo os que têm como causa o risco de desenvolvimento, entendendo S. Cavalieri Filho[316] que a "norma [é] muito mais abrangente" do que a do art. 12º do CDC, permitindo "agora aplicar a responsabilidade objetiva a outros casos de acidentes causados por defeitos de produtos que antes não podiam ser enquadrados no Código de Defesa do Consumidor". Na verdade, para que possa aplicar-se o art. 12º do CDC, tem de "existir defeito" no produto, embora o "ônus da prova da inexistência de defeito" seja do fornecedor[317], não sendo – longe disso – claro que, não havendo, ao tempo do lançamento no mercado do produto ou serviço, vício, defeito ou falta de qualidade, possa haver a responsabilidade aqui prevista. Quanto à jurisprudência, encontram-se acórdãos que reconhecem direito a indemnização, mesmo em casos em que o fornecedor alerta para os riscos do produto: assim, por exemplo, no acórdão do Supremo Tribunal de Justiça de 21 de Agosto de 2008[318].

[314] Cit., p. 3. V. também pp. 5 e 6.

[315] Brasília, 11 a 13 de Setembro de 2002.

[316] Cit. p. 188.

[317] C. Lima Marques, Antônio Herman V. Benjamin e B. Miragem, cit., pp. 380 a 383.

[318] RESP971845/DF. 3ª Turma (Humberto Gomes de Barros).

Tomando o exemplo dos alimentos geneticamente modificados, os tribunais brasileiros têm entendido que as respectivas embalagens devem ter menção expressa da modificação genética[319].

Em Portugal, o artigo 5º-*e*), do Decreto-Lei nº 383/89, de 6 de Novembro (alterado pelo Decreto-Lei nº 131/2001, de 24 de Abril, que não tocou na citada disposição), estabelece que o "produtor não é responsável se provar [...] que o estado dos conhecimentos científicos e técnicos, no momento em que pôs o produto em circulação, não permitia detectar a existência do defeito". Esta regra resulta da transposição do artigo 7º-*e*), da Directiva nº 85/374/CEE do Conselho, de 25 de Julho de 1985, relativa à aproximação das disposições legislativas, regulamentares e administrativas dos Estados-Membros em matéria de responsabilidade decorrente dos produtos defeituosos. O artigo 15º da Directiva permitia a qualquer Estado-membro, nos termos da alínea *b)* do nº 1, "em derrogação da alínea *e*) do artigo 7º, manter ou, sem prejuízo do procedimento definido no nº 2, prever na sua legislação que o produtor é responsável, mesmo se este provar que o estado dos conhecimentos científicos e técnicos no momento da colocação do produto em circulação não lhe permitia detectar a existência do defeito"[320] [321]. Na

[319] Neste sentido, p. ex., a decisão do TJ-SP de 2009, referida por Nathália Sant'Ana Policarpo, cit..

[320] O nº 2 do mesmo art. 15º estabelece que "o Estado-membro que desejar introduzir a medida prevista no nº 1-b) comunicará à Comissão o texto da medida em causa. A Comissão informará desse facto os Estados-membros. O Estado-membro interessado suspenderá a adopção da medida prevista por um período de nove meses a contar da informação à Comissão, e na condição de que esta não tenha entretanto submetido ao Conselho uma proposta de alteração da presente directiva respeitante à matéria em causa. Se, contudo, a Comissão não comunicar ao Estado-membro interessado, no prazo de três meses a contar da recepção da referida informação, a sua intenção de apresentar tal proposta ao Conselho, o Estado-membro pode tomar imediatamente a medida prevista. Se a Comissão apresentar ao Conselho uma proposta de alteração da presente directiva no prazo de nove meses acima mencionado, o Estado-membro interessado suspenderá a adopção da medida prevista por um período de dezoito meses a contar da apresentação da referida proposta".

[321] É este o texto do nº 3: "Dez anos após a data de notificação da presente directiva, a Comissão submeterá ao Conselho um relatório sobre a incidência, no que respeita à protecção dos consumidores e ao funcionamento do mercado comum, da aplicação pelos tribunais da alínea e) do artigo 7º e do no 1, alínea b), do presente artigo. Com base nesse relatório, o Conselho, deliberando sob proposta da Comissão nas condições previstas no artigo 100º do Tratado, decidirá a revogação da alínea e) do artigo 7º". A única alteração consta da Directiva 1999/34/CE e esta nada diz sobre a matéria.

lei portuguesa, a alínea *e)* do artigo 7º mantém a mesma redacção, isto é, continua a adoptar-se a orientação da exclusão total da responsabilidade, ao invés de países, como o Luxemburgo, em que a responsabilização é completa, outros existindo em que o regime é mais *nuancé*.

Segundo informa Nathália Sant'Ana Policarpo[322], "no Direito norte-americano, [...] as pressões exercidas pelos fornecedores, que suportavam o pagamento de altos valores em indenizações, levaram a jurisprudência a reconhecer o risco do desenvolvimento como causa de exclusão de responsabilidade", o que é que verosímil, mas não será completamente uniforme. A autora ilustra o que diz com a decisão do caso *Brown vs. Abott Laboratories* (1988), pelo qual o Supremo Tribunal da Califórnia excluiu a responsabilidade de uma "empresa pelos danos causados por medicamento seu que trouxe prejuízo para as pacientes causando-lhes tumores. Foi afastada nesse caso a aplicação da *strict liability* em face do interesse público, qual seja o desenvolvimento de novos medicamentos que têm por fim salvar vidas, ainda que apresentem riscos a saúde".

f) Obrigação de informação em alguns contratos

Independentemente da natureza do contrato, tem de se dizer que a extensão da obrigação de informação é das que mais variam em função da natureza e situação recíproca das partes. Se o facto de uma delas ser um consumidor fundamenta especial atenção à informação de que carece, o mero facto de ambas partes o não serem não é, por si só, justificativo da restrição da obrigação de informação de um dos contraentes perante o outro. Tome-se o exemplo claro de um deles ser empresário de um ramo de actividade em que é incomum a celebração de contratos do tipo do que está em causa: este facto – muitas vezes agravado pela incultura geral e/ou específica desse empresário[323] [323] – gera uma obrigação de informação quiçá tão completa quanto a que é devida a um consumidor.

[322] Op. e loc. cit..

[323] Sem que tenha por base qualquer estudo sociológico, o mero conhecimento geral da realidade de facto do empresariado português permite-me afirmar que são numerosíssimos os empresários iletrados (quando não próximos do analfabetismo) e desconhecedores não apenas das normas jurídicas que regem os contratos que concluem, mas, sobretudo, daquelas e dos aspectos factuais dos contratos que esporadicamente vêm a celebrar. Com maior desconhecimento da (se possível), suponho que a situação dos pequenos empresários no Brasil não seja radicalmente diversa.

Se, no domínio do consumo, as leis (brasileira e portuguesa) são muito cautelosas com o conteúdo da informação a prestar ao consumidor[325] [326], outros âmbitos há que exigem igual (se não mais cuidadosa) protecção: é o que acontece nos contratos financeiros[327]. O artigo 7º, nº 1 do Código dos Valores Mobiliários português[328] estabelece: "A informação respeitante a instrumentos financeiros, a formas organizadas de negociação, às actividades de intermediação financeira, à liquidação e à compensação de operações, a ofertas públicas de valores mobiliários e a emitentes deve ser completa, verdadeira, actual, clara, objectiva e lícita", dizendo o nº 2: "O disposto no número anterior aplica-se seja qual for o meio de divulgação e ainda que a informação seja inserida em conselho, recomendação, mensagem publicitária ou relatório de notação de risco"; acrescenta o nº 3: "O requisito da completude da informação é

[324] V. o ac. do Trib. da Relação de Lisboa de 25 de Setembro de 2012 (Espírito Santo) e o ac. do STJ português de 10 de Outubro de 2013 (Granja da Fonseca).

[325] Arts. 31º e 46º do CDC brasileiro, e art. 8º da Lei de Defesa do Consumidor portuguesa.

[326] Acentua "o tratamento conferido pela legislação consumerista ao princípio da informação", dizendo que "o mesmo não se [...] [verifica] na codificação civil", Fabíola Santos Albuquerque, *Contrato de adesão no novo Código Civil*, in us.com.br/artigos/3914/contrato-de-adesao-no-novo-codigo-civil, p. 6.

[327] Margarida Azevedo de Almeida, "A Responsabilidade Civil Perante os Investidores por Realização Defeituosa de Relatórios de Auditoria, Recomendações de Investimento e Relatórios de Notação de Risco", *in Cadernos do Mercado de Valores Mobiliários*, p. 9, observa que "sintomático do interesse da divulgação da informação é igualmente o controlo que sobre ela exerce a Comissão do Mercado de Valores Mobiliários (doravante CMVM) e que integra os princípios a que obedece a supervisão que a lei lhe atribui (art. 358º c) CVM)". A mesma autora, *ibidem*, pp. 13 e 14, conclui: "Verificamos assim que o interesse no funcionamento eficiente dos mercados dos valores mobiliários não é um mero instrumento ao serviço dos interesses dos investidores, sendo um fim em si mesmo. A tutela dos investidores e a eficiência do mercado representarão duas faces da mesma moeda".

[328] Aprovado pelo Dec.-Lei nº 486/99, de 13 de Novembro, e alterado, designadamente, pela Lei nº 35/2018, de 20 de Julho.

No quadro da informação a investidores, v. Manuel Gomes da Silva e Rita Amaral Cabral, op. e loc. cit., pp. 443 e 444, que referem o disposto no Código dos Valores Mobiliários cujo art. 7º se deixa transcrito. O artigo 304-A, nº 1, dispõe, por seu lado: "Os intermediários financeiros são obrigados a indemnizar os danos causados a qualquer pessoa em consequência da violação dos deveres respeitantes à organização e ao exercício da sua actividade, que lhes sejam impostos por lei ou por regulamento emanado de autoridade pública". E o nº 2: "A culpa do intermediário financeiro presume-se quando o dano seja causado no âmbito de relações contratuais ou pré-contratuais e, em qualquer caso, quando seja originado pela violação de deveres de informação".

aferido em função do meio utilizado, podendo, nas mensagens publicitárias, ser substituído por remissão para documento acessível aos destinatários"; e o nº 4: "À publicidade relativa a instrumentos financeiros e a actividades reguladas no presente Código é aplicável o regime publicidade".

g) No contrato de trabalho

Justifica-se uma especial referência à obrigação pré-contratual de informação no contrato de trabalho, tanto por ela revestir grande importância para o candidato a trabalhador – que, poderei dizer com José Affonso Dallegrave Neto[329], se encontra "em regra em estado de super sujeição"[330] [331] – quanto porque o mesmo negociador não terá de prestar algumas informações, nem espontaneamente nem a pedido da contraparte. A acrescida importância da aplicação da boa fé pré-contratual nos preliminares deste contrato releva, pois, da "sujeição quase absoluta da parte que irá contratar ao empregador contratante"[332].

No Brasil, tem havido muitos litígios nesta matéria acerca, sobretudo, da competência dos tribunais para a julgar[333], problema que não cabe tratar no contexto deste estudo.

[329] *Apud* Lucimar Pedroso de Andrade, op. e loc. cit..

[330] Ou, usando a formulação de Luciano de Toledo Coelho, cit., p. 45, de "ulta-fragilidade". V. também pp. 63 e 136.

[331] Paula Meira Lourenço, op. e loc. cit., p. 49, opina que não há que recorrer à "ideia da 'relação de poder', porque entendemos que na relação jurídica laboral, só existe poder disciplinar depois do começo da execução do contrato de trabalho, e se os referidos autores pretendem reportar-se ao poder económico do empregador, parece-nos que não se trata de um critério, porque nem sempre corresponde à verdade". Não creio que se justifique detenção na apreciação deste ponto de vista.

[332] Luciano de Toledo Coelho, cit., p. 68.

[333] V., p. ex., o ac. do Tribunal Regional de Santa Catarina, 2ª Turma, de 14 de Julho de 2007, in http://www.lexml.gov.br/, em que se entendeu: "A ação de indenização, cujo suposto fático tenha ocorrido na fase pré-contratual, envolvendo candidato ao emprego e o futuro empregador, não se insere na competência da Justiça do Trabalho. Não decorrendo da relação de trabalho, a ação de indenização por responsabilidade civil é da competência material da Justiça Estadual, sendo nula a decisão proferida por Juiz do Trabalho em face de sua manifesta incompetência"; v. também o ac. nº 449047, de 11 de Novembro de 2011 (pr nº 20100112085l5acj), loc. cit., do Tribunal de Justiça do Distrito Federal e dos Territórios, 2ª Turma Recursal dos Juizados Especiais Cíveis e Criminais do DF, negando a competência dos tribunais do trabalho, com fundamento em inexistir "relação de emprego ou de tra-

Em Portugal, o problema jurídico tem directamente que ver com o artigo 18º, nº 1, da Constituição da República Portuguesa, que enuncia o princípio da eficácia horizontal dos direitos, liberdades e garantias, sendo o seguinte o seu teor: "Os preceitos constitucionais respeitantes aos direitos, liberdades e garantias são diretamente aplicáveis e vinculam as entidades públicas e privadas". Na verdade, nas "entidades privadas" estão compreendidos os empregadores, pessoas singulares ou colectivas. Põe-se, naturalmente, a questão da coordenação deste preceito com o do artigo 86º, nº 2, relativo à liberdade de empresa. Proibindo a CRP, no seu artigo 13º, a discriminação em função da "ascendência, sexo, raça, língua, território de origem, religião, convicções políticas ou ideológicas, instrução, situação económica, condição social ou orientação sexual", a compatibilização daquelas normas implica que o candidato a empregador só possa averiguar dos elementos do candidato a trabalhador que sejam relevantes para o exercício da função a que o contrato de trabalho se destina.

No Brasil, não obstante não existir preceito que dê expressão clara à eficácia inter-privada dos direitos fundamentais, o problema não só não é desconhecido como é muitíssimo significativa a corrente que entende que existe "eficácia (aqui compreendida como a capacidade de os direitos fundamentais gerarem os efeitos jurídicos que lhe são inerentes) dos direitos fundamentais nas relações entre particulares"[334] [335]. Observa-se que a configuração constitucional da ordem jurídica não pode depender do legislador ordinário; os valores jurídicos protegidos constitucionalmente têm de valer ainda que não exista lei infra-constitucional que

balho". Em sentido inverso, o ac. do Tribunal Superior do Trabalho de 23 de Novembro de 2005 (pr NÂPRR – 93100-69.2003.5.07.0006); igualmente no sentido da competência, o ac. do Tribunal Regional do Trabalho, 2ª Turma, de 26 de Janeiro de 2011, e o ac. do mesmo Tribunal, 3ª Turma, de 8 de Setembro de 2010.

[334] Melina Giardi Fachin e Umberto Paulini, "Problematizando a eficácia dos direitos fundamentais nas relações entre particulares: ainda e sempre sobre a constitucionalização do direito civil", *in Diálogos sobre Direito Civil*, Vol. II, 2008 (org. Gustavo Tepedino e Luiz Edson Fachin), p. 202.

V. também, embora incidentalmente, Calyle Popp, cit., pp. 59-60, 66 e 89.

[335] Contra, em estudo recente, Otavio Luiz Rodrigues Junior, *Distinção Sistemática e Autonomia Epistemológica do Direito Civil Contemporâneo em Face da Constituição e dos Direitos Fundamentais*, Faculdade de Direito da Universidade de São Paulo, Maio de 2017, pdf, pp. 523 e ss. e 547 e ss., em especial 570 e ss..

os proteja[336]. Ingo Wolfgang Sarlet, num texto[337] em que se ocupa principalmente do modo como aquela eficácia actua (por considerar estar consagrado o entendimento de que ela é indiscutível), invoca o art. 5º, § 1º, da Constituição Federal para afirmar o "tratamento diferenciado (e privilegiado) que os direitos fundamentais reclamam no âmbito das relações entre Constituição e Direito Privado". Defende uma eficácia directa, embora não uniforme, pois as normas sobre direitos fundamentais não são homogéneas, não sendo possível desenhar uma eficácia directa "de feições absolutas"[338].

Justifica-se transcrever a conclusão I do Painel referente ao Direito Básico à Informação no V Congresso Brasileiro de Direito do Consumidor, Belo Horizonte, de 2 de maio de 2000, aprovada por unanimidade: 'O direito à informação, conferido ao consumidor, espécie do género Direitos fundamentais, como especificação da tutela constitucional do consumidor, tendo sido expressa e conjuntamente previsto nos incisos XIV, XXXII e XXXIII, do art. 5º da CF/88. Essas normas são de aplicabilidade imediata, como direitos de prestação e protecção dirigidos ao legislador, ao Judiciário (neste caso, como critérios nucleares de interpretação), à Administração Pública e aos particulares conformadores das normas infraconstitucionais, inclusive do CDC".

Em relação a ambas as ordens jurídicas, tem de se ter em conta a Convenção nº 111 da OIT, cujo artigo 1º, nº 1, dispõe: "Para fins da presente convenção, o termo "discriminação" compreende:

a) Toda distinção, exclusão ou preferência fundada na raça, cor, sexo, religião, opinião política, ascendência nacional ou origem social, que tenha por efeito destruir ou alterar a igualdade de oportunidades ou de tratamento em matéria de emprego ou profissão; [...]".

Vale a pena referir a distinção entre discriminação directa e indirecta. Está-se perante a primeira quando uma pessoa, "em razão de portar um ou vários sinais discriminatórios, recebe tratamento menos

[336] Melina Giardi Fachin e Umberto Paulini, op. e loc. cit., pp. 209-210. V. ainda pp. 219, 220 e 225.

[337] "Direitos Fundamentais e Direito Privado: algumas considerações em torno da vinculação dos particulares aos direitos fundamentais", *in A Constituição Concretizada*, 2000, pp. 107 e ss, em especial pp. 117 e ss..

[338] Op. e loc. cit., pp. 147 e ss., em especial p. 157.

favorável daquele que é, tenha sido ou possa vir a ser dispensado a outra pessoa em situação comparável'. A indireta manifesta-se quando 'uma disposição, critério ou prática aparentemente neutra, coloque portadores de sinais de discriminação em situação de desvantagem comparativamente a outras, salvo se essa disposição, critério ou prática seja objectivamente justificada por um critério legítimo, vale dizer, lícito em geral e não discriminatório em si'"[339].

Pelo que respeita ao direito ordinário português, o Código do Trabalho dispõe, no nº 1 do seu artigo 24º: "O trabalhador ou candidato a emprego tem direito a igualdade de oportunidades e de tratamento no que se refere ao acesso ao emprego, à formação e promoção ou carreira profissionais e às condições de trabalho, não podendo ser privilegiado, beneficiado, prejudicado, privado de qualquer direito ou isento de qualquer dever em razão, nomeadamente, de ascendência, idade, sexo, orientação sexual, identidade de género, estado civil, situação familiar, situação económica, instrução, origem ou condição social, património genético, capacidade de trabalho reduzida, deficiência, doença crónica, nacionalidade, origem étnica ou raça, território de origem, língua, religião, convicções políticas ou ideológicas e filiação sindical, devendo o Estado promover a igualdade de acesso a tais direitos", esclarecendo o nº 2 do mesmo preceito que o direito referido "respeita, designadamente: a) A critérios de selecção e a condições de contratação, em qualquer sector de actividade e a todos os níveis hierárquicos", e determinando o nº 5 que "constitui contra-ordenação muito grave a violação do disposto no nº 1 [...]". Por outro lado, o artigo 25º do mesmo diploma proíbe a discriminação "directa e indirecta" por parte do empregador, esclarecendo, no seu nº 2 que "não constitui discriminação o comportamento baseado em factor de discriminação que constitua um requisito justificável e determinante para o exercício da actividade profissional, em virtude da natureza da actividade em causa ou do contexto da sua execução, devendo o objectivo ser legítimo e o requisito proporcional".

Do que ficou exposto quanto às normas aplicáveis decorre que, em muitos casos, a língua e a instrução possam ser factores a ter em conta. Na verdade, as habilitações académicas do candidato são evidentemente relevantes para muitos contratos de trabalho. Contudo, já me não é tão

[339] Otavio L. Rodrigues Junior, cit., p.152.

claro que o seja o "local onde o trabalhador obteve o seu grau de instrução", como Paula Meira Lourenço[340] sustenta, seguindo a opinião de Pedro Romano Martinez. Não vejo fundamento objectivo plausível para o empregador "só pretend[er] contratar estudantes que tenham feito o 9º ano, ou o 12º ano no Liceu X", como diz a autora. Admito que, quando a preparação conferida por dadas escolas em certas áreas seja manifestamente diversa, haja motivo para o empregador pretender saber onde obteve o candidato o seu título académico. É, porém, muitíssimo discutível – para ser muito benevolente – que, sendo requisito de admissibilidade ao emprego certo grau académico, possa o candidato a empregado ser preterido em razão do estabelecimento de ensino que lhe conferiu aquele. Só não excluo liminarmente a relevância deste critério – se bem que muito dubitativamente – porque, tanto em Portugal quanto no Brasil, o ensino, em algumas áreas, pode ser muito diferenciado em razão dos sectores (público ou privado) em que é prestado, não sendo realista afastar totalmente a preferência pela formação numa universidade em lugar de outra, por exemplo.

Por outro lado, só muito raramente serão critérios de discriminação lícitos a ascendência, o sexo, a raça. Naturalmente que, se o trabalho se situar na área do espectáculo ou da moda, quer o sexo quer a raça podem ser objectivamente relevantes[341].

Discordo frontalmente de Paula Meira Lourenço[342], quando esta, na esteira de Pedro Romano Martinez e citando-o, diz que "há certas profissões que, em função do sexo, constituem estereótipos socialmente implantados, não podendo a mentalidade enraizada numa sociedade ser modificada por uma norma de um diploma legal", acrescentando, de sua lavra, que "são indivíduos do sexo feminino que geralmente assumem as funções de esteticista, parteira, secretária, manicura, costureira, edu-

[340] Op. e loc. cit., p. 56.

[341] É interessante o exemplo referido por Otavio L. Rodrigues Junior, cit., pp. 150 e 151. É ele o processo de selecção de músicos para as orquestras sinfónicas e filarmónicas dos EUA. A escolha fazia-se por audições públicas perante um comité em auditórios musicais. Eram recrutados predominantemente homens. Alterou-se a forma de seleção: passou a ser feita por audições às cegas; os candidatos tocam os seus instrumentos e o(s) examinador(es) só identifica o som. O resultado é esclarecedor: "a) em 1970, havia menos de 5% de mulheres nas cinco principais orquestras norte-americanas; b) em 1980, esse número passou para 12%; c) em 1996, havia já 25% de mulheres".

[342] *Ibidem*, p. 63 e nota 64.

cadora de infância, lavadeira ou engomadeira; e os do sexo masculino que exercem as profissões de carpinteiro, serralheiro, pintor, pedreiro, pescador, estivador, mineiro ou guarda florestal". Isto carece de qualquer sentido social e jurídico: o Direito não pode pactuar com discriminações sociais completamente desprovidas de fundamento objectivo, antes deve contribuir para a sua eliminação da ideologia social. A não ser assim, o racismo, que também existe – e de forma não desprezível nas sociedades portuguesa e brasileira – teria igualmente de ser respeitado (ou, pelo menos, tolerado) pelas Constituições e legislações dos dois países.

Quanto à língua, não podendo estar em discussão as profissões em que seja necessário dominar mais do que uma língua ou alguma em particular, também não vejo grandes hipóteses de preterição lícita em razão da língua.

Já pelo que respeita à religião, não vale a pena refutar Paula M. Lourenço[343], quando esta põe o problema, na realidade inexistente, de a "pessoa professa[r] uma religião que proibia o trabalho [ou] pretendesse receber sem trabalhar, em nome da liberdade de consciência".

Como se dirá de seguida, tem de se considerar o problema das chamadas empresas ideológicas (as "que têm por finalidade realizar determinados programas políticos, religiosos, sindicais ou culturais, ou em que a sua actividade seja indissociável de um determinado postulado ideológico, implicando a defesa ou pelo menos o acatamento de certos princípios ideológicos", na definição de Paula M. Lourenço[344]). A figura do *tendenzträger*, de criação doutrinária alemã, "visa designar o trabalhador que desempenha as actividades ideológicas [...]". O exemplo retirado da jurisprudência alemã de 31 de Janeiro de 1956 (caso *Krankenhaus-Urteil*) é especialmente infeliz, pois um pintor de um hospital não é, evidentemente um *tendenzträger*, e o facto de aquele se ter divorciado e casado de novo não constitui facto justificativo de despedimento, seja qual for a natureza da empresa empregadora; do mesmo modo que o não é a situação de um contrato de trabalho com uma professora de que consta uma cláusula segundo a qual a mesma não poderia casar civil e não religiosamente, a qual é evidentemente nula.

343 Op. e loc. cit., p. 50.
344 *Ibidem*, p. 65.

A mesma autora, depois de analisar a questão de saber se, na fase pré-contratual, o candidato a trabalhador tem obrigação de informar o empregador acerca das suas convicções políticas ou religiosas, fornece, como equivalentes, várias respostas contraditórias, acabando por dizer que "assim [?]" "se compreende o exemplo adiantado por Menezes Cordeiro, ao entender que o candidato ao lugar de porteiro num partido político tem o dever de informar que está filiado num partido rival". Não alcanço como é que, numa situação destas, haja qualquer dever de informação, já que as funções de um porteiro nada têm que ver com uma actividade ideológica, antes se apresentando como neutras. Estivesse em causa uma função de secretariado, de controlo de finanças, de inscrição de filiados ou congénere, e não teria dúvidas quanto à imposição da informação.

No Direito italiano, Pietro Ichino[345] diz que, se o posto de trabalho tiver lugar numa organização que tenha por fim "a promoção de determinadas ideias políticas, sindicais, religiosas ou de outro género deve considerar-se legítimo que a contratação de um trabalhador ou a atribuição de funções de opinião [*concetto*] seja condicionada [...] pela sua orientação política, sindical, religiosa ou de outro género".

Raciocínio idêntico justifica a irrelevância das convicções políticas ou ideológicas que, como regra, em nada bolem com o desempenho da maior parte das funções laborais.

Talvez não valha a pena gastar muito espaço com o território de origem, não acompanhando definitivamente, sem mais, Paula M. Lourenço[346], quando esta escreve que, "quanto ao território de origem, parece admissível que uma empresa de Bragança pretenda contratar só trabalhadores que residam naquele distrito". O exemplo parece apontar para a necessidade de residência próxima do local de trabalho, o que, se for justificado, nada tem que ver com o "território de origem".

Afigura-se-me despropositado o exemplo que a mesma autora[347] dá de "uma empresa familiar, na qual só se admitem os membros que descendam de um mesmo progenitor, e em linha recta, onde por isso é

[345] *Il Contratto di Lavoro* – Vol. III *Sospensione, sciopero, riservatezza e segreto, potere disciplinare, cessazione del rapporto, gestione dei diritti*, 2003, pp. 255 e 256.
[346] *Ibidem*, p. 58.
[347] *Ibidem*, p. 57.

relevante apurar se um determinado candidato descende ou não daquele progenitor". Concedendo – o que não é pouco – que possa haver situações destas, não julgo que elas sejam resolvidas através de convites a contratar dirigidos ao público e a que possam responder desconhecidos que, então, teriam de fazer aquela prova. Mais uma vez (e não é a última) se me afigura que estamos perante exemplos extraordinários no sentido literal da palavra, que têm o mérito de desacreditar quem os inventa.

De tudo isto decorre que, nos preliminares do contrato de trabalho, haja informações que não têm de ser prestadas pelo candidato a trabalhador: assim, nomeadamente, as relativas à vida íntima da pessoa. Há "perguntas inadmissíveis, especialmente quando essas, sem motivo legítimo, invadem a esfera privada e íntima"[348]. É o que acontece, por exemplo, com as que respeitem à orientação sexual da pessoa, à situação ou decisão relativa a gravidez[349], à etnia, orientação religiosa ou política...[350]

Eduardo Milléo Baracat[351] acrescenta um elemento ("recente" no Brasil): o de ser exigido ao candidato ao emprego "certidão negativa da Justiça do Trabalho, para comprovar a existência de ação trabalhista", acrescentando: "o trabalhador que se recusar a fornecer a certidão, e, por esta razão, não for contratado, sofrerá discriminação, e, em decorrência, um dano a um bem personalíssimo, que é o de submeter ao Poder Judiciário lesão ou ameça a direito (Constituição, art. 5º, XXXV)".

E deixam-se por analisar, por este não ser um estudo de Direito do Trabalho, factores de discriminação ilícitos tão comuns, como os de idade, os estéticos (obesos, por exemplo, mas não só), psíquicos (não dinâmicos, não expansivos, não ambiciosos), familiares (tem família, de onde se retira que não está disponível para viver 20 horas por dia para a empresa, para renunciar a fins de semana ou a férias[352]).

[348] Karina Nunes Fritz, op. e loc. cit., p. 15.

[349] Sobre este tema, v. *infra*.

[350] Até Paula Meira Lourenço, *ibidem*, p. 52, aceita que "o trabalhador a quem o empregador indaga acerca da sua religião ou da sua convicção política, ou etnia, nem sempre terá de cumprir o seu dever [?] de informação", embora acrescente – o que não surpreende, vindo de quem vem – que "não podemos afirmar que nunca estaria adstrito ao cumprimento desse dever".

[351] Cit., p. 231.

[352] Sobre estas questões, v. Luciano de Toledo Coelho, cit., em especial p. 125.

Também os testes prévios à admissão de um trabalhador, desde que destinados a identificar elementos íntimos da sua personalidade, não devem considerar-se admissíveis[353].

A conclusão mais acertada será a de que não pode dizer-se, em absoluto e em rigor, que há perguntas inadmissíveis. De facto, tudo depende das circunstâncias: da natureza das funções, em primeiro lugar, e da sua conexão com o elemento sobre o qual a pergunta versa, depois[354]. Porém, numa área em que os ilícitos pré-contratuais são tão frequentes e tão difícil é aos lesados oporem-se-lhes, creio justificar-se salientar os limites da permissão das indagações, só após isso enunciando as excepções.

Apesar de o tratamento do tema aqui representar um desvio do plano deste estudo, opto por fazê-lo muito sumariamente. Os testes prévios à admissão têm vindo a tornar-se crescentemente mais sofisticados e invasivos. Mesmo sem colocar a questão de serem aplicados por pessoas que não têm qualificações para o fazer, tais exames e testes – tanto no que visam apurar das características da personalidade dos candidatos ao trabalho como nos efeitos que podem ter, e têm, na sua realização sobre as pessoas que a eles se submetem – colocam problemas graves. Por um lado, eles tomam o lugar de perguntas tão inadmissíveis que nenhum candidato a empregador teria a desfaçatez de as formular. Por outro, eles correspondem, não raro, a formas de tratamento vexatório (assim acontece, designadamente com frequência, com as chamadas dinâmicas de grupo ou com as entrevistas avançadas simultâneas) que causam danos pela sua ocorrência, independentemente do resultado da contratação[355]. E, ainda, impõem que, em caso de recusa de contrato, seja comunicado o motivo, pois só ele permite aferir da sua licitude[356]. Finalmente, estes exames suscitam a inevitável questão do destino dos

[353] Cfr. neste sentido, ou, melhor, considerando que esses testes (ou os inquéritos anónimos) têm os limites de reserva de que beneficiam os trabalhadores, antes e durante a relação laboral, Pietro Ichino, cit., pp. 262 e 263, cuja posição é, aliás, muito liberal nestas matérias.

[354] Assim, Eduardo Milléo Baracat, cit., pp. 227 a 229.

[355] Toledo Coelho, cit., p. 42, nota 15; o autor (p. 44) qualifica-os de "assédio moral".

[356] Como observa Luciano de Toledo Coelho, cit., p. 42, "muitas vezes o chamado 'perfil ou cara da empresa' pode indicar discriminação, seja estética, seja por personalidade [...] não admitindo 'tendências agressivas' ou 'excessiva sociabilidade' [...]". "[...] deve o candidato, no mínimo, obter conhecimento de tal 'diagnóstico', seja por discriminação, no caso de rejeição por 'tendências homossexuais', seja porque deve existir plausibilidade entre a rejeição e o perfil do cargo". V. também p. 52.

elementos que por eles foram recolhidos, que têm de ser forçosamente objecto de sigilo[357] e de devolução ao examinado, duas obrigações pré-contratuais que nem sempre estão presentes.

No Brasil, há que ter em consideração a Súmula nº 686 do Supremo Tribunal Federal: "O caráter eliminatório de exames psicológicos em concursos públicos deve ser previsto em lei, além do edital, para ter validade." A seu propósito, Luciano de Toledo Coelho[358] diz que, "desde que aplicados com razoabilidade e de forma criteriosa, é possível a avaliação e a testagem, desde que aprovada pelo CRP e desde que garantido ao candidato o retorno e a informação sobre os critérios utilizados". E o autor dá vários exemplos de profissionais cuja admissão deverá ser precedida de "testagens": motoristas, vigilantes, vigias ou "pessoas que irão exercer cargos de responsabilidade com patrimônio", "pessoas que cuidam de crianças, ou mesmo de adolescentes"[359]. O autor salienta[360], no entanto, que, "hoje, diante da funcionalização do contrato, e da solidariedade do novo CC, em oposição à patrimonialidade anterior, inexiste o direito absoluto de não contratar com base em um resultado de teste".

Resignados com a situação da aplicação de testes, de utilização de técnicas como a grafologia e outras, encontram-se autores[361] que já se limitam a propor "que o candidato a emprego que venha a ser submetido a qualquer testagem seja esclarecido acerca de possibilidades e critérios utilizados"; e "principalmente, de que terá um retorno ou *feedback* sobre o seu desempenho, máxime se identificados fatores psíquicos ou situações passíveis de correção e aprimoramento, aprofunda-se a possibilidade não só de proteção ou oposição, mas também de contraditório".

É que não só estes métodos se têm tornado inevitáveis como ainda – mesmo que houvesse alguma hipótese de recusa de submissão a eles – as ferramentas tecnológicas actualmente disponíveis permitem a obtenção de muitos dados à revelia dos candidatos, perigo acrescido pelo facto de haver pessoas cujas identidades constam de ficheiros e plataformas que ignoram por completo. E a necessidade protecção aumenta, se possível, com o facto de serem elaborados sistemas de dados de candidatos

[357] Salientando este aspecto, Toledo Coelho, cit., p. 50.

[358] Cit., p. 50.

[359] Cit., pp. 50 e 51.

[360] Cit., p. 97.

[361] Toledo Coelho, cit., p. 93.

a emprego que, realizados com base num recrutamento falhado numa concreta experiência, são publicitados, retirando realmente o candidato do mercado de trabalho[362].

Em Portugal, a Lei nº 67/98, de 26 de Outubro, cuja versão mais recente é a da Lei nº 103/2015, de 24 de Agosto, na transposição da Directiva nº 95/46/CE, do Parlamento Europeu e do Conselho, de 24 de Outubro de 1995, ocupa-se do tratamento de dados pessoais dispondo que este "deve processar-se de forma transparente e no estrito respeito pela reserva da vida privada, bem como pelos direitos, liberdades e garantias fundamentais". Estas cautelas legais são, todavia, insuficientes para protegerem efectivamente os cidadãos dos abusos de que aqui se tem tratado.

Sublinhe-se, desde já, que há uma grande concordância quanto à impossibilidade de utilização de informações genéticas. Mesmo autores muito conservadores neste domínio, como Christopf Fabian[363] – que remete para a lei a tarefa de definir os termos em que elas podem/devem ser conhecidas pelos empregadores[364] – reconhece que "os interesses económicos [daqueles] só poderiam explicar uma revelação em situações extremas ou muito desvantajosas para estes, pois a revelação também causa conseqüências profundas para a vida do [...] empregado". Encontram-se, todavia, autores que não afastam por completo a sua admissibilidade: assim, Eduardo Milléo Baracat[365] que refere as hipóteses de haver "contratações para funções específicas, em que se verifica, normalmente, o desenvolvimento de doenças", a que acrescenta a cautela de o "operador do Direito do Trabalho" dever "verificar a exigência do exame genético de acordo com as circunstâncias do caso, e determinar severamente a reparação do dano causado ao trabalhador pela violação à sua intimidade genética, se constatar que a utilização da respectiva informação visou à discriminação da pessoa". Por não me serem claras as situações que o autor tem em vista, não comento.

Note-se, no entanto, que tais exames – que dificilmente serão recusados – podem ser feitos a partir de um cabelo, de um pedacinho de pele

[362] V. Toledo Coelho, cit., p. 95.

[363] Cit., p. 77.

[364] E também pelas seguradoras.

[365] Cit., p. 231.

ou de saliva, isto é, à revelia do candidato e que se encontram muito disseminados nas empresas[366].

Priscila N. Kirchhoff[367] analisa os chamados *backgroud cheks* (investigações sobre a vida passada do candidato a empregado, em especial sobre a forma como ele conduz a sua vida financeira) realizados na fase pré-contratual por empregadores, salientando que a Lei nº 12.347/10 revogou a norma da Consolidação das Leis do Trabalho brasileira e opinando que, com essa revogação, "o legislador impediu não apenas que os empregadores pudessem desligar seus empregados bancários por justa causa [...], [mas também], ainda que indiretamente, o legislador terminou [...] por impossibilitar o empregador de realizar pesquisas de qualquer tipo de trabalhador em banco de dados de sistemas de proteção ao crédito, seja no curso de uma relação empregatícia ou na fase que a antecede, ou seja, no curso das negociações"[368]. É elemento de averiguação que não pode, em princípio, ser admitido o de o candidato ter o seu nome registado no Banco de Portugal (nos devedores que não terão crédito) ou, no Brasil, constante do SPC ou SERASA[369] [370]. Muitíssimas vezes, o candidato a emprego é-o por estar desempregado há muito tempo e se encontrar por isso em situação económica deficitária, com

366 Eduardo Milléo Baracat, cit., p. 230.

367 *Responsabilidade pré-contratual, in* http://www.migalhas.com.br/dePeso/16,MI192873,41046-Responsabilidade+precontratual.

368 A autora refere o Projeto de Lei nº 7.756/10 do então deputado Mario Couto, que visava a inclusão na CLT de uma norma que proibia "a consulta a banco de dados e cadastros de proteção ao crédito, públicos ou privados, para fins de admissão de empregados". Não me foi possível apurar se tal projecto chegou a ser aprovado. A mesma autora informa que os tribunais do trabalho brasileiros, "sensíveis ao vazio legislativo e pautados no [...] princípio [...] da boa-fé objetiva, previsto no CC e aplicável a todas as relações jurídicas, vêm, reiteradamente, condenando empresas que realizam investigação da vida pregressa de candidatos a vaga de emprego e terminam por obstar a contratação devido, por exemplo, ao fato de o candidato possuir seu nome listado em cadastro de proteção ao crédito", dando, como exemplo, uma decisão do Tribunal do Trabalho do Rio Grande do Sul (pr nº 0010169-42.2012.5.04.0211) que "manteve a condenação de uma empresa ao pagamento de indenização por danos morais decorrentes, dentre outras razões, de dação de aviso prévio a empregada com nome listado no SPC".

369 O que se designa no Brasil, por o "nome sujo" ou "negativado".

370 Não discutindo o problema, por se considerar incompetente, mas citando aprovadoramente a decisão do TRT-PR de 8 de Julho de 2011 (Rosalie Michaele Bacila Batista), que considerou tal consulta inadmissível, v. o ac. do TJ-RGS de 22 de Fevereiro de 2018, 6ª Câmara Cível (Elisa Carpim Corrêa).

atraso irremediável no pagamento de dívidas bancárias (mútuos para compra de habitação, automóvel...).

No Direito italiano, são muitos os autores que entendem estar excluído qualquer dever de informação do trabalhador subordinado em relação a aspectos que não sejam directamente relevantes para a relação laboral a estabelecer, existindo também abundante jurisprudência nesse sentido[371].

Pietro Ichino[372] salienta que a protecção de reserva do trabalhador "deve entender-se aplicável por analogia – excluída obviamente a sanção penal – às indagações levadas a cabo sobre o trabalhador, antes das conversações [*incontro*] pré-contratuais com o possível empregador, por outros sujeitos: pense-se numa agência de emprego que organize um ficheiro tendo em vista possíveis pedidos de mão de obra por parte de um empresário".

No Direito inglês, é célebre o caso *O'Brian v. Prudential Assurance Co.*, de 1977, em que o tribunal entendeu que o candidato a trabalhador, que não havia revelado ser portador de uma doença mental, apesar de o questionário que preenchera o inquirir especificamente, não podia ser sancionado por isso[373]. Também no caso *Cheltenham Borough Council v. Christine Susan Laird* (2009), tendo a funcionária respondido falsamente à pergunta sobre se era portadora de doença mental, o tribunal, tendo admitido o seu despedimento por faltas relacionadas com a doença, atribuiu-lhe uma indemnização, não tendo entendido como ilícito o seu comportamento omissivo (ou, mesmo, falseador) da doença no período pré-contratual[374].

[371] Anna del Fante, op. e loc. cit., p. 157, nota 50, e referências bibliográficas e jurisprudenciais aí contidas.
V., também, Pietro Ichino, cit., pp. 243 e 244, embora o autor se refira ao direito de reserva durante a execução do contrato. Mais adiante (p. 252), ocupa-se da protecção do trabalhador, na medida em que a lei italiana impunha sanções penais aos empregadores que indagassem "sobre as opiniões políticas, religiosas ou sindicais do trabalhador, bem como sobre factos não relevantes para os fins da apreciação do comportamento profissional do trabalhador".

[372] Cit., p. 254.

[373] V. Simon Deakin, "Personal rights and labour law in United Kingdom", *in Quaderni di Diritto del Lavoro e delle Relazioni Industrialli Diritti della Persona e Contratti di Lavoro*, 1994, p. 114.

[374] Neste sentido, Simon Deakin, op. e loc. cit., pp. 115 e 117.
Em estudo dirigido a médicos, Kay Wheat, Elaine Brohan, Claire Henderson e Graham Thornicroft, "Mental illness and the workplace: conceal or reveal?", *in Journal of the Royal*

Trata-se do reconhecimento do direito a mentir sobre aspectos relativos à saúde, em especial mental, por parte do candidato a trabalhador na fase das negociações[375].

Este direito, negado por alguns autores portugueses[376], existe sempre que, não havendo qualquer obrigação de informação, o candidato a trabalhador não deseja ser questionado sobre um aspecto da sua vida, irrelevante para a conclusão do contrato, seja sobre a decisão de vir a casar e por quê, a ter filhos ou a ter certas convicções ou religião, ou a qualquer aspecto da sua vida privada[377]. Luciano de Toledo Coelho[378] discorda da existência de um direito a mentir, dizendo que o comportamento desleal de uma parte não justifica a violação da boa fé pela parte contrária, embora reconheça que uma candidata a trabalhadora que declare que quer engravidar ou um que diga não está disponível para fazer horas extra ou trabalhar aos fins de semana estão, *ipso facto*, excluídos. Considerando as características deste sector de contratação, o argumento formal da violação da boa fé quando o candidato mente sobre aspectos em relação aos quais não havia direito a inquiri-lo não me parece procedente. Na verdade, creio estarmos perante uma situação paralela à de legítima defesa: o candidato ao emprego que é alvo de um ilícito tem o direito

Society of Medicine 2010, 103, pp. 84 e 85, in http://www.sapphire.iop.kcl.ac.uk/Publications/Wheat_2010_JRSM.pdf, observam que, neste último caso, a situação jurídica não ficou completamente esclarecida, pois o tribunal entendeu que as perguntas eram "ambíguas". Os autores chamam a atenção para a Secção 98 do *Employment Rights Act*, que dispõe que uma pessoa pode ser despedida por conduta censurável ("*misconduct*") se não revelar a sua deficiência ("*disability*") ou história médica.

375 Acerca dos efeitos do conhecimento de doença mental no mercado de emprego e da atitude dos médicos perante os doentes, v. Kay Wheat, Elaine Brohan, Claire Henderson e Graham Thornicroft, op. e loc. cit.. Os autores defendem a adopção do modelo norte-americano, de acordo com o qual o candidato a trabalhador apenas tem de responder à questão de saber se tem condições para desempenhar o cargo ou tarefas que o contrato lhe impuser.

376 Paula Meira Lourenço, op. e loc. cit., pp. 67-68.

377 Francisco Rossal Araújo, *apud* Eduardo Milléo Baracat, cit., p. 233, defende a existência deste direito, escrevendo: "'o empregador tem direito a saber do empregado uma série de informações', tais como os 'dados cadastrais, a qualificação pessoal, a qualificação profissional e a pretensão salarial' [...] existem 'limites a esse direito de informação por parte do empregador [...] que consistem, exatamente nas projeções do princípio da boa-fé' e informações que violassem a privacidade do candidato poderiam ser omitidas".

378 Cit., p. 91.

de reagir a ele defendendo-se proporcionalmente. A resposta falsa – na impossibilidade de omissão – afigura-se-me reacção defensiva adequada à agressão.

Pelo que respeita à saúde, não é aceitável argumentativamente, como faz Paula Meira Lourenço[379], dar um exemplo óbvio (tão óbvio que é anedótico): se o trabalhador não se encontra em condições de saúde de prestar funções nem sequer de realizar as diligências inerentes à contratação, naturalmente que teria tido de informar a contraparte do facto ou, mesmo, de se abster de iniciar, nessa fase, conversações tendentes à celebração de um contrato destinado a produzir efeitos no imediato. Desta constatação, bem como daquela de que o candidato a certas funções tem de dispor das capacidades físicas, intelectuais ou psicológicas necessárias ao seu desempenho, não resulta a conclusão de que ele tenha de dar conhecimento (ou de que seja aceitável que o empregador promova exames médicos ou outros irrelevantes e que, em qualquer caso, têm sempre de ser consentidos) das suas condições de saúde. Dependentemente embora da situação económica e social, mas, em alguma medida sempre, sabemos como é difícil ao trabalhador opor-se à realização desses exames, quando estes são apresentados como condição *sine qua non* da contratação[380]. Porque assim é, é que é indispensável averiguar da legitimidade dessa exigência: se ela, não se justificando, for recusada e com esse fundamento o empregador desistir do contrato, terá o candidato a trabalhador direito a ser indemnizado pelos danos sofridos, com fundamento em responsabilidade *in contrahendo*.

No domínio da situação de saúde, o artigo 16º, nº 2, do Código do Trabalho português, dispõe que "o direito à reserva da intimidade da vida privada abrange quer o acesso [...] [a] aspectos atinentes à esfera íntima e pessoal das partes, nomeadamente relacionados [...] com o estado de saúde [...]", estabelecendo o artigo 17º que "o empregador não pode exigir a candidato a emprego ou a trabalhador que preste informações relativas. [...]; b) À sua saúde ou estado de gravidez, salvo quando

[379] Op. e loc. cit., p. 70.

[380] Para usar as palavras de Toledo Coelho, cit., p. 63 e 87, "qual o candidato a emprego que questione os documentos que tem de assinar? que se recuse a fazer seguro em grupo ou a participar de um teste, dinâmica de grupo ou exame que se apresente? Irá opor-se a responder a perguntas sobre a sua religião, sexualidade ou outros aspetos privados? Recusar-se-á a fornecer material para um exame de DNA [...]?".

particulares exigências inerentes à natureza da actividade profissional o justifiquem e seja fornecida por escrito a respectiva fundamentação", e esclarecendo o nº 2 deste preceito que as informações previstas na alínea b) que se deixou citada "são prestadas a médico, que só pode comunicar ao empregador se o trabalhador está ou não apto a desempenhar a actividade"[381].

Informações, ainda que legitimamente obtidas sobre a intimidade do candidato a trabalhador, têm de ser reservadas, havendo, em relação a elas um dever de sigilo[382]. É oportuno sublinhar aqui este dever quanto a estas informações: não pode o candidato a empregador divulgá-las a terceiros "ou ao público"[383].

Pelo que respeita à utilização de dados biométricos, em Portugal, rege o artigo 18º do mesmo diploma, cujo nº 1 determina que "o empregador só pode tratar dados biométricos do trabalhador após notificação à Comissão Nacional de Protecção da Dados", devendo esta notificação "ser acompanhada de parecer da comissão de trabalhadores ou, não

[381] Nos termos do artigo 51º da Lei nº 102/2009, de 10 de Setembro, sucessivamente alterada, designadamente, pela Lei nº 28/2016, de 23 de Agosto, "é proibida à trabalhadora grávida a realização de actividades em que esteja ou possa estar exposta aos seguintes agentes físicos: a) Radiações ionizantes; b) Atmosferas com sobrepressão elevada, nomeadamente câmaras hiperbáricas ou de mergulho submarino". O artigo 52º determina que "é proibida à trabalhadora grávida a realização de qualquer actividade em que possa estar em contacto com vectores de transmissão do toxoplasma e com o vírus da rubéola, salvo se existirem provas de que a trabalhadora grávida possui anticorpos ou imunidade a esses agentes e se encontra suficientemente protegida". Por seu lado, o artigo 53º proíbe à trabalhadora grávida a realização de qualquer actividade em que possa estar em contacto com: a) Substâncias e misturas que preencham os critérios de classificação ao abrigo do regulamento (CE) nº 1272/2008, do Parlamento Europeu e do Conselho, de 16 de Dezembro de 2008, relativo à classificação, rotulagem e embalagem de substâncias e misturas, numa ou em várias das seguintes classes e categorias de perigo com uma ou várias das seguintes advertências de perigo:
i) Mutagenicidade em células germinativas, categorias 1A, 1B ou 2 (H340, H341);
ii) Toxicidade reprodutiva, categorias 1A, 1B, ou categoria suplementar para efeitos de lactação ou através dela (H360, H360D, H360FD, H360Fd, H360Df, H361, H361d, H361fd, H362);
iii) Toxicidade para órgãos-alvo específicos após exposição única, categoria 1 ou 2 (H370, H371).
b) O chumbo e seus compostos na medida em que esses agentes podem ser absorvidos pelo organismo humano".

[382] Sobre este, v. *infra*, nº 2 *b)*.

[383] Neste sentido, depois de atribulada ponderação, Eduardo Milléo Baracat, cit., pp. 237 e 238.

estando este disponível 10 dias após a consulta, de comprovativo do pedido de parecer" (nº 4). "[...] Para efeitos de admissão [...] no emprego", "o empregador não pode [...] exigir a candidato a emprego [...] a realização ou apresentação de testes ou exames médicos, de qualquer natureza, para comprovação das condições físicas ou psíquicas, salvo quando estes tenham por finalidade a protecção e segurança do trabalhador ou de terceiros, ou quando particulares exigências inerentes à actividade o justifiquem, devendo em qualquer caso ser fornecida por escrito ao candidato a emprego [...] a respectiva fundamentação" (artigo 19º, nº 1). O nº 2 do mesmo preceito diz que "o empregador não pode, em circunstância alguma, exigir a candidata a emprego [...] a realização ou apresentação de testes ou exames de gravidez". O nº 3 dispõe que "o médico responsável pelos testes e exames médicos só pode comunicar ao empregador se o trabalhador está ou não apto para desempenhar a actividade", o que só é aplicável, naturalmente, quando os testes ou exames forem admitidos.

Significa isto, julgo, que o candidato a trabalhador tem a obrigação de informar na fase preliminar as razões de saúde (ou a ela ligadas) que possam ser impeditivas da prestação laboral a que se candidata, isto é, em outras palavras, quando o seu estado, se conhecido, tiver uma "conexão objectiva com a actividade a prestar"[384]. De onde retiro, diversamente da autora citada, que a informação só é devida nos casos de proibição legal da prestação de trabalho (por exemplo, a grávidas) ou de impossibilidade objectiva da prestação, mas já não necessariamente naqueles em que a actividade se encontre legalmente condicionada, como se verá *infra*.

A questão relativa ao projecto ou ao estado de gravidez merece destaque, É claríssimo que a candidata a trabalho não tem de responder à pergunta sobre o seu desejo de uma (ou mais) futura gravidez. Porém, se o trabalho a que concorre for interdito a grávidas, deverá abster-se de a ele se candidatar se tiver o projecto de, no curto prazo, engravidar. Poderá ser responsabilizada pré-contratualmente se se provar que assim era e que o empregador sofreu danos com a sua contratação com preterição de outro(s) candidato(s). Tratando-se de mulher grávida, não terá de informar do seu estado aquando do processo de contratação,

[384] Na formulação de Paula Meira Lourenço, *ibidem*, p. 74.

salvo se a função for interdita a grávidas, hipótese em que nem deverá candidatar-se. No caso (raro) de a questão ter pertinência, o (futuro) empregador terá de informar a candidata do motivo que a legitima, "sob pena de se presumir o ato discriminatório"[385].

Na verdade, não seja o último o caso[386], se a candidata tiver de informar sobre o seu estado, é quase certo que não obterá o emprego: se isto não é discriminação ilícita, é o quê? Estão em causa dois direitos: o do empregador de escolher um(a) trabalhador(a) que não lhe traga encargos acrescidos e o da trabalhadora a ver respeitado o direito à igualdade em situação de gravidez: creio que, perante esta colisão, o segundo direito deve prevalecer sobre o primeiro e isto tanto mais numa época e num país, como Portugal, em que a natalidade é baixíssima e todos apelam à sua elevação.

Se a situação for a de a candidata ter sido mãe recentemente e de pretender exercer o direito à licença de maternidade que a lei lhe confere, julgo que deverá informar, pois omitir o facto para, depois, se prevalecer dele, afigura-se-me como conduta juridicamente abusiva[387].

Salienta-se que, não se quendo significar que uma grávida tenha de ser – ou possa ser – contratada para uma actividade que não possa legalmente desempenhar, ela pode e deve sê-lo para alguma que envolva a adopção de medidas de protecção impostas por lei em razão dos riscos que representam para o seu estado. A necessidade de adopção de medidas de protecção é um encargo transitório e justificado pelo valor do direito a que se reporta. Não tenho dúvidas sobre a posição adoptada por Paula Meira Lourenço[388], na sequência de Pedro Romano Martinez, quanto ao dever da candidata grávida de informar desse seu estado, quando a actividade não é interdita a mulheres nessa situação, pois ela apenas obriga o empregador a adoptar medidas especiais de protecção, mas não é dessa questão que me ocupo agora, mas sim da de saber se, interrogada no processo de contratação sobre a(s) sua(s) futura(s)

[385] Eduardo Milléo Baracat, cit., p. 228.

[386] Eduardo Milléo Baracat, cit. p. 227, dá os exemplos de auxiliar de radiologia, de mineira e "de qualquer outra função altamente insalubre que possa prejudicar a própria gravidez da trabalhadora".

[387] Ponto em que estou de acordo com Paula Meira Lourenço, *ibidem*, p. 75.

[388] Op. e loc. cit., pp. 59-60.

decisão(ões) de ter filhos, há a obrigação de responder com verdade por parte da candidata, sendo meu parecer inequívoco que não.

O mesmo me parece claro em relação à mulher lactante – que tem direito a dispensas diárias curtas para amamentação –, já porque o empregador não fica privado do seu trabalho, já porque se trata da protecção de uma situação muito valiosa do ponto de vista jurídico, já, finalmente, porque é uma situação temporária e que pode ser muito curta[389].

Quanto a situações patológicas, como o alcoolismo ou a toxicodependência, não creio que a resposta possa ser unitária, tudo dependendo das funções a que a pessoa se candidate: se nelas a situação existente for irrelevante, não terá de a comunicar, diversa sendo a resposta se se tratar de actividade que possa ser prejudicada por qualquer daquelas situações que, aliás, como Paula Meira Lourenço observa, são passíveis de eliminação por tratamento[390].

A evolução cultural coloca entretanto o tabagismo no conjunto de factores que podem ser invocados como eliminatórios. Luciano de Toledo Coelho, que coloca esta questão[391], entende que a empresa só pode rejeitar o candidato fumador por motivos de segurança ou por inexistência de espaço destinado a fumadores. Tais justificações não se me afiguram bastantes: nem o vício é ineliminável, nem o fumador insuporta passar largos períodos sem fumar. Não coloca em risco (salvo se sofrer de uma patologia associada ao tabagismo) nada nem ninguém e pode fumar em intervalos espaçados fora das instalações de trabalho, podendo também (como cada vez mais frequentemente acontece) deixar de fumar.

Quanto ao vírus da SIDA ou AIDS, só se coloca a questão quando se trate de situação em que haja uma conexão directa com a actividade laboral, isto é, em que o risco de contágio a outros trabalhadores ou aos beneficiários da prestação laboral exista[392].

Há um aspecto informativo nos preliminares do contrato de trabalho que justifica mais detida atenção: o do registo criminal do candidato a

[389] Discordando neste ponto de Paula Meira Lourenço, *ibidem*, pp. 75-76.

[390] *Ibidem*, pp. 76-77.

[391] Cit., pp. 91-92.

[392] Neste sentido, Paula Meira Lourenço, *ibidem*, pp. 85 a 87, que dá exemplos delas e chama a atenção para o risco de o candidato ser excluído por ser portador do vírus da SIDA em hipóteses em que o seu estado de saúde é irrelevante.

trabalhador. Parece claro que o facto de o candidato a trabalhador ter praticado um crime no seu passado é irrelevante para a conclusão do contrato, sempre que tal crime, pela sua natureza ou circunstâncias em que foi cometido, constitua um facto presumivelmente único na vida dessa pessoa. Admitir que o passado criminal de um sujeito pudesse condicionar a sua inserção ou manutenção no chamado mercado de trabalho seria violador do mais elementar princípio da dignidade da pessoa e, mesmo, contrário aos fins do Direito Penal que compreendem a reinserção social do condenado[393]. Há, porém, crimes que podem objectivamente fundar uma acrescida cautela do empregador: se a função tem que ver com o acompanhamento de menores (educador de infância, auxiliar numa escola ou congénere), justifica-se que o empregador saiba que a pessoa foi condenada no passado (sobretudo de tal aconteceu mais do que uma vez, mas não só) por abuso sexual de crianças ou de menores dependentes; de modo paralelo, se as funções implicarem uma confiança na honestidade da pessoa, é justificado que o candidato a empregador tenha conhecimento de crimes indiciadores da falta dessa honestidade. Pietro Ichino afirma que o conhecimento dos antecedentes penais "é legítimo na medida em que é razoavelmente necessário subordinar a entrega de determinadas mansões à ausência de precedentes penais do trabalhador", concluindo que "na apreciação do motivo da indagação deve em qualquer caso dado um peso adequado ao interesse do prejudicado na plena reinserção na sociedade civil [...]". Estou, pois, neste particular, de acordo com Paula Meira Lourenço[394], embora não a acompanhe quando diz – não compreendo se genericamente nem a que propósito ou com que ilações – que o contrato de trabalho é sempre "*intuitu personae*, assente na confiança entre as partes". Que o não é demonstra-o a realidade social, com empresas de contratação de pessoal para trabalharem em outras empresas, constituindo as primeiras um

[393] No sentido que "é perfeitamente lógico que o empregador tenha interesse nesta informação, partindo-se da concepção de que poderá haver reincidência dos atos delituosos no ambiente de trabalho", Eduardo Milléo Baracat, cit., pp. 235 e 236, que acrescenta, como lhe é muito próprio: "Não há de se negar, todavia, o preconceito existente em relação àqueles que foram condenados por crimes. A dificuldade de reinserção social destas pessoas demonstra esse fato. Não se pode, contudo, aceitar que as informações relativas a antecedentes criminais sejam utilizadas com caráter discriminatório", concluindo que saber quando "é lícito ao empregador conhecê-las" "dependerá da função a ser exercida".

[394] *Ibidem*, p. 69.

mero instrumento de recrutamento de trabalhadores para obterem remuneração por essa actividade.

Pode o candidato a trabalhador incorrer em responsabilidade pré-contratual face ao empregador por incumprimento da obrigação de informação. Tal ocorrerá claramente sempre que tenha falseado – oralmente ou por escrito – o seu *curriculum*, levando à sua contratação com preterição de candidato qualificado.

Ainda nos preliminares do contrato de trabalho, mas pelo lado do empregador, há que ter em conta, em Portugal, o artigo 106º do Código do Trabalho, que enuncia o conteúdo do dever de informação do empregador relativamente ao trabalhador, o que inclui, para além dos óbvios "aspectos relevantes do contrato [...]" e dos "relevantes para a prestação da actividade laboral", da "sede ou domicílio", do "local de trabalho ou [...] a indicação de que [...] [este] é prestado em várias localizações", da "categoria do trabalhador ou [?] a descrição sumária das funções correspondentes", da data da celebração do contrato e de início dos seus efeitos, da "duração previsível do contrato, se este for celebrado a termo", do valor e da periodicidade da remuneração, "o período normal de trabalho diário e semanal", a identificação do empregador e, no caso de se tratar de sociedade, o da "existência de uma relação de coligação societária, de participações recíprocas, de domínio ou de grupo", "a duração das férias ou o critério para a sua determinação", "os prazos de aviso prévio a observar pelo empregador e pelo trabalhador para a cessação do contrato, ou o critério para a sua determinação", "o número da apólice de seguro de acidentes de trabalho e a identificação da entidade seguradora" e o "instrumento de regulamentação colectiva de trabalho aplicável, se houver". Estranhamente (ou talvez não), o nº 4 deste preceito admite que a informação dos elementos constantes das alíneas *f)* a *i)* (alguns que são elementos essenciais: duração das férias, prazos de pré-aviso, valor e periodicidade da remuneração, período normal de trabalho) possa "ser substituída pela referência às disposições pertinentes da lei, do instrumento de regulamentação colectiva de trabalho aplicável ou do regulamento interno de empresa", apesar de o artigo 107º impor que a informação devida nos termos do artigo 106º tenha de "ser prestada por escrito, podendo constar de um ou de vários documentos, assinados pelo empregador", admitindo o nº 4 deste artigo 107º que o(s) documento(s) de que conste a informação devida sejam "entregues ao trabalhador nos 60 dias subsequentes ao início da execução do contrato ou, se este cessar antes deste prazo, até ao respectivo termo"[395]. O artigo 144º, nº 1, do mesmo diploma impõe ao empregador que celebre "contrato de trabalho a termo" que o comunique, "com indicação do respectivo motivo justificativo", disposição que não é – tanto quanto pode ver-se – dirigida ao trabalhador, mas a este também deveria ser, dado que é ele o contratado e o mais interessado em saber com o que conta e em comunicar à entidade competente a contratação a termo nos casos em que ela não é legalmente admitida.

Para além das informações impostas legalmente, outras há que, por serem essenciais para a decisão do candidato a trabalhador, devem ser prestadas: assim, por exemplo, a de que o contrato pretendido se destina a perdurar por um prazo curto ou de que o empregador se encontra em situação que pode fazer cessar o contrato de trabalho pelo desaparecimento da necessidade laboral[396] ou, ainda, a de que a sua situação económica/financeira é frágil, podendo vir a pôr em causa o cumprimento da obrigação remuneratória.

Na opinião de Luciano de Toledo Coelho[397], o empregador não tem de dar informações sobre planos futuros da empresa ou da sua situação financeira; mas reconhece que, se estiver prestes a entrar num processo de insolvência, tem de informar, igualmente tendo de o fazer se pretender abandonar a actividade num prazo relativamente curto (o autor fala em dois anos), dizendo que o candidato poderia ter oportunidade de outro emprego em que investissem na sua formação com estágios, cursos... Discordo, como se compreendo do que ficou dito, desta formulação restritiva.

h) No contrato de seguro

Sem a desconhecer, não acentuarei a existência de uma especial obrigação de informação pré-contratual em contratos, como o de seguro,

[395] Não se comenta este regime por razões evidentes de delimitação do objecto deste estudo.

[396] Assim, p. ex., se se tratar de uma sociedade cuja extinção esteja prevista ou de um empregador individual que admita fazer cessar a sua actividade económica, ou de qualquer um que preveja uma sua reconversão em que já não tenha utilidade a actividade daquele que contrata.

[397] Cit., p. 92.

em que o segurador carece de informações acerca do segurado[398] (ou do objecto do seguro), pois, dada a vulgar desigualdade de poder negocial das partes e, sobretudo, o carácter profissional do contraente segurador, este é um dos casos em que julgo caber, em grande medida, a esse contraente a procura de informação que lhe permita "calcular devidamente o risco que assume"[399].

Subscrevo a seguinte afirmação de Jorge M. Carvalho[400]: "Neste processo de determinação do risco, também o segurador deve respeitar os princípios resultantes da boa fé, mais exigentes no caso de se tratar de uma relação de consumo, em especial na elaboração do questionário, por forma a que o tomador do seguro tenha conhecimento dos elementos relevantes".

Não ignoro – menos rejeito – que, nos seguros de saúde e de vida em especial, ao segurado caiba uma obrigação de informação de factos relevantes para a conclusão do contrato pelo segurador, sem o que não estaríamos, no limite, perante um contrato aleatório[401].

i) Nos actos médicos

Não se tratará aqui a questão da responsabilidade pré-contratual de médicos e outros profissionais de saúde, limitando-se a uma brevíssima referência ao chamado "consentimento informado".

Para que deste se possa falar, é mister que o paciente seja informado de forma completa e clara acerca de todas as implicações da intervenção (seja qual for a sua natureza ou extensão), devendo, para tal, a informação ser adequada ao nível cultural e às circunstâncias do paciente. Da informação tem de fazer parte a de intervenções alternativas – se as houver – e das consequências de uma omissão de intervenção.

Não é comum (todos o sabemos empiricamente) que os profissionais de saúde prestem esta informação, corrente não sendo também – salvo quando os efeitos são extremamente graves, quiçá trágicos – que os

[398] Sobre estas informações e o ónus de auto-informação da seguradora, v. o ac. do Tribunal da Relação de Lisboa de 13 de Setembro de 2007 (pr nº 10766/2006-1) (Rui Vouga).

[399] As palavras são de Carneiro da Frada, cit., pp. 491, que não por acaso destaca esta obrigação de informação por parte do segurado.

[400] *Os Limites à Liberdade Contratual*, 2016, pp. 136-137.

[401] Realçando a importância da boa fé pré-contratual no contrato de seguro, em especial da obrigação de informação do segurado, v. o ac. nº 278975 do Tribunal de Justiça do Distrito Federal e dos Territórios, 6ª Turma (pr nº 20040710084125apc), *in* http://www.lexml.gov.br/.

pacientes reajam às consequências que desconheciam das intervenções de que foram alvo.

Não sendo possível realizar aqui e agora um estudo desta importantíssima questão, sublinhar-se-á que a prática ilicitamente omissiva da informação devida por parte dos profissionais de saúde constitui uma razão mais para a atenção ao problema que, sendo jurídico, é também social, económico e psicológico.

j) Ónus da prova

Tanto no Brasil como em Portugal, a responsabilidade por danos causados por produtos é objectiva, pelo que o problema da culpa (e sua prova) não se coloca.

Quanto ao dever de informação veiculada pela publicidade, o artigo 38º do CDC dispõe: "O ônus da prova da veracidade e correcção da informação ou comunicação publicitária cabe a quem as patrocina".

Na ausência de preceito legal que o diga, entende muito frequentemente a doutrina que o ónus de provar que a informação foi prestada cabe àquele que tinha esse dever[402], posição que julgo ser de acolher.

l) Dever de conselho

Quanto à conveniência do contrato, se parece claro que não há obrigação de informação, antes tem cada uma das partes de procurar, no mercado, as várias soluções possíveis para satisfazer o(s) seu(s) interesse(s), a questão não é tão líquida quanto pode parecer.

Embora possa afigurar-se, em abstracto, que nenhuma das partes tem a obrigação de aconselhar a outra acerca da conveniência do contrato, a verdade é que se encontra quem[403] o considere "[...] como dever autônomo, paralelo ao dever de informação". Vladimir Monsalve-Caballero e Diana Paola Roddo-Barreto[404] falam de uma obrigação de "conselho, já que não é suficiente informar, mas é também necessário aconselhar entre diferentes opções". Sobre a questão, diz Karina N. Fritz: "Percebe-se aqui que a boa-fé objetiva, tal como a autonomia privada, também não é ilimitada e deve ser ponderada no caso concreto como todos os demais princípios e valores do ordenamento, cedendo

[402] Por todos, Aurélien Bamdé, op. e loc. cit..

[403] Karina Nunes Fritz, op. e loc. cit., p. 16.

[404] Op. e loc. cit., p. 505.

espaço quando as circunstâncias o exigirem para se prestigiar a autonomia privada, bem como a liberdade e vitalidade do comércio jurídico. Dessa forma, via de regra, há de se negar que o dever de conselho recaia sobre o próprio juízo de conveniência e oportunidade do contrato, o qual cabe a cada um avaliar ainda que embasado em informações fornecidas pela contraparte, até porque o direito privado geral possui mecanismos, dentre os quais a própria responsabilidade pré-contratual, para proteger a decisão informada do contratante".

Refere-se aqui o insuspeito J. Sinde Monteiro[405], que escreve: "O princípio da boa fé pode todavia impor deveres de esclarecimento [...], comunicação ou até conselho. O fundamento material reside no desnível ou desigualdade da informação, resultante da especial competência técnica do devedor ou em circunstâncias pessoais do credor, como a evidente inexperiência ou falta de preparação. O menos informado tem a possibilidade de compensar esse *deficit* colocando à contraparte as correspondentes questões, pelo que o dever de prestação espontânea de informação pressupõe em princípio que aquele não tenha sequer a capacidade ou conhecimento para fazer as perguntas pertinentes, ou que [...] isso não lhe seja exigível"[406].

M. Fontes da Costa[407] distingue, "dentro do amplo dever de informar", "o dever de informação *stricto sensu,* que corresponde à mera comunicação ao outro contratante das circunstâncias, condições e alcance do negócio a celebrar [...] [,] o dever de conselho, que abrange não só a comunicação, mas também a orientação sobre a melhor conduta a adoptar e o dever de advertência (designado pela doutrina francesa como *'mise en garde'*), que implica a chamada de atenção da contraparte para um perigo material ou jurídico inerente ao negócio (como sejam as cláusulas insólitas inseridas em contratos de adesão)" do contratante"[408].

405 Cit., pp. 624-625.

406 Ao que acrescenta que "importante é também o tipo de relação contratual intencionada. Numa relação de troca, com interesses contraditórios, o nível de exigência tem de ser menor do que quando é tida em vista uma actividade no interesse alheio ou a colaboração num fim comum. Na medida em que seja devido esclarecimento, este tem de compensar o desnível da informação".

407 Op. e loc. cit., p. 374.

408 Opina a autora que, "embora tendencialmente os deveres de conselho e advertência surjam como deveres laterais de uma relação contratual, não é de excluir a possibilidade do seu surgimento num contexto pré-contratual".

Não que se possa pretender, obviamente em geral, que uma das partes – mesmo sendo um profissional e a outra um consumidor – tenha de informar que o mesmo bem ou serviço poderá ser obtido a preço mais baixo: esse é um ónus de auto-informação que cabe, parece-me, ao adquirente[409]. Daqui não decorre, contudo, que o vendedor ou prestador do bem ou serviço possa – ainda que a pretexto de prática comercial de índole publicitária – informar que o seu preço é o melhor do mercado quando isso for falso; estamos aqui fora do *dolus bonus*, pois se trata de uma informação enganosa que não pode ser admitida pela boa fé pré-contratual. Não julgo, paralelamente, que seja necessário que o autor da publicidade ou do prospecto tenha de saber – ou dever saber – "que as projecções, previsões e promessas constantes da referida brochura publicitária eram irrealizáveis, tendo-as feito precisamente com o propósito de iludir ou enganar os compradores sobres as reais expectativas de rentabilidade associadas ao empreendimento" para que haja violação da boa fé pré-contratual[410] e consequente responsabilidade. Esta exige culpa e não dolo directo[411].

[409] V., p. ex., Dieter Medicus, "Culpa in contrahendo", *in Rivista Critica del Diritto Privato*, Anno II, n. 3, Settembre 1984, pp. 578-579.
P. Pais de Vasconcelos, cit., p. 492, diz, sem mais, que "não é razoavelmente exigível às partes que prejudiquem, por exemplo, a sua posição concorrencial no mercado informando melhores condições de negócio por parte de concorrentes seus".
Sónia Moreira da Silva, cit., pp. 23-24, escreve que um vendedor não tem de informar de que na loja ao lado o mesmo produto se vende mais barato, pois solução diversa seria "de todo desrazoável e incompatível com as necessidades do tráfego comercial. [...] Retirar certa margem de autonomia às partes significaria 'inviabilizar economicamente qualquer processo negociatório'".
Sem surpresa, lê-se em Albuquerque Matos, op. e loc. cit., p. 335, nota 44, que, se o contexto negocial se reportar a um contrato de compra e venda, de empreitada, de mútuo, a recolha de informações constitui sobretudo uma tarefa de cunho marcadamente individual. [...] a intervenção regulativa da boa fé faz-se sentir de forma bastante mais ténue"; o autor está a considerar, por contraposição a estes, "os contratos de assistência técnica, de *know-how*, de consultadoria, de seguros".

[410] Ac. do STJ português de 28 Maio de 2015 (pr nº 1340/08.6TBFIG.C1.S1) (Lopes do Rego).

[411] No Direito português, tem de ser tido em conta o Código da Publicidade (Decreto-Lei nº 330/90, de 23 de Outubro, muito alterado, designadamente pelo Decreto-Lei nº 66/2015, de 29 de Abril) que, nos seus arts. 10º e 12º. impõe, respectivamente, os princípios da veracidade e do respeito pelos direitos do consumidor, proibindo o art. 11º a publicidade enganosa; de considerar também o art. 16º relativo à publicidade comparativa.

Porém, o entendimento de que, em algumas situações, pelo menos, tem um dos contraentes (o vendedor designadamente) o dever de informar a contraparte de que pode adquirir o mesmo bem a preço mais baixo é admitido por autores tão insuspeitos como Almeida Costa, que configura o seguinte exemplo: "*A* dirige-se ao estabelecimento de *B* para comprar o objecto *X* e declara a *B* que acha o respectivo preço muito exagerado, acrescentando que apenas lho adquire porque necessita dele urgentemente e sabe que não o encontra noutra loja da localidade a preço inferior; contudo, *B* tem notícia de que um colega do mesmo ramo de negócio, *C*, com porta aberta em rua próxima, vende o objecto *X* mais barato, dado que o recebeu numa antiga remessa do fabricante". Referindo este exemplo, C. Popp[412] observa que "a solução no direito brasileiro é a de haver um dever de recomendação, isto é, o comerciante tem de informar o cliente das condições do seu concorrente", o que resulta de "a solidariedade e dignidade serem princípios constitucionais".

Não creio que possa afirmar-se a existência de "um dever de recomendação", no sentido e com a amplitude que o último autor citado lhe atribui, mas, no exemplo dado, a conclusão de Almeida Costa é evidentemente de partilhar. E não pode considerar-se a solução restrita à hipótese concretamente configurada, sendo extensiva a qualquer caso cujas circunstâncias apontarem para a existência de um dever de informação imposto pela boa fé.

m) O ónus de auto-informação

Encontram-se autores que sublinham a inexistência de uma obrigação de informação da contraparte na medida em que haja um ónus de procura de informação pelo sujeito[413]. Obviamente que nem todos os esclarecimentos cabem ao outro negociador. Dependentemente da condição relativa dos sujeitos, cada um tem de procurar, na medida das suas possibilidades, a informação de que carece para a tomada da decisão de contratar. Também quanto a este ponto, só perante a situação factual pode saber-se se se está face a uma obrigação de informação ou esta se

[412] Cit., pp. 203-204.

[413] É o caso de Michel Juglart, "L'obligation de renseignements dans les contrats", *in Revue Trimestrielle de Droit Civil*, Tome quarante-troisième, Année 1945, p. 8, o que não é de estranhar, dada a época e a cultura jurídica em que se encontrava.

encontra diminuída ou, mesmo, excluída. Se, por exemplo, um dos negociadores prestar informações consideradas bastantes pela contraparte, não se exije a esta que procure verificar da verdade das informações que lhe foram transmitidas[414], independentemente de a não veracidade delas ter sido culposa ou, mesmo, dolosa.

Como regra, esta é, evidentemente, certa: o seu corolário pode ser a exclusão da obrigação de informar (ou a exclusão da ilicitude dessa omissão) como poderá ser, no âmbito da responsabilidade pré-contratual, a aplicabilidade do artigo 570º do Código Civil português ou do 945º do Código Civil brasileiro. Não se discutirá aqui a questão da aplicabilidade à responsabilidade pré-contratual do regime da culpa do lesado, que se dá por aquirido ter resposta positiva[415] [416]. É indiscutivelmente certo que só tem de ser prestada a informação que a parte não pode obter usando da diligência média[417].

Porém e em geral, os autores que salientam este ónus de auto-informação visam reduzir, muitas vezes para além dos limites adequados, a obrigação de informação impendente sobre a outra parte.

Reconhecem-se facilmente, nesta matéria, duas orientações.

Uma, mais preocupada com a informação que tem de ser prestada, como condição da decisão contratual, em especial quando estão em causa partes com assimetria de poder negocial[418] (compreendendo as possibilidades de acesso à informação necessária), que correspondem à

[414] Neste sentido, v. Sónia Moreira da Silva, cit., pp. 28-29.

[415] Sobre o problema, v. Sara Geraldes, "A culpa do lesado", *in O Direito*, Ano 141º (2009), II, pp. 368 e ss. e 374, onde a autora conclui pela aplicabilidade.
Tomando em consideração culpa do lesado, v., p. ex., ac. do STJ português de 3 de Julho de 2003 (pr nº 03B1589) (Ferreira Girão).

[416] Questão de importância e interesse primordiais é a da eficácia interprivada do direito do consumidor à informação, de que se ocupa Paulo Luiz Netto Lôbo, op. e loc. cit., pp. 59 e ss.. Não se trata dela aqui porque este texto não respeita aos direitos do consumidor.

[417] V., p. ex., Manuel Gomes da Silva e Rita Amaral Cabral, op. e loc. cit., p. 453, que dizem: "[...] a qualificação profissional constitui critério para aferir da igualdade dos sujeitos de negociações [...] quando existe posição paritária relativamente à possibilidade de obter informação. Isto é: se estas estão ao alcance dos dois intervenientes, exactamente nas mesmas condições, é óbvio que o facto de um ser um perito e outro mero leigo pode criar um desnivelamento que a boa-fé será chamada a colmatar".

[418] Não se confunda o poder negocial com o económico, pois podem não andar juntos, apesar de os autores nem sempre o assinalarem. V., p. ex., Paulo Sobral do Nascimento, op. e loc. cit., p. 194.

esmagadora maioria dos contratos que têm lugar no mercado contemporâneo[419].

E outra, de raiz mais liberal, mais restritiva desta obrigação, em regra (embora não forçosamente) visando aligeirar a posição dos sujeitos empresariais.

No primeiro sentido, Carlyle Popp[420], ao enunciar os requisitos para a emergência da obrigação pré-contratual de informação, diz ser necessário que uma das partes tenha a informação ou deva tê-la, que a outra a ignore, "desde que não [...] [seja] facilmente cognoscível", salientando que esta "facilidade" "somente se aplica nos casos de conhecimento notório, onde não haja um dever mais específico de pesquisa (*v.g.*, verificar o conteúdo de um contrato registrado no cartório imobiliário de outro município)", e que a informação seja relevante "para a formação racional do consentimento"[421].

Sem que seja inequívoco o sentido do seu pensamento, por exemplo, Sinde Monteiro[422] escreve o seguinte, que dá o tom dominante do seu posicionamento: "Que um dever pré-contratual de fornecer à contraparte informação sobre todos os aspectos relevantes para a sua decisão, incluindo mesmo aqueles que a possam levar a afastar-se do projecto negocial, não pode ser afirmado com carácter geral, resulta logo, em regra, da existência de interesses contrapostos. A cada qual cabe a oportunidade e o risco da escolha do parceiro contratual 'certo' e do objecto da prestação mais apropriado aos seus interesses"[423]. O autor acrescenta, o que contribui para diminuir as dúvidas: "Fora das hipóteses em que

[419] E não tão recentemente quanto possa pensar-se: a ultrapassagem da realidade individualista e liberal remonta à segunda metade do século XIX.

[420] Cit., pp. 202 e 203.

[421] O autor precisa que "os requisitos não podem sofrer uma interpretação restritiva".

[422] Cit., pp. 356-357 e 624.

Note-se que, ao assumir posição própria, o autor escreve (pp. 371-372): "No plano da política legislativa, a imposição de uma obrigação pré-contratual de esclarecimento representa um contributo louvável no sentido de recriar uma maior igualdade entre as partes; não apenas igualdade formal, mas igualdade material. Uma decisão verdadeiramente livre tem de ser esclarecida; daí o dever do bem informado de comunicar àquele que não está em condições de se informar por si próprio os conhecimentos necessários para este poder decidir com conhecimento de causa, compensando o desequilíbrio inicial da informação de que ambos dispõem".

[423] Adere ao seu pensamento, Paulo Sobral do Nascimento, op. e loc. cit., pp. 195 e 196.

exista uma obrigação de contratar, nas quais o dever de informar se compreende de per si, parece pois, tendo presente o princípio da liberdade negocial, que uma parte, mesmo solicitada, não está normalmente obrigada a fornecer dados à contraparte, à qual caberá tirar do facto as respectivas consequências [...], e que, por outro lado, o dever de, espontaneamente, revelar elementos que possam influir na decisão do parceiro negocial, necessita de uma justificação particular". E adiante[424]: "Para que um parceiro de negociações deva informar espontaneamente o outro, com isso defendendo ou curando de interesses alheios, é necessário que exista uma particular necessidade de protecção. Assim, desde logo que esses interesses sejam conhecidos, ou em todo o caso cognoscíveis. E, a propósito dessa cognoscibilidade, não parece de exigir mais do que o pôr em perigo do fim contratual se apresente de uma forma típica ou se torne patente com base nas circunstâncias concretas". Depois de tecer várias considerações acerca do "dever de informação", afirma: "Numa relação de troca, com interesses contraditórios, o nível de exigência tem de ser menor do que quando é tida em vista uma actividade no interesse alheio (*v.g.* tratamento médico) ou a colaboração num fim comum (sociedade). [...] O dever de informar termina no ponto em que uma parte não tem mais de se preocupar com os interesses da outra, portanto com respeito a circunstâncias que caiam inequivocamente na sua esfera de risco".

Em sentido paralelo, Karina Nunes Fritz[425] escreve: "O principal debate em torno do dever de informação é delimitar sua extensão face ao dever de informar-se. Se é certa a necessidade de troca e fornecimento de informações, também o é o dever de cada um informar-se por iniciativa própria a respeito do futuro negócio. LARENZ aborda a questão observando que o não fornecimento de informações nem sempre contraria o direito, pois, em princípio, cada parte suporta o ônus da auto-informação e precisa obter as informações relevantes para o negócio através de questionamentos e investigação própria. Ressalta, contudo,

[424] Pp. 360-361.

Este autor designa por dever de diligência este ónus. Evita-se a utilização do termo nesta acepção; mesmo que nos refiramos a culpa do lesado, falar de dever de diligência do lesado implicaria entender que o lesado tem um dever jurídico de se proteger, o que é, no mínimo, controverso. V. p. 218.

[425] Op. e loc. cit., pp. 15-16.

que a barreira entre o dever de informação e de auto-esclarecimento delimita-se em função da experiência e do conhecimento das partes, ampliando-se sempre que uma parte esteja em posição inferior à outra em relação às informações, isto é, sempre que uma detenha mais informações que a outra. A extensão do dever de informação mede-se, portanto, pelas condições das partes: quanto maior o conhecimento ou o acesso às informações, maior o dever de partilhar essas informações a fim de reequilibrar a posição entre as partes e atingir a igualdade de condições que deve existir entre os contratantes"[426].

Numa linha claramente liberal, Mariana Fontes da Costa ocupa-se com muita detenção da exclusão da obrigação de informação, detenção que não é inocente. Ela ganha sentido quando afirma que, por um lado, aquela apenas existe "quando a informação em causa seja essencial para a decisão de contratar ou não contratar da contraparte, ou então de contratar naqueles termos ou em termos diferentes", e quando acrescenta[427] que "é ainda necessário que haja um desnível de conhecimento entre as partes, que justifique a necessidade de protecção do credor da informação. Esta assimetria de poder informacional só existe se o devedor da informação conhecia ou devia conhecer o facto sujeito à informação em causa", rematando: "poderá não haver dever de informação pré-contratual quando este é inexigível, em função dos meios utilizados pela contraparte titular da informação a obter. Este critério da exigibilidade de informar está fortemente associado à influência da teoria económica do direito e surge como válvula de escape do sistema aos efeitos potencialmente nefastos que uma obrigação lata de informar pode acarretar na pesquisa e inovação no mercado. Parece assim de negar a existência de deveres pré-contratuais de informação sempre que esta tenha sido obtida por meio de uma diligência extraordinária de uma das partes negociais, bem como quando a mesma deriva de segredos protegidos por lei". A autora mostra-se muito impressionada por este último argumento, observando, não é claro a que propósito[428]: "Basta pensar na

[426] Neste sentido expressamente, o ac. do STJ português de 11 de Fevereiro de 2014, pr nº 6723/09.1TVLSB.L1.S1 (Maria Clara Sottomayor).

[427] Op. e loc. cit., p. 383.

[428] Op. e loc. cit., p. 383, nota 47.

falta de incentivo que seria para uma indústria farmacêutica a inexistência dos direitos de propriedade intelectual[429].

Mas nem por isso Mariana Fontes da Costa[430] consegue deixar de excluir o "ónus de auto-informação [pela] existência de uma especial relação de confiança entre as partes, que lhes impõe a obrigação mútua de fornecer informações à contraparte, ainda que não exista qualquer obstáculo à obtenção por esta, da informação. São os casos característicos de negociações entre membros da mesma família e entre contraentes unidos por relações mais amplas de negócios (por exemplo, através de mandato)". Sónia Moreira da Silva[431] ocupa-se da questão, observando que, para que haja dever de informação, tem de o credor dele encontrar-se "impossibilitado de descobrir por si o facto escondido", não tendo "a impossibilidade [...] de ser absoluta. Basta uma dificuldade séria. Pode resultar, desde logo, da natureza do contrato, como será o caso da venda de obras de arte que um leigo dificilmente poderá examinar. Em outros casos, a impossibilidade pode resultar da natureza da qualidade que falta ou do defeito: por exemplo, a sua inaptidão pode apenas tornar-se visível após o decurso de algum tempo. Outras vezes, são as próprias circunstâncias em que o interessado executou as suas verificações: aquelas que poderiam revelar o defeito podem não ter sido realizadas por razões alheias à vontade do interessado ou porque a sua realização não era conforme aos usos. Se se exigisse uma impossibilidade aboluta, quem é incapaz de descobrir um eventual defeito por si, teria de usar um perito e esta solução pode não ser a mais adequada, considerando os custos que traria."

Também se encontra quem, a meio caminho, defenda que o "lugar próprio" da obrigação de informação se situa "algures entre as fronteiras de dois interesses antagónicos: o interesse dos potenciais contraentes em conhecer todos os factores relevantes para a negociação e o interesse em prevalecerem-se da informação com trunfo na negociação ('o segredo é a alma do negócio')"[432]. Mas o autor[433] acrescenta que "mais comple-

[429] O artigo 24º do Anteprojecto do Código do Consumidor português estabelece – o que é de aplaudir – que "o dever de informar não pode ser denegado ou condicionado por invocação de segredo de fabrico não tutelado por lei".

[430] *Ibidem*.

[431] Cit., p. 26.

[432] C. Ferreira de Almeida, 4ª. ed., cit., p. 210.

[433] *Ibidem*, pp. 212 e 213. V. também p. 220.

xos são os parâmetros de avaliação, quando a omissão de informação respeitar a elementos que a outra parte efectivamente não conhece, mas que poderia conhecer, se usasse toda a diligência", de que dá exemplo a "omissão de matéria de direito cuja inobservância gera nulidade (por exemplo, regras sobre a forma legalmente exigível ou sobre requisitos de licitude) ou ineficácia (por exemplo, a necessidade de autorização por entidade pública)". E diz ainda: "nestas circunstâncias, dificilmente se configura, sem mais, a existência de um dever pré-contratual de informação. Para que o comportamento seja desconforme com a boa fé será necessário algum ingrediente adicional, como, por exemplo, o carácter ardiloso da omissão ou a concomitante violação do dever de lealdade".

Não é este o meu entendimento, como fica claro. São, pode conceder-se, "mais complexos os parâmetros de avaliação" não por a outra parte poder aceder à informação usando (toda?) a diligência, mas porque tem de se ponderar a situação para saber o que é exigível ao contraente que faça para obter a informação. E não raro chega-se a situações em que o bom pai de família, colocado na situação do contraente, também não se questionaria sobre a necessidade de informação, confiando em que aquele que sabe tivesse a cautela de cuidar pela validade e eficácia do contrato. Pode suceder, como na situação apreciada pelo Acórdão do Supremo Tribunal de Justiça português de 6 de Abril de 2017[434], que a informação prestada por uma das partes seja bastante, cabendo à contraparte obter o conhecimento suplementar para vir a cumprir pontualmente, a obrigação emergente do contrato. No caso, tratava-se de um contrato de transporte de mercadoria, em que o proprietário dos bens apenas os tinha identificado pelo género, ficando o transportador vinculado a entregá-los.

n) Negociações paralelas

Uma informação que, em algumas negociações, é frequentemente devida é a de estar em curso um outro processo negociatório relativo ao mesmo contrato com um terceiro.

Há contratos em que, dada a sua natureza ou as circunstâncias, é expectável para uma das partes não ser a única parceira negocial. Outros

[434] Pr nº 1046/13.4TBVCD.P1.S1 (Olindo Geraldes).

há, porém, em que o conhecimento da situação de exclusivo de negociação ou da concorrência nesta com outros sujeitos é determinante do comportamento negocial, por ser decisivo, para os seus propósitos empresariais ou até pessoais, a hipótese de ser o único candidato ao contrato ou de haver outros interessados em igualdade de condições[435].

Ao menos nos casos que uma das partes nas negociações suponha justificadamente, ser o único candidato ao contrato, deve ser informada se assim não o for. Mesmo Menezes Leitão[436] reconhece isto dizendo que nos casos em que um dos negociadores "julga [...] de boa fé ser [...] o único interlocutor da contraparte [...], o interesse das partes em conduzir uma negociação exclusiva merece ser tutelado, na medida em que pode-se dar o caso de a parte não estar interessada na continuação das negociações a partir do momento em que sabe encontrar-se numa situação de concorrência".

Não querendo significar que tal obrigação de informação exista em qualquer contrato, julgo que ela é clara em todos os casos em que se justifique pelo teor do contrato, das respectivas partes e dos interesses concorrenciais envolvidos. Pelo que discordo de Menezes Leitão, quando ele escreve genericamente: "Juridicamente, porém, sempre se admitiu a possibilidade de conduzir negociações com vários sujeitos, sem os informar da existência das negociações paralelas, o que não se pode considerar como uma situação de *culpa in contrahendo*"[437 437]. O aspecto do qual

[435] Observa Menezes Leitão op. e loc. cit., pp. 65 a 67: "[...] como se sabe é diferente a estratégia negocial das partes consoante saibam que se encontram a negociar em concorrência com terceiros, ou quando julgam de boa fé serem o único interlocutor da contraparte". Segundo o autor, o interesse de um sujeito em encontrar-se em exclusivo em negociações para a conclusão de um contrato "tem [...] uma difícil tutela no âmbito do direito".

[436] *Ibidem.*

[437] Menezes Leitão crescenta: "Sendo assim, a única possibilidade de tutela deste interesse é as partes [...] celebrarem um acordo de negociação exclusiva (*standstill agreement ou lock-out agreement*), através do qual assumem a obrigação de, durante um lapso de tempo determinado [...] não desenvolverem negociações com mais ninguém, relativamente à aquisição de objectos similares àquele que se encontra a ser objecto daquela negociação, ou fornecerem informações com vista a uma possível negociação [...]".

Giorgio Afferni, op. e loc. cit., p. 471, integra numa das modalidades de responsabilidade pré-contratual a violação de uma convenção destas, o que não se afigura correcto, já que o ilícito é um incumprimento de uma obrigação convencional, pelo que a conclusão é a de que a resultante responsabilidade é contratual, sendo evidente que de nada adianta o regime da responsabilidade pré-contratual.

discordo de Menezes Leitão é o de que não possa, como regra, incorrer em responsabilidade pré-contratual, *rectius*, em violação de obrigação pré-contratual de informação, aquele que não informe as suas contrapartes em preliminares de que estão a decorrer simultaneamente com vários sujeitos.

Importa, contudo, salientar que a minha opinião não tem em vista privilegiadamente o mercado internacional – no qual os países de *common law* desempenham um significativo papel de redução das obrigações pré-contratuais –, mas a questão em abstracto e na sua colocação nos sistemas jurídicos brasileiro e português.

Discorda-se dos autores que – porventura inspirados nas regras de *soft law* internacionais – desvalorizam o âmbito da obrigação pré-contratual de informação em algumas das suas vertentes, designamente nesta.

Assim, também Almeida Costa[439] considera que é legítimo que haja negociações paralelas e que a boa fé não impõe que do facto se dê conhecimento a qualquer dos negociadores, "salvo se algum dos contratantes, razoavelmente, possa fazer despesas excepcionais para concluir o contrato" e que "o facto [de um dos contratantes preferir "celebrar o negócio com terceiro"] deve ter-se como um risco normal, mormente nas hipóteses em que a frustração importa apenas lucro cessante e não outros prejuízos". Não se vê, de forma alguma, em que é que a natureza ou tipo de dano haja de influir na legitimidade de condução de negociações paralelas com desconhecimento da(s) outra(s) parte(s). Mas foi este o entendimento adoptado pelo acórdão do Tribunal da Relação de Lisboa de 26 de Setembro de 2006[440], onde se lê ainda: "*Se um dos contraentes prefere celebrar o negócio com terceiro, o facto deve ter-se em regra como risco normal, mormente nas hipóteses em que a frustração fimporta apenas lucro cessante e não prejuízos*". Já o acórdão do Supremo Tribunal de Justiça português de 27 de Abril de 2017[441], tendo concluído haver "ruptura injustificada das

[438] Analisando as normas dos Princípios *UNIDROIT* e dos *PECL*, pronunciam-se no sentido de que, no comércio internacional, "nada impede, na falta de outro tipo de acordos, a realização de negociações paralelas, circunstância que se considera perfeitamente racional do ponto de vista económico", María García e Marta Otero Crespo, cit., p. 9.

[439] Cit., pp. 63 e 64.

[440] Pr nº 2519/2006-7 (Luís Espírito Santo).

[441] Pr nº 4154/15.3TBLSB.L1.S1 (Abrantes Geraldes).

negociações", aprecia como violadora da boa fé a conduta da parte que "não informa de que decorriam negociações paralelas com terceiro para concretização dos mesmos contratos [...]".

Outros autores[442], como Karina Nunes Fritz[443], colocam como "questão polêmica" "a possibilidade de se estabelecerem negociações paralelas, pois questiona-se se o mandamento da lealdade não impediria as partes manterem negociações sobre o mesmo objeto com vários parceiros ao mesmo tempo. [...] A corrente majoritária considera legítimo o estabelecimento de negociações paralelas, comuns na prática comercial, desde que a contraparte seja avisada ou, em não o sendo, que aquela que negocia paralelamente comporte-se de modo a não criar falsas expectativas na outra, quando então configurar-se-ia uma conduta desleal". Como também a mesma autora reconhece, "a razão está em priorizar o desenvolvimento do comércio jurídico, daí porque a existência de melhor proposta – consequência provável da negociação paralela – é considerada causa justificadora do rompimento das tratativas"[444]. Carlyle Popp[445] defende que as tratativas implicam necessariamente exclusividade, a qual é, a seu ver, mesmo presumida, salvo "quando o vendedor se encontrasse sob o *status* de oferta pública".

[442] Desconsidera-se, por razões óbvias, a prosa de Albuquerque Matos, op. e loc. cit., p. 317, que, para ilustrar a possibilidade de "qualquer das partes envolvidas num processo negocial [...] [poder] vir a entabular negociações, com vista à conclusão do mesmo evento contratual, com terceiros" dá o exemplo do "pacto de preferência, muitas vezes concluído no decurso da fase preparatória", dizendo que, "apesar de se ver privado da liberdade de escolha do co-contratante, o obrigado à preferência não fica impedido de entabular contactos negociais com terceiros. Bem pelo contrário, tais negociações paralelas podem revelar-se essenciais para o devedor decidir sobre a conclusão do evento contratual *in fieri*".

[443] Op. e loc. cit., p. 19.
V. também Yann Martin-Lavigne, op. e loc. cit..

[444] Ao que acrescenta (*ibidem*): "como coloca Fichtner Pereira, 'o simples aviso de que há mais de um pretendente já é suficiente para o cumprimento do dever de atuar com lealdade que o princípio da boa-fé impõe aos contraentes', salientando, contudo, não ser necessário que o contraente divulgue quem é o outro interessado na realização do negócio. Não exigindo a boa-fé objetiva exclusividade nas negociações, legítima pode se configurar a retirada das conversações em função de melhor proposta recebida por terceiro".

[445] Cit., pp. 206 e 280. V. também p. 251, onde diz que "a parte [...] que descumpra este dever de exclusividade e rompa ilegitimamente as negociações, ainda que sob o escopo de ter recebido melhor proposta, fica obrigada a reparar os danos da confiança alheia. Dependendo do estágio da negociação, estes prejuízos podem atingir o interesse positivo e até possibilitar a execução específica".

No Direito francês, Aurélien Bamdé[446] refere várias decisões da *Cour de Cassation* no sentido da permissão da condução de negociações simultâneas, "salvo se [essa decisão] tiver sido ditada pela intenção de prejudicar ou for acompanhada de manobras fraudulentas [...]", referindo também um *arrêt* do mesmo Tribunal que entendeu que, a existirem, havia o dever de informação da contraparte. Emblemático é o já referido *arrêt Manoukian* de 26 de Novembro de 2003, em que a *Cour de Cassation* condenou na obrigação de indemnizar uma parte que rompeu negociações por ter decidido contratar com terceiro, sem ter informado que com este mantinha também negociações, frustrando a confiança daquela que esperava a celebração do contrato[447].

O autor conclui que o sujeito não deve "fazer crer ao outro que tem com ele uma relação de exclusividade, o que seria de natureza a afectar a exigência de boa fé".

Sem negar que a existência desta obrigação de informação nem sempre existe, dependendo do contexto e do tipo de negócio em causa (questão essencial, pois há muitas situações em que é evidente para qualquer negociador não ser o único – o que acontece, designadamente mas não só, nos casos de oferta pública), não deixarei de salientar que mesmo autores muito restritivos do domínio da responsabilidade pré-contratual[448], defendem que "não se pode admitir [...] que uma parte conduza negociações paralelas com terceiros sem informar à outra [...]"[449].

No sentido da existência da obrigação de informação do decurso de negociações paralelas relativa a um certo contrato se pronunciou o acórdão do Supremo Tribunal de Justiça português de 13 de Março de 2007[450], com o seguinte argumento, que se subscreve sem hesitação: "[...] independentemente do recíproco dever de sigilo (destinado, essencialmente, a acautelar a estabilidade na praça) há a obrigação de dar a

[446] Op. e loc. cit..
[447] O problema jurídico não foi exatamente o da existência de negociações paralelas (raramente o será), mas o da recusa de contratar por ser considerada preferível a solução contratual com terceiro, sem que o outro negociador soubesse que este último existia.
[448] Como, p. ex., Thais Borges da Silva, op. e loc. cit..
[449] Embora não esteja a ocupar-se expressamente da questão, também Giorgio Afferni, op. e loc. cit., p. 481, pressupõe este dever de informação.
[450] Pr nº 07ᴬ402 (Sebastião Póvoas).

conhecer que decorrem outros contactos/negociações, sem que tal implique se revele com quem e em que termos. É que, muito diferente é pensar ser o único declaratário, ficando dependente apenas de si e de acertos com o proponente, do que existirem outros em concorrência, o que, desde logo, faz baixar o nível de expectativa na conclusão do negócio e poderá levar a corrigir, ou adaptar, os termos contratuais. Se existe uma oferta a várias pessoas simultaneamente, é de mínima lealdade que a situação lhes seja dada a conhecer em termos de poderem, querendo, preparar-se para uma situação concursal que, eventualmente, poderá não lhes interessar, até por ser muito diferente ser escolhido 'ab initio' para negociar do que a escolha surgir ulteriormente na sequência de concurso, embora limitado".

Carneiro da Frada[451], com a enigmática generalidade que tantas vezes o caracteriza, salienta a obrigação de informação "daquelas intenções ou conjunturas da própria esfera de vida susceptíveis de interferir com o aproveitamento ou utilidade que aquela [a outra parte] espera do contrato"[452].

o) A onerosidade como critério de atribuição da obrigação de informação

Porque este é um estudo jurídico num tema que tem fronteiras próprias e, em parte, suficientes, deixo apenas brevemente analisada a opinião (da análise económica do direito) de quem entende que a obrigação de informação cabe àquele que possa obtê-la a um custo inferior. É verdade que a razão de ser das normas que, quer no Direito brasileiro quer no português, têm como objecto a obrigação de informação, se bem que não relevem directamente desta orientação, é a de que, sendo os contratos celebrados por sujeitos com posições muito diversas no acesso à informação, colocam a prestação desta a cargo da parte que mais facilmente dispõe dela – o que, em grande medida, acaba por coincidir com aquele pensamento.

Na verdade, a existência e medida da obrigação de informação dependem de vários factores, designadamente da situação relativa das

[451] Cit., pp. 490 e 491.

[452] Observando que "com maior rigor se terá compreensivelmente de avaliar um dever de elucidação de intenções ou circunstâncias de terceiros", observação que não ilustra.

partes, sendo claro que, se a onerosidade para uma da obtenção da informação for maior do que para a outra, sobre esta impende a obrigação de prestação da informação à primeira. Certo é também, porém, que a emergência desta obrigação não releva apenas da onerosidade relativa, mas das relações entre as partes que podem não envolver qualquer aspecto económico[453].

A título ilustrativo, deixa-se transcrito o artigo 4:107 (3) dos *PECL* que dispõe que, "na determinação de se a boa fé e a lealdade na negociação impõem que uma parte forneça informação particular, há que ter em conta todas as circunstâncias, incluindo: (a) se a parte tem competência especial [*special expertise*]; (b) o custo para ela da aquisição da informação relevante; (c) se a outra parte podia obter razoavelmente a informação para si; e (d) a aparente importância da informação para a outra parte".

Numa consideração cujo alcance total não apreendo, Albuquerque Matos[454] diz que, "por regra, as informações [...] recolhidas no decurso do *iter negotii* são fruto de um diálogo entabulado entre as partes. Segue-se, então na grande maioria dos casos [[455]], o esquema pergunta--resposta. Às informações solicitadas por uma das partes sucedem-se os esclarecimentos fornecidos pela contraparte". Este "esquema" só é abandonado pelo autor em situações de "preponderância" de uma das partes, em que admite que esta possa, "por força das exigências da boa fé", estar "adstrita" "a prestar os esclarecimentos necessários para corrigir o deficit de informação do co-contratante menos esclarecido".

[453] Tem, pois, no essencial, razão, em meu entender, Mariana F. da Costa, op. e loc. cit., quando acrescenta que, "quanto à impossibilidade ou excessiva onerosidade de se informar, ela pode ser objectiva, quando deriva do desnivelamento de conhecimento dos sujeitos [...] inerente à própria natureza do contrato [...], ou subjectiva, quando resulta do estado de inferioridade de um dos contraentes, seja por causa da sua inexperiência, idade, grau de iliteracia ou até mesmo incapacidade de exercício [?]. O critério que entendemos mais adequado para aferir da existência ou não de uma situação de impossibilidade ou excessiva onerosidade de se informar é o critério do 'bom pai de família' [...]".
V. P. Pais de Vasconcelos, cit., p. 492, que, dizendo que os deveres de boa fé "são limitados pela razoabilidade", observa que "não é razoavelmente exigível a uma parte que, para livrar a outra de custos e danos, incorra, ela própria, nos mesmos ou em outros custos ou sacrifícios, ainda que de menor importância".

[454] Op. e loc. cit., p. 336.

[455] Ignoro onde foi o autor recolher os dados, mas invejo-o se tem por base algum estudo sociológico.

Outra obrigação de informação reporta-se às circunstâncias susceptíveis de obstar à conclusão do contrato"[456], designadamente nas hipóteses em que toda a negociação se encontra concluída e se chegou a um "ponto de não retorno" quanto ao contrato a realizar.

p) Outros aspectos da obrigação de informação

A autonomização das obrigações pré-contratuais é, quase sempre, em alguma medida, falseadora: como situação em que a obrigação de informação se mistura com a obrigação de lealdade, temos os casos em que tem de se informar a contraparte acerca das reais probabilidades de o negócio vir a não se concluir[457].

A violação da obrigação de informar pode, naturalmente, ocorrer por acto positivo, isto é, pela prestação de informações falsas. Neste domínio, vale a pena sublinhar, com M. Michel de Juglart[458], que a resposta a uma questão suscitada pela contraparte ou prestada espontaneamente pode ser "de tal modo próxima da que poderia ser esperada que provocará no espírito [de quem a recebe] a confusão pretendida".

A violação destas obrigações também pode ser puramente omissiva, nos termos, respectivamente, dos artigos 147º do Código Civil brasileiro e do 252º Código Civil português[459]. Como Karina Nunes Fritz[460] diz: "A violação dos deveres de informação pode adquirir feição positiva ou negativa, constituindo, como a infração de todos os deveres decor-

[456] Assim, ac. do STJ português de 26 de Janeiro de 2006 (Oliveira Barros), *in Cadernos de Direito Privado*, nº 20 Outubro/Dezembro 2007, p 30.

[457] A propósito do dever de lealdade, na sua "feição positiva", escreve Karina Nunes Fritz, op. e loc. cit., p. 18: "Nisso inclui-se a necessidade da parte fazer tudo o que estiver a seu alcance, dentro dos limites do razoável, para se chegar ao acordo, como, por exemplo, comunicar claramente as reais possibilidades, materiais e jurídicas, de concluir o negócio, a fim de evitar despertar inutilmente na outra a confiança legítima na celebração, como ocorre quando alguém, sem ser titular do bem, assegura vendê-lo omitindo acerca da verdadeira titularidade; providenciar os documentos necessários, inclusive os indispensáveis para a obtenção de financiamento, autorização dos órgãos competentes, licenças ambientais, etc.".
V. também Carlyle Poop, cit., p. 210.

[458] Op. e loc. cit., p. 8.

[459] Assim sucedeu no caso julgado pelo STJ português em 22 de Janeiro de 1997 (pr nº 96B730) (Nascimento Costa); v. também o acórdão do mesmo tribunal de 20 de Janeiro de 2004 (pr nº 03S3474) (Fernandes Cadilha).

[460] Op. e loc. cit., p. 15.

rentes da boa-fé objetiva, motivo legítimo para o abandono das negociações na medida em que quebra a confiança existente entre os envolvidos. A violação positiva ocorre, por exemplo, face ao fornecimento de informações incompletas ou inexatas, ao passo que a conotação negativa manifesta-se na omissão de informações".

E pode haver atraso na prestação da informação, o que será relevante – como em qualquer outra hipótese de mora – para a constituição em responsabilidade, se dela decorrerem prejuízos.

A omissão das informações pode consubstanciar dolo qualificador de erro anulatório, havendo, se preenchidos os restantes requisitos, responsabilidade civil pelos danos sofridos, e também podendo originar inexistência – por supressão/redução – da cláusula desconhecida ou incompreendida no seu sentido. A prestação de informações erradas, deficientes ou incompletas pode consubstanciar dolo que fundamenta a anulabilidade do contrato (artigos 145º e 147º do Código Civil brasileiro e 253º do português). O artigo 146º do diploma brasileiro prevê expressamente que o dolo acidental só obrigue "à satisfação das perdas e danos", solução que, não estando contemplada no português, é defendida por alguns autores.

Não parece incontroverso que, no Direito português, estejamos "perante [...] ausência de disposição legal reguladora do regime jurídico da indução negligente em erro"[461] [461]. Almeida Costa[462] coloca a questão

[461] Como escreve Mariana Fontes Rocha, op. e loc. cit., p. 368; v. também pp. 387 e 388.
Sónia Moreira da Silva, cit., pp. 16 e 17, afirma que "a lei exclui a anulação com base em indução negligente em erro [...]".
Também Paulo Mota Pinto, "Falta e vícios da vontade – o Código Civil e os regimes mais recentes", *in Comemorações dos 35 Anos do Código Civil e dos 25 Anos da Reforma de 1977*, Volume II, *A Parte Geral do Código e a Teoria Geral do Direito Civil*, 2006, p. 482, afirma que "apenas o emprego de sugestões ou artifícios com a intenção ou consciência de induzir ou manter em erro, ou a dissimulação do erro *quando existia o dever de elucidar* (sublinhado meu], são relevantes como dolo", concluindo que "a provocação culposa do erro pode, apenas, relevar em sede de responsabilidade pré-contratual". E acrecenta (p. 488) que o regime do dolo se distingue do do erro "devido ao elemento intencional presente no último".
Mariana Fontes Rocha ignora (*ibidem*) claramente a segunda parte do art. 253º, pois diz que "parece válido questionar até que ponto não poderá a responsabilidade pré-contratual assegurar por si a salvaguarda do 'modo normal e são' de formação da vontade negocial, quando o declaratário desrespeitou negligentemente a obrigação de informar, mas não estão preenchidos os requisitos dos arts. 251º nem 252º CC".
Paulo Mota Pinto, "Falta...", op. e loc. cit., .p. 488, depois de dizer que "os regimes em causa [os do erro e dolo do Código Civil português] não disciplinam como tipo autónomo de vício

de saber se, além das fontes do dever de elucidar que a norma refere, se pode admitir que esse "dever de esclarecimento resulta da boa fé imposta pelo nº 1 do art. 227º", opinando que, "contra a interpretação da segunda parte do nº 2 do art. 253º, à luz do art. 227º, torna-se possível aduzir, evidentemente, que a mesma acentua demasiado o ângulo eticizante do direito, que vai além da normal e satisfatória visão da ordem jurídica", concluindo, depois de dar um exemplo extremo, que "a resposta relaciona-se com a atitude que se adopte na questão [...] do grau de compreensão ética da ordem jurídica", e que, "numa pura perspectiva formal", "a esfera de acção do nº 1 do art. 227º começa onde termina a do nº 2 do art. 253º, isto é, a responsabilidade pré-contratual apoia-se em factos que não se qualificam como dolo tolerado", observando, ao fechar o tratamento da questão, que "importa reconhecer manifestamente insatisfatória uma ponderação tão redutora". Num entendimento que é de aplaudir – embora seja inconsequente na interpretação da lei[464] –, Paulo Mota Pinto[465] afirma "que as concepções dominantes no comércio jurídico [...] devem ser complementadas com a referência à boa fé que, nos termos do artigo 227º, nº 1, devem presidir à conduta das partes na formação dos contratos".

Ao invés, é de rejeitar a posição de Dário Moura Vicente[466], quando diz que a "determinação em concreto daqueles deveres [os resultantes da boa fé pré-contratual] deve ser feita atendendo às concepções dominantes no tráfico jurídico". Não que o resultado seja muito diverso se tais concepções forem informadas pela boa fé, mas trata-se de um erro lógico, não inocente, aliás.

Em texto expressamente dedicado ao tema, Sónia Moreira da Silva[467] afirma que "a ordem jurídica não considera que [...] os casos da indução em erro possam ser resolvidos por via da anulação do contrato indese-

a hipótese de indução negligente em erro", opina que esta "é remetida, ou para o regime geral do erro, ou para os casos de responsabilidade pré-contratual".

462 Sobre a questão, de modo breve, v. o meu *Notas...*, cit., pp. 144 e 145.

463 "Intervenções...", op. e loc. cit., p. 366.

464 É sempre mais fácil e compensador proferir platónicas afirmações abstractas do que emitir consequentes juízos interpretativos inconvenientes para alguns interesses.

465 "Falta e vícios...", op. e loc. cit., p. 490.

466 Op. e loc. cit., p. 268.

467 Cit., pp. 16 e 17.

jado", defendendo que, "aplicando-se o princípio da restauração natural do art. 562º [do C.C. português], deve repor-se a situação que existiria se não fosse o dano, ou seja, deve 'destratar-se' o contrato, ou por outros termos, as partes devem ser indemnizatoriamente desvinculadas do contrato, no caso de o dano ser a própria celebração do contrato; no caso de o dano consistir na celebração do contrato em termos menos favoráveis do que o seria sem a indução negligente em erro, a solução indemnizatória conduz a uma adaptação do contrato para os termos que teria, caso não tivesse existido o erro em causa"[468]. A autora[469] pondera a contradição entre a recusa da possibilidade de anulação com a admissão do "distrate" do contrato com fundamento indemnizatório, invocando razões de justiça e de "amputação" do "instituto da *culpa in contrahendo* para além do razoável", acrescentando que a responsabilidade pré-contratual se aplica em caso de mera culpa (o que nunca esteve em causa) e que "o legislador não previu a hipótese da indução negligente em erro, ou – ainda que tenha optado por não lhe dar relevância – não previu o desenvolvimento que a lei e as circunstâncias económico-sociais haviam de sofrer e que conduziriam a uma incongruência no sistema" (o que não compreendo).

Como já disse[470], entendo que o dolo omissivo pode ser meramente negligente e isso basta para constituir o seu autor na obrigação de indemnizar, nos termos do artigo 227º, nº 1, do C. C. português[471]. Mas também basta para obter a anulação do negócio, questão que aqui não é a central. Omita-se o cumprimento do "dever de elucidar" emer-

[468] A autora refere-se ao erro sobre os motivos que não respeite à pessoa do declaratário nem ao objecto do negócio (previsto no nº 1 do artigo 252º do C. C. português) que apenas permite a anulação", se as partes tiverem reconhecido, por acordo, a essencialidade do motivo".

[469] *Ibidem*, pp. 18 a 20.

[470] *Notas...*, cit..

[471] Aliás, sem que o raciocínio me seja muito claro, a autora afirma adiante, pp. 388, que o contraente induzido em erro por negligência da contraparte encontra-se "protegido pelo regime da responsabilidade pré-contratual, que gera, para o devedor da obrigação de informar, o dever de reparar os danos causados com a sua conduta culposa".
Dizendo que "basta que o declarante, por distracção, negligência ou com outros fins, tenha calado informação que devia transmitir, para que surja a violação da boa fé e o dever de indemnizar a ela ligado", A. Menezes Cordeiro, "Dolo...", op. e loc. cit., p. 165.
Num apontamento incidental Almeida Costa, "Intervenções...", op. e loc. cit., p. 363, ocupando-se dos "deveres recíprocos" das partes, "na fase negociatória e na fase decisória", refere "o de não aoptar uma posição de reticência perante o erro em que esta lavre".

gente "da lei, de estipulação negocial ou daquelas concepções" ou ainda da boa fé, e está-se perante "dolo ilícito" segundo a parte final do nº 2 do artigo 23º.

No Código Civil brasileiro, o artigo 147º dispõe: "Nos negócios jurídicos bilaterais, o silêncio intencional de uma das partes a respeito de fato ou qualidade que a outra parte haja ignorado, constitui omissão dolosa, provando-se que sem ela o negócio não se teria celebrado". É, pois, pelo menos, muito mais difícil sustentar que, neste normativo, o dolo pode envolver mera culpa, já que a lei é clara na referência à intencionalidade do silêncio. Tal não obsta, porém, à verificação dos pressupostos da responsabilidade pré-contratual nos casos em que o silêncio, se bem que não "intencional", seja culposo, isto é, sempre que haja a obrigação de informação incumprida com culpa[472]. Christoph Fabian[473] cita o seguinte trecho de Pontes de Miranda, bem expressivo do entendimento de que o dolo omissivo pode ser meramente culposo: "O dolo pode consistir em omissão, ou em aproveitamento do erro de outrem [...]. Para que a omissão possa ser dolosa, é preciso que haja o dever de falar ou de esclarecer, e tal dever – que, assim referido, seria vago – há de resultar do uso do tráfico, inclusive dos princípios de boa-fé, que impõem dever de falar verdade".

De observar que, de acordo com o artigo 150º do Código Civil brasileiro, o dolo bilateral obsta tanto à anulação do negócio como ao pedido indemnizatório, o que não acontece no Direito Civil português.

A propósito do erro, não deixa de ser pertinente salientar que, incorrendo uma parte em erro culposo – sem curar agora do regime da validade/invalidade do contrato[474], salvo no aspecto (ressarcitório) da possível preclusão do direito à anulação[475] –, terá ela de indemnizar a contraparte se o erro, por ser fundamento de anulação ou de modificação do negócio, lhe causar prejuízos. Porém, mesmo sendo o erro devido a culpa do declarante, caso a outra parte se tenha apercebido dele, deveria

[472] José Roberto de Castro Neves, op. e loc. cit., refere-se em geral (apoiando-se em Antônio Junqueira de Azevedo) ao "silêncio de uma das partes [como] omissão dolosa".

[473] Cit., p. 112.

[474] Que, p. ex., face ao artigo 4:103, § 2 (a), dos PECL, e, em alguma medida (só no caso de a culpa ser grave), perante o artigo 3.5, nº 2-a) dos Princípios UNIDROIT, exclui a anulabilidade do contrato.

[475] Sobre o ponto, permito-me remeter para *Notas...*, cit., pp. 101 a 103 (v. também pp. 108 e 109).

ela tê-lo dissipado, salvo se fazê-lo não lhe fosse exigível em termos de diligência, o mesmo é dizer se se tivesse abstido de o fazer sem culpa.

Tal como forte corrente doutrinária, mais preocupada com os direitos das partes sobretudo vulneráveis – como são em regra as que contratam com profissionais –, creio que o chamado *dolus bonus*, previsto no artigo 253º, nº 2, do Código Civil português, deve ser interpretado muitíssimo restritivamente, não subscrevendo, por isso, as palavras de Moura Vicente[476], quando ele afirma genericamente que "algum grau de malícia tem de ser tolerado nas negociações pré-contratuais" invocando, também em termos gerais, a previsão legal portuguesa do *dolus bonus*. Nem as Mariana Fontes da Costa, quando, cuidando a autora de ressalvar, sem mais detenção, o *dolus bonus* –, observa que "parece ser de recusar a existência de um dever de hetero-informação sempre que existe um 'ónus de auto-informação'", esclarecendo que "a parte não tem de a obrigação de se informar, mas se o não fizer, por negligência, não poderá depois aproveitar-se da situação de ignorância em que contratou para invocar violação, pela outra parte, de deveres pré-contratuais".

Ao invés, creio – e a ideia não é original nem recente – que o espaço do *dolus bonus* deve ser fortissimamente restringido no mercado com que trabalhamos[477]. Admite-se, embora com muitas dúvidas, que, sendo

[476] Op. e loc. cit., p. 38.
Por seu lado, Albuquerque Matos, op. e loc. cit., p. 335, nota 44, observa (por assim dizer), a propósito do *dolus bonus*, que "uma certa solércia, algumas artimanhas ou tácticas negociais aparecem legitimadas pelos usos do tráfico jurídico mercantil", condescendendo em que "na medida em que [em] tais domínios surjam particulares deveres de informação sobre os contraentes, o espaço do *dolus bonus* ficará necessariamente mais circunscrito".
Eduardo Milléo Baracat, cit., p. 234, parece pouco restritivo do *dolus bonus* nos preliminares do contrato de trabalho, dizendo que "é perfeitamente possível às partes [...] omitir, exagerar, ou restringir informações, desde que sejam reputadas legítimas no âmbito de certa categoria profissional, e não causem prejuízo patrimonial ou extrapatrimonial à contraparte".

[477] Também neste sentido, Sinde Monteiro, cit., pp. 376-377. C. Ferreira de Almeida, 4ª ed., cit., p. 211, nota 283, escreve: "A figura do *dolus bonus* fica [...] praticamente sem espaço nas relações em que a informação se pauta por elevados padrões de qualidade [...]"; *idem*, *Contratos V*, 2017, p. 139, escreve sobre a figura: "Este preceito tem a marca de um passado [...] muito diferente, em que o direito pactuava com certas práticas de ludíbrio e com a omissão de informação. Em relação a contratos com forte regulação protetora de uma das partes, assente na transparência de comportamentos e deveres legais de informação a cargo da parte profissional (contratos de consumo, contratos de trabalho, contratos com intermediários financeiros), o *dolus bonus* caducou. Pode até dizer-se que a norma é inconstitucional por violação do artigo 60º da CRP. [...]".

o erro culposo, se retire ao declarante o direito à anulação nele fundada, como forma de reparação natural (preventiva) dos prejuízos que à contraparte adviriam da invalidação do negócio. Mais longe, e bem, vai Cláudia Lima Marques, no âmbito do Código de Defesa do Consumidor brasileiro, escrevendo que, "por força do dever legal de atuação conforme à boa-fé", não deve ser admitido o *dolus bonus* do profissional. Independentemente da área de aplicação. Preconiza também forte restrição do *dolus bonus*, por força da extensão do dever de informar, do de lealdade e da "boa-fé genericamente", dizendo que ele "se limitará aos casos em que não haja qualquer dever de informar", Carlyle Popp[478]. Este autor observa que "não se pode mais argumentar que, por ser procedimento comum e esperado, o exagero próprio dos comerciantes não teria o condão de conduzir ao negócio jurídico. [...] Esta conclusão está em total desacordo com a realidade vigente, sobretudo ante a eficácia do princípio da boa fé objetiva [...]".

E, como já sustentei, mesmo que estejamos perante *dolus bonus*, irrelevante para efeitos anulatórios, quanto a constituição em responsabilidade pré-contratual, ele pode ter de ser considerado. "Deve entender-se [...] que, no quadro da responsabilidade pré-contratual, se justifica maior exigência quanto à lealdade da conduta dos contraentes do que no âmbito do regime dos vícios da vontade, dado o valor da segurança no comércio jurídico que neste último está implicado e no primeiro não se verifica. A completa independência entre o direito de indemnização e o direito de anulação do negócio, por um lado, e a diversidade de *ratio* e valores implicados por cada um dos regimes, por outro, explicam que um acto positivo ou omissivo que não seja qualificável como dolo para os efeitos do artigo 253º, nº 1, possa e deva ser considerado como ilícito pré-contratual e, por isso, justificativo da obrigação de indemnizar nos termos do artigo 227º"[479] [480].

Almeida Costa, "Intervenções...", op. e loc. cit., p. 366, adopta este entendimento, desde logo pela forma como interpreta "as concepções dominantes no comércio jurídico": "prática ideal corrente dos negócios", e, depois, pela forma como se pronuncia sobre a questão a propósito da qual se ocupa deste aspecto.

[478] Cit., pp. 201 e 202.

[479] *Notas...*, cit., pp. 118-119.

[480] V. F. Benatti, cit., pp. 83 e 84; Anna del Fante, op. e loc. cit., pp. 153 e 164-165.
Para referência – crítica, aliás – à orientação dos tribunais alemães de considerarem ilícito pré-contratual a violação do dever de informação, mesmo quando não há dolo, Dieter Medicus, op. e loc. cit., p. 577.

2. Outras obrigações pré-contratuais

a) Obrigações de guarda e restituição

Não se justificará uma referência pormenorizada às obrigações de guarda e restituição, que existem sempre que uma coisa ou documento foi confiado, na fase negociatória, por uma das partes à outra. Tais entregas podem destinar-se a verificação, análise, experimentação ou afins. A parte a quem foi(oram) confiada(s) terá de limitar a utilização da(s) coisa(s) entregue(s) aos fins para que o foi(ram), estando também obrigada a usar de diligência na escolha, instruções e supervisão de peritos, além de ter de a(s) devolver no mais curto espaço temporal compatível com o fim. A situação jurídica daquele a quem uma coisa é entregue no decurso das negociações não é de posse, mas de detenção, como bem decidiu o acórdão do Tribunal da Relação de Lisboa de 12 de Julho de 2006[481]. Poderá, nos termos gerais do direito de retenção, ser recusada a devolução da coisa entregue, se o devedor da entrega tiver realizado despesas ou sofrido danos por causa dela (artigo 754º do Código Civil português).

b) Obrigação de sigilo

Haverá uma obrigação de sigilo, relativa a todos os factos conhecidos no quadro da relação pré-contratual e por causa dela, mas já não em relação a factos que poderiam ser conhecidos por qualquer pessoa fora desse quadro.

O *Code Civil* francês contém actualmente o art. 1112-2, que dispõe: "*Celui qui utilise ou divulgue sans autorisation une information confidentielle obtenue à l'occasion des négociations engage sa responsabilité dans les conditions du droit commun.*"

Os princípios *UNIDROIT* contêm, no seu art. 2.1.16, a seguinte norma: "Se uma das partes proporciona informação como confidencial no decurso das negociações, a outra tem o dever de não a revelar nem utilizar injustificadamente em proveito próprio, idependentemente de mais tarde se celebrar ou não o contrato". E os *PECL*, no art. 2: 302, reiteram esta regra.

[481] Pr nº 6361/2006-8 (Ilídio Sacarrão Martins).

No Brasil, há quem entenda que não existe "infelizmente" "[...] uma regra sobre o dever de confidencialidade sobre as informações obtidas da outra parte"[482], também se encontrando quem ligue o dever de sigilo ao dever de lealdade[483], daqui retirando que "não podem divulgar informações recebidas durante as negociações, quando isso contrarie os interesses do outro"[484]. José Roberto de Castro Neves[485] refere o dever de sigilo como "comum à etapa de formação [do contrato]", caracterizando-o como o compromisso "a não comentar o possível acordo antes de sua celebração". Também se encontra quem, como Carlyle Popp[486], tenha uma concepção bastante lata da incidência desta obrigação: ela abrange, em sua opinião, as informações "obtidas no âmbito das tratativas, ainda que não por **causa** delas, mas somente por **ocasião** delas", e independentemente dos "motivos pelos quais o sigilo foi quebrado, se para prejudicar a outra parte ou em benefício próprio".

Factos passíveis de serem objecto desta obrigação são, por exemplo, processos de fabrico, métodos de organização, projectos de actividade e situação económica e financeira. Mas também, como ficou referido *supra*[487], informações obtidas sobre a outra parte, como acontece com um candidato a emprego, durante o processo de contratação que se gorou.

Ferreira de Almeida[488] observa que "a violação do dever de sigilo é particularmente grave quando as informações obtidas sejam utilizadas como argumento negocial para a formação de contratos sucedâneos do contrato interrompido" e que "o dever de sigilo pode perdurar mesmo após a formação do contrato", aspecto em que tem obviamente razão.

Esta obrigação pode incluir paradigmaticamente documentos ou coisas entregues e observadas para conhecimento e/ou experimentação.

[482] Assim, na análise do regime do CDC brasileiro, Antônio Junqueira de Azevedo, "A boa-fé...", op. e loc. cit., p. 84, que acrescenta que "esse dever, salvo nos casos óbvios de sigilo profissional, não é sequer caracterizado na jurisprudência e na doutrina".

[483] Em Portugal, também inclui o "dever de sigilo" no "dever de lealdade", como uma especificação deste último, C. Ferreira de Almeida, 4ª. ed., cit., p. 217.

[484] Karina Nunes Fritz, op. e loc. cit., p. 20, que atribui a qualificação a "alguns autores".

[485] Op. e loc. cit..

[486] Cit., p. 207. V., contudo, p. 251, onde, afirmando, a propósito dos *heads of agreements*, que "a confidencialidade é a regra", admite que ela possa não ser total ou, até, não existir, dependendo do acordo das partes.

[487] V. Parte IV, 1, g).

[488] 4ª. ed., cit., p. 218.

Como salienta Carlyle Poop[489], há "o dever lateral ["incrementado"] de sigilo [...] mormente em se tratando de documentos contábeis, projetos industriais ou outros de interesse relevante".

A obrigação de sigilo pode ainda englobar as próprias negociações e estender-se aos motivos por que estas falhem[490]. Como se viu *supra*[491], há, porém, casos em que o motivo por que a negociação se rompe tem de ser comunicado, já que só esse conhecimento permite apreciar da sua licitude e, consequentemente, da sua questionabilidade judicial.

Obrigação de sigilo que deve ser entendida no sentido de não poder a informação ser utilizada – e não apenas divulgada –, designadamente por aquele que a obteve[492]. Trata-se de uma obrigação que pode subsistir – e não raro assim é – para além da fase pré-contratual, e isto tanto no caso de se concluir o contrato[493] como no de ele não ser celebrado.

Claro que o dever de sigilo, como qualquer outro dever jurídico, pode ter de ceder perante um outro dever de maior valor, hipótese em que a ilicitude fica excluída[494]. É o que acontece inequivocamente se o sujeito tiver de depor em tribunal sobre a coisa, facto ou pessoa, pois estará a cumprir o dever, mais valioso, de cooperação com a justiça.

A não existência de claras obrigações pré-contratuais no comércio internacional e, designadamente, nos direitos anglo-saxónicos, explica em parte os acordos de confidencialidade, cuja ausência deixaria as partes desprotegidas perante a divulgação de factos relativos às negociações e a tudo quanto é conhecido no decurso destas e por causa delas[495].

[489] Cit., p. 206.

[490] Na formulação de Lucimar Pedroso de Andrade, op. e loc. cit., "o dever de sigilo se estabelece tanto em relação a dados e informações, quanto ao conhecimento de certos objetos e documentos com os quais os sujeitos tenham tido contato por efeito direto e imediato das conversações. [...] A necessidade do sigilo envolve a conduta das partes que devem ter a intenção, quando iniciam as negociações, de concluir o contrato, sem qualquer prejuízo a outra parte. No curso das negociações se uma das partes vem a conhecer dados ou notícias que, se forem divulgadas, prejudicariam a outra parte, está obrigada a guardar a devida reserva [...]". V. também Carlyle Popp, cit., p. 262.

[491] V. Parte IV, 1, g).

[492] Neste sentido, p. ex., Carlyle Popp, cit., p. 207.

[493] Sendo esta a hipótese, como regra, o dever de sigilo fundar-se-á no contrato e o seu inadimplemento gerará responsabilidade obrigacional.

[494] Ainda Carlyle Popp, cit., p. 208, que defende que o dever de sigilo é indisponível.

[495] Menezes Leitão analisa estas convenções, dizendo (op. e loc. cit., pp. 64-65) que são acordos "normalmente celebrados como condição da abertura das negociações relativas a fusões

Discordo de Dário Moura Vicente[496], quando ele parece restringir o "dever de segredo" a "informações confidenciais obtidas no decurso das negociações". Julgo que a confidencialidade resulta do modo e fim por que e para que as informações foram obtidas, não respeitando no essencial à natureza delas[497]. Pode, contudo, o autor utilizar o qualificativo no sentido relativamente amplo em que ele é usado no artigo 3:302 do *DCFR*. Este dispõe: "(1) Se for dada por uma das partes informação confidencial no decurso das negociações, a outra parte tem o dever de não revelar essa informação e de não a usar para seu próprio proveito independentemente de ser ou não celebrado subsequentemente um contrato. (2) Neste artigo, 'informação confidencial' significa informação que, quer em razão da sua natureza ou das circunstâncias em que foi obtida, a parte que recebe a informação sabe ou poderia razoavelmente supor que soubesse que é confidencial para a outra parte. [...] (4) Uma parte que violar este dever é responsável por qualquer dano causado à outra parte pela violação e pode ser condenada a restituir à outra parte qualquer benefício obtido com a violação"[498]. María García e Marta Otero Crespo[499] dizem que "o preceito [dos Princípios *UNIDROIT*, praticamente igual ao que se deixou citado] quer significar que, mesmo na ausência de tais acordos explícitos, existe uma obrigação de reserva da informação obtida durante a negociação pré-contratual se a mesma tiver sido fornecida como informação confidencial, o que impõe uma interpretação que pode depender, entre outras coisas, da natureza e fim do contrato. Se a informação não tiver sido dada, expressa ou implicitamente, como confidencial, as partes são livres de dispor dela".

ou aquisições de sociedades" e que se destinam "a garantir o segredo das informações financeiras, técnicas e comerciais fornecidas pelo potencial vendedor ao potencial adquirente, relativamente às sociedades objecto das negociações. [...] a difusão dos *confidentiality agreements*, destinados primariamente a assegurar a confidencialidade das informações que serão trocadas, mas que também são usados para regular outros aspectos relacionados com esta questão e disciplinando assim o próprio decurso das negociações antes do seu início".

[496] Op. e loc. cit., p. 37.

[497] Entendendo, face aos *PECL*, que a existência da obrigação de sigilo apenas se refere "à informação que tenha sido fornecida expressa, implícita ou tacitamente, com o carácter confidencial [...]", María Paz García Rubio e Marta Otero Crespo, cit., p. 7.

[498] R. J. P. Kottenhagen, op. e loc. cit. p. 76, afirma que "este artigo pode ser considerado como uma síntese da *Civil Law* quanto à responsabilidade por ruptura de negociações".

[499] Cit., p. 10.

Nas palavras de Karina Nunes Fritz[500], "quem entra em negociações, nas quais há troca intensa de informações, precisa poder confiar não apenas na certeza e completude dessas informações, mas também que o receptor não as divulgue de modo inadmissível. O dever de sigilo impõe a não divulgação das informações potencialmente danosas conhecidas por ocasião das negociações, como, por exemplo, a divulgação para terceiros da frágil situação financeira do parceiro negocial, abalando sua credibilidade no mercado e o acesso ao crédito". Mas a autora observa que "alguns autores, entretanto, não consideram a potencialidade danosa da divulgação como requisito do dever de sigilo, persistindo esse dever ainda quando a divulgação da informação não atinja os interesses daquele com quem se travou negociações. Objeto do dever de sigilo são informações adquiridas em função das negociações, podendo incluir ainda o motivo do fracasso das negociações, se essa divulgação puder causar danos à contraparte".

Na verdade, creio que o dever de sigilo compreende toda a informação a que a parte só teve acesso durante e por causa da negociação, sendo, no mínimo, muito discutível que ele só abranja as que forem "potencialmente danosas". Esta última exigência poderá prender-se, para alguns autores, com a culpa do devedor da obrigação pré-contratual, requisito *sine qua non* para que haja responsabilidade; isto é, segundo certo entendimento, a culpa apenas existe se for previsível para o devedor da obrigação de segredo que a violação desta pode causar danos à contraparte[501].

Esta obrigação – como, aliás, as restantes – tem, na sua existência e extensão uma ligação directa com a situação factual que se analise, podendo só surgir em alguns casos ou em certa fase dos preliminares e tornar-se mais extensa com o prosseguimento destes, sendo igualmente certo que a evolução tecnológica e a sua aptidão para o armazenamento de dados a torna mais premente em situações em que, antes, o problema não se colocava[502].

[500] Op. e loc. cit., p. 20.

[501] Por se tratar de problemática que imporia longa reflexão, de carácter geral, sobre o conceito de culpa, não me ocuparei dela neste trabalho.

[502] Lucimar Pedroso de Andrade, op. e loc. cit., citando Luciano Augusto de Toledo Coelho, escreve: "'A necessidade de sigilo e proteção aumenta, portanto, em face do potencial dos sistemas de dado atuais. Dados do candidato a emprego, seja em fichas de admissão, sejam

Caso exista um acordo de confidencialidade, da sua violação com consequentes danos emergirá responsabilidade obrigacional, naturalmente[503].

c) Obrigação de clareza

Em qualquer contrato, há uma obrigação de clareza[504] na formulação das declarações feitas, quer para não incorrer em erro obstativo, quer para permitir uma interpretação correcta pela contraparte. Por exemplo, se uma das partes se exprime de modo a significar que a celebração do contrato apenas depende da verificação de certas condições que o outro se apressa a preencher, vindo a recusar posteriormente a conclusão do contrato, haverá responsabilidade dela. Karina Nunes Fritz[505], que realça este dever, entende o dever de clareza como impeditivo da "utilização de uma linguagem susceptível de não ser compreendida pela

obtidos por meio de entrevistas ou testes, caso divulgados, podem gerar inúmeros transtornos, inclusive o impedimento a outras colocações por um teste aplicado em uma empresa específica, retirando do candidato a chance de trabalho'". E continua: "A necessidade do sigilo envolve a conduta das partes que devem ter a intenção, quando iniciam as negociações, de ao concluir o contrato, sem qualquer prejuízo a outra parte. No curso das negociações se uma das partes vem a conhecer dados ou notícias que, se forem divulgadas, prejudicariam a outra parte, está obrigada a guardar a devida reserva; se não o fizer e, com a divulgação causar dano à outra parte, está obrigado a ressarci-lo devido o dever de sigilo".

503 Parece ser esta a situação configurada por Giorgio Afferni, op. e loc. cit., p. 471, que o autor trata como uma hipótese de responsabilidade pré-contratual ou, melhor, como uma das modalidades desta. Discorda-se, pois, embora se esteja na fase pré-contratual, a situação releva da violação de uma convenção e não da da boa fé pré-contratual.

504 Se bem o compreendo, C. Ferreira de Almeida, 4ª. ed., cit., p. 218, designa este dever como de diligência.
V. Almeida Costa, cit., pp. 57 a 59.
Realçando a obrigação de clareza ("a expressão clara, sem ambiguidades das propostas e aceitações"), v. o ac. do STJ português de 22 de Maio de 2003 (pr nº 03B1334) (Salvador da Costa).
José Roberto de Castro Neves, " op. e loc. cit., refere também, como dever pré-contratual, o de "clareza das declarações dos contratantes".
Já Tainah P. Rodrigues, cit., p. 18, integra o dever de clareza no de informação, escrevendo: "A falta de clareza, a interpretação dúbia, informações vazias vinculam a relação, obrigando o fornecedor a adimplir com a promessa feita".

505 Op. e loc. cit., p. 15.

contraparte", o que é, evidentemente, certo[506]. P. Pais de Vasconcelos[507] chama a atenção para o seguinte aspecto: "sempre que uma das partes utilize na contratação uma expressão equívoca ou ambígua, ou com um sentido que não seja o corrente, ou com que a outra não possa normalmente contar, deverá informar sobre o sentido exacto com que a utiliza. Isto é particularmente importante na utilização de unidades de medida e de expressões técnicas ou privativas de certos ramos do conhecimento, de certas áreas geográficas ou específicos ramos de actividade".

Contraponto desta obrigação de clareza é o dever de atenção às declarações da contraparte para não formular interpretações erradas. Isto é, neste domínio, há que ser prudente, pois pode haver culpa do declaratário no erróneo entendimento do sentido da declaração, hipótese em que serão aplicáveis, respectivamente, os artigos 570º do Código Civil português e 945º do Código Civil brasileiro.

d) Outras obrigações

Outras obrigações podem surgir e, em alguns casos, é a própria lei que as enuncia: assim, por exemplo, o artigo 430º do Código Civil brasileiro, tal como o 230º do Código Civil português, impõem ao proponente a obrigação de avisar a contraparte de que a aceitação da proposta contratual chegou fora do prazo.

Embora tal surgimento releve da consideração das circunstâncias, não subscrevo a afirmação de C. Ferreira de Almeida[508] de que, "no direito português, parece até indispensável acrescentar [...] um outro dever que tem a seu favor a palavra do fundador do instituto: o dever de diligência (de cuidado ou de prudência), que tem por objecto a obtenção da informação necessária para a decisão e a clareza usada nas declarações contratuais". Na verdade, o dever de diligência está associado a todas as obrigações pré-contratuais (e não só). Por isso é que apenas se constitui em responsabilidade aquele que, com culpa (ou sem ter usado da diligência exigível), violou uma obrigação pré-contratual e com isso provocou prejuízos à contraparte. O autor não quer referir-se a este dever de

[506] V. também Carlyle Popp, cit., p. 209.

[507] Cit., p. 494.

[508] 4ª ed., cit., p. 218-219.

diligência, quando a ele alude. Não me parece aceitável que seja usada uma mesma designação para realidades jurídicas diversas.

3. Obrigação de lealdade[509]

Pode, talvez, enquadrar-se na obrigação de lealdade[510] a de respeitar a liberdade da contraparte, isto é, de não usar de coacção (artigos 151º, 154º e 155º, Código Civil brasileiro, e artigos 255º e 256º do Código Civil português)[511], bem como a de não se aproveitar da debilidade do parceiro (o "estado de perigo está previsto no artigo 156º do Código Civil brasileiro[512], e a "lesão", no seu artigo 157º[513], que correspondem, no essencial, à previsão dos negócios usurários do artigo 282º do Código Civil português[514]).

[509] Para Karina Nunes Fritz, op. e loc. cit., pp. 17 e 18, "o dever de lealdade é, por assim dizer, a essência do princípio da boa-fé objetiva, mas sua real compreensão – e, principalmente, sua concretização no caso concreto – suscita dificuldades devido à abstração e ao cunho ético do termo, com o qual os juristas, até há pouco habituados com o positivismo jurídico, não estão acostumados a trabalhar. A materialização desse dever passa pela compreensão da ideia elementar do princípio da boa-fé objetiva como norma de conduta leal e honesta a ser adotada por todos no comércio jurídico. Difícil precisar o que significa agir com lealdade. [...] De um modo geral, o dever de lealdade impõe às partes a adoção de conduta insuscetível de fraudar a confiança da contraparte de que o outro conduzir-se-á com lealdade e retidão, pois é isso o que se pode esperar de quem atua no comércio jurídico. Esse dever pode ter conotações positivas e negativas. Na fase pré-contratual, a feição positiva da lealdade manifesta-se no dever de atuar e cooperar para o alcance da finalidade essencial das tratativas: a conclusão do contrato".

[510] Há quem atribua à lealdade pré-contratual outro sentido; Antônio Junqueira de Azevedo, "Responsabilidade pré-contratual...", op. e loc. cit., p. 27, escreve que "consiste, aqui, principalmente num dever de confidencialidade, isto é, de manter o sigilo das informações obtidas".

[511] Referindo expressamente a coacção moral, Enzo Roppo, *O Contrato*, 1988, p. 107.

[512] O estado de perigo é caracterizado como a situação em que "alguém, premido da necessidade de salvar-se, ou a pessoa de sua família, de grave dano conhecido pela outra parte, assume obrigação excessivamente onerosa", acrescentando o seu § único que, "tratando-se de pessoa não pertencente à família do declarante, o juiz decidirá segundo as circunstâncias".

[513] Nos termos deste artigo, "ocorre lesão quando uma pessoa, sob premente necessidade, ou por inexperiência, se obriga a prestação manifestamente desproporcional ao valor da prestação oposta"; o § 2 dispõe que "não se decretará a anulação do negócio, se for oferecido suplemento suficiente, ou se a parte favorecida concordar com a redução do proveito".

[514] Este preceito dispõe, no seu nº 1, que é anulável, por usura, o negócio jurídico "quando alguém, explorando a situação de necessidade, inexperiência, ligeireza, dependência, estado mental ou fraqueza de carácter de outrem, obtiver deste, para si ou para terceiro, a promessa ou a concessão de benefícios excessivos ou injustificados".

Tanto no caso de lesão (brasileira) como no da usura (portuguesa), se prevê uma espécie de reparação *in natura*, consistente na modificação do negócio em termos de lhe retirar a desproporção ou o benefício obtido pelo declaratário, o mesmo não se passando no regime do estado de perigo. Porém, a modificação do negócio pode não reparar todos os danos sofridos pelo lesado, pelo que continua a ter cabimento, em muitos casos, a responsabilidade pré-contratual da parte que abusou da outra.

O artigo 4:109 dos *PECL* dispõe que o contrato pode ser anulado pela parte que, ao tempo da sua celebração, "(1) se encontrava dependente ou tinha uma relação de confiança [*trust*] com a outra parte, estava em dificuldade económica ou tinha necessidades urgentes, era imprevidente, ignorante ou carecia de competências negociais, e (2) a outra parte conhecia ou devia ter conhecido e, dadas as circunstâncias e finalidade do contrato, retirou vantagem da situação da primeira parte de um modo que foi grosseiramente desleal [*unfair*] ou obteve um benefício excessivo". O nº 1 do artigo 3.10 dos Princípios *UNIDROIT* prevê que "o contrato ou alguma das suas cláusulas podem ser anulados se, no momento da conclusão do contrato, este ou alguma cláusula atribuírem à outra parte um benefício excessivo injustificado", acrescentando que, "entre outros", "devem ser tomados em consideração [...] os seguintes elementos: a) o facto de a outra parte ter explorado de modo desleal a situação de dependência, dificuldade económica, de necessidade urgente, de imprevidência, ignorância, inexperiência ou inaptidão para negociar da outra parte; e b) a natureza e finalidade do contrato".

Também nos *PECL*, aquele artigo 4:109 prevê, nos seus nºs (2) e (3) a possibilidade de, a requerimento da parte lesada ou da contraparte que seja citada para a anulação, adaptar o contrato, repondo-o nos termos que teriam sido os seus, se não tivesse havido a vantagem desleal (*unfair*). De forma paralela, os Princípios *UNIDROIT* estabelecem que, "a pedido da parte lesada, o tribunal pode modificar o contrato ou a cláusula a fim de os tornar conformes às exigências da boa fé em matéria comercial" e que "o tribunal pode igualmente modificar o contrato ou a cláusula a pedido da parte que tenha recebido a notificação de anulação desde que o notificante seja informado prontamente e não tenha agido em consequência".

Sobre a responsabilidade do contraente usurário, v. Pedro Eiró, *Do negócio usurário*, 1990, p. 120.

Creio que pode ser também enquadrado no dever de lealdade o de se abster de formulação de proposta de contrato cujo objecto seja ilícito ou impossível, desde que a impossibilidade (física ou jurídica) seja, ou deva ser, conhecida do declarante[515].

Passível de ser reconduzido à violação da obrigação de lealdade é ainda o artigo 126º do C.C. português que prevê a situação de menor que "tenha usado dolo com o fim de se fazer passar por maior", pois lhe retira o direito a invocar a anulabilidade fundada na menoridade. Segundo parte da doutrina – que sigo –, a *ratio* da norma reside na tutela daquele com quem o menor celebrou o negócio (ou, até mais amplamente, na protecção da segurança do comércio jurídico), pelo que a privação do direito à anulação deve ser evidentemente acompanhada da dos seus representantes legais. Está em causa, pois, um regime de tutela da boa fé pré-negocial dos terceiros com quem o menor[516] tenha concluído negócios, *maxime* contratos, o que não exclui a possibilidade de uma indemnização suplementar com fundamento em responsabilidade pré-contratual nas hipóteses – que serão raras, supõe-se – da ocorrência de prejuízos.

Há quem afirme[517] que "o dever pré-contratual *de lealdade* é ainda mais difícil de definir e de delimitar, apesar da sua crescente difusão, que atinge textos da moderna *lex mercatoria*, onde aparece sob expressão equivalente (*fair dealing*)"[518], [...] há uma fronteira imposta pela boa

[515] Sobre estas hipóteses, v. o meu *Notas...*, cit., p. 98.

[516] E, por remissão dos arts. 139º e 156º, o interdito e o inabilitado, respectivamente.

[517] C. Ferreira de Almeida, 4ª. ed., cit., p. 215, entende que "a deslealdade [se] torna [...] mais evidente se a ruptura das negociações envolver a violação de acordo pré-contratual, intermédio ou final, cuja função e alcance consistem precisamente em reforçar e concretizar o dever (genérico) de lealdade". Não pode subscrever-se, em abstracto e em toda a sua extensão, esta afirmação, pois, como ficou brevemente visto *supra*, podem acordos pré-contratuais ter apenas esta função (e efeito), como podem consubstanciar convenções autonomamente vinculativas, hipótese em que, como também já se disse, o incumprimento será tendencialmente gerador de responsabilidade obrigacional.
Paula Meira Lourenço, op. e loc. cit., pp. 45-46, afirma que "os deveres de lealdade [...] têm um conteúdo negativo, vedando às partes a adopção de comportamentos que defraudam as expectativas de se chegar a consenso, não permitindo assim qualquer tipo de actuação chicaneira ou expediente dilatório, e proibindo a divulgação das informações fornecidas pelas partes (impondo um dever de confidencialidade ou de sigilo), mesmo que não se chegue a celebrar um contrato".

[518] Ferreira de Almeida, que acrescenta a evidência de que "o contrato tem a virtude de [...] conciliar [...] interesses que [...] são na maioria das vezes contrapostos. Não se pode portanto esperar que todo o jogo contratual seja aberto e ainda menos que seja solidário ou altruísta".

fé: nas negociações, não há lugar para a deslealdade, devendo os contraentes agir em consonância com 'as normas e os usos honestos'. [...] Para avaliar em concreto se o dever de lealdade foi infringido [...] é necessário inquirir se, naquelas circunstâncias, um observador, isento mas informado acerca das [...] fontes, as consideraria impróprias de um comportamento honesto". Diz o mesmo autor que "as situações mais frequentes de violação do dever [...] de lealdade respeitam a contratos que não chegaram a ser concluídos"[519].

a) Não rompimento das negociações

Carlyle Popp[520] escreve que "o incumprimento do dever de lealdade é o principal mote do [...] problema atinente à ruptura imotivada das negociações preliminares"[521] [522], o que é indiscutivelmente verdade.

Também se encontra quem diga[523], embora se trate de posição minoritária: "As negociações ou tratativas preliminares possuem como característica essencial a circunstância de não vincularem as partes a uma relação jurídica. Isto se justifica em razão de ser direito das partes a opção por celebrar ou não um contrato. A responsabilidade passa a existir nesta fase, como via de exceção, quando este direito é exercido de modo puramente potestativo, ou seja, quando se verifica abuso do direito de contratar". O mesmo autor, mais adiante, atenua a sua posição, dizendo: "É bem de se ver, pois, que a boa-fé objetiva, distintamente da violadora

[519] Entendida em sentido literal, parece excessivamente entusiástica a afirmação de Mirella Cristina Fior, op. e loc. cit., p. 152, a propósito do rompimento arbitrário das negociações, de que "o que se impõe, atualmente, é uma visão mais solidária e ética, preocupada com a situação do parceiro contratual". Mas o entusiasmo não é defeito.

[520] Cit., p. 209.

[521] Karen Fabricia Venazzi, cit., p. 39, escreve que "o dever de lealdade [...] implica na proibição de interrupção das negociações, sobretudo, se a conduta das partes tiver criado uma real e fundada expectativa na efetivação do contrato".

[522] Também se encontra a identificação do fundamento desta responsabilidade no princípio do *neminem laedere*: Francisco Augusto Pignatta, cit., p. 16, que escreve: "[...] como o período pré-contratual é marcado por uma certa autonomia entre as parceiros [*partenaires*], é o modo como a ruptura ocorre que será importante na apreciação da responsabilidade. No fundo, é o facto de uma parte ter dado uma falsa esperança de conclusão do contrato que constituirá o fundamento da sanção. Esta falsa esperança, este engano [*tromperie*], esta dissimulação, não é senão uma espécie de mentira. E não mentir é um dever absoluto de conduta imposto a todos e portanto às próprias partes durante as negociações".

[523] Borges da Silva, op. e loc. cit..

da subjetiva, não exige a não a intenção de prejudicar, a inexistência de má-fé, mas apenas corresponde ao dever de se comportar com lealdade. A responsabilidade civil pré-contratual decorrente da recusa de contratar, assim como a responsabilidade baseada no rompimento ilegítimo das negociações preliminares também se fundamenta no abuso de direito. Trata-se, nesta hipótese, do direito de contratar, decorrente do princípio da autonomia da vontade. [...] a recusa injustificada à contratação pode ensejar a discriminação do sujeito rechaçado. A análise de eventual responsabilização por recusa de contratar passa, portanto, pela necessidade de ponderação de dois princípios constitucionalmente assegurados, a autonomia da vontade e a igualdade, que possui como corolário a proibição à discriminação".

P. Pais de Vasconcelos[524] qualifica como "excepcional" a constituição em responsabilidade civil pela ruptura do processo negociatório. Se, estatisticamente, é provável que assim seja, esse não é, em geral, o ponto de vista dos juristas. Muito menos o é, como diz o autor, que "a ruptura só poderá ser qualificada como ilícita se for feita com má fé", pois, embora o autor caracterize esta pela "violação de deveres de honestidade e de seriedade, com desconsideração dos padrões de relacionamente sério na contratação", a má fé contrapõe-se à boa fé subjectiva, que neste domínio não está em causa.

Paralelamente, Pessoa Jorge[525] afirma que, "se alguém inicia negociações, criando na outra parte expectativas de negócio, mas com o propósito de as romper e de não fechar o contrato, deve indemnizar os prejuízos que causa"[526].

Vaz Serra[527], embora admita não ser "lícito a uma das partes romper arbitrariamente as negociações depois de estas terem alcançado um tal desenvolvimento que a outra parte podia julgar-se autorizada a confiar na realização do contrato e, assim, a fazer despesas, a abster-se de outros negócios, etc.", contrapondo que, se as partes "deverem responder por rotura das negociações, terão de se comportar tão prudentemente que a sua liberdade de contratar será gravemente comprometida", é

[524] Cit., p. 493.

[525] *Lições*..., cit., p. 180.

[526] Posição que, no essencial, foi acolhida pelo já referido ac. do STJ de 26 de Fevereiro de 2015 (Granja da Fonseca).

[527] "Culpa do devedor...", op. e loc. cit., pp. 128-129.

bastante restritivo no reconhecimento desta responsabilidade. Coloca depois o problema dos "contratos sujeitos a forma, destinados a assegurar a ponderação das partes", quando a forma ainda não tiver sido adoptada opinando que "a rotura de negociações não deve dar lugar a responsabilidade no caso de contratos sujeitos a forma imposta para garantir a ponderação das partes. Quando não for esse o caso, não deve também, em princípio, haver responsabilidade, a não ser que se tenha conscientemente feito crer, com carácter de certeza, à outra parte a efectiva realização do contrato, isto é, [...] se tenha, pelo próprio procedimento, autorizado conscientemente a outra parte a confiar, sem dúvida, nessa efectiva realização do contrato"[528]. Albuquerque Matos sustenta que "a liberdade de celebração dos contratos" "se mantém incólume durante todo o período pré-contratual, mesmo quando as negociações se encontrem num estado já avançado. Apesar da [*sic*] conduta das partes poder ter criado durante o *iter negotii* legítimas expectativas na contraparte quanto ao sucesso das negociações, não resulta daí qualquer dever jurídico de contratar para os sujeitos nela [?] envolvidos"[529].

Phenélope Carvalho de Almeida[530] escreve: "As negociações preliminares, por serem, em regra, desprovidas de roupagem formal, muitas vezes não são elevadas a categoria de assunto de interesse jurídico", ao que acrescenta: "de fato, as meras tratativas e a sua eventual ruptura, não são instrumentos hábeis para se pleitear qualquer tipo de reparação. Contudo, quando as mesmas se cercam de certas características, certos traços suficientemente robustos, para fazer nascer a um dos sujeitos, a expectativa concreta na formalização de um contrato, fundamentada na conduta da outra parte, a partir daí passam a ter relevância jurídica, como um modo de privilegiar o princípio da boa-fé".

[528] Apenas, tanto quanto posso compreender, quanto à ruptura das negociações, v. Almeida Costa, cit., p. 70.

[529] Op. e loc. cit., pp. 317-318.
V. também pp. 325, 329 e 330. O autor, depois de fazer o que ele supõe ter sido uma investigação de paternidade, afirma que "ficou bem patenteada a existência de uma relação filial da nota da eventualidade com o princípio da liberdade contratual. Em particular é de sublinhar a esteita ligação com a vertente da liberdade de celebração dos contratos, que neste particular contexto se configura como uma liberdade de entabular, conduzir e pôr termo às negociações".

[530] Cit., p. 52.

Uma corrente mais antiga – de que a maioria das opiniões citadas constitui a actual expressão ideológica – só admitia responsabilidade por rompimento das negociações nos casos em que uma das partes as iniciara sem intenção de contratar[531] [532].

É, pois, surpreendente que, num texto tão recente quanto o Ante--projecto de Reforma do Direito dos Contratos, apresentado pelo Ministério da Justiça francês em 2009, se contivesse uma disposição (artigo 20º), nos termos da qual apenas haveria responsabilidade por ruptura "quando uma das partes iniciou ou prosseguiu negociações sem intenção de chegar a um acordo".

[531] Em formulação muito restritiva, mas diversa, diz Calvão da Silva, "Negociações...", op. e loc. cit., p. 89, que, "porque é da natureza das negociações o risco de as mesmas não chegarem ao fim, a responsabilidade civil pela ruptura das tratativas constitui (mesmo) excepção à regra do abandono delas sem indemnização". Mais adiante, referindo-se ao caso que aprecia, deixa esta afirmação: "Somos [...] levados a concluir que, em face das circunstâncias por nós conhecidas, o abandono do contrato-promessa não é ilegítimo, ainda que das negociações pudesse derivar o *dever jurídico da sua conclusão* [sublinhado meu], pelo que não ocorre o segundo pressuposto específico da responsabilidade pré-negocial ["a ruptura ilegítima, arbitrária e sem justa causa das negociações"] pelo dano negativo causado à outra parte" – *ibidem*, pp. 90 e 93.

[532] A esta situação se refere Giorgio Afferni, op. e loc. cit., p. 470, como uma hipótese indiscutível de responsabilidade por ruptura das negociações.

Trata-se de situação em que o entendimento das doutrinas e jurisprudências são praticamente pacíficos. V., p. ex., Tainah P. Rodrigues, cit., p. 20. V. também Phenélope Carvalho de Almeida, cit., p. 47, que, falando do dolo, diz que "este dolo se verifica quando alguém inicia tratativas preparatórias, já sabendo desde o início que não efetivaria o contrato, ou ainda, aquele que as interrompe com o escopo de causar dano ao outro". E, quanto à culpa, diz: "Se o sujeito fez surgir na outra parte uma expectativa plausível, uma confiança, para a formação de um contrato, mas interiormente não estava interessado corretamente naquela relação contratual, eis aí o traço de culpa o qual nos referimos".

Como diz Karina Nunes Fritz, op. e loc. cit., pp. 18 e 22, "o aspeto negativo da lealdade traduz-se, por exemplo, no dever de não iniciar ou prosseguir em negociações sem qualquer intenção de concluir o contrato [...]. O entrar em conversações pressupõe inexoravelmente uma disponibilidade das partes em celebrar o contrato, caso o juízo de conveniência e oportunidade surjam para ambas. É um ato ou processo que requer uma certeza: pode conduzir ao fechamento do contrato. A negociação é, portanto, um processo teleológico, dotado de uma finalidade – a eventual conclusão contratual – o que requer um comportamento leal e honesto em todo o seu desenrolar. Por esta razão, tem-se considerado contrário à boa-fé objetiva o entrar ou prosseguir em negociações sem que haja, desde o início, uma intenção de conclusão, o que a doutrina alemã chama de *fehlender Abschlußwille* [...]".

É certo que, como já ficou dito[533], a alteração do *Code Civil* de 10 de Fevereiro de 2016 não se ateve a estes termos. Depois do art. 1112, cuja redacção é "*L'initiative, le déroulement et la rupture des négociations précontractuelles sont libres. Ils doivent impérativement satisfaire aux exigences de la bonne foi.*

En cas de faute commise dans les négociations, la réparation du préjudice qui en résulte ne peut avoir pour objet de compenser la perte des avantages attendus du contrat non conclu", há os artigos 1112-1 e 1112-2, que se deixaram transcritos *supra*[534], e que enunciam algumas obrigações pré-contratuais. Contudo, a questão do rompimento das negociações ficou sem regime legal, o que, considerando o antecedente, parece eloquente.

Orlando Gomes[535] entende, e bem, "não ser necessário que a ruptura [das negociações] seja intencional, bastando ser injustificada, arbitrária, culposa", acrescentando – o que é um truísmo – que "não é necessário [...] que se trate de 'uma proposta contratual perfeita e acabada'; basta que os interessados estejam em entendimentos a respeito do futuro contrato ou que se encontrem *vis-à-vis* numa posição que induza um deles à convicção de que o outro celebrará o contrato que lhe foi prometido. O importante é que a confiança seja traída"[536].

Um aspecto importante, neste domínio, é acentuado por Karina Nunes Fritz, que observa[537], com razão, que a ideia clássica da distinção entre negociações e proposta contratual, caracterizada pela não vinculatividade das primeiras, por contraposição à sujeição criada pela segunda, transmite "a falsa ideia que as negociações seriam destituídas de 'força obrigatória', consistindo na 'fase da não obrigatoriedade'". Como diz a autora, se é certo que as partes vão progredindo através de modificações das suas posições iniciais, "isto não significa, contudo que as negociações sejam destituídas de vinculação. A fase pré-contratual é dotada de vinculabilidade, pois nela incide o princípio da boa-fé obje-

[533] V. *supra*, Parte I, 2.

[534] V. 1. Obrigação de informação, e 2. Outras obrigações pré-contratuais, respectivamente.

[535] Op. e loc. cit., p. 184.

[536] P. 185. Diz ainda o autor – com o que não posso concordar – que, "no ilícito pré-contratual, a falta de boa-fé representa o mesmo critério de imputação que desempenham: no ilícito tanto contratual quanto no ilícito extracontratual, o dolo e a culpa", ao que acrescenta, incompreensivelmente para mim: "Em suma, a ruptura pode ser culposa até mesmo se resulta de uma negligência simples e até mesmo se não tem caráter de gravidade".

[537] Op. e loc. cit., p. 5.

tiva criando uma gama de deveres específicos de conduta a fim de conferir eticidade à relação e evitar lesões a bens, direitos e interesses dos envolvidos. Esses deveres têm caráter imperativo, conferindo normatividade ao momento anterior ao negócio jurídico e justificando a imposição da responsabilidade pré-contratual em caso de lesão a tais deveres. Assim, ao invés de afirmar que as negociações não têm força obrigatória, melhor seria dizer que elas não são inalteráveis, como a proposta em sentido técnico".

Se a decisão de não contratar no período pré-contratual é, em princípio, lícita, pode não o ser se uma das partes criou na outra a convicção justificada de que o contrato iria ser concluído[538]. Tal convicção tem de ser objectivamente fundada, não se tratando de um estado de espírito da parte. Salienta este aspecto Renata Domingues Balbino Munhoz[539], dele retirando, contudo, a conclusão de que a responsabilidade é "objetiva"[540]. Cito: "O princípio de correção e boa-fé nas tratativas deve ser entendido no sentido objetivo, não interessa a intenção. Se durante as tratativas eu mantive alguém na expectativa razoável de fazer negócio, e não quis fazer negócio, eu não estou obrigada a fazê-lo, mas se houve nesse ínterim prejuízos à parte, a responsabilidade é objetiva – há uma ação (ou omissão), um dano e um nexo de causalidade – há, portanto, a obrigação de indenizar"[541].

Na verdade, se não existe uma obrigação de contratar em todos os processos negociatórios – que, justamente, têm por finalidade a de possibilitar às partes que ponderem os custos/benefícios do negócio que visam concluir –, casos há em que, por haver acordos intermédios ou por, nas negociações, as declarações das partes justificarem a convicção de que aquelas hão-de prosseguir, a obrigação de lealdade impõe a sua continuação. Se o processo negociatório for interrompido sem justificação, o causador dessa interrupção ficará constituído em responsabilidade.

De notar que há hipóteses em que as negociações não se concluem com êxito porque uma das partes tem de obter uma autorização gover-

[538] C. Ferreira de Almeida, 4ª ed., cit., p. 217.

[539] Op. e loc. cit..

[540] Na ordem jurídica portuguesa, é subjectiva, dado o teor do art. 227º, nº 1, CC..

[541] Também Vinicius Dalazona, op. e loc. cit., diz: "Tocante aos requisitos da configuração desta responsabilidade, imperioso destacar que prescinde da culpa, de vez que seu fundamento normativo constitui norma de conduta cuja observância é objetivamente aferida. Isto é, a responsabilidade é objetiva".

namental, um financiamento, ou de fazer qualquer outra diligência, ou, ainda, depende de uma condição. Nestes casos, a responsabilidade pré-contratual surgirá se a parte não tiver feito o que era necessário ou a frustração tiver decorrido de falta de diligência da sua parte, ou de a verificação da condição ter sido impedida (ou provacada) culposamente.

Não pode dizer-se que a interrupção das negociações seja constitutiva de responsabilidade pré-contratual em muitas situações, pois é natural que, durante o processo negociatório, uma das partes (ou ambas) concluam que o contrato não lhe(s) interessa, abandonando o projecto.

Identificar os casos em que a ruptura não tem motivo legítimo é problema de solução nem sempre fácil[542], já que "motivo justificativo", "legítimo" ou equivalente" é conceito indeterminado, o que suscita sempre problemas de preenchimento. Como diz Karina Nunes Fritz[543]: "Fonte de controvérsia é o que vem a ser motivo justo, apto a eximir o agente do dever de indenizar". Vinicius Dalazona[544] escreve: "a 'justiça' do motivo é apurada em função do motivo em si e da consonância do comportamento da parte com os ditames da boa-fé objetiva", o que muito pouco adianta. Já Mirella Cristina Fior[545] afirma que "para que subsista a responsabilidade pré-contratual é imperioso que a ruptura das tratativas tenha como substrato um motivo ilegítimo analisado não sob o seu ângulo subjetivo, mas sim, em consideração da outra parte", o que, não precisando muito, põe o acento, no seguimento de Judith Martins-Costa, no aspecto relacional, que é essencial[546]. Talvez seja de aceitar, em princípio, o entendimento de Marcos José de Oliveira[547], segundo o qual "os denominados 'motivos de conveniência', que levam a não contratar, são situações novas ocorridas durante as tratativas e que levam uma parte a optar por deixar de celebrar o contrato com a outra, alegando que recebeu uma proposta melhor, por exemplo". Em princípio e com muitas dúvidas, pois, como regra empírica, só em hipóteses de

[542] Dizendo que o ponto "sempre provocou grandes discussões", Karina Nunes Fritz, op. e loc. cit., pp. 27-28.

[543] Op. e loc. cit., p. 31.

[544] Op. e loc. cit..

[545] Op. e loc. cit., p. 153.

[546] Récio Cappelari, cit., diz acertadamente que, "para que se configure RPC por ruptura das tratativas, é imprescindível que haja uma confiança [...] razoável na futura conclusão do contrato, além da falta de justo motivo para a ruptura [...]"; v. também p. 48.

[547] Op. e loc. cit., p. 94.

negociações paralelas lícitas[548], isto sucederá[549]. Por outro lado, Paulo Brasil Dill Soares e Andreza Aparecida Franco Câmara[550] escrevem, com razão, que "a responsabilidade pelo rompimento das tratativas contratuais surge quando as partes negociam as cláusulas contratuais, acarretando no contraente expectativas da efetivação do pacto, devendo aquele que gerou a confiança na consumação do acordo reparar o dano caso tenha encerrado as negociações injustificadamente", acrescendo, mais adiante[551]: "O foco da questão reside no comportamento da parte que rompe as tratativas, durante todo o desenrolar das negociações, a fim de se verificar a congruência entre a conduta por ela adotada durante as tratativas e o ato de desistir da contratação", e: "Se um dos concontratantes desenvolve, dentro de um padrão de normalidade, a idéia de que o contrato será firmado, responderá pelos prejuízos decorrentes de seu comportamento, caso abandone as tratativas sem justo motivo".

Podem subscrever-se, no essencial, as observações de Almeida Costa[552] que, entre outras coisas, diz: "retomam-se [...] os postulados da rectidão e da lisura negociais que resultam da boa fé. [...] Encontram-se na realidade conexionadas: a confiança e a justa causa da ruptura constituem dois termos contrapostos. [...] O problema da legitimidade da ruptura não se reconduz [...] à indagação sobre se o seu motivo determinante é ou não justificado do ponto de vista da parte que a efectuou, mas, antes, importa averiguar se, independentemente dessa valoração pessoal, ele pode assumir uma relevância objectiva e de per si prevalente sobre a parte contrária. [...] essa inconciliação de posições que legitima a ruptura pode fundar-se em razões objectivas de natureza económica [...], ou mesmo em razões subjectivas [...], mormente nos negócios onde os elementos pessoais assumem especial relevância (p. ex., na constituição de uma sociedade em nome colectivo). Insista-se [...] que o critério será sempre o de a ruptura, de harmonia com as circunstâncias do

[548] Chamando a atenção para que, havendo dever de exclusividade, uma melhor proposta não é, em princípio, justificativa da ruptura, Carlyle Popp, cit., p. 261.

[549] Ponto ineliminável é que o comunique logo que possível à contraparte e que essa comunicação seja tempestiva para evitar prejuízos (que não têm de ser necessariamente patrimoniais) a esta.

[550] Op. e loc. cit., p. 12.

[551] Pp. 16 e 17.

[552] Cit. pp. 60 a 63.

caso concreto, não se revelar intoleravelmente ofensiva do sentido ético-jurídico".

Não estão apenas em causa considerações relacionais, pois há valores heterónomos que também são acautelados. Como diz Mario Bessone[553], "uma política de direito de garantia de um indiscriminado poder de romper as negociações sem prejuízo acabaria por privilegiar todos quantos no mercado operam de modo desleal e pouco racional", de onde decorreria "um notável prejuízo para os operadores responsáveis, em razão de um agravamento dos custos da sua gestão devido ao não ressarcimento dos danos causados pelas despesas por vezes suportadas e, em estreita conexão, uma grave deterioração do mecanismo do mercado [...]".

Na jurisprudência portuguesa, o acórdão do Supremo Tribunal de Justiça de 28 de Fevereiro de 2002[554] diz: "Compreende-se assim que, resultando igualmente inequívoco que a A. sempre agiu no convencimento de uma actuação de boa fé por parte da R., com base numa confiança por esta incutida, só pudesse aceitar a rescisão das negociações na fase pré-contratual se a R. invocasse motivo forte, algum facto novo imprevisível e irreparável que alterasse as condições em que as partes visavam concluir o contrato. [...] estando percorrido pelas partes um longo caminho no sentido da concretização do contrato que visava efectuar-se, foi o mesmo interrompido pela R. na sua fase terminal, em que pouco mais faltava que a assinatura das partes, sem que nada o fizesse prever nem nenhuma válida razão o justificasse". Já o acórdão do mesmo tribunal de 21 de Abril de 2005[555] entendeu que a verificação desta responsabilidade "supõe situações de legítima, fundada, estável, consolidada expectativa de que não haverá retrocesso, de que não é já de admitir a possibilidade de alterações substanciais, e a confiança assim justificada na conclusão formal do contrato – tal, enfim, que arbitrária, injustificada"[556]. O acórdão, também do Supremo Tribunal de Justiça português", de 11 de Janeiro de 2007[557] reconheceu a ruptura ilícita das

[553] "Rapporto Precontrattuale e Doveri di Correttezza", *in Rivista Trimestrale di Diritto e Procedura Civile*, 1972, p. 974.
[554] Pr. nº 02B056 (Joaquim de Matos).
[555] Pr. nº 05B490 (Oliveira Barros).
[556] Usando estes mesmos adjectivos, v. o ac. do TJ-SP, APL 1011950-34.2015.8.26.0011, de 1 de Março de 2018, 25ª Câmara da Seção de Direito Privado, relator Edgard Rosa.
[557] Pr. nº 06B4223 (Custódio Montes).

negociações, por uma das partes, no decurso de um processo negociatório longo, dispendioso e praticamente terminado, vir a exigir, como condição da sua conclusão, a inserção de uma cláusula nunca discutida e não usual. Lê-se no acórdão também deste tribunal de 11 de Setembro de 2007[558]: "A responsabilidade pré-negocial não existe apenas quando as partes não adoptarem um padrão de lisura, honestidade negocial, consideração dos interesses da contraparte, observando deveres de conduta compagináveis com a natureza do negócio em formação, mas também quando tendo aproximado pela via dessa negociação a conclusão do negócio, por facto seu, este já em fase adiantada não é concluído"[559]. Pode ser excessivamente exigente a formulação do acórdão do Tribunal de Relação de Lisboa de 21 de Abril de 2005[560] de que "[...] a confiança dos contratantes na realização do negócio só é de considerar ilicitamente quebrada, para efeitos do disposto no citado art. 227º do C. Civil, quando as negociações havidas atingiram já um tal grau de maturação e certeza, que não seja expectável para qualquer das partes envolvidas a frustração do negócio tido em vista", mas, no essencial, é certa. É por certo demasiado restritiva a posição do mesmo Tribunal no já referido acórdão de 26 de Setembro de 2006 (Luís Espírito Santo), quando, em citação escolhida e sublinhada de Almeida Costa, diz que "*É de acentuar que* ***as negociações, pela sua própria natureza, não são vinculativas e qualquer dos interessados tem, em princípio, o direito de as romper. A rotura de negociações só gerará responsabilidade quando revestir a forma caracterizada de abuso de direito***", acrescentando que, para haver responsabilidade pré-contratual, "constitui conditio sine qua non que a contraparte nas negociações malogradas tenha actuado (no contexto negocial em causa) de má-fé, censuravelmente, com abuso da sua liberdade negocial [...]", e ainda: "o artº 227º, do Cod. Civil introduz ***uma excepção*** ao regime jurídico vigente no domínio contratual privado, que faz prevalecer, de forma inequívoca, a defesa dos valores da ***ampla liberdade negocial, da autonomia deliberativa e da plena revogabilidade das posições assumidas antes do momento da vinculação contratual***".

[558] Pr. nº 07A2402 (Fonseca Ramos).

[559] Relativamente a este último aresto, diz Mário Frota, *in* http://www.netconsumo.com/2008/04/responsabilidade-pr-contratual-enunciao.html, que "conquanto se trate de espécie conexa, de natureza mercantil, os princípios enunciados no acórdão [...], por exemplares, cabem que nem uma luva aos negócios jurídicos de consumo".

[560] Pr nº 2219/2004-6 (Manuela Gomes).

Os tribunais brasileiros têm reconhecido, por vezes, responsabilidade por não haver contrato, mas diz Carlyle Popp[561] que "ainda é forte [...] o entendimento de não se conceder direito à indenização por ruptura das negociações preliminares", opinião que, pela consulta de jurisprudência feita[562], talvez já não se justifique actualmente. Há, contudo, um curioso caso[563], em que se afirma que "a responsabilidade pré-contratual não decorre do fato de a tratativa ter sido rompida e o contrato não ter sido concluído", mas se reconhece aquela responsabilidade que emerge "do fato de uma das partes ter gerado à outra, além da expectativa legítima de que o contrato seria concluído, efetivo prejuízo material"; e acrescenta-se que "as instâncias [...] reconheceram houve o consentimento prévio mútuo, a afronta à boa-fé objetiva com o rompimento ilegítimo das tratativas, o prejuízo, e a relação de causalidade entre a ruptura das tratativas e o dano sofrido".

Não se escapa à dificuldade de caracterização de motivo "legítimo" ou "justificativo pela fundamentação no abuso do direito – tanto em Portugal quanto no Brasil se encontra quem apele a este instituto[564] – ou no *venire contra factum proprium*, como defendem, por exemplo, Ficht-

[561] Cit., p. 257; o autor cita acórdãos do 2º Tribunal de Alçada Cível de São Paulo (Ap. Cív. 266.172.2ª Câm., Rel. Juiz Penteado Navarro. j. 06.08.90), e do TJ-PR, Ap. Civ. Ac. 4971. Rel. Adolpho Pereira, Londrina 3ª CC. j. 22.10.87, que não me foi possível encontrar.
Neste sentido, com argumentação não muito convincente, v. o ac. do TJ-RGS de 22 de Março de 2018, 10ª Câmara Cível, relator Jorge Alberto Schreiner Pestana.

[562] De que é apenas um exemplo o ac.do TJ-PR, de 16 de Junho de 2016, 3ª Câmara de Direito Privado (Marcia Dalla Déa Baron). Contra, v. o ac. do TJ-RGS de 24 de Maio de 2018, 6ª Câmara Cível (Ney Wiedemann Neto), mas com o fundamento de não ter sido produzida prova de negociações; no mesmo sentido v. o já citado ac. do TJ-RGS de 29 de Março de 2018 (Ney Wiedemann Neto).

[563] Ac. do STJ de 21 de Fevereiro de 2012, 4ª Turma (Sálvio Figueiredo Teixeira).

[564] Neste sentido, p. ex., o já citado ac. do STJ português de 11 de Setembro de 2007, bem como o ac. do mesmo tribunal de 21 de Maio de de 2002 (pr. nº 02A999) (Silva Paixão), o ac. ainda do Supremo de 26 de Janeiro de 2006 (pr. nº 05B4063) (Oliveira Barros), e o ac. de 5 de Junho de 2008 (pr. nº 08B1355) (Oliveira Rocha). V. também o ac. do STJ de 26 de Setembro de 2006 (Luís Espírito Santo) (neste, sendo o objetivo limitar o âmbito da responsabilidade pré-contratual), e o de 19 de Outubro de 2010 (pr. nº 155/2002.L1.S1) (Salazar Casanova).
Distingue entre as duas figuras o ac. do STJ português de 4 de Abril de 2006 (pr. nº 06A222) (Nuno Cameira) dizendo que, "muito embora o fundamento último e comum a ambos seja a Boa Fé, os institutos do abuso do direito e da responsabilidade pré-contratual são autónomos, assentando em pressupostos diversos".

ner Pereira[565] ou Anderson Screiber[566]. Na verdade, o recurso a qualquer destas figuras impõe necessariamente a análise do comportamento abusivo ou contraditório do agente, o que nos devolve o mesmo problema[567].

Não que o abuso do direito, tal como o *venire* não possam constituir auxiliares de identificação de comportamentos ilícitos por excesso: são limites negativos. Por si sós, são, porém, insuficientes para caracterizar a recusa de prosseguir as negociações ou de concluir o contrato como constitutiva em responsabilidade civil.

A natureza injustificada ou ilegítima do motivo do rompimento tem de se ligar à confiança que a contraparte deposita no prosseguimento com êxito dos preliminares, o que, se, por um lado, abre as possibilidades de ruptura lícita, por outro, impõe uma ponderação mais apertada do fundamento da interrupção. É que, se, em fase relativamente incipiente, em que não possa considerar-se que existe ainda fundada confiança de um dos negociadores na celebração do contrato, a decisão da contraparte de, afinal, não contratar não tem de ser sindicada, pois não é identificável interesse legítimo a proteger, já se a situação for a de avanço das negociações a ponto de as partes terem a fundada convicção de que o contrato vai concluir-se, o surgimento de uma razão que leve uma delas a desistir do contrato impõe que tal razão seja avaliada, pois, para afastar a culpa do negociador que rompe, é necessário que tal razão seja objectivamente considerada como fundamentadora, para o bom pai de família nas mesmas circunstâncias, da desistência do negócio. Não acompanho, pois, Karina Nunes Fritz[568], quando esta diz que, "em

Ligando a boa fé objectiva nos preliminares ao abuso do direito, José Alexandre Tavares Guerreiro, "A Boa-fé nas Negociações Preliminares", *in Revista dos Tribunais*, 100 anos – *Doutrinas Essenciais, Responsabilidade Civil*, Vol. II, *Direito de Obrigações* (org. de Nelson Nery Junior e Rosa Maria de Andrade Nery), p. 63, e Rodrigo Magnos Soder, op. e loc. cit..

[565] Cit., pp. 299-230.

V. também Eduardo Milléo Baracat, cit., p. 239.

[566] *A Proibição de Comportamento Contraditório*, 2ª edição, 2007, pp. 250 e 251.

[567] Chamando a atenção para a diversidade do "campo de ação" do *venire* e do da responsabilidade pré-contratual e salientando a licitude do comportamento contraditório motivado, Carlyle Popp, cit., pp.125 a 129; v. também p. 131.

Sobre a filiação de ambas as figuras na boa fé e seu recorte respectivo, Paulo Mota Pinto, "Sobre a proibição do comportamento contraditório (*Venire contra factum proprium*) no direito civil", *in Direito Civil. Estudos*, 2018, pp. 461 a 464.

[568] Op. e loc. cit..

sede de responsabilidade pré-contratual, entende-se como motivo justo aquele em harmonia com a boa-fé objetiva e, em tese, apto a justificar o abandono das negociações, ainda quando a certeza de que o contrato seria concluído surgiu para uma das partes que, em função disso, realizou despesas buscando a concretização do negócio". A autora tem, entretanto, razão quando afirma que "a legitimidade do motivo alegado não deve ser buscada em uma valoração subjetiva e particular que o próprio agente faz da razão apresentada para encerrar as negociações, vale dizer, não se trata de examinar se para ele os motivos do rompimento se apresentavam como justos e legítimos, em uma interpretação subjetivista de sua intenção. Na valoração da legitimidade dos motivos apresentados para justificar o abandono das negociações não há espaço para investigações subjetivas, impondo-se, ao contrário, uma apreciação objetiva das razões alegadas. Dessa forma, impõe-se verificar se os motivos são objetivamente aptos a justificar o rompimento naquela situação[[569]]. [...] Doutrina e jurisprudência fornecem exemplos do que pode ser considerado motivo justo para o abandono das negociações. A falta de acordo acerca de pontos do futuro contrato, digam esses pontos respeito a elementos essenciais ou secundários do contrato planejado, sobre os quais as partes manifestaram a intenção de livremente decidir, justifica via de regra o abandono, bem como a modificação superveniente das circunstâncias das negociações, ou seja, a alteração da base negocial em tal medida que torna a continuação das conversações ônus excessivo para uma ou ambas as partes. Essas alterações podem se referir, por exemplo, a questões de natureza jurídica, técnica ou econômica, sobre pontos já fixados ou ainda não acordados, mas em função das quais a parte acaba concluindo pela inconveniência do negócio. Importante fixar que nenhum motivo alegado para justificar o abandono das negociações pode ser analisado isoladamente pelo juiz, sendo fundamental examinar ainda o comportamento do agente para verificar se o mesmo adequa-se aos padrões de conduta exigidos pela boa-fé objetiva. Nisso inclui ainda verificar se a parte comunicou imediatamente a outra as razões da ruptura para evitar que a mesma, confiando legitimamente na celebração, continuasse trabalhando para isso e realizando gastos desnecessários, o que também é um imperativo do dever de informação".

[569] V. também Almeida Costa, cit., p. 62, e Carlyle Popp, cit., p. 260.

O aspecto da "justificação" ou não arbitrariedade do motivo da interrupção das negociações tem muito que ver com a ponderação dos interesses relativos das partes, elemento essencial dos regimes jurídicos, mormente de direito privado. Na verdade, quando uma das partes esteja fundadamente convencida de que o contrato se vai concluir, se para a outra surgem circunstâncias inesperadas que o tornam inconveniente, aquela ponderação poderá levar a considerar a ruptura ilícita. Mas naturalmente que o Direito pode considerar como inaceitável forçar um sujeito para quem, com razão – e razão inesperada e justificativa –, o contrato se tornou inútil, a contratar ou a indemnizar os danos que a superveniência das circunstâncias acarretou pela desistência de contratar[570].

Está-se, pois, aqui, em terreno pouco firme: impor a conclusão do contrato a quem surgiu uma mais vantajosa oportunidade negocial (que não procurou de forma desleal para com o parceiro com quem negociava), ou frustrar a confiança que foi depositada nessa conclusão por quem não tinha modo de adivinhar que ela poderia não ser definitiva. Trata-se de decidir quem suporta o risco de uma ocorrência não prevista. Se, sendo o valor primeiro o da lealdade entre os negociadores, parece claro que ele explica que o interesse particular, imprevisível, seja ignorado, em alguns casos, a solução é violenta, não pode omitir-se. Porém, é ela que decorre não raro do princípio da boa fé. Mas é desta também decorre que não se imponha a alguém – a quem o contrato deixou por completo de interessar – a obrigação de o celebrar com fundamento na confiança que nessa conclusão depositou a contraparte[571].

[570] Não sei se intencionalmente, este é ponto relevante no texto tão frequentemente citado de Enzo Roppo: "o ponto de equilíbrio encontra-se na regra segundo a qual a ruptura das negociações gera responsabilidade apenas quando é injustificada e arbitrária, e não já quando é apoiada numa justa causa que a torne legítimo exercício de uma liberdade económica (como quando sobre vêem circunstâncias inesperadas que tornam o contrato não mais conveniente [...]".
Está-se muitíssimo longe da posição sustentada por Pessoa Jorge (*Lições...*, cit., p. 180) e acolhida pelo citado ac. do STJ de 26 de Fevereiro de 2015 (Granja da Fonseca), nos termos da qual "este preceito [art. 227º] consagra uma directriz saudável mas a sua aplicação terá de ser muito cuidadosa. É evidente que deve ser responsabilizado quem inicie negociações com o propósito premeditado de as não levar até ao fim. Mas fora de casos extremos, melhor será, na dúvida, sacrificar o interesse individual daquele que injustamente vê frustrada a sua esperança de contratar, do que atingir o interesse geral da liberdade de contratação".

[571] Não é recente a opinião de que só deve considerar-se justificativa do rompimento circunstância que equivalha a desaparecimento da base negocial. V. Nirk, "Culpa in Con-

Por outro lado, também quanto a este aspecto da boa fé pré-contratual, é frequentemente relevante a condição relativa das partes: sendo uma delas profissional a actuar no seu ramo de negócio e a outra um não profissional ou profissional de uma actividade que não realize tal tipo de contrato senão incidentalmente, pode ser decisivo mesmo, para apreciar da legitimidade da ruptura, a confiança que o não profissional (ou o profissional que se encontra na situação de leigo) depositou na contraparte[572]. Já não releva da condição (*maxime* profissional) das partes a forma de apreciação da sua culpa: em Portugal, esta será sempre aferida em função da diligência do bom pai de família, colocado na situação em que o sujeito se contrava, nos termos do artigo 487º, nº 2, Código Civil, e, por remissão para este, do nº 2 do artigo 799º, também do Código Civil[573].

E, como de tudo o que ficou dito decorre, não menos importante é o estado de consciência (de conhecimento de facto) da situação em que o negociador que vem a romper coloca ou mantém a contraparte. Se a parte avisar a outra das dificuldades, contratempos, obstáculos, que surgiram ou existem quanto à conclusão do contrato, a confiança que a segunda pode depositar no desfecho é proporcionalmente reduzida. A jurisprudência portuguesa é bastante inequívoca neste ponto: assim, por exemplo, o acórdão do Tribunal da Relação de Lisboa de 9 de Março de 2006[574].

Como já ficou referido, para a doutrina clássica, a responsabilidade por não conclusão do contrato só existiria se uma das partes tivesse iniciado as negociações já com o propósito de não celebrar o negócio. Naturalmente que, nestas hipóteses, é incontroversa a emergência de

trahendo – eine richterliliche Rechtsforbildulg – quo vadis?", *in Festschrift für Philipp Möhring*, 1975, p. 84, *apud* Clara González, cit. p. 84.

[572] Neste sentido, Almeida Costa, cit., pp. 67-68.

[573] V. Sónia Moreira da Silva, cit., p. 27.

A formulação de Dário Moura Vicente, "Culpa...", op. e loc. cit., p. 272, não é das mais felizes. Diz o autor que "a diligência exigível aos negociadores não é [...] a mesma nas negociações entre profissionais de determinado ramo de actividade económica e nas negociações entre estes e particulares, pois é merecedora de maior censura a violação de certos deveres pré-contratuais de conduta – *maxime* o de informação – no segundo caso". Na verdade, não se trata de maior ou menor censura: o que está em causa é o paradigma a utilizar para apurar do emprego da diligência devida.

[574] Pr nº 659/2006-6 (Carlos Valverde).

responsabilidade[575]. Saber se a situação justifica a convicção de uma das partes na conclusão do contrato depende de vários factores: o da condição relativa delas, o avanço do processo negociatório, os investimentos feitos em função dessa conclusão[576]. O tempo de duração dos preliminares pode constituir um indicativo, mas não é elemento decisivo, pois o prolongamento temporal também pode significar o pouco interesse de uma ou de ambas as partes no negócio[577] [578]. Como observa Karina Nunes Fritz[579], "a assertiva" de que "a duração das negociações é parâmetro identificador do surgimento da confiança" "precisa ser aceita com reservas, pois nem sempre o tempo gasto na fase negocial contribuirá legitimamente para a formação da confiança legítima na celebração do contrato, como alerta BASEDOW, pois, transcorrido sem resposta tempo razoável para uma decisão, não pode a parte mais confiar legitimamente na conclusão do contrato. Em muitos casos, a demora em comunicar uma decisão pode ser um indicativo de que a parte perdeu o interesse no negócio. Além disso, se o tempo fosse efetivamente um fator decisivo para a configuração da confiança tutelada pelo direito,

[575] Embora não restrinja a responsabilidade a estas hipóteses, Maria Rosario Valpuesta Fernández, *Formación del Contrato, in* Maria Rosario Valpuesta Fernández (Coordinadora) – *Derecho de Obligationes y Contratos*, 1995, pp. 381-382, dizendo aderir ao entendimento de Díez-Picazo, afirma que, nestas situações, a responsabilidade é extraobrigacional (nos termos do artigo 1902 CC espanhol), enquanto a "ruptura injustificada das negociações" é uma "hipótese clara de responsabilidade pré-contratual".

[576] Sobre os aspectos a considerar, v. Karina Nunes Fritz, op. e loc. cit., p. 27.

[577] Op. e loc. cit., p. 26.

Rodrigo Magnos Soder, op. e loc. cit., escreve: "Esta fase de negociação pode ser curta ou mais prolongada. Se a fase é curta, até mesmo em virtude da tecnologia e da comunicação hodierna, o processo necessariamente precisa valorizar a boa-fé. Se longa, com diversos encontros e tratativas, ainda mais estimada é a boa-fé, pelo dispêndio de tempo e de recursos feitos".

[578] Paulo B. Dill Soares e Andreza A. Franco Câmara, op. e loc. cit., pp. 25-26, dizem: "O pressuposto de existência das tratativas será averiguado quando estas forem travadas com qualidade, independendo do número de atos praticados durante as negociações. [...] quanto maior a confiança na realização do objeto contratual maior será a projeção do contrato, e, por conseguinte, maior será a responsabilização da interrupção imotivada. Deve-se, considerar, também, a expectativa econômica criada pela futura realização do negócio. Se o promitente tem uma idéia da probabilidade subjetiva que ele desempenhará naquela tratativa, então sua avaliação da expectativa do valor da promessa para o promissário é o benefício da confiança, e a ruptura sem justo motivo acarreta o prejuízo da confiança".

[579] Op. e loc. cit., p. 26.

esta seria ínsita e presumida nas longas negociações, o que por óbvio não procede".

Com Karina Nunes Fritz[580], prefiro "assinalar que o progresso das conversações contribui para a formação da confiança na celebração, pois à medida em que as partes vão acordando sobre os pontos do futuro contrato, mais forte se torna para elas a certeza de que as negociações serão encerradas com sucesso. O progresso das negociações, por sua vez, deve ser aferido com base no acordo acerca dos pontos essenciais do contrato planejado, pois a negociação só progride à medida em que as partes acordam sobre os pontos mais relevantes d[esse] contrato [...]"[581].

A doutrina discute algumas hipóteses de rompimento das negociações: assim, paradigmaticamente, a de um dos negociadores ter recebido uma melhor proposta de contrato de um terceiro. Como já ficou dito, creio que a resposta a esta questão – bem como situações em que, inesperadamente, um dos negociadores se dá conta do aumento do custo da prestação contratual a que ficará vinculado – não pode ser unitária e unívoca[582]. Supondo esta responsabilidade a cumulativa verificação de todos os pressupostos da responsabilidade civil subjectiva[583], casos haverá em que a cessação das negociações consubstancia um ilícito culposo e, por isso, constitutivo de responsabilidade, e outros em que assim não o é. Se uma das partes, sem que esteja envolvida em várias negociações paralelas, recebe de terceiro uma melhor oferta e, em consequência desse facto, põe termo ao processo negocial que vinha realizando com um parceiro, não creio que possa falar-se sempre e inequivocamente de ilícito. Como já disse, só perante a situação se poderá avaliar: se, por este

[580] *Ibidem.*

[581] O ac. do STJ português de 16 de Dezembro de 2010 (pr nº 44/07.1 TBGDL.E.S1) (Silva Salazar) diz, e bem: "o interesse criado pela confiança no projecto de contrato, quer dizer, a legítima expectativa de contratar que as próprias negociações vão consolidando, pois que normalmente tal expectativa vai aumentando à medida que as negociações vão avançando e as partes vão chegando a acordos parcelares ou suportando despesas e encargos relacionados com essas negociações".

[582] Como a afirmativa, isto é, de emergência de responsabilidade, que lhe dá Giorgio Afferni, op. e loc. cit., p. 473.

[583] Na ordem jurídica portuguesa, o seu princípio, no artigo 227º do Código Civil, é claro nesse sentido.

ou outro motivo, vantajoso para si e de que tinha ou poderia ter conhecimento com a diligência exigível, abortar as negociações, sem qualquer aviso prévio, a informação de um eventual obstáculo à celebração do negócio deveria ter sido prestada, e haverá, consequentemente, ilícito e culpa. Nesta última hipótese, a ilicitude não reside na ruptura das negociações, mas na omissão da informação de que tal poderia acontecer, deixando a contraparte na ignorância e consequente confiança no bom caminho do processo de conclusão do contrato.

Isto é, a responsabilidade por rompimento das negociações pode resultar não exactamente daquele, mas da omissão da parte que rompe das incertezas que ainda tem sobre a conclusão do negócio. Nestes casos, a obrigação violada é de informação, mas os prejuízos podem provir da ruptura, na medida em que a contraparte, ignorando negociações paralelas ou outros motivos que levam ao abandono do projecto, se convence justificadamente de que este se realizará[584].

b) Questões acessórias

Outra questão que se coloca é a de saber se a parte que desiste do projecto contratual deve comunicar à outra a razão por que o faz. Também quanto a ela, só a consideração da situação de facto permite responder-lhe. Se, em muitos casos, tem de proteger-se o direito à reserva da parte que rompe quanto à razão da decisão[585], em outros, o tipo de negócio, os interesses da parte que vê frustrado o processo negocial e, até, a possibilidade de avaliação por esta da razoabilidade do motivo

[584] Reconhecendo responsabilidade pré-contratual por ruptura das negociações, lê-se no ac. do STJ português de 27 de Março de 2001 (pr nº 01A615) (Lopes Pinto): "Efectivas negociações dirigidas à celebração de um contrato e produzindo na autora a confiança, cada vez mais acentuada pela progressão daquelas, da sua conclusão. O desenvolvimento de contactos paralelos com outros estaleiros não representariam ilicitude se o réu não tivesse ocultado a divergência entre a vontade e a declaração e, ao fazê-lo, deixando progredir as conversações com a elaboração dos competentes estudos e a entrega, por si, à autora, dos documentos necessários à obtenção dos apoios, lhe não tivesse criado a legítima expectativa e confiança na conclusão do contrato".
Recusando a existência de abuso no rompimento das negociações, v. o ac. do STJ de 14 de Janeiro de 2003 (pr nº 02A4257), (Ponce de Leão).

[585] Karina Nunes Fritz, op. e loc. cit., pp. 28-29, diz: "Seria extremamente constrangedor e prejudicial se a parte fosse obrigada a divulgar tal situação pelo simples fato de ter iniciado conversações".

impõem que ele seja comunicado[586]. Isto é, é claro que a parte que desiste por não ter condições económicas ou financeiras para realizar o contrato projectado, ou que o faz por reorientação da sua activivadade empresarial, não tem de desses factos dar conhecimento a terceiros, nestes incluída a contraparte nas negociações. Mas, como foi visto, a propósito do contrato de trabalho, só a informação sobre o motivo da recusa permitirá avaliar a legitimidade dele e, até, do processo pelo qual o critério foi identificado. Nestes casos, é indubitável que a comunicação é obrigatória.

Pode subscrever-se a afirmação de Carlyle Popp de que, se a questão for submetida aos tribunais, o motivo tem de ser "demonstrado"[587]; e, ainda, a de que há uma espécie de inversão do ónus da prova, visto que a parte que rompeu tem de alegar e provar a legitimidade do rompimento.

Não podem omitir-se, finalmente, as hipóteses em que a ruptura do processo negociatório constitui em responsabilidade aquele que lhe deu causa e não o que a efectuou. Pode suceder, como é bom de ver, que uma das partes, por exigências inesperadas e/ou excessivas, por omissão da informação devida ou por qualquer outro comportamento violador da boa fé objectiva, leve a outra a desistir do negócio. São estes casos em que, a haver responsabilidade, ela impenderá sobre o causador da desistência e não sobre o respectivo autor[588] [589].

Há autores que acentuam só haver responsabilidade pré-contratual por ruptura das negociações se a parte lesada tiver feito despesas ou investimentos em razão do futuro contrato[590] [590] [591]. Não me parece que tal

[586] Não se subscreve, por isso, a afirmação geral de Almeida Costa, cit., p. 64, de que não é exigível a comunicação, a que acrescenta, algo contraditoriamente, a meu ver, que, se se indicarem "falsos motivos de ruptura e advindo do facto danos ao que neles confiou, impõe-se a obrigação de ressarci-los".

[587] Cit., p. 262.

[588] Parece ser a uma hipótese destas que Almeida Costa, cit., pp. 64-65, alude.

[589] Carlyle Popp, cit., pp. 251 e 262, coloca a hipótese de rompimento das negociações por uma das partes pelo facto de a outra ter incumprido o dever de segredo ou o de informação.

[590] Assim, p. ex., Karina Nunes Fritz, op. e loc. cit., pp. 29 e 30, Antônio Junqueira de Azevedo, *infra* citado, e Borges da Silva, op. e loc. cit., escrevendo este último: "[...] a responsabilidade civil pré-contratual decorrente da quebra das negociações preliminares surge em razão do injustificado rompimento da legítima expectativa de contratação de uma parte, a qual incorreu em prejuízo em razão de gastos efetuados na certeza da celebração do contrato"; e: "a responsabilidade civil pré-contratual, por sua vez, somente surge quando há dano causado a uma das partes, em razão do rompimento injustificado da avença pela parte que criou no lesado a justa expectativa de contratação".

seja um requisito especial da constituição nesta responsabilidade. Claro que esta exige, como sempre[593], que haja danos, mas estes não têm necessariamente de consubstanciar-se em tais despesas. Creio que a ideia é antiga, remontando provavelmente à concepção de G. Faggella, para quem o carácter arbitrário da ruptura não implicaria culpa do negociador que se retirasse, mas uma violação da confiança da outra parte (dado não ter havido impossibilidade de alcançar um acordo), revelada por investimentos realizados em função da conclusão do contrato.

Numa posição singular[594], Giorgio Afferni[595], partindo da ideia de que há vários tipos de responsabilidade pré-contratual, afirma que a que emerge do rompimento das negociações é uma responsabilidade "por acto lícito danoso (ou de confiança)". E acrescenta que "até à conclusão do contrato a retirada (*recesso*) não é por si só um ilícito. A parte que desiste exerce um direito. Todavia, o rompimento já não é livre no sentido de que "a parte que rompe tem de ressarcir à contraparte um dano".

É frequente, sobretudo na jurisprudência brasileira, encontrar a afirmação de que esta responsabilidade cobre "o prejuízo de corrente da frustração de expectativas [...] quanto à firmação do contrato"[596]. Sabe-se que a referência às "expectativas" é típica dos autores que se filiam

V., também, p. ex., Lucimar Pedroso de Andrade, op. e loc. cit., Marcos José de Oliveira, op. e loc. cit., p. 93, e Mirella Cristina Fior, op. e loc. cit., p. 149.

[591] E até se encontra quem privilegie a questão dos gastos e do rompimento das negociações dentro da responsabilidade pré-contratual: é o que acontece com Antônio Junqueira de Azevedo, "O princípio da boa-fé...", op. e loc. cit., que escreve: "O problema da responsabilidade pré-contratual é justamente esse, qual seja, o dos gastos que se fazem antes do contrato e quando há a ruptura".

[592] Alan Schwartz e Scott, Robert E. Scott, op. e loc. cit., p. 663, descrevendo a questão que se coloca nas hipóteses de rompimento das negociações, referem também o "investimento" que uma das partes fez tendo em conta o futuro contrato, para dizer que ela, ao ver gorada a possibilidade de contratar, pretende ser compensada do que gastou.

[593] Melhor diria, quase sempre. Há casos excepcionais, como os da existência de cláusula penal, de sinal ou de indemnização moratória por obrigação pecuniária, em que não tem de haver prejuízos para que haja direito a indemnização.

[594] Mas tem de se ter em conta que o autor está a pensar em casos em que entende haver responsabilidade sem ilícito ou sem culpa, como o da ruptura do processo negocial pela verificação de um facto superveniente (melhor oferta, entre outros) que, implicando danos para a contraparte, justificam, em seu entender obrigação de indemnizar.

[595] Op. e loc. cit., pp. 471-472.

[596] P. ex e por todos, o já citado do TJ-RGS de 31 de Agosto de 2016 (Maria Cláudia Cachapuz).

na chamada "teoria da confiança", assim evitando referirem-se a direitos (que não reconhecem). Não sendo indiscutível que a posição dos tribunais brasileiros seja sempre a de acolher tal entendimento, melhor será porventura desvalorizar a referência.

Alan Schwartz e Robert E. Scott[597], analisando a questão das negociações goradas, perguntam-se, em primeiro lugar, por que fazem as partes acordos preliminares quando poderiam celebrar o contrato: respondem que, frequentemente, ainda não têm condições para o concluir; em segundo lugar, interrogam-se sobre a razão que leva qualquer delas a fazer investimentos por conta do contrato futuro, dizendo que "investimentos precoces aceleram a obtenção de proveitos consequentes. Quanto mais depressa a fábrica de peças [*widgest*] estiver construída, mais cedo serão realizados lucros. De modo mais relevante, o investimento clarifica o tipo de projecto que pode ter êxito. Por exemplo, um investimento na obtenção de conhecimentos das condições de mercado pode revelar que tipo de peças é que será mais fácil de vender". Apreciando a regra de que as partes devem observar a boa fé nas negociações, sem que aquela as vincule a obter um acordo, opinam que se trata de um passo na direcção certa, mas objectam que é desnecessária, já que a "eficiência seria promovida se a norma protegesse apenas o interesse justificado do promissário [lesado]", e que "os casos não indicam sobre o que é que as partes devem negociar". Dizem – o que parece evidente – que "partes racionais prosseguem projectos eficientes e abandonam os [que o não são]"; e acrescentam que haverá desacordo, mesmo que uma das partes tenha de compensar a outra por uma despesa fundada. A conclusão torna inevitável a pergunta sobre o motivo por que os autores se esforçam tanto por negar o direito à indemnização se a racionalidade dos operadores económicos leva a que o problema nem sequer se coloque.

Gorski[598], analisando a questão de um ponto de vista puramente económico, diz que "a relação pré-contratual é uma relação determinada exclusivamente pela confiança que os contratantes possuem em obter um ganho no futuro. Todo o investimento econômico feito nesta fase tem o objetivo único de ultrapassá-la e efetivar-se em um instrumento jurídico denominado contrato em que as partes, aí sim, possuem uma

597 Op. e loc. cit., pp. 665-666.

598 Cit., p. 28.

garantia formal de que irão obter um ganho no futuro, seja pela execução do contrato, seja pela indenização de sua não execução". Também Alan Schwartz e Robert E. Scott[599] se ocupam do problema numa perspectiva económica, concluindo que, se o Direito conferir indemnização pela confiança, tal contribuirá para que as partes realizem acordos preliminares eficientes (implicando não sobre-investimentos) e para que sejam desencorajados "comportamentos estratégicos" por qualquer delas. Os autores defendem[600] que não deve haver responsabilidade sempre que exista convenção que estipule que "não haverá qualquer responsabilidade seja por que expectativa for ocorrida durante as negociações e antes de um acordo final escrito". Em sua opinião[601], a identificação de um dever de negociar de acordo com a boa fé é desnecessária, desde que as partes tenham motivação suficiente para realizar projectos eficientes.

Fazendo – porque intimamente conexa com o incumprimento desta obrigação – uma pequena incursão na questão dos danos indemnizáveis[602], diga-se que, segundo a doutrina tradicional, a responsabilidade não se traduzirá na celebração do contrato, que, o mais das vezes, não estará ainda completo, mas na indemnização dos prejuízos que o lesado teve com aquela negociação e, se for o caso, os de uma oportunidade alternativa perdida, se provar que a aposta naquela negociação o privou de outra hipótese que se teria traduzido num contrato que satisfaria a mesma necessidade ou interesse[603].

E, se a situação for a de o contrato se encontrar completamente negociado e acordado, faltando-lhe apenas a forma exigida, vindo uma das partes a preencher esse requisito, estar-se-á perante uma obrigação de contratar validamente imposta pela boa fé[604]. C. Ferreira de

[599] Op. e loc. cit., pp. 678 a 688.

[600] P. 690.

[601] Pp. 691 e 702 a 704.

[602] Que será tratada *infra*, Parte VII.

[603] C. Ferreira de Almeida, 4ª. ed., cit., p. 228, opina que este "é porventura o caso em que é mais nítida a delimitação do dano pelo interesse contratual negativo".

[604] Encontra-se quem negue a existência, "em qualquer caso" de "uma obrigação de celebrar o contrato, pois isto acabaria com a própria liberdade contratual" – Vinicius Dalazona, op. e loc. cit..

Menezes Cordeiro, "Dolo...", op. e loc. cit., p. 164, depois de apreciar quatro acórdãos do STJ, conclui – tanto quanto parece, aprovadoramente – que "não há nas negociações preliminares um dever de celebrar o contrato visualizado".

Almeida[605] diz que "pode até suceder, em casos particulares, que a parte inocente tenha ao seu dispor [...] duas pretensões em alternativa: extrair do contrato efeitos iguais aos que teria se fosse válido, alegando abuso de direito, ou pedir uma indemnização fundada em responsabilidade pré-contratual. Assim, se, no lugar de um contrato cuja nulidade por razões de forma não pode ser invocada, se colocar um acordo pré-contratual final [?], representativo do consenso material obtido, ao qual, para ser contrato válido, falta apenas a forma solene ou a assinatura das partes, mal se compreenderia que não pudesse o lesado, quando impedido de exigir o cumprimento, ressarci-se dos danos causados precisamente na medida da frustração do cumprimento".

E até há quem afirme que a recusa de formalizar o acordado (completo), nos termos legalmente impostos constitui o exercício de um direito, sendo a responsabilidade daí decorrente de natureza objectiva (*rectius*, responsabilidade por acto lícito) – como, por exemplo, o já referido, Giorgio Afferni[606].

Como direi *infra*[607], não subscrevo este entendimento. Julgo que a ruptura ilícita e culposa de negociações gera uma obrigação de indemnizar pelos prejuízos consequentes dessa ruptura. Esses podem ser o da não conclusão do contrato – quando o acordado o permita – ou os que se provarem ter emergido daquele ilícito. O direito a uma sentença que faz as vezes do contrato cuja válida conclusão foi ilicitamente recusada corresponde a uma indemnização em espécie sempre que o conteúdo acordado o permita.

Rejeitando também a possibilidade de "execução específica do contrato projectado quando as negociações tendentes à sua celebração se hajam malogrado", Dário Moura Vicente, "Culpa...", op. e loc. cit., pp. 267-268. No mesmo sentido, Albuquerque Matos, op. e loc. cit., pp. 318-319 e 325.

605 *Ibidem*, pp. 228-229.

606 Op. e loc. cit., pp. 474-475.

607 Parte VII.

Parte V
Função da responsabilidade pré-contratual

Era – e ainda é – vulgar ver atribuir à responsabilidade pré-contratual um papel essencial de salvaguarda da autonomia privada, isto é, das condições de liberdade e esclarecimento que são essenciais à contratação[608]. Se esta teleologia era inequívoca num modelo económico em que os contratos eram efectivamente negociados entre as duas partes – que nunca foram, seja-o dito, realmente iguais –, ela carece de fundamento hoje, em mercados em que tal modelo corresponde a uma ínfima frac-

[608] Apenas a título exemplificativo, Carneiro da Frada, cit., p. 492. Mariana Fontes da Costa, op. e loc. cit., p. 385, onde se lê: "É para nós claro que a responsabilidade pré-contratual é um instituto de protecção do património, mas [...] entendemos que esta protecção patrimonial tem na sua base uma preocupação com a salvaguarda da autonomia privada das partes negociais" [...]. Daí que entendamos que o regime da responsabilidade pré-contratual visa, através do ressarcimento de danos, tutelar a liberdade de decisão e a autonomia privada".
Já Margarida Azevedo de Almeida, op. e loc. cit., p. 14, a propósito da obrigação de informação consagrada no Código dos Valores Mobiliários português, diz: "[...] é legítimo que nos interroguemos sobre se a indemnização terá como objectivo proteger a formação correcta da vontade individual de contratar do investidor, ou se ela se restringirá ao que é estritamente necessário para garantir uma alocação eficiente dos recursos, assegurando uma correcta formação de preços. Se for de subscrever esta última interpretação, a tutela indemnizatória do investidor representará um simples reforço da protecção da eficiência do mercado. Depois de identificados os interesses que subjazem à imposição de deveres de informação, devemos destacar que a disciplina relativa à informação não visa proteger os investidores dos riscos associados ao investimento, mas apenas garantir que o investidor possa tomar uma decisão esclarecida, ao mesmo tempo promovendo [...] a eficiência do mercado".

ção dos contratos celebrados[609]. A assimetria do poder negocial das partes, a massificação dos contratos, a sua celebração com base em minutas, formulários ou modelos unilateralmente definidos por um dos contraentes e que a contraparte se limita a aceitar, as mais das vezes em bloco, não tem impedido que a lei procure assegurar – se bem que na maior parte dos casos em vão – que o aderente tenha conhecimento do que vai clausular (daquilo a que vai vincular-se e daquilo a que terá direito). Paradigmática desta colocação é a legislação portuguesa sobre contratos de adesão, em geral e, em particular, sobre cláusulas contratuais gerais: os artigos 5º e 6º do Decreto-Lei nº 446/85, de 25 de Outubro[610], ocupam-se do "dever" de comunicação da integralidade das cláusulas do contrato a celebrar, do "dever de informação" "dos aspectos nelas compreendidos cuja aclaração se justifique", bem como do de prestação de "todos os esclarecimentos razoáveis solicitados", determinado o artigo 8º do mesmo diploma que se consideram "excluídas dos contratos singulares" as "cláusulas que não tenham sido comunicadas nos termos do artigo 5º", aquelas que tenham sido "comunicadas com violação do dever de informação, de molde que não seja de esperar o seu conhecimento efectivo", "as cláusulas que, pelo contexto em que surjam, pela epígrafe que as precede ou pela sua apresentação gráfica, passem despercebidas a um contratante normal, colocado na posição do contratante real", e, finalmente, "as cláusulas inseridas em formulários, depois da assinatura de algum dos contraentes".

Por seu lado, o diploma maior que é o Código de Defesa do Consumidor brasileiro – longe de centrado no modelo contratual de oferta e livre aceitação – dispõe, no seu artigo 46º, que "os contratos que regulam as relações de consumo não obrigarão os consumidores, se não lhes for dada a oportunidade de tomar conhecimento prévio do seu conteúdo, ou se os respetivos instrumentos forem redigidos de modo a dificultar a compreensão do seu sentido e alcance".

Se é certo que o instituto nasce e cresce num ambiente ideológico-jurídico liberal, não pode ignorar-se que a sua abordagem no mundo

[609] Não porque tenha seja o que for de original, mas tão-só porque é mais expedito, permito-me citar-me: *Contratos de Adesão e Cláusulas Contratuais Gerais*, 2010, pp. 30 e 48.

[610] Entretanto alterado pelos Decs.-Leis nºs. 220/95, de 31 de Agosto, 249/99, de 7 de Julho, e 323/2001, de 17 de Dezembro.

em que vivemos – desde há muito tempo; tempo demais para continuarmos a trabalhar com uma noção de contrato cuja expressão no mercado é tão reduzida – tem de ter em consideração que a autonomia privada já não é um "dogma absoluto"[611], antes constitui um elemento que tem de ser considerado na perspectiva de protecção da parte mais fraca, presente na esmagadora maioria dos casos em que o contrato tem lugar. Neste contexto, a boa fé pré-contratual e a consequente responsabilidade desempenham um papel que não é de somenos importância, já na definição das obrigações pré-contratuais, já na concessão de indemnização àquele que fica lesado pelo seu incumprimento. Na formulação de Antônio Junqueira de Azevedo[612], aludindo à boa fé no anterior C.C. brasileiro: "Há, nessa omissão do Código Civil brasileiro, um reflexo da mentalidade capitalista da segunda metade do século XIX, mais preocupada com a segurança da circulação e desenvolvimento das relações jurídicas do que com a justiça material dos casos concretos [...]".

O acórdão do Supremo Tribunal de Justiça português de 12 de Outubro de 2004[613] usa a seguinte formulação (que, estando longe de esgotar a questão, a coloca, o que é um mérito): "No fundo, o que se pretende, é a realização do fim social do contrato, que não apenas o desejo particular de uma das partes contratantes. Fim social a que não é estranha a ideia de desenvolvimento económico, criação e distribuição de riqueza, fomento e sustentabilidade de emprego, e, indo mais longe, em última análise, o bem estar material e a paz social – a tão apregoada estabilidade e crescimento das Sociedades, particularmente da União Europeia. [...] Se uma síntese é possível, diremos, no plano em que estamos a tratar a matéria, que, eticamente, a boa-fé significa a 'imposição da consideração pelos interesses legítimos da contraparte, como dever de comportamento'. Cai, por aqui, a visão unilateralista, egoísta e subjectivista do contrato". Também o já citado acórdão do mesmo tribunal de 11 de Janeiro de 2017 (Alexandre Reis) se refere a esta questão dizendo que "o exame sobre o grau de conformidade ou desconformidade com tais ditames da [...] conduta da R seguradora, no âmbito do negócio ora em

[611] Para usar uma formulação comum na literatura jurídica brasileira. P. ex., Karina Nunes Fritz, op. e loc. cit., p. 4.

[612] "A Boa-Fé na Formação...", op. e loc. cit., p. 81.

[613] Pr nº 05B687 (Neves Ribeiro).

causa, não pode menosprezar a intenção há muito concretizada pelo legislador, em várias áreas do nosso ordenamento jurídico, de garantir a protecção do consumidor – entendido no sentido do nº 1 do artigo 2º da lei nº 24/96 de 31/7 (Lei de defesa dos consumidores) – que, em geral, assume uma posição mais desfavorecida, em relação a quem desenvolve, no âmbito profissional, uma actividade económica. É o que sucede, designadamente, com o reconhecimento da 'importância da informação do consumidor no novo quadro da actividade seguradora', como esclareceu o preâmbulo do DL 176/95 de 26/7, aplicável ao negócio sub judicio, que estabeleceu 'regras de transparência para a actividade seguradora e disposições relativas ao regime jurídico do contrato de seguro'".

Como já escrevi[614], a boa fé objectiva não pode "ser conceitualmente concebida como um puro limite negativo da autonomia privada, isto é, [...] não [se trata], para assegurar a sua observância, apenas de proibir aos sujeitos dadas condutas [...], mas t[...][em] de se lhe atribuir um conteúdo positivo, impositivo de comportamentos de colaboração, de cooperação e de solidariedade intersubjectivas". Ou, tudo dito mais economicamente, um papel importante na protecção do contraente fraco no contrato[615]. Para a consecução desta finalidade é especialmente ade-

[614] *Notas...*, cit., p. 39.

[615] Neste sentido, embora apenas mencionando a obrigação de informação, e apoiando-se em Luciano Augusto de Toledo Coelho, Lucimar Pedroso de Andrade, op. e loc. cit..
Menezes Cordeiro, "A boa fé nos finais do século XX", p. 896, *in* http://www.estig.ipbeja.pt, observa que "o instituto evoluiu no sentido da tutela da parte mais fraca: caberia à mais forte, pela lealdade e pela informação, evitar que a fraqueza do seu parceiro se viesse a traduzir em desequilíbrios contratuais". Com expressão semelhante, Monsalve-Caballero e D. P. Rodado-Barreto, op. e loc. cit., p. 505. Sinde Monteiro, cit., pp. 360 a 362, refere-se à assimetria das partes quando se ocupa do dever de informar, mas nada diz no contexto próprio da responsabilidade pré-contratual, o que é perfeitamente compreensível no quadro do seu trabalho.
V. referência de Menezes Cordeiro, "Dolo...", op. e loc. cit., p. 161.
Mesmo no contexto em que estudam (o da tutela dos investidores), Manuel Gomes da Silva e Rita Amaral Cabral, op. e loc. cit., p. 452, dizem que "a *opinio* dominante vê na desigualdade no acesso à informação o factor decisivo na génese daqueles vínculos [obrigações de informação]" (v. também p. 460), acrescentando que, "existindo um desnivelamento nos conhecimentos dos sujeitos, a boa-fé que radica na ideia de equilíbrio material em conjuntura de relação impõe que seja resposta a igualdade. Tal consegue-se através do dever de informar, por meio do qual a parte que sabe, ou que devia saber mais, é obrigada a partilhar com a outra essa ciência. Assim se reconstitui a paridade indispensável à correcta formação

quada a boa fé, porquanto as obrigações – em número, extensão e intensidade – dela emergentes variam em função da concreta situação, o que permite adequá-las às características das partes envolvidas no processo formativo do contrato, aos seus conhecimentos, qualidades próprias e relativas, isto é, tomar em conta na sua definição a posição de cada uma delas e a relação de ambas entre si.

Karen F. Venazzi[616] escreve genericamente: "Partindo de uma breve análise das relações contratuais na sociedade contemporânea, verifica-se que o novo conceito de contrato na visão civilconstitucional transcende seu caráter patrimonialista e impõe uma releitura das relações jurídicas atuais sob o prisma social de utilidade e comunidade. Nesse sentido, todo o processo negocial, desde os primeiros atos que visam à formação do contrato, até sua confirmação e mesmo após sua conclusão, precisa ser repensado sob essa nova ótica, com a finalidade de proteger os interesses merecedores de tutela".

Almeida Costa[617] afirma "que o alicerce teleológico desta disciplina [responsabilidade pré-contratual] ultrapassa a mera consideração dos interesses particulares em causa", pois "avulta, com especial evidência, a preocupação de defesa dos valores sociais da segurança e da facilidade do comércio jurídico", acrescentando, o que torna o seu discurso ainda menos claro, a meu ver, que "não é inédito aduzirem-se postulados da análise económica do direito".

da vontade negocial e à consecução da justiça comutativa de que o contrato há-de ser instrumento".
V. o ac. do STJ português de 22 de Janeiro de 2009 (pr nº 08B3301) (Santos Bernardino), onde se lê: "Ora, mesmo tendo por irrecusável que a conformação destes deveres de informação e esclarecimento – designadamente no respeitante ao conteúdo contratual – ganha particular relevância quando (como no caso em apreço), estamos perante sujeitos com poder contratual desequilibrado, com conhecimentos e experiências negociais e jurídicos desiguais, revestindo maior amplitude, maior intensidade e extensão para a parte que detém a posição negocial mais forte, que lhe permite impor à contraparte, mais inexperiente ou menos esclarecida, cláusulas de que esta, por força dessa sua debilidade contratual, não logra colher o seu verdadeiro significado ou de que, pela mesma razão, nem sequer toma conhecimento [...]". No mesmo sentido, o ac. do STJ de 10 de Dezembro de 2009 (pr nº 3795/04.9TVLSB.S1) (Salazar Casanova). V. também o ac. do STJ de 21 de Março de 2013 (pr nº 6805/03.3TBCSC.S1) (Gabriel Catarino), e o de 25 de Junho de 2013 (pr nº 2449/10.1TBAMT-A.P.S1) (Fernandes do Vale).

[616] Cit., pp. 10-11 e ss..

[617] Cit., p. 33; "Intervenções...", op. e loc. cit., p. 363.

Não se ocupando desta questão, mas dos danos indemnizáveis, Joanna Schmidt-Szalewsk[618] faz a seguinte observação curiosa: só são passíveis de indemnização os prejuízos que não tenham sido já cobertos; ora, um profissional que vê um contrato não celebrado com um não-profissional não tem direito a indemnização, pois os custos que tenha tido estão normalmente cobertos pelas despesas gerais de uma empresa.

[618] Op. e loc. cit., pp. 549-550.

Parte VI
Os devedores e os credores

a) Os devedores

Pode começar-se por dizer que – perante o Direito português – só pode ser devedor da obrigação de indemnizar quem for imputável[619], pois esta responsabilidade é subjectiva.

Não bastará, porventura, ser-se imputável, pois a constituição em responsabilidade supõe o não cumprimento de uma obrigação pré-contratual e este o da vinculação do sujeito a essa obrigação. Seja ele um incapaz, e coloca-se pertinentemente a questão de saber se tais obrigações sobre ele recaem, fora dos casos (excepcionais) em que os negócios que os preliminares visam realizar se contam entre aqueles que o incapaz pode validamente celebrar por si só (artigo 127º do Código Civil português). É pelo menos duvidoso que tal possa acontecer, mas admite-se que os deveres decorrentes da boa fé pré-contratual vinculem o incapaz na medida da sua capacidade natural para os entender e da sua liberdade para os acatar. Trata-se de posição em que tenho fraca

[619] C. Ferreira de Almeida, 4ª ed., cit., p. 221, diz que "o problema específico de imputabilidade consiste em determinar o universo de pessoas compreendidas pela expressão 'quem negoceia', com a qual se inicia o artigo 227º". Na sequência de uma breve análise, o autor, p. 222, conclui que "parece [...] que a previsão do preceito deve tendencialmente incluir todos os negociadores efectivos, venham ou não a ser parte no futuro contrato, apenas se exigindo que sejam 'parte na negociação'".

convicção, pois mistura, à primeira vista, imputabilidade com possibilidade da prática de ilícitos[620].

Porém, o problema de determinar quem podem ser os devedores (e os credores) da relação indemnizatória decorre do facto de, muito frequentemente, não serem os futuros contraentes quem negoceia e, mesmo na conclusão do contrato, poderem intervir representados por outrem. Independentemente da responsabilidade por actos de auxiliares, representantes ou, em geral, de terceiros, a quem sejam cometidas tarefas pré-negociais, que existe ou nos termos do artigo 500º ou do 800º do Código Civil português, dependentemente do regime que se considere ser o aplicável a esta responsabilidade, coloca-se a questão de saber se aqueles que intervêm na fase negociatória ou de formação do contrato podem ser directamente responsabilizados.

A título ilustrativo e embora não se ocupe do problema da responsabilidade, mas apenas do da anulação, deixa-se referido o pertinente preceito dos Princípios *UNIDROIT*. Nestes, o artigo 3.11 permite a anulação pelo lesado "por dolo, coacção, usura ou erro imputáveis a um terceiro" "por cujos actos a outra parte responde"; e também a admite se os actos provierem de terceiro "por cujos actos a outra parte não é responsável", "se esta última conhecia ou devia conhecer esses vícios ou se, no momento da anulação, ainda não tinha agido em conformidade com o disposto no contrato".

Pelo que respeita à coacção de terceiro, o artigo 154º do Código Civil brasileiro estabelece que é viciadora do negócio, "se dela tivesse ou devesse ter conhecimento a parte que dela aproveite", respondendo esta solidariamente com o coactor. E o artigo 155º dispõe que, mesmo que a coacção de terceiro não vicie o negócio, "o autor da coação responderá por todas as perdas e danos que houver causado ao coacto". O Código Civil português, não se referindo à responsabilidade do terceiro que obtém a declaração por coacção, exige, para esta constituir requisito anulatório, que "seja grave o mal e justificado o receio da sua consumação"; isto é, é censuravelmente mais exigente se a coacção provier de terceiro do que se for da autoria da contraparte. A responsabilidade do terceiro

[620] Em rigor, o problema prende-se com outro, muito mais amplo e não cabido nesta sede, que é o da culpa e seu conceito. E, nesse, constitui argumento no sentido daquilo que penso ser a imputabilidade e o dever de diligência. Mas não é o momento de tratar do tema.

coactor fundar-se-á no princípio geral da responsabilidade delitual, se se tratar de coacção física, admitindo-se que a parte coagida disponha de um duplo fundamento do direito a indemnização: artigos 483º e seguintes ou artigo 227º. Quanto à coacção moral, a maior exigência do artigo 256º para a considerar fundamento anulatório não tem de ser acompanhada desse requisito para consubstanciar ilícito pré-contratual. Não estão em causa os mesmos valores, não afectando a responsabilidade pré-contratual a segurança do comércio jurídico, como já ficou visto para o *dolus bonus*[621]. De onde resulta que a ilicitude da ameaça possa "resultar da ilegitimidade dos meios utilizados como da ilegitimidade do fim prosseguido"[622].

Em ambos os Códigos (artigos 148º do Código Civil brasileiro e 254º, nº 2, do Código Civil português), é relevante o dolo de terceiro, sendo pertinente saber se ele, quando causador do erro, é fundamentador de uma obrigação indemnizatória desse terceiro. O diploma brasileiro é claro na solução deste problema, dispondo o citado artigo 148º, parte final, que, se a parte a quem o dolo aproveita não teve, nem deveria ter tido, dele conhecimento, e ainda que o negócio não seja anulável, "o terceiro responderá por todas as perdas e danos da parte a quem ludibriou"[623]. Em Portugal, a responsabilidade do terceiro face ao *deceptus* depende de haver um dever de informação daquele perante este[624]. Fora da hipótese da primeira parte do nº 2 do artigo 485º (o sujeito ter assumido a responsabilidade pela informação, conselho ou recomendação prestado), o dever pode emergir de contrato (de mandato, por exemplo), mas também pode resultar da boa fé pré-contratual, se for ele o negociador, mesmo que o negócio a ele não se destine. Nesta situação, seja ele – ou não – um representante da parte no negócio, ou um seu auxiliar em sentido técnico, é ele a pessoa cujo comportamento

[621] V. *supra*, Parte IV, 1, *p)*.

[622] V. o meu *Notas...*, cit., pp. 121 e 122, onde defendo que é relevante, para este efeito, quer a coacção essencial quer a incidental.

[623] Em sentido positivo, referindo-se ao Código anterior, Antônio Junqueira de Azevedo, "A Boa-Fé na Formação...", op. e loc. cit., p. 85, invocando o art. 159º do CC..

[624] A parte final do nº 2 do art. 254º, salvaguardando o negócio, dispõe que o terceiro que tiver feito incorrer dolosamente em erro a contraparte fica privada de qualquer benefício que da declaração possa ter advindo, pois esta é anulável nessa parte.

fica submetido à boa fé e que é, por isso, titular das obrigações que desta resultam.

Por outro lado, quanto ao dolo do representante, o artigo 149º do Código Civil brasileiro distingue entre o do representante legal e o do representante voluntário: no primeiro caso, o representado só está obrigado "a responder civilmente até à importância do proveito que teve", nada se dizendo quanto à própria responsabilidade do representante; no segundo, há responsabilidade solidária de representante e representado.

Havendo erro de terceiro, designadamente na transmissão da declaração, este será responsável directo, caso a sua conduta consubstancie ilícito delitual ou obrigacional, com ele sendo co-responsável a parte nos termos gerais do art. 500º ou 800º do Código Civil português, conforme o regime aplicável è responsabilidade pré-contratual. Se o terceiro não for responsável face ao lesado, pelos prejuízos que o seu erro tenha causado só poderá responder a parte, se ele tiver sido introduzido por esta na relação, isto é, se puder ser considerado um auxiliar.

Dado que, de acordo com o artigo 8º da Lei de Defesa do Consumidor portuguesa, "o fornecedor de bens ou prestador de serviços deve, tanto na fase de negociações como na fase de celebração de um contrato, informar de forma clara, objetiva e adequada o consumidor, nomeadamente sobre características, composição e preço do bem ou serviço, bem como sobre o período de vigência do contrato, garantias, prazos de entrega e assistência após o negócio jurídico e consequências do não pagamento do preço do bem ou serviço" (nº 1), "a obrigação de informar impende também sobre o produtor, o fabricante, o importador, o distribuidor, o embalador e o armazenista, por forma que cada elo do ciclo produção-consumo possa encontrar-se habilitado a cumprir a sua obrigação de informar o elo imediato até ao consumidor, destinatário final da informação" (nº 2), "os riscos para a saúde e segurança dos consumidores que possam resultar da normal utilização de bens ou serviços perigosos devem ser comunicados, de modo claro, completo e adequado, pelo fornecedor ou prestador de serviços ao potencial consumidor" (nº 3), "o fornecedor de bens ou o prestador de serviços que viole o dever de informar responde pelos danos que causar ao consumidor, sendo solidariamente responsáveis os demais intervenientes na cadeia da produção à distribuição que hajam igualmente violado o dever de informação"; e "o incumprimento do dever de informação sobre as consequências do não pagamento do preço do bem ou serviço determina a responsabilidade do fornecedor de bens ou prestador de serviços pelo pagamento das custas processuais devidas pela cobrança do crédito" (nº 7). Pode, pois, ser responsável pelos prejuízos sofridos uma das pessoas que não foi parte no contrato de compra e venda ou de fornecimento.

Carneiro da Frada[625] ocupa-se com especial detenção na análise das situações em que terceiros podem ser responsabilizados pré-contratualmente, dizendo que, "intervindo em situações várias de pluralidade de sujeitos, procura oferecer resposta à crescente interdependência e à multifacetada cooperação que caracterizam muitas das contratações modernas". Referindo Ballerstedt como iniciador dos estudos relativos à responsabilização de terceiros, observa que este se limitou à análise da posição do representante, "na verdade presa ao formalismo da atribuição de poderes representativos", e, sem curar de outras fontes, expõe, criticamente, as "duas [...] linhas de argumentação principalmente utilizadas na jurisprudência e doutrina de além-Reno". Distingue, "entre as várias aplicações da responsabilidade de terceiros por *culpa in contrahendo*", "as constelações em que a obrigação de indemnizar atinge *aquele que é titular de um interesse próprio no contrato alheio ou, até, o titular essencial do interesse nesse contrato*, mas que, por razões estranhas ao conteúdo desse mesmo contrato, se não encontra investido na posição de contraente formal", e observa que a responsabilidade pré-contratual de terceiros "respeita a relatividade das convenções", sendo "independente e lateral à relação dos sujeitos do contrato entre eles". Vai mais longe – dentro da preocupação de combater o desajustamento entre a realidade económica e a jurídica adequando-as uma à outra – e reconhece "efeitos *próprios das relações (contratuais)* [?] *de prestação* entre o terceiro e a contraparte, por forma a abrir a esta os meios contratuais [?] de acção que lhe caberiam se o 'invólucro' das declarações negociais correspondesse, de facto, ao papel que o terceiro desempenha [...]". De seguida, num processo intelectual de vai-vem que lhe é muito próprio, contra a bizarra insistência no carácter contratual das relações entre os terceiros e os credores da indemnização, observa: "Uma elementar exigência de limpidez metodológico-dogmática impele [...] a abandonar a construção

[625] Cit., pp. 116 e ss..

da *culpa in contrahendo* aí onde ela esconde simplesmente a preocupação de obter os resultados de uma genuína responsabilidade contratual do terceiro. [...] Problemático é [...] aceitar e justificar que a titularidade do interesse económico prosseguido através de um contrato celebrado por outrem legitime por si a sujeição de alguém a um estatuto de deveres perante a outra parte no negócio como se ela própria fosse parte nesse mesmo contrato e estivesse vinculada por essa via aos direitos e deveres dele emergentes"[626]. E continua: "[...] a *culpa in contrahendo* não é quadro dogmático próprio de uma responsabilidade por frustração de interesses de cumprimento", concluindo que "não dá nesse sentido lugar a uma 'responsabilidade sem contrato'". O autor está a dialogar com autores que não o justificam ou a tomar por boas posições que não o são. Nem a responsabilidade pré-contratual é resultante de um contrato, nem a responsabilização de terceiros intervenientes nas negociações carece de fundamento autónomo do do artigo 217º, pelo menos na ordem jurídica portuguesa. Se se trata apenas de expor o que é evidentemente errado para descobrir com grande brilho o que é certo, é infelizmente vulgar; espera-se que não seja o caso.

Ora, se é "notório que o desempenho de terceiros *simples auxiliares ou participantes no processo de formação do contrato*, mesmo não assumindo a posição de representantes, pode ser extremamente relevante no respectivo desenvolvimento", "sobretudo quando o terceiro colabora, ao lado de uma das partes, no *iter* negocial, exercendo uma actividade negocial aí incidente", e se "as obrigações do terceiro se constituem, via de regra, apenas perante quem assegurou negocialmente os seus serviços e desse modo o introduziu no processo de formação contratual"; se, ainda, "a responsabilidade do terceiro não pode servir para desonerar pura e simplesmente a contraparte do risco de contratar ou dos cuidados e da diligência que lhe cabe a ela de procurar por si mesma o assessoramento adequado para a formação da sua própria vontade de contratar", não creio que a solução de uma obrigação de indemnizar destes terceiros, quando tenham infringido obrigações pré-contratuais decorrentes da boa fé, tenha necessariamente de ser procurada por aplicação analó-

[626] Não compreendo o autor: mesmo numa perspectiva crítica de uma responsabilidade pré-contratual de terceiros concebida como se eles fossem os negociadores, não vejo em que é que pode tratar-se de "direitos e deveres emergentes" do contrato; emergentes do contrato?...

gica das normas que prevêem obrigações de mediadores, pela redução às hipóteses em que houve convenção entre a parte lesada e esses intervenientes no processo negocial ou em outras concepções analisadas por Carneiro da Frada. Não concordo com a afirmação de que não é "possível, ainda que por interpretação extensiva, abranger no âmbito do art. 227 nº 1 os casos de responsabilidade de terceiro". Dizê-lo, para de seguida observar que "afirmar que o terceiro não é parte na relação de negociações arrisca-se [...] a ser uma pura solução conceptual, que dá por demonstrado precisamente aquilo que havia de se fundamentar" é apenas acrescentar texto a texto. Descobrir que "a relação de negociações pode antes ser construída como aquela que se estabelece entre os que intervêm com *autonomia* no processo de formação do contrato, mesmo que não sejam portadores dos interesses que esse contrato visa regular ou acautelar" é revelar uma evidência.

Carlyle Popp[627] faz um inventário dos terceiros que podem ser responsabilizados: representantes sem poderes, "mandatários que não aceitaram o encargo", mediadores, promotores contratuais.

Que a intervenção de representantes pode acarretar esta responsabilidade é ponto inquestionável[628]. A este respeito, Sinde Monteiro[629] analisa o ponto no Direito alemão, parecendo aderir ao entendimento de que há "uma responsabilidade própria do representante, principalmente quando ele, durante as negociações, utilizou uma confiança pessoal em si depositada ou tem um interesse económico próprio na conclusão do negócio". Essa responsabilidade existe, por exemplo, quando o representante – mandatário, *in casu* – abusa dos seus poderes: assim decidiu o Supremo Tribunal de Justiça português, em acórdão de 10 de Julho de 2008[630].

Já no Código Civil português de 1867, o artigo 1338º dispunha que "o mandatário, que exceder os seus poderes, será responsável pelas perdas

[627] Cit. p. 172. O mesmo autor (p. 203) sublinha que a obrigação pré-contratual de informação impende sobre os terceiros que actuem "na fase pré-negocial com relação de dependência, direta ou indiretamente, perante uma das partes", como empregados ou profissionais liberais.

[628] Assim, p. ex., o ac. do STJ português de 8 de Fevereiro de 2001 (pr nº 00A3812) (Ribeiro Coelho).

[629] Cit., pp. 52 e ss. V., em especial, p. 53.

[630] Pr nº 08B2174 (Salvador da Costa).

e danos que causar, tanto para com o constituinte, como para com qualquer terceiro com quem haja contratado"[631].

Parece inquestionável que o representante sem poderes tem de dar conhecimento da sua ilegitimidade ao outro contraente. Entre o *falsus procurator* e o terceiro com quem negoceia estabelece-se uma relação que se pauta pela boa fé pré-contratual, desde que concorram os seus pressupostos, isto é, "a razoável confiança do terceiro na qualidade de representante do outro sujeito"[632]. É certo que o artigo 260º, nº 1, do Código Civil português permite ao declaratário do representante que exija que este faça, "dentro de prazo razoável [...] prova dos seus poderes, sob pena de a declaração não produzir efeitos". Trata-se de um ónus da contraparte do que é representado: se o não cumprir, a consequência é a ineficácia do negócio. Não é a isenção de responsabilidade do falso representante que tenha omitido essa condição; a inobservância do ónus relevará, se o tribunal assim o entender, para os efeitos do artigo 570º, isto é, de culpa do lesado. E tão-só.

Como estabelece o artigo 39º do Código Suíço das Obrigações, se a ratificação de um acto praticado por um representante sem poderes for recusada, o que assumiu a qualidade de representante "pode ser accionado para reparação do prejuízo resultante da invalidade do contrato, salvo se provar que a outra parte conhecia ou deveria conhecer a falta de poderes". O nº 2 do mesmo preceito estabelece que, "em caso de culpa do representante, o juiz pode, se a equidade o impuser, condenar em indemnização mais considerável". Também o nº 2 do artigo 36º impõe uma obrigação de indemnização perante terceiros de boa fé, se estes tiverem sofrido danos em consequência de um representante voluntário ter praticado actos para que não tinha poderes e não lhe ter sido exigida a devolução da procuração; finalmente, o artigo 39º determina que, se a ratificação de um acto praticado por um representante sem poderes for recusada, o que assumiu a qualidade de representante "pode ser accionado para reparação do prejuízo resultante da invalidade do contrato,

[631] José Dias Ferreira, *Código Civil Portuguez Anotado*, Volume III, 2ª edição, 1898, p. 132, entendia que esta responsabilidade quanto ao terceiro implicava dolo do mandatário, "porque nos contratos de beneficência não responde o pactuante senão por dolo".

[632] V. o meu *Notas*..., cit., pp. 133 e 134, e autores citados na nota 313.
Quanto às hipóteses de modificação ou extinção dos poderes representativos no Direito português, v. pp. 135 a 137.

salvo se provar que a outra parte conhecia ou deveria conhecer a falta de poderes".

Genericamente, o artigo 1338º do Código Civil italiano dispõe que uma parte, que conheça ou deva conhecer, a existência de uma causa de invalidade, não a comunique à contraparte, é responsável perante esta "pelo dano que esta sofreu por ter confiado, sem culpa sua, na validade do contrato".

Relativamente à intervenção de um mediador, entendeu o Supremo Tribunal de Justiça português, em acórdão de 7 de Julho de 1999[633], que ele não pode ser responsável, com o muitíssimo discutível argumento de que a responsabilidade só pode existir "na relação de negociações entre os candidatos à celebração de um dado contrato" e com o de que ela não pode ser "assacada" "a um terceiro que nas mesmas interveio apenas com o fito de aproximar os futuros contraentes". O mesmo tribunal entendeu, bem, em acórdão de 25 de Novembro de 2008[634], que a venda de um imóvel não transmite para o adquirente um (eventual) direito de indemnização do alienante com fundamento em responsabilidade pré-contratual.

Numa decisão de fundamentação confusa, o Supremo Tribunal de Justiça português, em acórdão de 24 de Junho de 2014[635], decidiu que um sujeito, que "[tinha] agido de certo modo em representação de facto da Ré sociedade", tal como esta, eram terceiros "em relação ao contrato" e não podiam ser responsabilizados pré-contratualmente, por os deveres pré-contratuais constituírem "deveres surgidos no âmbito de uma relação específica entre as partes, que impõem a tutela da confiança no âmbito do tráfego negocial".

Pode, em conclusão, dizer-se sumariamente que os terceiros que intervenham na relação pré-contratual, com ou sem legitimidade (representativa), ficam adstritos às obrigações que a boa fé faz impender sobre os negociadores, respondendo perante a outra parte pelo inadimplemento culposo e danoso delas. A relação pré-contratual encontra-se legalmente submetida à boa fé e não tem natureza contratual: nem efectiva nem ficticiamente. A responsabilidade em que o negociador

[633] Pr nº 99B552 (Nascimento Costa).

[634] Pr nº 08P3428 (João Camilo).

[635] (Pr nº 4806/07.1TVLSB.L1.S1) (Ana Paula Boularot).

(terceiro, portador, ou não, de interesse próprio) pode incorrer não depende senão da verificação da existência daquela relação.

Quanto ao cônjuge do responsável, ainda que casado em regime de comunhão (de adquiridos), encontra-se, na jurisprudência portuguesa, o seu afastamento da responsabilidade[636].

O disposto nos artigos 149º a 154º do Código dos Valores Mobiliários português parece constituir um caso especial de responsabilidade pré-contratual[637] [638]: especial quanto à natureza também objectiva dela, ao

[636] V. o ac. do STJ de 9 de Julho de 1991 (pr nº 082163) (Eduardo Martins) acerca de responsabilidade pela não constituição de um contrato de sociedade.

[637] Por falta ou deficiência de informações.

[638] Segundo Carneiro da Frada, *ibidem*, p. 185, "não é de modo algum adquirido que a responsabilidade por prospecto positivada revista natureza delitual", sendo "de esperar, sem dúvida, que num domínio de imperatividade em razão da funcionalidade do mercado, muitas das regras relativas aos prospectos revestirão pelo menos a natureza de disposições de protecção para efeito do art. 483 nº 1, 2ª alternativa, do Código Civil", sustentando que "apenas uma análise atenta poderá descortinar o verdadeiro fundamento de responsabilidade envolvido" e que, "a confirmar a necessidade de uma adequada investigação da natureza da responsabilidade por prospecto, pode dizer-se que, apesar da abrangência com que a responsabilidade por prospecto se encontra regulada entre nós, não parece ser de excluir *in limine* o desenvolvimento de uma responsabilidade por prospecto de direito comum capaz de alcançar situações que escapem ao âmbito daquela regulamentação". A partir daqui, o autor analisa a hipótese de haver responsabilidade por "negócio de investimento", o que, a seu ver, a qualificaria como "contratual", contrapondo que "a sua restritividade logo sugere uma concepção delitual; nomeadamente se vencido, com auxílio de uma decisão do legislador, o escolho da restrita ressarcibilidade de danos puramente patrimoniais"; acrescenta que "pode também equacionar-se a construção [...] [desta] responsabilidade elegendo como paradigma a *culpa in contrahendo*, intercalada de algum modo entre as duas modalidades de responsabilidade referidas". A esta hipótese objecta: "o recurso à confiança apresenta-se, neste domínio, especialmente problemático, dada a forte tendência para a sua tipicização e despersonalização num domínio do tráfico negocial que postula elevados níveis de segurança". E de seguida expõe o seguinte raciocínio: "Certamente que, deslocando-se o cerne da responsabilidade por prospecto em direcção a uma violação de deveres de comportamento por parte dos sujeitos, pode esperar-se legitimamente que tais sujeitos conformem o seu comportamento com esses deveres. Dir-se-á então todavia que não é essa confiança que desencadeia a responsabilidade, mas o desrespeito daquelas adstrições. Assim se compreende aliás que a responsabilidade seja compatível com uma desconfiança do investidor em relação aos autores individuais do prospecto". Conclui (pp. 189 e ss.) que "não é fácil concebê-la no quadro da *culpa in contrahendo* que a opinião mais corrente [...] liga àquela doutrina. Mesmo que se tracem generosamente os confins da responsabilidade pré-contratual, abrindo as portas à responsabilidade de sujeitos com quem os investidores não chegam a entrar em qualquer relação contratual [?], a responsabilidade por prospecto parece ainda rompê-los. [...] a afirmação

âmbito dos responsáveis, ao prazo prescricional do direito à indemnização e à posição de solidariedade dos devedores desta (artigos 150º, 149º, 153º. e 151º, respectivamente)[639]. No domínio da responsabilidade por

de especiais deveres de formação do contrato requer a existência de uma relação específica entre sujeitos nos termos do art. 227 nº 1, uma relação de negociações. A caracterização e o âmbito, objectivo ou subjectivo, da referida relação específica merecem ser discutidos e variam seguramente em função do fundamento admitido para a *culpa in contrahendo*. Contudo, mesmo baixando-se a sua fasquia [?], ela não abrange numerosas situações de responsabilidade por prospecto. [...] À estreiteza das malhas da *culpa in contrahendo* para a compreensão global da responsabilidade por prospecto procura responder a orientação delitual de relevar singelamente a desconformidade da conduta do sujeito em relação aos deveres no tráfico que a ordem jurídica lhe impõe. Não fica em todo o caso prejudicada *in radice* a intervenção da culpa na formação dos contratos onde ela possa efectivamente concorrer para justificar uma responsabilidade. [...] Na realidade, embora se nos afigure inarredável a susceptibilidade de construir a responsabilidade por prospecto sobre o pensamento da confiança, não há dúvida que [*sic*] neste sector se empurram para grande amplitude as suas fronteiras".

[639] Margarida Azevedo de Almeida, op. e loc. cit., pp. 9 e 10, escreve: "[...] o art. 118º/5 CVM dispõe que a aprovação do prospecto implica a verificação da conformidade da informação com os princípios qualitativos constantes do referido art. 7º. Porém, tal não significa que o legislador faça decorrer da aprovação do prospecto uma garantia quanto à veracidade e completude da informação (art. 118º/7), nem a aprovação do prospecto assegura que as perspectivas e os riscos das operações propostas estejam nele adequadamente retratados. Uma vez que a supervisão da CMVM não envolve um controlo sobre o mérito da informação, a tutela ressarcitória, a par da responsabilidade penal e da responsabilidade contra-ordenacional, constitui um instrumento particularmente importante para proteger a regular formação da vontade do investidor e a realização da eficiência do mercado. O CVM contém normas relativas à responsabilidade civil pelo conteúdo da informação divulgada. Estes preceitos incidem sobre o relatório de auditoria (art. 10º) e sobre o prospecto de ofertas públicas, desenvolvendo o legislador neste último caso um regime particular, previsto nos arts. 149º e ss. Este regime serve de modelo à responsabilidade civil pelas informações noutros quadrantes do CVM. Assim, a responsabilidade civil pelo conteúdo das informações contidas no prospecto de admissão dos valores mobiliários à negociação (art. 243º CVM), bem como a responsabilidade civil pelo conteúdo daquelas que são impostas a respeito dos valores mobiliários admitidos à negociação em mercado regulamentado (art. 251º CVM) regem-se, com as necessárias adaptações, pelos arts. 149º e ss. CVM. [...] Contudo, apesar da extensão das informações cobertas, não é possível afirmar que o CVM consagre um regime geral de responsabilidade civil pelo conteúdo de informações". A autora propõe-se "explicar as opções tomadas em matéria de responsabilidade civil na sequência de relatórios de auditoria, de recomendações de investimento e de relatórios de notação de risco defeituosos". Sublinha "o papel primordial" "desempenhado" pela informação, pois "o investidor não qualificado não terá em regra capacidade para recolher as informações de que necessita para tomar uma opção de investimento esclarecida. Isto não apenas na sequência da ausência de poder no acesso à informação, como também pela onerosidade que essa investigação implicaria e que

o investidor não estaria em condições de suportar", observando que "a informação dada aos investidores é um instrumento de redução das assimetrias em torno do conhecimento dos factos relevantes na orientação das opções de investimento". A mesma autora (pp. 28 e 29), referindo os artigos 149º e ss., relativos à responsabilidade civil por prospecto de oferta pública, observa que, "embora não nos pareça poder falar-se de um regime geral de responsabilidade por informações, este regime serve de modelo a outras matérias onde emerge o problema da responsabilidade civil por informações no âmbito deste ramo do Direito", escrevendo que "não poderemos falar de um regime geral de responsabilidade por informações, uma vez que ficam excluídas muitas informações, como é o caso dos relatórios de auditoria semestral e trimestral, das recomendações de investimento ou relatórios de notação de risco não integrados no prospecto ou em mensagem publicitária", e que "a responsabilidade civil pelo prospecto orienta-se por um regime especial, mais favorável ao lesado em comparação com as disposições gerais sobre responsabilidade civil delitual. A culpa é apreciada por altos padrões de diligência profissional, assim se afastando o critério do bom pai de família, previsto no art. 487º do CC (art. 149º/2 do CVM). É igualmente estabelecida uma presunção de culpa no art. 149º/1 que, segundo pensamos, ultrapassa uma simples presunção de censurabilidade da conduta, abrangendo uma presunção de causalidade". Quanto ao artigo 152º, entende que ele visa o ressarcimento dos danos individualmente sofridos pelos investidores, reproduzindo no âmbito da responsabilidade pelas deficiências das informações contidas no prospecto, o art. 562º CC, aplicando-se as regras gerais do Código Civil em sede de dano, o mesmo sucedendo em matéria de nexo de causalidade (art. 563º CC)". Acrescenta que, "quanto às recomendações de investimento e aos relatórios de notação de risco, não bastará a sua divulgação em prospecto ou mensagem publicitária. A lei elege como condição de surgimento da responsabilidade, a aceitação por parte da pessoa que emite a recomendação de investimento ou o relatório de notação de risco que o seu nome seja referenciado, com o seu consentimento, no prospecto ou mensagem publicitária como autor da recomendação de investimento ou de relatório de notação de risco. Integram-se na al. h) do nº 1 do art. 149º. Esta circunstância permite o controlo do risco de responsabilidade". E conclui (p. 30): "No caso de as recomendações de investimento ou os relatórios de notação de risco integrarem prospecto ou mensagem publicitária, os seus autores ver-se-ão sujeitos ao regime da responsabilidade por prospecto, contanto que sejam nomeados com o seu consentimento no prospecto ou na mensagem publicitária. Por seu turno, os autores de relatórios de auditoria estão submetidos a esse regime se tiverem certificado documentos de prestação de contas em que o prospecto ou a informação financeira anual se baseiam. Isto independentemente de serem nomeados com o seu consentimento como responsáveis pelo relatório de auditoria. [...]. Consideramos que a lei deveria optar por uma norma geral que permitisse a responsabilidade por informações, recomendações ou opiniões divulgadas no mercado dos valores mobiliários e que assumam relevância para as decisões dos investidores, podendo influenciar a formação dos preços, assim assumindo importância na eficiente alocação de recursos. Esta disposição abrangeria os relatórios de auditoria, as recomendações de investimento e os relatórios de notação de risco. O seu impacto na eficiência do mercado justificaria uma responsabilidade por culpa leve, sobrepondo-se a protecção da eficiência do mercado às preocupações relacionadas com a falta de evidência social dos interesses e com

prospecto, João Calvão da Silva[640] "defende", "além da *responsabilidade do emitente*, a *responsabilidade pré-contratual do Banco* que coloca as acções na Bolsa". E acrescenta: "Sustenta-se mais: que o dever pré-contratual da boa fé (art. 227º) recai ainda sobre 'terceiros' quem como representantes, agentes, mandatários, mediadores ou intermediários, etc., têm intervenção directa no *iter* formativo do contrato como pessoas de confiança, como pessoas que pela sua qualificação profissional ou actividade especializada geram uma especial confiança objectiva na sua própria competência, lealdade e probidade, ainda que não venham a ser as reais partes do contrato".

b) Os credores

Pelo que respeita aos credores, também estes podem não ser parte na relação contratual, designadamente quando sofram danos por causa de um bem, se os respectivos riscos não foram objecto de informação. Na ordem jurídica brasileira, o artigo 2º do Código de Defesa do Consumidor define consumidor como "toda pessoa física ou jurídica que adquire ou utiliza produto ou serviço como destinatário final", estabelecendo o § único que se equipara "a consumidor a coletividade de pessoas, ainda que indetermináveis, que haja intervindo nas relações de consumo", daqui decorrendo, pois, que o credor da indemnização – que pode discutir-se se tem por fundamento a responsabilidade pré-contratual por omissão da informação devida ou a contratual, por deficiência do produto – pode ser um terceiro[641].

a protecção da liberdade de acção. Consideramos também preferível, dadas as exigências de certeza e de segurança no mercado de valores mobiliários, uma responsabilidade pela violação de deveres a uma responsabilidade com base na confiança".
Não se aprecia criticamente o texto da autora para não alongar excessivamente esta nota.

[640] "Compra e venda de empresas", *in Estudos de Direito Comercial (Pareceres)*, 1996, pp. 161-162.

[641] Silney Alves Tadeu, "A responsabilidade pela informação repassada a terceiros: comparações com o Código de Defesa do Consumidor", *in Revista Bioética* 2007, Volume 15, Nº 2, pp. 187-188, informa que "solução idêntica tem sido defendida no Direito anglo-americano por um setor da doutrina e da jurisprudência (*Allee, Product Liability, Fremder e Friedman, Products Liability*) e parece que tal posicionamento encontra apoio no texto do *Comment* ou da *Section* 402^{A} *Restatement of Torts* (*second*). A jurisprudência americana, não obstante o mecanismo pelo qual o fabricante proporciona as informações sobre os riscos de seus produtos a terceiros – *bystanders* –, segue distintas vias. A primeira aponta que, em alguma ocasião, as informações incorporam-se aos produtos de tal forma que seus perigos possam ser percebidos não só pelos imediatos adquirentes, mas também por qualquer terceiro. Freqüentemente

O artigo 10º do Código dos Valores Mobiliários português, ocupando-se da responsabilidade dos auditores, dispõe, no nº 1, que, "pelos danos causados aos emitentes ou a terceiros por deficiência do relatório

este dever é reconhecido quando o fabricante pode prever razoavelmente que a informação proporcionada ao adquirente imediato, bem como do vendedor frente a terceiros, não será adequada para reduzir o risco de dano destes terceiros; ou quando possa prever que o adquirente imediato não trasladará a seus respetivos clientes ou empregados a informação sobre os perigos derivados do produto. A segunda via mostra que, em outros casos, impõe-se ao fabricante o dever de informar o adquirente imediato, com o fim de chamar sua atenção sobre eventuais perigos que possam ameaçar terceiros, para que advirta ou informe aos terceiros ou adote qualquer outra medida de prevenção frente aos danos. Essa hipótese afeta essencialmente situações na qual o potencial prejudicado seja um simples *bystander* passivo e não um consumidor subadquirente, ou qualquer outra pessoa que possa vincular-se ou entrar em contato com o produto". O autor analisa de seguida a hipótese de o bem ser vendido a um empresário, sendo utilizado por um empregado deste, caso em que, em sua opinião, o dever de informar sobre riscos impende sobre o empresário, excluindo-se a responsabilidade do fabricante, designadamente quando este último forneceu a informação devida ao empresário. E Silney Alves Tadeu continua: "Questões atinentes a um sujeito intermediário informado (*learned intermediary rule*) A regra geral no direito de responsabilidade por produto defeituoso é a de que o fabricante deva proporcionar aos consumidores finais toda a carga informativa relativa aos riscos derivados de seus produtos defeituosos ou potencialmente perigosos. No Direito anglo-americano o que pode sofrer mitigação na relação entre fabricante-vendedor e os terceiros empregados do adquirente direto do produto (empresário) tem apresentado notável exceção no âmbito dos danos causados por medicamentos (*learned intermediary rule*), reconhecida pela primeira vez na sentença norte-americana *Sterling Drug versus Cornish* – 379 F. 2d 82 (8th Circ. 1966) – e em casos especiais de setores afins, tais como marca-passos, anticoncepcionais, próteses mamárias, lentes de contato ou produtos de uso externo, etc. Segundo essa doutrina um fabricante se exonera de sua responsabilidade se prova que forneceu toda a informação necessária sobre os riscos do produto ao médico intermediário, que na condição de técnico dirige e supervisiona seu uso, prestando as informações oportunas ao paciente. Tradicionalmente, essa teoria aplica-se aos profissionais, em especial os vinculados à área da saúde, o que pressupõe diligência em virtude de sua *lex artis*, que geralmente atua entre um fabricante de um medicamento ou cosmético e um paciente consumidor". E: "alguns tribunais norte-americanos reconheceram, ultimamente, a existência de algumas exceções à regra do *learned intermediary*, particularmente em duas hipóteses: nos casos de vacinas administradas em programas sociais e vacinação, e nos casos de mecanismos anticonceptivos – para esse tipo de hipótese o respaldo jurisprudencial tem sido menor que para os casos de vacinas. Entre as diversas sentenças que admitem esta exceção pode-se mencionar, *Mac Donald versus Ortho Pharmaceutical Corp., 9 475 N. E. 2d 65* (Mass. 1985), *Cert denied 474 U.S. 920* (1985). Em tais circunstâncias, afirma-se que o fabricante não se exonera fornecendo as oportunas informações ao intermediário informador-médico, mas segue obrigado a informar diretamente ao consumidor final. Caso contrário, o produto é defeituoso por faltar informações relativas a sua segurança".

ou do parecer elaborados por auditor respondem solidária e ilimitadamente: a) Os revisores oficiais de contas e outras pessoas que tenham assinado o relatório ou o parecer; b) As sociedades de revisores oficiais de contas e outras sociedades de auditoria, desde que os documentos auditados tenham sido assinados por um dos seus sócios". Margarida Azevedo de Almeida[642] observa que, "tendo em conta o elemento teleológico na interpretação da lei, pensamos que os terceiros que a lei pretende proteger, serão os que se movimentam no mercado de valores mobiliários, em particular os investidores" e que, "por conseguinte, a palavra 'terceiros' no art. 10º deverá merecer uma interpretação restritiva", concluindo que "o art. 10º do CVM não poderá servir de fundamento à responsabilidade dos revisores oficias de contas perante todo e qualquer terceiro", acabando por dizer, algo enigmaticamente, que, "estando preenchidos os respectivos pressupostos, poder-se-á convocar a *culpa in contrahendo* ou a responsabilidade pela confiança". Adiante[643], escreve: "Fora da área da responsabilidade delitual, o recurso à *culpa in contrahendo* não parece ser a solução mais adequada, dado que as recomendações de investimento são dirigidas ao público investidor, nelas estando ausente uma relação especial entre o autor da recomendação e os seus destinatários. Já a responsabilidade baseada na confiança poderá dispensar a existência de uma relação especial em contextos em que a necessidade de protecção das expectativas é mais intensa, podendo estender-se a hipóteses em que os destinatários são indeterminados do ponto de vista do autor da informação, desde que o autor da informação tenha intenção de condicionar ou influenciar condutas alheias. Em face da aceitação da natureza de norma de protecção do genérico dever de diligência consagrado no regulamento da CMVM, parece-nos que a responsabilidade pela confiança já não chocará com uma opção pela liberdade de acção neste domínio que anteriormente parecia existir".

Mesmo nos Direitos de *common law*, tão avessos à admissão de responsabilidade perante quem não foi parte no contrato, tem-se vindo a desenvolver um *duty of care* do fabricante – que dispensa a exigência de

[642] Op. e loc. cit., p. 24.
[643] *Ibidem*, pp. 26-27.

privity[644] nas acções por *negligence* – cujo incumorimento também é invocável por terceiros, lesados, cujo direito de indemnização é passível de ser exercido com fundamento em incumprimento extraobrigacional.

[644] A necessidade de *privity* tinha sido afirmada no *caso Winterbottom v. Wright*, 1842, em que o tribunal enunciara a seguinte *rule of law*: "*A plaintif cannot bring tort against a defendant for nonfeasance that result from a a contract which plaintiff was not privy to*".
Já em 1851, no caso *Longmeid v. Holliday*, o tribunal admitiu o direito a indemnização da mulher do comprador de uma lâmpada que, por defeito de fabricação, explodiu causando-lhe ferimentos.
A exigência de *privity* começou a ser dispensada no caso de uma coisa em si mesma perigosa, bem como nos casos em que se torna perigoso devido a qualquer defeito ou por outro motivo conhecidos do fabricante.
E, a partir do caso *Le Liecre v. Gould* (1893), começaram os tribunais ingleses a entender que, havendo *negligence* do lesante, não havia necessidade da existência de contrato entre lesante e lesado para que este pudesse obter indemnização.
A extensão da responsabilidade delitual (*tort*) foi-se fazendo progressivamente até ao caso *McAlister or Donoghue (Pauper) v. Stevenson* (1932) (conhecido como a "cobra de Paisley"), que sedimentou o conceito de *negligence*, bem como a regra da responsabilidade do fabricante perante os consumidores, independentemente de contrato (os factos foram essencialmente os seguintes: a Sra. Donoghue, por beber uma *ginger beer* num café, em cuja garafa se encontrava uma cobra morta, ficou doente e foi indemnizada pelo fabricante, com fundamento em violação do *duty of care*.

Parte VII
Danos indemnizáveis

Na tradicional questão dos danos indemnizáveis – positivos ou negativos –, continua a maioria da doutrina[645] e da jurisprudência, designadamente portuguesas[646], a restringi-los[647] aos negativos[648].

[645] V., p. ex., Alberto Cuccuru, op. e loc. cit., que escreve: "Em caso de violação da norma do art. 1337 cód civ. [italiano], o ressarcimento do dano limita-se ao chamado 'interesse negativo', com a consequência de que esse é cumulável com o ressarcimento do dano superior previsto pelo art. 1591 cód. civ. (Cass. 7 Fevereiro 2006, n. 2525)". No mesmo sentido, Enzo Roppo, cit., pp. 108-109. Pode, no entanto, relativizar-se a posição da doutrina italiana, condicionada em alguma medida pela sua lei civil.
M. R. Valpuesta Fernández, op. e loc. cit., p. 382, diz que "a regra geral nesta matéria, assumida pela doutrina, seria a reparação do interesse negativo [...] [o] que é perfeitamente aplicável à hipótese de ruptura injustificada das negociações, cuja responsabilidade não abrange os benefícios que o contrato não celebrado teria gerado, nem os ganhos que deixaram de ser obtidos por outra proposta contratual não concluída, mas apenas os gastos [*desembolsos*] que se tiverem feito por causa do contrato frustrado, como poderiam ser estudos encomendados, gastos de viagens...". Mas a autora admite que, "quando [...] [a] conduta consistir no incumprimento de um concreto dever, como o de informar, ou guardar sigilo [*reserva*], as suas consequências podem ser diferentes, podendo consistir em fornecer a informação que se omitiu ou completá-la [...], devendo assumir em todo o caso a reparação pelo dano causado pela sua falta; o mesmo quando se tenha afectado a confidencialidade de uma informação". Diz ainda (p. 383) que, sendo o fundamento desta responsabilidade o princípio da boa fé, tal "não prejudica que se encontre um fundamento normativo mais imediato quando faz parte de uma hipótese de facto regulada especificamente, que lhe proporciona a cobertura jurídica, seja este de responsabilidade contratual ou extracontratual".
No sentido da exclusiva indemnizabilidade do dano negativo, Lete del Río, cit., pp. 53 e 61.

[646] Assim, p. ex., Vaz Serra, "Culpa do devedor...", op. e loc. cit., pp. 133 a 136, que admitia duas alterações a esta posição: que o montante da indemnização não exceda, "em regra, [...] o do interesse que a outra parte tem na validade do contrato"; e, "quando [...], caso se houvesse procedido regularmente, o contrato tivesse chegado a aperfeiçoar-se, parece dever ter a outra parte o direito de exigir o interesse de cumprimento. É que, em tal hipótese, da *culpa in contrahendo* resultou a não perfeição do contrato e, assim, deve ter a outra parte o direito de reclamar aquilo que teria se o contrato tivesse sido aperfeiçoado". Antunes Varela, *Das Obrigações em geral*, Volume I, 8ª ed., 1994, p. 274, diz que "da ideia de que a lei, por mais censurável que seja a ruptura das negociações na iminência da celebração do contrato, intencionalmente não vai ao extremo da obrigatoriedade de celebração [...] do contrato, decorre como corolário lógico que a indemnização prescrita na parte final do artigo 227º, destinada a cobrir (no caso de frustração injustificada do negócio) o interesse negocial negativo da parte lesada, não pode exceder o limite do interesse contratual positivo (ou seja, do benefício que a conclusão do contrato traria à parte prejudicada nas suas expectativas). [...] O interesse que o faltoso tem de ressarcir é sempre [...], quando tenha havido ruptura injustificada do contrato, o chamado interesse contratual negativo [...]". Galvão Telles, cit., p. 207, escreve que esta responsabilidade "traduz-se na indemnização dos chamados danos negativos, ou seja, dos danos que a parte inocente não teria sofrido se o contrato houvesse sido celebrado válida e eficazmente". Almeida Costa, cit., pp. 74 a 76, depois de afirmar que o artigo 227º não regula especialmente este problema – o que deveria ter como corolário inevitável a aplicação das regras dos arts. 562º e ss., CC português, que se ocupam do regime da obrigação de indemnizar, independentemente da respectiva fonte –, parece alinhar no entendimento geral de que indemnizável é o "interesse negativo ou dano da confiança", admitindo a excepção, que se mencionará *infra*, de o dever violado ser o "de conclusão do negócio". V. também Calvão da Silva, "Negociações...", op. e loc. cit., p. 93.

A. Ferrer Correia, cit., pp. 297 e nota 1, e 298-299, distingue entre interesse positivo e negativo, mas não toma posição clara.

Em referência sumária, P. Pais de Vasconcelos, cit., p. 494.

Nesse sentido, v. o já citado ac. do STJ de 26.1.2006 (Oliveira Barros), que acaba por concluir em sentido diferente, no caso *sub iudice*. O ac. do Tribunal da Relação de Lisboa de 19 de Maio de 2009 (pr 8686/08-8685/08-7) (Rosa Ribeiro Coelho) concluiu: "Em caso de rotura de negociações geradora de responsabilidade pré-contratual é indemnizável o dano contratual negativo, reconstituindo-se a situação em que o lesado se encontraria se não houvesse entabulado as negociações que acabaram por se frustrar". Também o ac. do STJ de 14 de Janeiro de 2003 (pr 02A4257) (Ponce de Leão) se pronuncia no sentido da indemnizabilidade do dano negativo; no mesmo sentido os acs. do STJ de 26 de Outubro de 2004 (pr nº 04A2983) (Lopes Pinto) de 9 de Novembro de 2004 (pr 04A3348) (Faria Antunes), o da Relação de Lisboa de 13 de Janeiro de 2005 (pr nº 7480/2004-6) (Aguiar Pereira), o do STJ de 21 de Dezembro de 2005 (pr nº 05B2354) (Lucas Coelho), o da Relação de Lisboa de 21 de Abril de 2006 (pr nº 2219/2004-6) (Manuela Gomes), o do STJ de 1 de Junho de 2006 (pr nº 4021/2006-6) (Granja da Fonseca), o de 11 de Setembro de 2007 (pr nº 07A2402) (Fonseca Ramos), o já citado de ac. da Relação de Lisboa de 2006, o do STJ de 10 de Ju-

O Ante-projecto de Reforma do Direito dos Contratos, apresentado pelo Ministério da Justiça francês, continha, no seu artigo 20º a menção seguinte: a indemnização "não pode ter como objecto a compensação dos benefícios esperados do contrato não concluído". Apesar de essa não ser a doutrina do *arrêt Manoukian* de 26 de Novembro de 2003, a *Cour de Cassation* viera, em 28 de Junho de 2006, atribuir indemnização pelos lucros cessantes do contrato não concluído, isto é, pela chamada

lho de 2008 (pr nº 08B2174) (Salvador da Costa), o do STJ de 4 de Fevereiro de 2010 (pr nº 09B0263) (Maria dos Prazeres Pizarro Beleza); o ac. do mesmo Tribunal de 19 de Maio de 2010 (pr nº 369/05.0TBGLG.E1.S1) (Fonseca Ramos); o ac. também daquele tribunal de 31 de Março de 2011 (pr nº 3682/05.3TVSLB.L1.S1) (Fernando Bento); o ac. do mesmo tribunal de 30 de Junho de 2011 (pr nº 1440/07.0TVLSB.L1.S1) (Orlando Afonso); o ac. do STJ de 18 de Dezembro de 2012 (pr nº 1610/07.0TMSNT.L1.S1) (António Joaquim Piçarra); o ac. do mesmo tribunal de 11 de Julho de 2013 (pr nº 5523/05.2TVLSB.L1.S1) (Gregório Silva Jesus); e os acs. do STJ de 3 de Julho de 2003 (citado *supra*) (Ferreira Girão); de 12 de Março de 2009 (pr nº 08B0532) (Salvador da Costa); de 23 de Fevereiro de 2012 (pr nº 1674/07.7TVLSB.P1.S1) (Távora Vítor); o de 27 de Abril de 2017 (Abrantes Geraldes), já citado. Sem conclusão, apenas dizendo que não há lugar a acórdão uniformizador no caso, o ac. do STJ de 4 de Julho de 2013 (pr nº 2625/09.0TVLSB.L1.S1-A) (Bettencourt de Faria). No mesmo sentido, em *obiter dictum*, o ac. do STJ de 28 de Setembro de 2006 (pr nº 06B2997) (Salvador da Costa). No mesmo sentido se inclina a jurisprudência do Supremo Tribunal Administrativo português: assim, p. ex., o já referido ac. 12 de Fevereiro de 2009, o aludido ac. de 7 de Outubro de 2009, que se louva no de 23 de Outubro de 2003 (recurso 01527/02), o de 29 de Setembro de 2005 (recurso 0179/05), e o de 12 de Fevereiro de 2009 (recurso 01068/08).

[647] O verbo utilizado não tem, nem de longe, o sentido de que os danos negativos sejam, sempre, nem sequer como regra, mais baixos do que os chamados positivos.
Mas não se ignora que, como explica Fernando Araújo, Da tutela negativa da confiança ao "paradoxo da indemnização": uma análise económica dos contratos, *in Estudos em Memória do Professor Doutor António Marques dos Santos*, Vol. II, p. 483, de um ponto de vista de análise económica, "em princípio, salva a patologia do 'excesso de confiança', o 'interesse negativo' será sempre inferior ao 'interesse positivo'; e inferior, portanto, a correspondente indemnização".
Há quem entenda, porém, que a restrição da indemnização aos danos ditos negativos constitui uma via de reduzir aquela, o que, em especial nos casos de ruptura das negociações, tem o mérito de evitar "o efeito intolerável de interferir com a liberdade da parte que não quer concluir o contrato" - Giorgi Afferni, op. e loc. cit., pp. 482-483 e nota 48, citando D. Medicus neste sentido; sabe-se, no entanto, como aquele autor entende dispensar o ilícito e a culpa por ruptura das negociações, pelo que a posição tem de ser compreendida nesse contexto.

[648] Hugh Beale, op. e loc. cit., referindo-se aos sistemas francês, alemão e inglês, afirma que os danos objecto de indemnização são os negativos. V. também María García e Marta Otero Crespo, cit., pp. 7 e 9, e Joanna Schmidt-Szalewsk, op. e loc. cit., p. 549.

perte de chance. E o artigo 1112 do *Code Civil*, introduzido em 10 de Fevereiro de 2016, dispõe: "*En cas de faute commise dans les négociations, la réparation du préjudice qui en résulte ne peut avoir pour objet de compenser la perte des avantages attendus du contrat non conclu*", isto é, só são, no Direito francês, indemnizáveis os danos negativos[649].

Quanto ao Direito italiano, diz Alberto Cuccuru[650]: "Salientava-se como quando as negociações tinham conduzido à conclusão de um contrato válido, para os efeitos de uma responsabilidade pelos prejuízos assume relevância apenas o incumprimento de obrigações emergentes do contrato e já não é configurável uma responsabilidade pré-contratual que emerge de uma fonte diversa e não pode entender-se em caso algum como 'um precedente logicamente necessário' da responsabilidade contratual (Cass. 21 Maio 1976, 1842). Esta orientação negacionista no sentido em que, em caso de violação das normas que impõem às partes que se comportem segundo a boa fé no decurso das negociações e na formação do contrato, não atribuiria à parte lesada, quando o contrato tenha sido validamente concluído, qualquer possibilidade de obter o ressarcimento dos danos sofridos, apoiava-se, pois, na concepção de que o âmbito da de relevância da responsabilidade pré-contratual se encontra circunscrito às hipóteses em que o comportamento não conforme à boa fé tenha impedido a celebração do contrato ou tenha determinado a conclusão de um contrato inválido ou (originariamente) ineficaz. Daqui a conclusão de que, depois da estipulação do contrato, qualquer questão relativa à inobservância dos deveres impostos às partes no decurso das negociações ficaria precludida, dado que a tutela do contraente seria confiada, a partir daquele momento, apenas às normas sobre invalidade e ineficácia do contrato, cuja aplicação, se bem que sendo em alguns casos ligada a comportamentos por certo não conformes com a 'boa fé', se encontra todavia subordinada à verificação de mais pressupostos (art. 1434-1437, 1439, 1447-1448). [...] Com a sentença n. 19024 de 2005, segundo o Tribunal de Cassação, à luz das razões expostas pela melhor doutrina, a violação do dever de comportamento no desenrolar

[649] Aurélien Bamdé, op. e loc. cit., concorda com esta posição, dizendo que o lesado poderá obter reparação pelo que despendeu tendo em vista o contrato e, se for o caso, os encargos com a sua anulação.

[650] Op. e loc. cit..

das negociações e na formação do contrato assume relevo não só nos casos de ruptura injustificada das negociações ou quando seja estipulado um contrato inválido ou ineficaz, mas também se o contrato concluído for válido e apesar disso seja prejudicial para a parte que foi vítima do comportamento incorrecto, resumindo-se o ressarcimento do dano na menor vantagem ou na maior desvantagem económica determinada pelo comportamento incorrecto adoptado em violação do dever de boa fé, salvo se for demonstrada a existência de danos ulteriores que resultem ligados a tal comportamento por uma relação 'rigorosamente consequencial e directa' (Cass. 29 Setembro 2005. n. 19024). [...] o percurso argumentativo que animou a referida decisão teve continuidade nas sentenças 19 Dezembro 2007, n. 26724/068 e n. 26725/06 que esclareceram como: a. a violação dos deveres de informação do cliente e de correcta execução das operações que a lei comete aos intermediários no desenvolvimento dos serviços de investimento pode dar lugar a responsabilidade pré-contratual, com consequente dever de ressarcimento dos danos, sempre que tais violações ocorram na fase precedente ou coincidente com a estipulação do contrato de intermediação destinado a regular as sucessivas relações entre as partes".

A longa citação teve em vista explicar a evolução do pensamento jurídico italiano e o consequente abandono jurisprudencial da restrição aos danos negativos.

R. J. P. Kottenhagen[651], analisando o Direito holandês, depois de dizer que o Código Civil de 1992 não contém qualquer preceito sobre responsabilidade pré-contratual, refere uma decisão do Supremo Tribunal de 1957, segundo a qual as partes que se encontram em negociações "tomam parte numa 'relação legal regida pelo princípio da boa fé'. Uma consequência deste ponto de vista é a de que "as partes têm de ter em conta os 'justificados interesses da outra parte'. Como resultado o tribunal chegou à formulação de um 'dever de cuidado'; neste caso dever para o comprador de averiguar os factos do objecto do contrato: Alguns anos depois o tribunal formulou um dever semelhante para o vendedor de revelar factos materiais ao comprador no decurso das negociações (*Booy – Wisman, HR* 21 jan. 1966, *NJ* 1966, 183). Nestes casos os contratos já estavam verdadeiramente formados e o princípio da boa fé foi

[651] Op. e loc. cit., pp. 74 a 76.

formulado no contexto da doutrina de *misrepresentation*. Estes desenvolvimentos em *case law* constituíram o princípio de reapreciação do direito numa segunda situação em que o contrato não se encontrava concluído entre as partes, especialmente em casos de ruptura das negociações. O primeiro e ainda *leading case* neste campo é *Plas* – Valburg"[652]. O passo seguinte foi dado pelo Supremo Tribunal em 1983: quando uma parte não quer continuar as negociações, pode haver, apesar disso, uma obrigação legal de o fazer e então a parte que o não quer pode ser forçada a negociar. O resultado desta evolução de *case law* é que a liberdade de romper negociações pode ser suprimida com fundamento na confiança justificada pela outra parte de que se irá concluir um contrato ou na consideração de outras circunstâncias da situação. A execução específica de tais obrigações pode ser concedida pelo tribunal com a utilização de um compromisso. Tanto quanto eu conheço só no direito Holandês é possível forçar as partes a recomeçar negociações; esta ideia no direito é única no mundo". Carlyle Popp[653] afirma que "o grande mérito do direito holandês é o reconhecimento do interesse positivo da parte lesada pelo rompimento das tratativas, podendo [...] aplicar, conforme o caso, a execução em forma específica, ou seja, o reconhecimento judicial da parte em ter o contrato celebrado, efectivando-o".

O artigo 2.1.15 dos *PECL*, com a epígrafe "Negociações de má fé" dispõe: "(1) As partes têm inteira liberdade para negociar os termos de um contrato e não são responsáveis pelo fracasso em alcançar um acordo. (2) No entanto, a parte que negoceie ou interrompa as negociações de má fé é responsável pelos danos causados à outra parte. (3) Considera-se de má fé em especial que uma parte enceta ou prossegue negociações quando ao mesmo tempo tem a intenção de não chegar a qualquer

[652] Os factos eram sumariamente os seguintes. A empresa de construção *Plas* propôs-se construir uma piscina na cidade de Valburg. Todos os procedimentos públicos foram realizados e um membro do Conselho da Cidade tomou a iniciativa de aceitar uma oferta alternativa e isto porque era por um preço inferior; como consequência a *Plas* foi posta de parte e pediu indemnização. O tribunal entendeu que, se, numa fase inicial, as partes são livres de romper as negociações, já, quando estas estão avançadas, se o fizer tem de compensar a contraparte pelas despesas em que esta incorreu, e, na fase final, "não é permitido a uma parte que rompa as negociações porque isso seria contrário à boa fé; a violação desta obrigação não só dá lugar a compensação do interesse negativo da outra parte, mas também [...] ao interesse positivo, isto é, por outras palavras, às vantagens que poderia ter havido".

[653] Cit., pp. 189 e 190.

acordo". María Paz García Rubio e Marta Otero Crespo[654] opinam que "do texto resulta que a indemnização é devida mesmo que a parte não responsável não esteja interessada em anular o contrato ou, até, quando esta anulação já não seja tecnicamente possível". E fundamentam-se em que "os primeiros comentários à disposição destacam que os danos são devidos independentemente de o contrato ter sido ou não invalidado, assim como a diferença entre os danos previstos neste preceito e os derivados do incumprimento do contrato, já que enquanto neste segundo caso se prevê um ressarcimento integral que inclui a compensação de todo o tipo de danos [...], aqui alude-se exclusivamente ao chamado interesse negativo, que coloca a parte lesada na mesma posição em que estaria se o contrato não se tivesse chegado a celebrar, o que no dizer de alguns não exclui necessariamente a perda de benefícios da impossibilidade de contratar com um terceiro".

Se atentarmos na formulação que dos danos negativos dão alguns autores[655], ela é sintomática de que não ultrapassaram eles a ideia da responsabilidade pré-contratual como a que decorre da não conclusão de um contrato ou da celebração de um contrato inválido ou ineficaz[656] [657]. Paulo Mota Pinto[658] afirma que "é ainda hoje uma noção com que se topa a cada esquina no direito civil", acrescentando que interesse contratual negativo e "interesse na confiança" ou "dano da confiança" "são outras designações que passou a receber desde o início do século XX"[659]. Mesmo quando se tome uma distinção informada pela análise

[654] *La responsabilidade precontractual en Derecho europeu*, 2010, p. 11.

[655] Assim, paradigmaticamente, Galvão Telles, cit., p. 207; v. também *idem*, "Culpa na formação do contrato", *in O Direito*, Ano 125º 1993 III–IV (Julho-Dezembro), p. 346.
V. também Almeida Costa, cit., pp. 73-74, que, aliás, remete para Jhering.

[656] Embora se pudessem multiplicar as referências, deixa-se apenas a de Fernando Pessoa Jorge, *Ensaio sobre os pressupostos da responsabilidade civil* (Reimpressão), 1995, p. 380.

[657] F. Benatti, cit., p. 166, diz que a chamada teoria do interesse negativo não fez progressos desde a sua elaboração por Jhering; claro que o autor não tinha em conta os desenvolvimentos doutrinários entretanto havidos que, em minha opinião, de pouco adiantaram para a mais precisa caracterização do conceito.

[658] *Interesse...*, cit., pp. 1 e 2. Quando parece querer adiantar alguma coisa na caracterização dos "interesses", quase nada se encontra: p. 16.

[659] O mesmo autor acrescenta que a "associação" entre "interesse contratual negativo" e "*culpa in contrahendo*" é tal que aquela era a designação das hipóteses de responsabilidade pré-contratual, observando que "a associação" "não é forçosa" (*ibidem*, p. 15).

económica do direito, como a de Fernando Araújo[660], o elemento essencial do traçado da fronteira é o das "expectativas quanto ao cumprimento" e a "reconstituição do estado de coisas anterior ao contrato", o que não coloca o problema em termos essencialmente diversos.

Em qualquer caso, é de sublinhar que tanto a doutrina quanto a jurisprudência portuguesas são claras no sentido de a indemnização compreender tanto os danos emergentes quanto os lucros cessantes[661] [662] [663]. É de referir aqui o Acórdão do Supremo Tribunal de Justiça português de 20 de Dezembro de 2017[664], onde se lê: "Vem sendo reiteradamente aceite pela doutrina e pela jurisprudência que a classificação "danos emergentes" versus 'lucros cessantes' não se confunde com a classificação 'danos por interesse contratual positivo' versus 'danos por interesse contratual negativo', uma vez que tanto a indemnização por interesse contratual positivo como a indemnização por interesse contratual negativo podem incluir lucros cessantes, ainda que de índole distinta. Na indemnização por interesse contratual positivo os lucros cessantes correspondem aos lucros que o lesado teria recebido se, tendo o contrato sido celebrado, viesse a ser pontualmente cumprido; já na indemnização por interesse contratual negativo correspondem às oportunidades de lucro que o lesado perdeu por ter celebrado o contrato e que teria tido se não o tivesse celebrado".

Justifica-se assinalar que a compreensão destes dois tipos de danos patrimoniais na indemnização fundada em responsabilidade pré-contratual

[660] Op. e loc. cit., pp. 482-483.

[661] Expressamente, Galvão Telles, "Culpa...", op. e loc. cit.. Também Marcelo Rebelo de Sousa, op. e loc. cit., p. 414; Manuel Gomes da Silva e Rita Amaral Cabral, op. e loc. cit., p. 457.

[662] Na jurisprudência portuguesa, v., p. ex., o ac do STJ de 3 de Outubro de 1989 (pr nº 07316) (Ferreira Dias), bem como o já referido ac. do mesmo tribunal de 21 de Maio de 2002 (Silva Paixão), e o também já citado de 11 de Setembro de 2007 (Fonseca Ramos); v. também o ac. do mesmo tribunal de 28 de Abril de 2009 (pr nº 09A0457) (Azevedo Ramos); e o mencionado ac. do mesmo Supremo Tribunal de 31 de Março de 2011 (Fernando Bento), bem como o ac. ainda do STJ de 11 de Julho de 2013 (pr nº 5523/05.2TVLSB.L1.S1) (Gregório Silva Jesus). Já o ac. do mesmo tribunal de 26 de Abril de 1995 (pr nº 086417) (Miguel Montenegro), no seu sumário (que é tudo quanto se conhece), é inconclusivo.

[663] No Brasil, Maria Cláudia Cachapuz, op. e loc. cit., pp. 80-81 e 84; e Luiz Edson Fachin, op. e loc. cit., em especial pp. 144 e 146.

[664] Pr nº 1299/11.2TBPVZ.P1.S1 (Maria da Graça Trigo).

é acolhida por grande parte das civilísticas europeias de *civil law*[665], encontrando-se um ou outro autor que se detém nos lucros cessantes, na versão de perda de uma outra oportunidade contratual para salientar que o dano carece, nessa situação, de prova de que seria "praticamente certo"[666], o que não reveste essencial especificidade relativamente aos lucros cessantes, designadamente no caso (não raro) de serem danos futuros.

E, para além dos danos patrimoniais, também os não patrimoniais, se os houver[667], são indemnizáveis[668] [669].

[665] Há excepções: p. ex., Jacques Flour e Jean-Luc Aubert, cit., pp. 276 e 277, recusam a indemnização dos lucros cessantes, embora ressalvando a hipótese "de a nulidade [ser] pedida por aquele que prosseguia um fim ilícito".

[666] Assim, Giorgio Afferni, op. e loc. cit., pp. 479-480 e 481.

[667] Giovanna Visintini, *Trattato dela responsabilità contrattuale*, Volume I, 2009, p. 691, dá o exemplo de um empresário teatral que, já depois do início dos ensaios, recuse contratar uma actriz como protagonista de uma peça e contrata uma outra para o papel, sem razão objectiva.
Também assim, Manuel Gomes da Silva e Rita Amaral Cabral, op. e loc. cit., pp. 458 e 461, dizendo que "são indemnizáveis os danos não patrimoniais". No mesmo sentido, Almeida Costa, cit., pp. 76 a 82, que configura o seguinte exemplo de dano não patrimonial: "**A** entra em negociações com o pintor B, para que este retrate a sua mãe C, pessoa idosa e doente. Em virtude das expectativas que **B** lhe cria, A rejeita uma proposta de D, igualmente artista qualificado. Mas **B** acaba por romper ilegitimamente essas negociações, deixando A sem possibilidade de, em tempo útil, contratar outro pintor antes da morte de C". Adere a este entendimento Marcelo Rebelo de Sousa, op. e loc. cit., pp. 403-404. V. igualmente Dário Moura Vicente, "Culpa...", op. e loc. cit., p. 274.
Carneiro da Frada, cit., p. 200, nota 154, refere "o requisito da verificação de um dano patrimonial efectivo", cuja omissão precludiria "a recondução [da responsabilidade pré-contratual, se bem o compreendo] a qualquer outra forma de responsabilidade [além da delitual, de que está a falar]".
Mariana Fontes da Costa, op. e loc. cit., pp. 385-386, parece reconduzir (ou reduzir) os prejuízos indemnizáveis aos patrimoniais, ao dizer que o "objectivo central" da responsabilidade pré-contratual é "a protecção do património", objectando a este entendimento – o que é ainda mais bizarro – que "não é só o ressarcimento de danos que individualiza a responsabilidade pré-contratual, mas também os fundamentos deste ressarcimento".
Dizendo que o dano é "pecuniário", embora não seja claro o que quer significar, Joanna Schmidt-Szalewsk, op. e loc. cit., p. 548.

[668] Sobre o tema e em sentido afirmativo, p. ex., Eduardo Milléo Baracat, cit., pp. 224, 225, 239 e 240, que dá os exemplos de lesão da honra do candidato a emprego e de invasão da sua vida privada; e Karen F. Venazzi, cit., pp. 51, 52, 55 e ss..

[669] Neste sentido, v., p. ex., acs. do STJ brasileiro – Ap: 0001057832013826062, Rel. Rômolo Russo, e Ap: 00058881420189 (Rômolo Russo), os já citados acs. do TJ-SP de 9 de Novembro de 2016 e TJ-PR, e do mesmo tribunal de 16 de Junho de 2016 (Marcia Dalla Déa

Para alguns autores portugueses, sendo o interesse contratual negativo o indemnizável, como regra, admite-se uma excepção: a de a obrigação pré-contratual incumprida ser a de celebrar o contrato: nessa hipótese, "a ([...] responsabilidade [pode] tender para a cobertura do interesse positivo (ou de cumprimento)"[670] [671].

Creio que a abertura de uma parte da doutrina mais tradicional à aceitação da indemnização pelo interesse positivo nestes casos de violação da obrigação de contratar, em especial quando o acordo está completo, tem muito que ver com a orientação da doutrina em matéria de inalegabilidade de vício formal, quando ele foi culposamente causado

Baron), o ac. do TJ-PR-APL 1005560-41.2016.8.26.0002., 36ª Câmara de Direito Privado, de 8 de Fevereiro de 2017 (Milton de Carvalho). Também assim, a jurisprudência portuguesa: p. ex.: o citado ac. STJ de 25 de Fevereiro de 2014 (Maria Clara Sottomayor).

[670] Vaz Serra, "Culpa do devedor...", op. e loc. cit., pp. 135 e 136, *supra* citado (nota 646).
Pires de Lima e Antunes Varela (com a colaboração de M. Henrique Mesquita), *Código Civil anotado*, Volume I, 4ª ed., 1987, p. 216; Almeida Costa, cit., pp. 75 e 76, escrevendo este autor que, nestas hipóteses, torna-se "duvidosa a existência de verdadeira responsabilidade pré-contratual" e que "o 'centro de gravidade' da obrigação de ressarcimento não reside aqui na ruptura das negociações em si mesma, mas na violação do dever prévio [!] de celebração do contrato". Deixa-se tão extraordinária proposição sem comentário.
Antunes Varela, cit., pp. 273-274, escrevia que "o artigo 227º não aponta deliberadamente para a execução específica do contrato, no caso de a conduta ilícita da parte ter consistido na frustração inesperada da conclusão do contrato. A lei respeita assim até o derradeiro momento da conclusão do contrato [...] um valor fundamental, transcendente, do direito dos contratos: a liberdade contratual".
Numa formulação estranha, mas que parece ser contrária a este entendimento, v. o ac. do STJ português de 20 de Dezembro de 1994 (pr nº 084092) (Folque Gouveia), onde se lê: "Não podendo fazer-se valer o interesse no cumprimento, por nulidade do contrato, a violação da boa fé por se ter criado uma expectativa não realizada, pode permitir, em sede de responsabilidade pré-contratual, ao interessado que tenha agido sem culpa, indemnização pelos danos decorrentes da não formalização do 'contrato de facto'".

[671] Neste sentido o citado ac. do STJ português de 26 de Janeiro de 2006 (Oliveira Barros); muito claramente adopta este entendimento o mesmo tribunal no já referido ac. de 11 de Janeiro de 2007 (Custódio Montes), em que se afirma que o mesmo vem sendo seguido por aquele tribunal; também o ac. do STJ de 14 de Julho de 2010 (pr nº 3684/05.0TVLSB.L1.S1) (Serra Baptista), o referido ac. do STJ de 16 de Dezembro de 2010, e o ac. do STJ de 25 de Outubro de 2012 (pr nº 2625/09.0TVLSB.L1. S1) (Bettencourt de Faria). Também assim, tanto quanto se pode compreender, o ac. do STJ de 10 de Julho de 2012 (pr nº 3113/06.1TVLSB. L1.S1) (Abrantes Geraldes), como o de 11 de Janeiro de 2017 (Alexandre Reis). No citado ac. do STJ de 13 de Janeiro de 2005 (Aguiar Pereira), escreve-se que há "no caso dos autos um específico dever de contratar ou de conclusão do negócio", mas o texto é muito confuso, não podendo extrair-se qualquer posição dele.

pela parte que o invoca. Não que as duas questões se consumam reciprocamente. Mas, aparentemente, a ligação surge de a solução jurídica final ser idêntica ou, ao menos, muito semelhante, e de o fundamento ser, em ambos os casos, a boa fé objectiva. É o que se passa, paradigmaticamente com C. Ferreira de Almeida[672], que se refere à "recusa de celebração do contrato [...], em violação do dever de contratar derivado de um acordo pré-contratual final", dizendo "que os argumentos mais convincentes para circunscrever a indemnização ao interesse contratual negativo são nestes casos inaplicáveis. Na verdade, a reconstituição hipotética, por via da indemnização, dos efeitos da situação contratual não contraria a lógica da opção da parte lesada [...] nem contende com a indefinição do conteúdo que é própria de casos em que houve interrupção de negociações. [...] A exigência formal é [...] o único valor geral do sistema jurídico a preservar. [...] este obstáculo tem de ser encarado à luz da orientação doutrinária e jurisprudencial que [...] vem admitindo que a invocação da nulidade por quem a provocou constitui abuso de direito. As duas situações têm evidentes semelhanças [...]. Pode até suceder, em casos particulares, que a parte inocente tenha ao seu dispor as duas pretensões em alternativa: extrair do contrato efeitos iguais aos que teria se fosse válido, alegando abuso de direito, ou pedir uma indemnização fundada em responsabilidade pré-contratual. Assim, se no lugar de um contrato cuja nulidade por razões de forma não pode ser invocada, se colocar um acordo pré-contratual final, representativo do consenso material obtido, ao qual, para ser contrato válido, falta apenas a forma solene ou a assinatura das partes, mal se compreenderia que não pudesse o lesado, quando impedido de exigir o cumprimento, ressarcir-se dos danos causados precisamente na medida da frustração do cumprimento".

Ora, num caso, está-se perante um contrato concluído invalidamente por vício de forma e invoca-se o abuso do direito para recusar a declaração de nulidade do negócio formalmente nulo – o que tem como consequência que, não sendo declarada a nulidade, ele passe a considerar-se como se válido fora. No outro, o negócio não chega a celebrar-se porque uma das partes recusa adoptar a forma legal, quando o acordo se encontra completo. Aí, não se coloca qualquer problema de nulidade, mas o de uma violação da obrigação pré-contratual de contratar.

[672] 4ª ed., cit., pp. 228-229 e 231.

São situações factuais e jurídicas diversas, mas, em ambas, o negócio surge aos olhos de quem vê – por desconsideração da imposição formal ou por ser substituído por uma sentença –, com invocação da boa boa fé, que impede uma das partes de invocar o vício formal ou impõe a uma delas a celebração do contrato que injustificadamente recusa.

Nem todos os autores que defendem, nestas hipóteses, a indemnização pelo dano positivo confundem as situações: Paulo Sobral do Nascimento aproxima os casos de "*recusa em formalizar* [...] o conteúdo (já acordado) de um negócio que as partes quiseram" dos de invalidade do negócio conhecida de uma das partes, aceitando a indemnização do "interesse contratual positivo" para ambas, observando que tem "algumas dúvidas" "quanto à possibilidade de se substituir a indemnização do dano positivo por uma celebração forçado do contrato", e dizendo que "a responsabilidade por *c.i.c.* não pode ir ao ponto de assacar, do negócio jurídico por falta de forma, uma vinculação idêntica à que derivaria da perfeição do negócio [...] A responsabilidade pré-contratual, nos casos em que admita a ressarcibilidade do interesse positivo [...], determina tão-só a indemnização em espécie"[673]. Não ocorre a este autor que a "substituição do contrato" é justamente "a indemnização em espécie".

A indemnização por este ilícito assume a forma de uma sentença que faz as vezes do negócio não celebrado. João de Castro Mendes[674] (sem que esteja a ocupar-se expressamente da responsabilidade pré-contratual), depois de analisar situações de abuso do direito em recusa de contratar, sustenta que, nelas, se deve recorrer ao artigo 830º do Código Civil português, invocando também o nº 2 de um preceito que figurava no Anteprojecto de Vaz Serra e cujo teor era o seguinte: "Não é admissível a recusa de contratar quando ela constitua abuso de direito. Em tal caso, tem a outra parte, além do direito de indemnização, nos termos gerais, o de se valer do disposto no artigo 25º (regime civil da execução)".

[673] Op. e loc. cit., pp. 256 a 262.

[674] *Teoria Geral do Direito Civil*, Volume II, 1979, pp. 199 a 201.
Com esta referência apenas pretendo mostrar como autores tão tradicionais aceitam o recurso à execução específica da obrigação de contratar, que aqui defendo dever ser admitida como indemnização em espécie.
Contra, como já ficou assinalado, Calvão da Silva, "Negociações ...", op. e loc. cit., p. 89.

Repare-se que não afirmo, como a maioria dos autores, que, nestas hipóteses, aceita o a indemnização do dano "positivo", que o lesado tem direito ao que equivaleria ao cumprimento do contrato para si.

Creio que a solução jurídica é a de aquele obter o equivalente ao contrato.

Isto é, que se está perante uma obrigação de contratar cuja violação gera obrigação de indemnizar em espécie, ou seja, direito ao próprio contrato[675]. Não só me parece a solução mais correcta dogmaticamente como aquela que repõe o lesado na situação que existiria se não fosse o ilícito pré-contratual. Assim, não há que descontar nada na indemnização do lesado, o que, na posição dos autores a que me refiro – embora, em geral, o omitam[676] –, teria que haver em muitos casos: bastaria que o contrato a concluir fosse oneroso[677]. O lesado teria direito ao equivalente à sua prestação sem despender o correspondente à sua dívida, se assim não fosse. Sobral do Nascimento[678] usa o argumento para recusar

[675] Dizendo que "o dano resultante da ruptura das negociações pré-contratuais não pode, no direito francês, dar lugar a uma reparação em espécie", pois isso "consistiria [...] na conclusão forçada do contrato, contra a vontade de uma das partes que, por hipótese, já não deseja contratar", informando, do mesmo passo, que a *Cour de Cassation* nem admitiu essa solução nem a afastou, Joanna Schmidt-Swalewski, op. e loc. cit., p. 554; mais adiante (pp. 564 a 566), a autora afirma que, mesmo identificando-se a existência de um pré-contrato, está excluída a possibilidade de reparação *in natura*.

[676] C. Ferreira de Almeida, *ibidem*, não fazendo referência a esta questão, coloca a seguinte: "[...] quanto à parcela do lucro cessante, o montante da indemnização pode ser eventualmente inferior ao lucro contratual esperado. Na verdade, em comparação com o incumprimento do contrato concluído e válido, a parte inocente não corre efectivamente o risco próprio do contrato e fica dispensada da prática dos actos extrajudiciais e/ou judiciais necessários para colocar a outra parte em situação de incumprimento definitivo e culposo. A libertação destes ónus constitui vantagem que, conforme as circunstâncias, pode ser patrimonialmente desprezível ou ténue, mas pode também ser significativa. Esta vantagem deve [...], por força [da] *compensatio lucri cum damno*, repercutir-se na potencial redução do montante da indemnização. No cálculo do dano efectivo não pode ser ignorada a vantagem comparativa que resulta da equiparação entre a violação do dever pré-contratual de contratar e o incumprimento culposo de um contrato já celebrado. Se é verdade que ambos constituem actos ilícitos, também é evidente que a recusa de celebração está ainda um passo antes do incumprimento".
Se bem que o excerto citado não me seja claro, tanto quanto posso compreendê-lo, não coloca o mesmo problema que no texto ficou equacionado.

[677] Afirmando-o, v. o já citado ac. do STJ português de 11 de Janeiro de 2007 (Custódio Montes).

[678] Op. e loc. cit., p. 251.

a indemnização do "interesse positivo" nas hipóteses de ruptura de negociações, pois, aí, "a indemnização pelo interesse positivo implicaria conhecer todo o conteúdo 'prestacional' do contrato. [...] Ora, como não é possível conhecer as prestações a que as partes se vinculariam, não é igualmente possível conhecer o interesse positivo. Logo, a limitação destes casos [...] ao interesse negativo impõe-se por estes motivos pragmáticos". Adiante[679], contudo, afirma, concordando com Menezes Cordeiro, que é possível (e justa) a indemnização pelo interesse positivo em hipótese de invalidade do contrato por culpa de uma das partes, dizendo que, aqui, "o conteúdo 'prestacional' do contrato já estava todo fixado, sendo, portanto, possível descortinar o dano de cumprimento".

E não acompanho os autores que afirmam que esta solução indemnizatória só vale nos casos em que o contrato se encontre completamente acordado. Na verdade, ponto é que os seus elementos essenciais o estejam; tudo quanto possa ser integrado pelas regras pertinentes ou completado por regimes supletivos não tem de ter sido convencionado. Pode, em suma, não se estar apenas perante um acordo a que apenas falta a forma legal. Pode, mesmo, não ser imposta qualquer forma. A ruptura do processo negocial muito avançado – em termos de já não ser indispensável qualquer acordo suplementar – constitui uma violação da obrigação pré-contratual de que emerge responsabilidade civil. Com a consequente obrigação de indemnizar; em espécie, isto é, através de uma sentença que substitui o contrato cuja celebração voluntária foi recusada.

Aliás, se as negociações ainda se encontrarem longe do acordo dos elementos essenciais, também essa ruptura constitui a parte que rompeu – se o tiver feito ilicitamente, isto é, com violação da boa fé – em responsabilidade pré-contratual. Neste caso, a indemnização não poderá ser constituída por uma decisão judicial que o supra, se o que faltar no acordo forem pontos essenciais em que as partes ainda não tivessem acordado. Os danos serão – para ceder aos quadros habituais que não são os meus – os negativos. Diria de preferência: serão os que tiverem ligação causal com o ilícito culposo. Mas este não corresponde às negociações[680], antes ao rompimento delas em violação da boa fé.

[679] Pp. 253 a 255.

[680] Como refere C. Ferreira de Almeida, 4ª ed., cit., p. 230 e nota 326, citando um acórdão da Relação de Lisboa, onde se lê: "por causa das negociações"; *idem*, 5ª ed., cit., p. 218.

Carneiro da Frada[681] é muito cauteloso "na admissão [...] [de] responsabilidade" pela não conclusão do contrato[682], deixando a seguinte proposição enigmática: "[...] a autonomia desta responsabilidade pressupõe que não esteja em causa a infracção de um dever de concluir o contrato por força da boa fé"[683]. Porém, o que determina o autor – para além da defesa (e como corolário desta) da intocabilidade da autonomia privada – é a convicção de que a "teoria da con-

[681] Cit., p. 506.

[682] Observa que "é do interesse da ordem jurídica preservar um espaço de liberdade para que os sujeitos possam negociar, avaliar os seus interesses, e tomar autonomamente a decisão de contratar. [...] Assim, como ponto de partida, a interrupção do processo negocial não constitui seguramente um facto ilícito. Até à consumação do contrato mantém-se a possibilidade de não contratar, o que constitui uma faceta imprescindível da liberdade de celebração de negócios jurídicos [...]. Deste modo, uma ruptura das negociações tem de considerar-se por princípio livre e isenta de responsabilidade. [...] Importa porém reconhecer excepções; sobretudo quando elas foram resultado de uma atitude específica de captação da confiança de outrem no fecho do contrato que, nas circunstâncias do caso, tornasse razoável a respectiva realização. [...] Pertence aos ditames de uma conduta leal e correcta que nenhuma das partes acalente na outra expectativas infundadas quanto a condutas futuras. [...] Existem pois conjunturas em que se reclama de qualquer um dos sujeitos que, limpidamente, 'mostre as cartas', na medida em que o 'jogo encoberto' conduza com probabilidade a um prejuízo do outro. [...] A responsabilidade decorre da infracção de exigências da boa fé e não da frustração de expectativas do sujeito em si mesmo considerada. [...] Parece abrir-se [...] espaço para uma responsabilidade pela confiança, que se desencadeia pela simples frustração de expectativas no êxito do processo negocial, como contrapeso da faculdade de desistência até ao momento da celebração".

[683] P. 511. E continua: "Importa portanto esclarecer se as exigências do *civiliter agere* imporão uma adstrição desse tipo, aí onde se concitou a confiança na celebração do contrato; [...] há fundadas razões para o recusar. Aceitar que a conclusão do contrato passaria a ser devida em certas circunstâncias como corolário de uma exigência objectiva da ordem jurídica e fundada nos ditames do comportamento de boa fé levaria à compressão da regra segundo a qual a liberdade de celebração do contrato se mantém... até ao momento mesmo dessa celebração; antecipar a possibilidade de uma desvinculação lícita do processo negocial a um momento anterior ao fecho do contrato colide fortemente com a consequência que dele brota de que os sujeitos conservam até essa precisa altura a faculdade de abandonar o processo negocial. Entre liberdade e vinculação, *tertium non datur*. Uma alteração do limiar da vinculação contratual amparada na regra da boa fé é inconciliável com a fronteira entre o âmbito da liberdade negocial e o da vinculação contratual através da emissão das correspondentes declarações negociais". E acrescenta (p. 513, nota 543): "Não se vê também modo de pedir ao dever (pré-contratual) de actuar de boa fé a indicação sobre se a confiança na celebração futura de um contrato merece ser protegida, quando é a admissibilidade mesma desse dever que está em causa. Teríamos uma inapelável petição de princípio".

fiança" funda autonomamente a responsabilidade civil[684]. E desta ideia retira[685] que "não pode recorrer-se ao princípio da restauração natural do prejuízo sofrido para obrigar aquele que frustra a confiança na conclusão do contrato a celebrá-lo a título indemnizatório [...]. Os prejuízos a ressarcir serão os derivados de a contraparte ter confiado na celebração do contrato (dano de confiança). Nenhuns outros". Como parte do pressuposto de que não está no artigo 227º do Código Civil português "a apregoada ligação da *culpa in contrahendo* à confiança", diz que se situa "sem dúvida fora do âmbito legítimo da *culpa in contrahendo*, porque ela não decorre da violação de um dever. Culpa pré-contratual e tutela da confiança são [...], em rigor, diferentes. Não se sobrepõem nem identificam"[686]. Os longos excertos transcritos permitem compreender

[684] Daí que escreva (pp. 514 a 519): "Requere-se é partir de uma responsabilidade emancipada da violação dos deveres de agir segundo a boa fé. Semelhante responsabilidade – se se quiser, uma responsabilidade 'pura' pela confiança – encontra-se abrigada das objecções que a consideração como ilícito do acto de ruptura de negociações suscita, uma vez que se baseia na simples ideia da imputação das consequências do seu comportamento àquele que concita uma expectativa alheia e depois a frustra, provocando danos. [...] Não se trata de conceder que o sujeito a responsabilizar se encontrava vinculado à celebração do contrato, mas apenas de aceitar que pode ter de indemnizar caso ofenda as expectativas que ele próprio alimentou. Esta construção harmoniza-se plenamente com a inexistência de um dever geral de correspondência à confiança alheia. Nem pois nesta constelação de responsabilidade por uma conduta pré-contratual ele é de aceitar". Carneiro da Frada continua dizendo que "não faz sentido" "fazer depender a responsabilidade por interrupção das negociações de um comportamento culposo ou ilegítimo do sujeito" ou exigir "um motivo justificado" para aquela interrupção, quando o sujeito "acalentou no outro expectativas de celebração do contrato", pois isso corresponderia a entender que "o acto de prosseguir negociações fosse (nalgumas circunstâncias) devido". E conclui: "as hipóteses de ruptura do processo negocial escapam na realidade às malhas da previsão do art. 227 do Código Civil ao exigir-se aí a violação culposa dos ditames da boa fé". O autor congratula-se com o carácter "surpreendente" da sua "conclusão". E prossegue ainda: "Não havendo vinculação a corresponder à confiança suscitada na conclusão do contrato, não faz igualmente sentido atribuir ao *deceptus* uma indemnização correspondente aos danos consistentes na não realização dessa expectativa".

[685] Pp. 519-520.

[686] Cit., pp. 523 a 525. E o autor continua: "Sem dúvida que os deveres pré-contratuais decorrentes da boa fé, ao mesmo tempo que promovem as condições para um livre e esclarecido exercício da autonomia privada, fornecem também a segurança e a fluência do tráfico negocial. Proporcionam neste sentido 'estruturas de confiança' na celebração dos negócios. Mas a função de estabilização ou institucionalização de expectativas que se assinale a uma regra jurídica não pode confundir-se [...] com o fundamento da responsabilidade pela sua violação. O cinzelar de uma autónoma responsabilidade pela confiança em relação à culpa

que, de par com uma ambição de originalidade, todo o pensamento do autor não é muito mais do que a defesa do "valor fundamental transcendente, do direito dos contratos: a liberdade contratual", de que falava com singeleza Antunes Varela.

Há autores – de que é paradigmático Carlyle Poop[687] – que distinguem entre indemnização de interesse negativo e positivo (e, mesmo, como não poderia deixar de ser, direito ao contrato ou execução específica) – em função do "estágio" das negociações. Trata-se de uma posição que faz algum sentido, pois os prejuízos, na hipótese de ruptura das negociações (aquela de que o autor se ocupa) são diversos em razão da confiança depositada pela parte lesada na celebração do contrato frustrada.

Também no Brasil se encontra quem[688], sem estar a ocupar-se do tipo de prejuízos indemnizáveis, escreva que "a grande questão aqui debatida é se das negociações pode surgir o dever de contratar, especialmente quando uma parte coloca para a outra, expressa ou concludentemente, como certa a conclusão do negócio. Sobre o assunto reina grande divergência entre os autores, advogando alguns a obrigatoriedade da contratação em determinadas circunstâncias. [...] O pensamento majoritário,

pré-contratual conquista espaço para o *venire* – ele próprio independente [...] da violação de deveres de agir – fazer face a perturbações ocorridas no período das negociações e da formação do contrato. Assim, quando se acalentam em outrem esperanças numa conduta futura, um comportamento posterior que as frustre é contraditório e, como tal, susceptível de gerar responsabilidade. Não pode estar em causa uma 'proibição' propriamente dita de *venire contra factum proprium*. É que [...] não existe qualquer imposição de manter uma conduta conforme com as expectativas efectivamente criadas (sejam elas relativas à conclusão do contrato ou a outros comportamentos futuros): na área pré-contratual não existem vinculações a adoptar condutas futuras, senão onde a lei ou um negócio disponham. Respeita-se [...], também aqui, a concepção [...] de que a relevância autónoma do *venire* é incompatível com uma adstrição jurídica à constância, à fiabilidade ou à credibilidade do comportamento por forma a satisfazer expectativas alheias. Não pode por conseguinte sustentar-se um dever de contratar *ex vi* do reconhecimento de um efeito inibitório ao *venire* que atinge a ruptura do processo negocial. Na realidade, o *venire* gera, em sede pré-contratual, a consequência geral [...] que se traduz numa obrigação de indemnizar (por facto, em si, lícito). [...] não se trata de constituir o *venire* em substituto (dogmático-jurídico) de um dever (inexistente) de celebração do contrato, mas apenas de tutelar através dele as expectativas acalentadas quanto à sua celebração, nos termos e limites estritamente exigidos para a salvaguarda do investimento de confiança realizado".

[687] Cit., pp. 231 a 233.

[688] Karina Nunes Fritz, *op.* e *loc. cit.*, p. 23.

tanto no Brasil, como na Alemanha, caminha em sentido contrário à existência de uma obrigação de contratar (*Kontrahierungszwang*). Parece claro que a tutela da boa-fé objetiva e da confiança não pode impor uma obrigação de celebrar o contrato, pois isso constituiria, em última análise, uma anulação da própria liberdade contratual que assegura aos envolvidos o poder de só se vincularem de acordo com sua livre vontade, ressalvadas eventuais hipóteses de imposição legal. Além disso, a presença de tal obrigação exclui a responsabilidade pré-contratual, como atentamente observa MASSIMO BIANCA. Aceitar o contrário seria admitir a impossibilidade de ruptura das negociações, o que contraria não somente o princípio da liberdade contratual, mas também o próprio sentido das negociações, que consiste precisamente na formação do livre convencimento acerca da conveniência do contrato"[689]. Ao que acrescenta – o que esclarece a sua posição – que "a obrigatoriedade de contratação provocaria graves entraves no mercado, pois seus atores se sentiriam inseguros e temerosos em travar negociações, vez que poderiam ser obrigados a celebrar um contrato inconveniente ou indesejado, mesmo contra a própria vontade. Mais razoável é, portanto, que o direito sancione por meio de indenização o comportamento desleal daquele que rompe sem motivo justo as tratativas". Porém, de seguida, diz: "A confiança ou – como enfaticamente têm utilizado doutrina e jurisprudência alemãs mais recentes – a certeza na conclusão do contrato depende da situação de negociação, ou seja, dos elementos objetivamente apuráveis como conduta e qualidade das partes, duração, complexidade e desenrolar das conversações, assim como da natureza, objeto e valor do contrato a ser celebrado. O ponto central do problema é identificar o momento em que surge ou pode surgir uma situação de confiança apta a gerar na contraparte a certeza na celebração do contrato, o que só pode ser apurado caso a caso pelo intérprete". Considerando que a condição das partes é decisiva para a avaliação da "confiança" que uma delas deposite na conclusão do contrato, diz ainda: "Havendo desnível estrutural entre as partes, constata-se que para a vulnerável a confiança na celebração do

[689] Neste sentido, Marcos José de Oliveira, op. e loc. cit., p. 91, escreve: "A obrigação de contratar está afastada, visto que não há dever jurídico pré estabelecido que obrigue quem tenciona contratar, mas, deixa de fazê-lo, e, não se vincula à outra parte via contrato". Também assim, A. Schreiber, cit., p. 251.

contrato apresenta-se mais cedo do que para aquele em melhor posição, o que encontra obviamente limite na imprudência. Distinta situação se passa entre negociadores experientes, em igualdade de condições, pois esses sabem – ou devem saber – que mesmo após entendimentos sobre importantes pontos do contrato planejado as negociações ainda podem fracassar. Para esses exigem-se critérios mais rigorosos para a configuração da confiança legítima na celebração".

Também sem sequer pôr a hipótese de haver obrigação de contratar, mas só admitindo responsabilidade por desistência das negociações "na fase avançada" destas, "em que restam apenas acertos de formalidades", Christoph Fabian[690]; o autor acrescenta, contudo – não é claro se na sequência ou em consequência do ponto –, que "o ressarcimento abrange o interesse negativo, este contém os danos que resultaram da confiança na contratação"[691].

A oposição ao reconhecimento de uma obrigação de contratar emergente da boa fé radica na afirmação da intocabilidade da autonomia privada, princípio ornamentado, po vezes, com a referência à impossibilidade de uma das partes ser constrangida a aceitar um contrato inconveniente para si.

Num contexto histórico – e, como ficou dito, se necessário fosse, nada recente – em que a esmagadora maioria dos contratos que se celebram no mercado não o são em condições mínimas de liberdade para um dos contraentes, afigura-se extraordinário que seja o argumento da inviolabilidade da liberdade que se invoca contra a necessidade do contrato em alguns (contados) casos. É evidente que esta posição favorece a liberdade: a daqueles que dela dispõem: de contratar, de definir unilateralmente os termos em que o fazem ou de, violando a ética das relações (que nada tem que ver com o Direito constituído), declarar, quando tal lhes convém, não querar afinal fazê-lo.

A admissão de indemnização do dano positivo não é, no entanto, inédita. R. J. P. Kottenhagen[692], falando sobre o já referido caso *Plas – Valburg*, escreve: "O tribunal entendeu que, quando estas [as negociações] estão avançadas, se o fizer tem de compensar a contraparte pelas despe-

[690] Cit., p. 125.
[691] P. 126.
[692] Op. e loc. cit., pp. 75 e 76.

sas em que esta incorreu, e, na fase final, "não é permitido a uma parte que rompa as negociações porque isso seria contrário à boa fé; a violação desta obrigação não só dá lugar a compensação do interesse negativo da outra parte, mas também [...] ao interesse positivo, isto é, por outras palavras, às vantagens que poderia ter havido. O passo seguinte foi dado pelo Supremo Tribunal em 1983: quando uma parte não quer continuar as negociações, pode haver, apesar disso, uma obrigação legal de o fazer e então a parte que o não quer pode ser forçada a negociar".

Mas a posição mais vulgar entre os estudiosos do problema é a de recorrerem à teoria da confiança para circunscrever o âmbito dos prejuízos indemnizáveis. Deixou-se abundantemente citada *supra* a posição paradigmática de Carneiro da Frada, cuja construção tem a originalidade de caracterizar a responsabilidade pela confiança como objectiva. Porque não é uma "responsabilidade" em sentido próprio. Transcreve-se de seguida a de Karina Nunnes Fritz[693], que, tratando especificamente do problema, diz que "remonta a JHERING a distinção entre interesse positivo e negativo, a qual vem sendo já há algum tempo objeto de críticas e reanálises [...], preferindo a doutrina alemã mais recente falar em dano da confiança, equivalente à terminologia *Vertrauensschaden*. Esse conceito, bem mais amplo e compreensivo, traduz a ideia de ressarcimento dos danos sofridos por quem legitimamente confiou no comportamento da contraparte. Dano da confiança 'é aquele que o lesado evitaria se não tivesse confiado, sem culpa, que, durante as negociações, a contraparte cumpriria com os deveres inerentes aos imperativos da boa-fé'". Depois de dizer que, na Alemanha, o ponto é controvertido, escreve: "A maioria da doutrina defende o ressarcimento exclusivo do dano da confiança, isto é, a lesão sofrida pela parte em razão da conduta desleal [...] Pode-se, então, concluir [...] que não se trata, assim, de se indenizar os custos com toda a negociação, mas as despesas decorrentes da conduta desleal assumida pela parte, qual seja, a de, após incutir na parte contrária a confiança na celebração do contrato, violar o seu dever de lealdade e romper as negociações. A indenização das despesas decorrentes da entrada em negociação pode ser ou não previamente estipulada pelas partes. Em havendo carta de intenção ou qualquer outro instrumento jurídico no qual as partes estabelecem a repartição das despesas

[693] Op. e loc. cit., pp. 32 a 40.

diretas ou indiretas das negociações, tem-se verdadeiro contrato na fase pré-contratual. Situação diversa – e que diretamente interessa ao estudo da responsabilidade pré-contratual – é aquela em que nenhum acordo dessa natureza foi celebrado, cabendo ao lesado comprovar os danos efetivamente sofridos, bem como os demais requisitos essenciais para a configuração da responsabilidade *in contrahendo*. Quanto aos danos emergentes, imprescindível identificar-se as despesas realmente indenizáveis. Aqui a polêmica gira em torno de saber se ressarcíveis são todas as despesas realizadas desde o início das negociações ou somente aquelas efetuadas a partir do momento em que a parte podia legitimamente confiar na celebração do contrato. Doutrina e jurisprudência alemãs defendem que nem todas as despesas realizadas durante as negociações são indenizáveis, mas somente aquelas efetuadas depois do momento em que a parte pode legitimamente confiar na conclusão do contrato. [...] Outro ponto polêmico relativo à questão do dano pré-contratual diz respeito à eventual limitação do dano indenizável, ou seja, à possibilidade de limitar a indenização tomando como parâmetro o interesse positivo, ou seja, o valor pecuniário que seria alcançado com a execução do contrato. Trata-se, em síntese, de saber se o *quantum* indenizatório (interesse negativo) pode superar o que a parte obteria com a execução do contrato planejado, o que, em caso afirmativo, colocaria a vítima do abandono injustificado em situação melhor que a que se encontraria caso o negócio fosse celebrado. [...] o debate se espalhou e parte da doutrina começou a defender a limitação da indenização socorrendo-se de um argumento lógico: a parte prejudicada pelo rompimento não pode ser colocada em situação melhor que a que se encontraria se o contrato tivesse sido celebrado. [...] Por isso, deve-se concordar com Almeida Costa e observar que, embora não pareça razoável admitir que o lesado seja colocado em situação mais vantajosa do que alcançaria com a conclusão do contrato, devem ser indenizados todos os danos que estejam em relação de causalidade adequada com o fato gerador da responsabilidade, ou seja, com o abandono injustificado das negociações, não havendo motivos para limitá-los pelo contrato fracassado. [...] O parâmetro para a fixação da quantia indenizatória não deve ser, portanto, o contrato projetado pelas partes, mas os danos efetivamente sofridos por quem confiou – e podia confiar – legitimamente na conclusão do negócio jurídico, ainda quando esses danos superem, em determinados casos concretos, o próprio valor do contrato planejado e não firmado. [...] Dano indenizável corresponde a tudo aquilo que a parte gastou (dano emergente), bem como às oportunidades perdidas (lucro cessante) a partir do momento em que surgiu a confiança legítima na conclusão do contrato, pois as despesas anteriormente realizadas, despendidas no intuito de convencer o outro a celebrar o contrato, devem ser assumidas por cada parte".

No Brasil, admite-se que a aceitação (muito limitada, como se viu) de um "direito a contratar" releve, por vezes, de alguma indefinição da fronteira entre uma fase avançada das negociações e a existência de um pré-contrato[694] [695].

A situação não é, porém, muito clara, pois, se é certo que uma corrente doutrinaria significativa se manifesta no sentido da indemnizabilidade, em sede de responsabilidade pré-contratual, do dano negativo[696],

[694] Distinguindo muito claramente, Carlyle Popp, cit., pp. 245 a 247. V., no entanto, a citação que faz de Maristela Basso (não é claro se aprovadoramente), para quem a distinção tem que ver com a completude, ou não, do acordo (p. 248).

[695] Na situação apreciada pelo ac. do TJ-SP-APL 0030835-03.2012.8.26.0114, de 9 de Junho de 2015 (J. B. Paula Lima), havia um "compromisso de venda", mas o tribunal entendeu que a situação não configurava não cumprimento do contrato, mas violação da boa fé objectiva, porque aquele contrato fora "rescindido", tendo as partes retornado "ao *status quo ante,* cabendo ao compromissário vendedor a obrigação de restituir as parcelas recebidas na integralidade mais perdas e danos experimentados pelo promitente comprador com o negócio frustrado]...]".

[696] Assim, p. ex., Antônio Junqueira de Azevedo, "Responsabilidade Pré-Contratual...", op. e loc. cit., pp. 24 e 30. O autor acrescenta, todavia: "somente nos casos de oferta a prazo ou da oferta com cláusula de irrevogabilidade é que se pode dizer que, se se admitir a retratação de oferta antes da aceitação e, portanto, se não for obedecido o vínculo da oferta pelo proponente (não é a melhor solução; a retratação não deveria ser admitida) o oblato terá direito às perdas e danos do interesse positivo, isto é, as do contrato não concluído. No caso do CDC, diferentemente, as perdas e danos são sempre as do interesse positivo, porque o próprio contrato é que, no caso, é considerado não cumprido; a bem dizer, portanto, no CDC, não há sequer a possibilidade de descumprimento da oferta, eis que, o contrato, se houver aceitação, é sempre reputado como concluído (art. 35, I, II e III)". Igualmente neste sentido, Récio Cappelari, op. e loc. cit., pp. 185 e 186. Porém, o autor, cit., p. 129, escreve: "[...] cremos que o caminho mais correto a se seguir é no sentido de considerar, em certos casos, a possibilidade de reparação do interesse positivo [...]".
Também Orlando Gomes, op. e loc. cit., p. 186, num passo confuso, conclui que, em caso de ruptura ilícita das negociações, "os danos ressarcíveis compreendem aqueles gastos em virtude da preparação e da conclusão do contrato, com estudos, viagens e especialmente com perda de tempo. É que a ruptura das negociações preliminares ou tratativas causa, principal-

também se encontra quem sustente que, verificados certos requisitos, o credor da indemnização tenha direito ao contrato. Assim, Carlyle Popp[697] admite a "obrigatoriedade do contrato, aspeto que viabilizará a execução específica [...]".

Neste sentido, no Direito do Trabalho, Luciano Augusto de Toledo Coelho[698] que invoca o art. 48º do CDC[699]. Os limites a que o autor condiciona a execução forçada da obrigação de contratar são os já enun-

mente, a perda de uma chance de concluir outros contratos mais vantajosos. O prejuízo com esses gastos deve ser, assim, ressarcido".

Assim, igualmente, Dallegrave Neto, cit., pp. 87 e 88.

Referindo o "interesse negativo" como objecto da indemnização, embora, logo de seguida, se refira "aos interesses positivos (próprios do contrato)" como indemnizáveis, Renata Domingues Balbino Munhoz, op. e loc. cit.. Na nota 20, a autora escreve o seguinte, sem que seja claro se o texto é seu ou alheio (não se sabe de quem): "No caso de responsabilidade pela ruptura das negociações contratuais não há ainda contrato estabelecido. Nenhuma das partes adquiriu direito a obter uma prestação. O que vem a ser frustrado pela ruptura das negociações é a sua expectativa na conclusão do contrato. Ocorre que os contratantes não dispõem de um direito ao estabelecimento da relação jurídica contratual, o que faz antever que não podem pretender serem indenizados pelas vantagens que o contrato, se estipulado, iria lhes trazer. O que pode ser violado na ruptura injustificada das negociações contratuais é a confiança que o contraente depositou na estipulação do contrato e não a obrigação em si de estipulá-lo. A responsabilidade pela ruptura das tratativas somente pode compreender os prejuízos que o contraente sofreu em razão de ter, de boa-fé, confiado na conclusão do contrato. Esses prejuízos se limitam, em princípio, portanto, às despesas em que incorreu durante o desenrolar das tratativas e eventualmente os prejuízos decorrentes da perda de algum outro negócio de que tenha desistido, em virtude de estar negociando o contrato que posteriormente não veio a se estabelecer".

Vinicius Dalazona, op. e loc. cit., é claro: "indeniza-se o dano da confiança, isto é, o dano que o agente teve por ter confiado na lealdade do outro, os danos que teria evitado se não tivesse confiado que a outra parte agiria de acordo com a boa-fé objetiva, que não abrangem o interesse positivo, caracterizado pelo que o ofendido teria logrado se o contrato tivesse sido celebrado".

V. também Maristela Basso e Letícia Martins, op. e loc. cit., p. 282, e Gustav Penna, op. cit., pp. 74-75, 78. e 87-88. Este último autor (p. 89) observa que "a solução jurídica dada pelo direito brasileiro à responsabilidade pré-contratual não é óptima do ponto de vista económico" (v. também p. 97).

Na jurisprudência, v. o já citado ac. do TJ-SP (33ª Câmara de Direito Privado) de 21 de Outubro de 2013.

[697] Cit., pp. 123, 232, 243, 251, 252 , 287 e 288.

[698] Cit., p. 127.

[699] "As declarações de vontade constantes de escritos particulares, recibos e pré-contratos relativos às relações de consumo vinculam o fornecedor, ensejando inclusive execução específica, nos termos do art. 84 e parágrafos."

ciados por Carlyle Popp *a)* não existir proibição legal (trabalho de menor, pernicioso ou insalubre); *b)* não haver exigência de espontaneidade, como, por exemplo, no casamento[700]; *c)* efeitos restritos às partes; *d)* natureza fungível da obrigação. Os tribunais brasileiros não parecem acompanhar esta orientação, admitindo responsabilidade por ruptura das tratativas, mas não direito ao sucedâneo do contrato[701].

A jurisprudência brasileira consultada inclina-se para a indemnização dos danos negativos[702].

Na doutrina brasileira, sobretudo no âmbito do Direito do Trabalho, parece entender-se haver uma presunção de culpa do agente na responsabilidade pré-contratual, não sendo claro de onde ela procede, Assim, por exemplo, Lucimar Pedroso de Andrade[703], a propósito da distribuição do ónus da prova da culpa, escreve, em citação de Dallegrave Neto: "'Se o dano pré-contratual em debate decorrer da frustração injustificada de resultado prometido ou de promessa de emprego ilaqueada na boa-fé, estar-se-á diante de inexecução de obrigação de resultado, sendo do agente (empregador) o ônus da prova dos motivos que justificaram a frustração, haja vista a presunção de culpa in contrahendo'"; e em citação de Toledo Coelho: "'O ônus da prova, assim, em se tratando de rompimento das tratativas em elevado nível de contato qualificado, é de parte que rompeu a negociação. No caso de infração a deveres de conduta, o ônus se aplica de acordo com os critérios tópicos e também do grau de confiança criado em cada parte, conforme os deveres criados pelo comportamento de cada um'". E o autor conclui: "No momento das tratativas ocorre acordo de vontades que gera deveres e obrigações

[700] Coloca aqui a questão do alegado *intuitus personae* do contrato de trabalho, que afasta, salvo no trabalho doméstico.

[701] P. ex., o ac.do TJ-SP, APL 0000320-86.2013.8.26.0069,de 13 de Março de 2018 (3ª Câmara de Direito Privado) (Marcia Dalla Déa Baron) afirma-o expressamente.

[702] A título de exemplo, v. o já citado ac. do TJ-SP (33ª. Câmara de Direito Privado) de 21 de Outubro de 2013 (Hamid Bdine), que recusou indemnização por responsabilidade pré-contratual com a alegação de que a pedida se refere ao interesse contratual positivo, bem como os acs. do TJ-SP, 4ª Câmara de Direito Privado, de 20 de Setembro de 2011 (Francisco Loureiro), da 6ª Câmara de Direito Privado, de 11 de Março de 2015 (Francisco Loureiro), e acórdão do mesmo tribunal APL 0112743-61.2011.8.26.0100, de 10 de Maio de 2016 (1ª Câmara de Direito Privado) (Francisco Loureiro).

[703] Op. e loc. cit..

recíprocos para as partes envolvidas, assim, se a parte contratante não finaliza o contrato, gerando dano a outra parte, deve o mesmo comprovar o motivo da não efetivação do contrato, sob pena de reparação pelo prejuízo causado em razão das negociações preliminares. Deste modo, o empregador tem o ônus da prova dos motivos que justificaram a frustração, haja vista a presunção de *culpa in contrahendo*, ou seja, a culpa do empregador que desiste da efetivação do contrato sem se justificar após ter gerado a outra parte, o empregado, expectativa na contratação futura. [...] Portanto, é da parte que rompeu a negociação o ônus da prova quando ocorre no período das tratativas em elevado nível de contato qualificado, pois foi a parte que não conclui o contrato que gerou a outra o prejuízo. Quando ocorre infração nas tratativas tem se nelas enraizados os deveres de conduta, assentados pelo princípio da boa-fé, assim o ônus da prova se aplica de acordo com os critérios tópicos e também de acordo com o grau de confiança depositado em cada parte envolvida nas negociações, conforme os deveres criados pelo comportamento de cada um no momento das tratativas"[704].

E até há quem, como Antônio Junqueira de Azevedo, afirme que, "no direito brasileiro [...], não se adota nem a expressão nem o conceito de 'interesse negativo' do direito alemão"[705].

Na jurisprudência, v., por exemplo, o acórdão da 33ª Câmara de Direito Privado do Tribunal de Justiça de São Paulo de 21 de Outubro de 2013 (Hamid Bdine), reconhecendo que "o dever de agir segundo a boa-fé objetiva está consagrado no artigo 422, noção a partir da qual se deve valorar o comportamento antes e após a celebração do contrato, pois sua inobservância implica sanção àquele que não agir do modo ideal, considerando-se o padrão de conduta do homem de bem", recusa indemnização por responsabilidade pré-contratual com a alegação de que a pedida se refere ao interesse contratual positivo.

Encontra-se, na doutrina portuguesa, uma corrente que defende que o dano indemnizável é o positivo[706].

[704] V. também Eduardo Milléo Baracat, cit., p. 240, este no sentido da dispensa da culpa.

[705] "A Boa-Fé na Formação dos Contratos", op. e loc. cit., p. 85.
O autor assume posições quase contraditórias, como resulta das citações.

[706] P. ex., Jorge Leite Areias Ribeiro de Faria, *Direito das Obrigações*, Vol. I, p. 130, nota (2), escreve que "parece que, se se tivesse procedido regularmente, o contrato teria sido celebrado,

Começa por dizer que há casos de ilicitude "na interrupção do processo de conformação do contrato", Nuno Manuel Pinto Oliveira[707] invocando "as directivas comunitárias 2000/43/CE e 2004/113/CE", que "convocam o princípio da igualdade como critério de controlo da licitude ou ilicitude, da legitimidade ou ilegitimidade do exercício da liberdade de contratar (ou não contratar)", concluindo que "é, ou pode ser, uma conduta ilícita (uma conduta contrária ao dever – no caso, ao dever de actuar de boa fé)" a "de quem repõe arbitrária e injustificadamente em discussão acordos intercalares". O autor[708] acaba por defender, se bem o compreendo, que, pelo menos nos casos de ruptura, há "sempre ou quase sempre" a "violação de um dever de conclusão do contrato, pelo que o lesado tem "direito ao cumprimento ou a uma indemnização dos danos decorrentes do não cumprimento do dever de conclusão do contrato (da lesão do interesse contratual positivo)".

Menezes Cordeiro[709], em texto que não é muito claro, pois se ocupa da indemnização por violação da boa fé pré-contratual, dizendo que "a limitação" aos danos negativos se "filia num entendimento da responsabilidade pré-negocial como fruto de um 'contrato tácito' não cumprido entre as partes" e que "perdeu hoje a sua base de apoio, dado o consenso existente em que a culpa 'in contrahendo' deriva da violação do princípio legal da boa fé", e acrescentando que o "artigo 227º/1 do Código Civil não faz qualquer limitação; por isso deve entender-se que, violada a boa fé *in contrahendo*, devem ser ressarcidos *todos* os danos causados", diz depois que "tudo isto se discute num cenário em que esteja em causa a ruptura injustificada das negociações" e que, "quando se ponha o tema da *violação do dever de informar, todos os danos* ficam mesmo sob a alçada da indemnização: não há que distinguir entre interesse positivo e negativo"[710] [711] [712].

a outra parte terá direito de exigir indemnização pelo interesse do cumprimento".

[707] "Culpa in contrahendo. Interesse contratual negativo e interesse contratual positivo – ac. do STJ de 26.1.2006, Proc.4063/05, anotado", *in Cadernos de Direito Privado*, nº 20 Outubro/ /Dezembro 2007, pp. 47 e 48.

[708] Pp. 48 e 49.

[709] "Dolo...", op. e loc. cit., pp. 165-166.

[710] V. também p. 167.

[711] Yann Martin-Lavigne, op. e loc. cit., informa que a *Cour de Cassation* recusa indemnização pelas oportunidades perdidas, limitando-a aos gastos realizados por causa do contrato pro-

Defendendo que a liberdade contratual nunca pode ser sacrificada em nome da boa fé, encontram-se – além dos já referidos, em que avulta Carneiro da Frada – ainda alguns autores portugueses, de que o exemplo mais relevante é João Baptista Machado[713]. É curioso observar como os autores que procuram restringir o alcance da responsabilidade pré-contratual, defendendo nomeadamente que nunca pode haver obrigação de contratar, frequentemente afirmam que a limitação da liberdade contratual que resulta da boa fé pré-contratual se faz "sentir apenas no plano ressarcitório"[714], não vendo que não é necessário ir além desse "plano" para obter uma sentença que faça as vezes do contrato não celebrado.

A jurisprudência inclina-se, como ficou dito, em regra[715], para a indemnizabilidade dos danos negativos. Mas também há nesta uma

jectado, ilustrando com uma decisão da 3ª Câmara Civil deste Tribunal de 28 de Junho de 2006, relativa à venda de um imóvel.

[712] Dário Moura Vicente, "Culpa...", op. e loc. cit., p. 275, exprime-se nestes termos (não se compreendendo se manifesta uma posição ou apenas sintetiza a da jurisprudência): "[...] as indemnizações arbitradas pelos tribunais não visam exclusivamente reconstituir o *statu quo ante* à lesão nem satisfazer a expectativa do lesado num bem que este obteria através do cumprimento do contrato projectado: ambas as finalidades têm sido prosseguidas através da imposição de responsabilidade pré-contratual, consoante a natureza do facto indutor do dano". Seja qual for o propósito, outrem que o entenda, que não eu.

[713] "A cláusula do razoável", *in Obra Dispersa*, Volume I, *Scientia Jurídica*, pp. 464 a 468, onde o autor sustenta que o princípio de que não existem no Direito "poderes de exercício arbitrário" tem uma única excepção: a liberdade de contratar ou não o fazer, que é um "poder de exercício arbitrário", não podendo "ser vinculada pelo critério normativo do razoável, mas só o pode ser mediante a abdicação do arbítrio, através da vinculação a uma prestação determinada (ou determinável)".

[714] V., por todos, Albuquerque Matos, op. e loc. cit., p. 325.

[715] No sumário do ac. do STJ português de 17 de Dezembro de 1985 (pr nº 072840) (Senra Malgueiro) refere-se que a responsabilidade respeita aos "danos que culposamente causar", mas a referência é insuficiente para se poder retirar qualquer conclusão. Diversamente, o já citado ac. de 3 de Outubro de 1989 (Ferreira Dias) parece claro quando diz que são indemnizáveis todos os danos "desde que, é claro, estejam relacionados por um nexo de causalidade do facto causador da responsabilidade".

O ac. do STJ de 21 de Maio de 2002 (p 02A999) (Silva Paixão), embora afirmando que "a indemnização prevista no art. 227º do CC [...] tende para o ressarcimento do interesse contratual negativo", diz que, "excepcionalmente, pode cobrir o interesse positivo, se ocorrer violação do dever de concluir o contrato". De forma pouco clara, o ac. do STJ de 29 de Janeiro de 2004 (pr nº 03B4187) (Ferreira Girão), depois de dizer que é indemnizável o "dano

orientação que admite a indemnização específica emergente de responsabilidade pré-contratual. Pronuncia-se neste sentido, por exemplo, o acórdão do Supremo Tribunal de Justiça de 13 de Janeiro de 1993 (Ramiro Vidigal)[716], que, apreciando uma situação de erro incidental, provocado por falta de informação devida pela contraparte, decidiu que, devendo "a reparação [...], na medida do possível, repor a situação que existiria se não se tivesse verificado o evento [...], [tal] implica a anulação parcial que vem a redundar em redução da cláusulas de renda, na medida em que transcendem as importâncias superiores às previamente acordadas [...], e a restituição das quantias já pagas [...]".

Não se retoma a questão da posição segundo a qual a indemnização do dano negativo deve ser limitada pelo valor do dano positivo[717], por se considerar que não se justifica fazê-lo.

A restauração específica na responsabilidade pré-contratual tem sido acolhida pela jurisprudência do *BGH*, que tem entendido que a forma de tornar indemne o contraente induzido em erro pela contraparte pode, em especial nos casos em que o erro não tenha os requisitos anulatórios, considerar-se desvinculado do contrato que não teria concluído ou não teria celebrado naqueles termos, não fora o erro devido ao incumprimento culposo da obrigação de informação do outro contraente.

negativo", afirma que o são "todos os prejuízos sofridos" pelo lesado. No ac. do STJ de 3 de Novembro de 2015 (pr nº 784/03.4TBTM-AR.C1.S1) (Pinto de Almeida), afirma-se que "[...] os danos indemnizáveis seriam aqueles que a parte inocente sofreu com o acto ilícito e culposo da contraparte", mas o problema acaba por não ser apreciado *in casu*.

716 *In O Direito*, Ano 125º, 1993, I-II (Janeiro-Junho), p. 156.

717 Sobre ela, v., p. ex., Almeida Costa, cit., pp. 83 a 85, que, aliás, não a acolhe em geral, mas afirma que se "impõe" "uma ponderação de equidade", porque "não parece razoável que o lesado possa ser colocado, pela ruptura das negociações, numa situação mais vantajosa do que a que conseguiria se o contrato que as mesmas visavam se tivessem consumado", expondo uma teoria de "salto qualitativo" do "dano de confiança" para o "dano de cumprimento", para concluir que, "havendo ruptura ilegítima das negocaições preparatórias, a indemnização do interesse contratual negativo [...] não [...] [pode] ultrapassar a que caberia ao interesse positivo [...]".
Também Heinrich Hörster, cit., p. 474, depois de dizer que não há "uma limitação especial do montante da indemnização", afirma que, "quando o contrato não se concluiu, a responsabilidade pelos danos é limitada, no máximo, pelo interesse positivo que o lesado tinha na conclusão do contrato, enquanto no caso da conclusão do contrato, a responsabilidade fica necessariamente limitada pelo interesse negativo, como se não tivesse havido as negociações prejudiciais, ao lado do cumprimento, claro".

Mariana Fontes da Costa[718] opina que, no Direito português, se está, nestes casos, "perante uma lacuna do ordenamento jurídico", defendendo "ser de recusar uma aplicação analógica generalizada do regime do dolo e do erro às situações de indução negligente não enquadráveis no erro-vício". E continua: "[...] resultando o regime dos vícios de vontade de uma ponderação levada a efeito pelo legislador, entre a autonomia privada do declarante e a confiança do declaratário e terceiros na validade do negócio, difícil nos parece contrariar esta ponderação, quer com fundamento numa interpretação extensiva (que nos parece de todo inadmissível), quer numa aplicação analógica (pela dificuldade de preencher as exigências de similitude das razões de ser que esta implica)". É inegável que qualquer aplicação analógica seria, mais do que difícil, inadmissível, pois não está em causa qualquer lacuna, mas tão-só a aplicação da regra do artigo 566º, nº 1, do Código Civil português, que manda que se restaure especificamente o lesado sempre que tal seja possível. Mas a citada autora conclui (como se nada que deixou dito existisse): "Contudo e aderindo à posição do *BGH* quando entende que a simples vinculação ao contrato constitui nestes casos um dano (numa concepção que claramente ultrapassa a teoria da diferença [que a autora ignora que apenas se aplica quando a indemnização é pecuniária], encarando o património como instrumento de satisfação de interesses do seu titular [seja o que for que isto signifique]), então, e pela aplicação do art. 562º CC, somos levados a concluir que também no direito português a violação negligente de deveres de informação poderá conduzir à destruição ou modificação do contrato, por aplicação da indemnização por restauração natural". Ainda acrescenta outras considerações – pouco propositadas, como seria de esperar – sobre as *rationes* dos regimes do dolo e do erro não qualificado, justificando o seu entendimento de adesão ao do tribunal alemão (com fundamento em disposição que não é a aplicável), por a responsabilidade pré-contratual, "diferentemente" (dos regimes referidos), ser "um instrumento de reparação de danos que opera entre devedor e credor", daí resultando que, "não operando retroactivamente, não afecta a posição que terceiros eventualmente tenham vindo a adquirir por intermédio do contrato. A ponderação de

[718] Op. e loc. cit., pp. 389-390.

interesses na responsabilidade pré-contratual é apenas entre a salvaguarda da liberdade de decisão do lesado e a confiança do lesante na manutenção do contrato. Ora, sabendo que o devedor desrespeitou culposamente um dever de conduta, não nos repugna que se veja confrontado com a destruição do contrato (ou adaptação, vigorando aqui as mesmas exigências axiológicas), como consequência da reparação natural".

Em texto que escrevi sobre o tema, sustentei que não há razão, salvo histórica e muito pregressa, para, nesta sede, distinguir entre danos positivos e negativos, antes havendo que se apurar os prejuízos indemnizáveis nos termos gerais, em razão da sua ligação causal ao ilícito pré-contratual[719] [720]. Continuo a não ver motivo, salvo histórico – que nada

[719] Em texto pouco claro, Ferrer Correia, cit., p. 297 e nota 1, e pp. 298-299, distingue entre interesse positivo e negativo, e observa que "falta no nosso código civil [...] um preceito semelhante ao art. 26º do cód. suíço das obrigações: 'A parte que invoca o seu erro para se furtar ao efeito do contrato, é obrigada a reparar o dano resultante da invalidade da convenção se o erro provier da sua própria culpa' [...]. Mas, quando não queira ver-se no art. 653º do nosso código – norma que torna o proponente responsável, em caso de retratação anterior ao momento da chegada da resposta, pelos prejuízos daí resultantes para a outra parte – uma disposição susceptível de ser aplicada por analogia a todos os casos da chamada responsabilidade pré-contratual, – não será ainda assim impossível, decerto, recorrendo aos princípios válidos em matéria de reparação de danos extra-contratuais, justificar aquela obrigação de indemnizar a que aludimos [...]". Observando que seria melhor não permitir ao declarante em erro que o pudesse invocar para obter a anulação do negócio, entende que, "se de facto é só o interesse negativo desse contraente que se quer tutelar, se esta solução se considera bastante, então nada seria menos lógico nem menos razoável do que seguir o caminho de se proibir ao declarante a invocação do seu erro", pois "a outra parte receberia desta maneira uma compensação quase sempre maior do que a devida (e, em todo o caso, sempre diversa); resultado que se afigura claramente inconciliável com os princípios válidos em matéria de reparação de danos. – Todo o problema está, por conseguinte, em saber se é o interesse positivo ou o interesse negativo do declaratário que deve ser objecto duma especial tutela. [...] Julgamos [...] preferível, à solução proposta pela doutrina dominante, a de se ver na culpa, em que o declarante enganado possa ter incorrido, uma simples causa de responsabilidade pelos danos causados à outra parte".

[720] Neste sentido, Giorgio Afferni, op. e loc. cit., p. 481.

Assim também Daniel Ustárroz, op. e loc. cit., pp. 101 a 104, que, apoiando-se em acórdãos portugueses e brasileiros, em Antunes Varela, Menezes Cordeiro e em Ângelo Luminoso, entende que são todos os danos decorrentes do ilícito pré-contratual (v. também p. 90, nota 328).

Garcia Rúbio *apud* Karina Nunes Fritz, op. e loc. cit., p. 39, "analisa o assunto com base na experiência suíça e informa que também lá 'tem-se sustentado que o dano reparável nas

legitima que se mantenha – para a referida distinção, e a entender que a indemnização deve ser, também nos termos gerais do artigo 566º, nº 1, do Código Civil português, privilegiadamente em espécie e não em dinheiro[721]. O que tem como corolário que, quando a falta pré-negocial se traduzir na ruptura injustificada do *iter* contratual, numa fase em que o essencial do negócio já esteja acordado, a indemnização em espécie deva traduzir-se em sentença que substitua o contrato não celebrado, em violação da boa fé[722].

Não está em causa qualquer compromisso unilateral de contratar ou a promessa de conclusão do contrato, de que se fala nos Direitos inglês e norte-americano. Trata-se, antes, de uma obrigação de contratar emergente da boa fé, que vincula ambos os negociadores numa fase de completamento do processo negociatório, em que cada uma confia em que a outra celebrará o contrato, pois nada mais falta do que essa celebração. Também não se trata, como diz Carneiro da Frada[723], de "posição decor-

hipóteses de responsabilidade pré-contratual é todo aquele que se encontra em relação de causa e efeito com o comportamento danoso, sem nenhum outro limite que os derivados da relação de causalidade, a qual é o único critério válido de distinção para decidir-se qual dano é ou não ressarcível'".

[721] Manuel Gomes da Silva e Rita Amaral Cabral, op. e loc. cit., pp. 455-456, 460 e 461, escrevem, a este propósito: "Parece indubitável que à obrigação de indemnizar se aplica o regime genérico constante dos artigos 562º e seguintes. A circunstância de os factos antijurídicos determinantes da obrigação de reparar poderem ser qualificados como tal por força da *culpa in contrahendo* ou no âmbito da legislação sobre prospectos é para aquele efeito irrelevante. O dever de indemnizar é versado pelo legislador português de modo autónomo, não dependendo, na sua disciplina, da natureza lícita ou ilícita, subjectiva ou objectiva da responsabilidade em que radica. E, por maioria de razão, da qualificação do ilícito que está na sua origem. [...] o artigo 566º manda reparar, em princípio, o dano real mediante a restauração *in natura*. A reposição natural só deve ser afastada quando se revelar impossível [,] não reparar integralmente os prejuízos ou for excessivamente onerosa para o devedor". Mais adiante (p. 457), porém, observam que "se entende", "estando em causa a reparação de um dano, representado pela frustração da confiança depositada na lisura da contraparte e na validade do contrato, aquela nunca pode abranger o prejuízo que resulta do incumprimento, o qual supõe necessariamente a vigência do clausulado contratual", posição que afastam, no caso em análise, por não se levantar nele "a hipótese da relevância do interesse positivo", parecendo a sua conclusão apontar para que partilham o entendimento de que os danos indemnizáveis são os negativos.

[722] Neste sentido, o citado ac. do STJ português de 26 de Janeiro de 2006.

[723] Cit., p. 503, nota 532.

rente de uma cláusula contratual mediante a qual as partes se obrigam a negociar [...]".

Segundo Jacques Flour e Jean-Luc Aubert[724], em caso de nulidade culposa do negócio, a jurisprudência francesa orienta-se para uma indemnização em espécie, recusando o pedido de declaração de nulidade por parte daquele que culposamente lhe deu causa, o que os autores criticam. Note-se que, a fazer fé nestes autores, não está em causa exactamente a invocação da recusa da alegação do vício formal por parte daquele que culposamente o causou, mas a atribuição de uma indemnização específica equivalente ao contrato válido. Porém, sendo as situações, como se deixou visto, muito próximas e havendo quem não as distinga, não se pode estar certo de que seja esta a hipótese.

Aurélien Bamdé[725] refere o nexo de causalidade, mas apenas tem em consideração as hipóteses em que o contrato não se formou, pelo que diz que nada permite "afirmar com certeza que as negociações teriam tido êxito, não fora a ruptura culposa", pelo que conclui que não pode haver outra indemnização que não seja a dos danos negativos (os correspondentes aos dispêndios feitos para o contrato), até porque, quanto aos lucros cessantes, mesmo admitindo que "sejam certos", sempre "permanece a questão da avaliação do prejuízo [que] levanta necessariamente numerosas dificuldades" e é "um exercício extremamente perigoso na medida em que os termos do contrato se encontravam em negociação". Não vale a pena prosseguir a citação, cujo sentido e consistência são claros.

Carneiro da Frada[726], analisando a posição daqueles que defendem que, em casos de "*culpa in contrahendo* por informações erradas ou incompletas, se [...] [proceda] à destruição do contrato por via indemnizatória", diz que "esta tese levanta dificuldades gerais de harmonização com o regime dos vícios da vontade e da declaração que não pode arriscar-se a subverter pela via da indemnização pré-contratual", mas, considerando que a questão só se coloca nas hipóteses de dolo, acaba por admiti-la, embora "só" "se a outra parte no contrato for (também) efectivamente responsável pela publicidade enganadora", o que, observa, "não tem por que acontecer".

[724] *Droit Civil. Les Obligations.* 1. *L'acte juridique*, 7ème édition, 1996, p. 277.

[725] Op. e loc. cit..

[726] Cit., pp. 199 e 200, nota 154.

No sentido de que o direito à indemnização específica traduzida na destruição do contrato deve ter, tal como o direito de anulação, um prazo de um ano para o seu exercício, Jorge Sinde Monteiro[727], posição com que M. Fontes da Costa concorda[728], com a seguinte fundamentação, que não aprecio por incompreensão: "Partindo do princípio que [*sic*] se trata de uma lacuna do legislador [?], que, verdadeiramente, não chegou sequer a conceber a aplicação do art 227º CC a estas situações, há que fazer uma correcção e fixar como prazo para pedir a destruição do contrato, nos termos da responsabilidade pré-contratual, o período de um ano"[729].

Trata-se de problema que pode suscitar dúvidas: a favor daquela posição, pode argumentar-se com o facto de a reparação do dano ser, pelo menos, muito semelhante à anulação (a destruição do negócio, embora seja, no mínimo, muitíssimo questionável que tenha efeitos retroactivos); mas, contra ela dir-se-á que tal destruição tem uma causa jurídica que é diversa, isto é, a indemnização – a reparação do dano – e não uma anulação fundada em vício dele. Tudo ponderado, julgo que à indemnização (seja ela específica ou pecuniária) deve aplicar-se o seu regime próprio, sem considerar a hipótese de anulação. Esta tem também regime e não exclui a indemnização, se bem que, se a ela houver lugar, a mesma não se consubstancie na destruição do contrato, efeito já conseguido pela anulação, mas na reparação dos danos (suplementares) que o ilícito culposo tenha causado.

Outro ponto que põe em causa a distinção entre danos positivos e negativos é o de haver contratos válidos em que uma das partes sofre danos por violação de um dever pré-contratual, as mais das vezes uma obrigação de informação[730]. Pode, na verdade, acontecer que o contraente lesado pelo contrato não tenha direito a anulá-lo, que tenha deixado

[727] Cit., pp. 378 e ss..

[728] Op. e loc. cit., p. 391.

[729] A questão da duração do prazo para a acção de indemnização restrito ao da acção de anulação foi ponderada por Vaz Serra, "Mora do devedor", *in BMJ* nº 48, 1955, p. 186.

[730] No sentido de que esta responsabilidade poder surgir em contratos válidos, Francesco Benatti, cit., pp. 23 a 25. V. ainda Almeida Costa, cit., pp. 35 e 36; *idem*, "Intervenções...", op. e loc. cit., p. 364, P. Pais de Vasconcelos, cit., p. 495; e Dário Moura Vicente, "Culpa...", op. e loc. cit., p. 267.
Em formulação que não me é clara, Heinrich Hörster, cit., p. 474, diz que "a aplicação do art. 227º [do CC português] não tem como pressuposto a imperfeição do contrato".

esgotar o prazo para requerer a anulação ou, até, que prefira ter o contrato, desde que os prejuízos por ter contratado naqueles termos lhe sejam ressarcidos ou que o contrato sofra a modificação que corresponda à sua "vontade hipotética"[731], isto é, à que ele teria tido (e tem ainda) se não o tivesse concluído em erro induzido ou mantido pela contraparte. Um exemplo destes é o julgado no acórdão do Tribunal de Justiça de São Paulo[732] de 9 de Novembro de 2016, em que o contrato, viciado por erro qualificado por dolo, foi mantido e a indemnização foi atribuída – por omissão da informação devida na fase pré-contratual – de modo a compensar a desvalorização do bem comprado.

Nos trabalhos preparatórios do Código Civil português, Vaz Serra[733], incidentalmente, escrevia que se entendia que, "em regra, convalidado o contrato, não pode exigir-se indemnização, por se entender que a parte optou pela eficácia do contrato, tendo já em conta os prejuízos que dele resultariam ou hão-de resultar" ao que acrescentava, porém: "Mas não é assim quando a confirmação do contrato não é devida ao facto de a parte o considerar aceitável, mas ao de ela entender que a anulação a prejudicaria ainda mais. É precisamente o que se pode verificar nos casos do chamado dolo incidental, isto é, do dolo que apenas levou a parte a contratar em condições menos favoráveis", concluindo que, nestas hipóteses, pode convir à parte lesada "exigir sòmente a reparação do dano [...]". O autor continuava, para concluir: "Temos, assim, que pode exigir-se a reparação do dano, além de se fazer anular o negócio, e que pode exigir-se a reparação do dano, sem se fazer anular o negócio. [...] Se se decidir [...] que a obrigação de reparação do dano diz respeito ao chamado interesse contratual negativo (danos resultantes do dolo ou da

[731] Uso aqui a expressão de Galvão Telles, op. e loc. cit., pp.342-343 e nota (3), que defende – muito acertadamente, do meu ponto de vista – que, havendo "essencialidade relativa" do erro, "o contrato fica de pé, mas, pelo menos, sob certos aspectos, com efeitos diversos – os correspondentes aos que o errante teria desejado", opinando que não se trata "de verdadeira conversão, tal como está prevista e regulada no artigo 293º do Código Civil. [...] no caso de erro relativamente essencial, o acto não chega a ser anulado, apresenta-se desde o começo com a configuração harmónica com o querer conjectural do autor da declaração viciada; e não é preciso um coincidente querer conjectural do outro interessado, bastando que este devesse, segundo a boa-fé, aceitar a vontade hipotética do primeiro se ela lhe houvesse sido comunicada".

[732] APL 0006073-91.2013.8.26.0564, relator Alexandre Coelho.

[733] "Mora do devedor", op. e loc. cit., pp. 184 e 185.

coacção, tratando-se, portanto, de colocar o prejudicado na situação em que estaria se não tivesse havido dolo ou a coacção), parece de entender que haverá a obrigação de reparação do interesse positivo quando possam interpretar-se as declarações feitas como significando que se garante a validade e o cumprimento do negócio".

Em comentário ao artigo 2.1.16 dos *PECL* que já se deixou referido, María García e Marta Otero Crespo[734] opinam que "do texto resulta que a indemnização é devida mesmo que a parte não responsável não esteja interessada em anular o contrato ou, até, quando esta anulação já não seja tecnicamente possível". E fundamentam-se em que "os primeiros comentários à disposição destacam que os danos são devidos independentemente de o contrato ter sido ou não invalidado, assim como a diferença entre os danos previstos neste preceito e os derivados do incumprimento do contrato, já que enquanto neste segundo caso se prevê um ressarcimento integral que inclui a compensação de todo o tipo de danos [...], aqui alude-se exclusivamente ao chamado interesse negativo, que coloca a parte lesada na mesma posição em que estaria se o contrato não se tivesse chegado a celebrar, o que no dizer de alguns não exclui necessariamente a perda de benefícios da impossibilidade de contratar com um terceiro". Admitindo expressamente a existência de responsabilidade pré-contratual em contratos válidos, dizem que "esta situação pode ocorrer quando há descumprimento dos deveres laterais, tais como deveres de informar, de segredo, de clareza, de lealdade, de proteção", Renata Domingues Balbino Munhoz[735] e Mirella Cristina Fior[736].

É muito relevante a jurisprudência analisada por Alberto Cuccuru[737]: o autor, depois de chamar a atenção para que, em tempos mais recentes, muitos problemas se colocam no domínio da actividade de intermediação financeira, refere a sentença n. 19024/06, dizendo que "o percurso argumentativo que levou a esta decisão teve continuidade nas sentenças de 19 Dezembro 2007, n. 26724/06 e n. 26725/06 que esclareceram como: a. a violação dos deveres de informação do cliente e de correcta execução das operações que a lei põe a cargo dos intermediários na rea-

[734] Cit., p. 11.

[735] Op. e loc. cit..

[736] Op. e loc. cit., pp.145-146.

[737] Op. e loc cit..

lização dos serviços de investimento pode dar lugar a responsabilidade pré-contratual, com o consequente dever de ressarcimento dos danos, quando tais violações ocorram na fase precedente ou coincidente com a estipulação do contrato de intermediação destinado a regular as relações sucessivas entre as partes. Pode, ao invés, dar lugar a responsabilidade contratual ou eventualmente levar à resolução do contrato referido, quando se trate de violações relativas a operações de investimento ou desinvestimento feitas em execução do contrato de intermediação financeira em questão. [...] O próprio modo como a norma se encontra formulada e a explícita ligação dos referidos deveres de informação e de acautelamento do interesse do cliente, na realização das operações individuais, denota como o Legislador quis aqui contemplar sempre deveres de comportamento pré-contratuais e contratuais, já não normas de validade do contrato, seja esse o contrato quadro de intermediação financeira ou contratos singulares através dos quais é dada execução àquele. [...] Precisou-se que a violação de se comportar segundo a boa fé durante as negociações e na formação do contrato tem relevância [...] também se o contrato celebrado for válido e todavia resultar prejudicial para a parte que foi vítima do comportamento incorrecto: nessas hipóteses o ressarcimento do dano deve ser medido pela 'menor vantagem' ou pelo 'maior peso económico' causado pelo comportamento adoptado em violação do dever de boa fé [...] (Trib. Florença 18 Outubro 2005). Com a sentença n. 24795/08 [...], este princípio consolida-se seja relativamente à medida do dano ressarcível seja no que respeita à possibilidade de ver integrada a violação do dever de se comportar segundo a boa fé sempre que o contrato que seja concluído seja válido e eficaz mas resulte prejudicial para a parte vítima do comportamento incorrecto". O mesmo autor, referindo o entendimento de que, em caso de contrato válido, a responsabilidade pré-contratual fica precludida, discorda dela. Em seu abono expõe a posição do Tribunal de Cassação já referida *supra*, no sentido de "a violação do dever de se comportar segundo a boa fé no desenvolvimento das negociações e na formação do contrato [assumir] relevância [...] também se o contrato celebrado for válido e não obstante resulte prejuízo para a parte que foi vítima de comportamento incorrecto, equivalendo o ressarcimento do dano à menor vantagem ou ao maior agravamento económico determinado pelo pelo comportamento incorrecto adoptado em violação da boa fé, salvo se se demonstrar a existência de outros danos que resultem ligados a tal comportamento por uma relação 'rigorosamente consequencial e directa' (Cass. 29 Setembro 2005, n. 19024)".

Embora o não diga expressamente, parece ser esse o sentido do acórdão do Supremo Tribunal de Justiça português de 3 de Abril de 1990[738]; e é-o sem dúvida o já referido acórdão do mesmo tribunal de 4 de Abril de 2006 (Nuno Cameira), como o é o acórdão sempre do STJ de 23 de Outubro de 2008[739], ou o já referido acórdão também do STJ de 14 de Julho de 2009[740]. Neste sentido, em *obiter dictum*, o também já citado acórdão do Tribunal de Relação de Lisboa[741] de 7 de Agosto de 2008, e igualmente o já citado acórdão do Supremo Tribunal de Justiça de 14 de Janeiro de 2003[742].

Dizendo que "no âmbito do conceito de responsabilidade pré-negocial abrangem-se não só casos de negócios nulos ou anuláveis, ou situações em que não chegou a celebrar-se qualquer negócio, por quebra das negociações, mas ainda os casos em que se celebrou validamente determinado negócio, mas em que, no respectivo processo formativo, foram provocados danos que devam ser reparados pelo respectivo responsável", o acórdão também do Supremo Tribunal de Justiça português de 13 de Maio de 2003[743].

Há quem recuse, em princípio, o dever de indemnizar quando o negócio é válido[744]. A principal – se bem que não única – razão para esta posição é histórica, o que significa, em regra[745], a repetição acrítica dos entendimentos que vêm de Ihering e de Fagella. A responsabilidade pré-contratual foi concebida para as hipóteses de contratos inválidos e para as situações em que as negociações a eles tendentes abortavam inesperadamente. Os prejuízos daí resultantes foram designados por

[738] Pr nº 080075 (Santos Monteiro).

[739] Pr nº 08B2943 (João Bernardo).

[740] (Paulo Sá).

[741] Pr nº 1536/2008-1 (Rui Vouga).

[742] (Ponce de Leão).

[743] Pr nº 03A878 (Moreira Alves).

[744] Já se mencionou a posição da jurisprudência italiana referida por Alberto Cuccuru, op. e loc cit..

[745] Pode assim não ser. Os interesses defendidos podem, como ficou dito *supra*, explicar a resistência ao questionamento da posição tradicional.

negativos. E a natureza desta responsabilidade ficou a oscilar entre a contratual (em sentido estrito) e a delitual: surgia no preâmbulo de um contrato, mas sem que ele se tivesse formado ou sem que o tivesse sido validamente. Toda esta construção se tem mantido no essencial. Mesmo por aqueles que se propõem superá-la. E, no entanto, reconhece-se que a conduta é ilícita porque violadora da boa fé pré-contratual e é evidente que esse ilícito pode traduzir-se em prejuízos diferentes dos da invalidade do negócio. Admitir esta evidência, no seu conjunto, implica apenas pôr em causa um quadro dogmático secular, o que raros estão dispostos a fazer. E nem sempre isso se explica por reverência, timidez ou limitação intelectual.

Deste entendimento parece decorrer a admissibilidade de uma cláusula penal para esta responsabilidade[746] [747]. Terá, todavia, de se analisar o regime dela para o afirmar com certeza[748].

Também se encontra quem aceite a obrigação de indemnizar, em contrato "originariamente válido", de modo restrito dizendo que ela só se justifica nos casos em que "os deveres pré-contratuais de informação sejam estabelecidos com especial densidade, como sucede nas relações de consumo e de intermediação financeira". É a posição de C. Ferreira de Almeida[749] que também diz que "o que sucede com certas medidas adoptadas nalgumas legislações para contrariar o sobreendividamento das famílias por excessiva concessão de crédito se justificam mais por razões de solidariedade social do que pela violação de deveres de informação a cargo das instituições de crédito". Discordo inteiramente: as pessoas (com família ou sem ela) não dispõem de informação acerca do custo do crédito ou das consequências financeiras da mora, por exemplo, limitando-se a saber qual o montante das prestações de reembolso e de juros, desconhecendo a taxa destes e o valor que a sua aplicação ao mútuo concluído representa. A questão não se me afigura de solidariedade, social ou outra, mas de informação básica.

[746] V. Carlyle Popp, cit., p. 282.
Afirmando-o, em Portugal, v. o ac. do STJ de 14 de Setembro de 2017, pr 2568/13.2T2AVR.P1.S (Tomé Gomes).

[747] Arts. 408º e ss., CC brasileiro, e 810º e ss., CC português.

[748] V. *infra* Parte VIII.

[749] 4ª. ed., cit., pp. 213-214, e 5ª ed., cit., p. 203.

C. Ferreira de Almeida coloca a dúvida de que possa existir responsabilidade pré-contratual, em outros casos de contratos válidos, respondendo que, "em abstracto, não há razão para excluir a possibilidade de responsabilidade pré-contratual por violação de deveres de informação quando não se verifiquem simultaneamente os requisitos de anulabilidade do contrato, uma vez que a restrição da *culpa in contrahendo* aos contratos inválidos foi há muito ultrapassada e não deixou quaisquer resquícios na redacção do artigo 227º", mas que, "na falta de preceito específico de protecção institucional de um dos contraentes e enquanto não estiverem delineados critérios gerais (legais ou jurisprudenciais) que delimitem os deveres de informação *in contrahendo*, pode ser temerário admitir que a linha de fronteira de tais deveres seja exterior àquela que demarca as insuficiências de informação geradoras de anulabilidade com base em dolo ou em erro simples provocado"[750]. Sinde Monteiro[751], apesar de afirmar que, "de entre os grupos de casos de responsabilidade por culpa na formação dos contratos, conta-se o da celebração de um contrato não correspondente às expectativas, devido ao fornecimento pelo parceiro negocial de informações erradas ou à omissão de esclare-

[750] O autor examina o regime dos "contratos convalidados, em especial contratos anuláveis [...], mas efectivamente não anulados, em que o valor da prestação do lesado é excessivo. A causa do desequilíbrio consiste geralmente em informação insuficiente ou deturpada fornecida pelo lesante ou no aproveitamento da situação de necessidade ou de inferioridade do lesado. Optando este, apesar de tudo, por manter o contrato, a indemnização deve consistir, pelo menos, em repor o equilíbrio, através da redução da sua prestação". E o autor observa que "este resultado corresponde basicamente ao critério do interesse contratual positivo", pois, "de outro modo, estaria excluída a possibilidade prática de o lesado optar pela subsistência do contrato". Já quando se trata de "contratos anulados", entende que, "além do direito à restituição do que tiver sido prestado, só é [...] concebível a indemnização pelos danos correspondentes ao interesse contratual negativo, uma vez que o próprio lesado excluiu a subsistência do contrato, preferindo reconstituir a situação tal como estaria se nenhum contrato se tivesse celebrado". E acrescenta que "a solução não pode ser diferente mesmo que o lesado seja a parte sujeita à anulação, sob pena de os efeitos da anulação do contrato serem iguais aos da sua subsistência". Finalmente, ocupando-se dos "contratos nulos ou ineficazes, em que se ocultou o factor determinante da nulidade [...] ou de ineficácia [...]", afirma que "não se vê como pretender que a indemnização pudesse incluir a compensação pela frustração de um resultado que [...] seria objectivamente inatingível", isto é, "a cobertura do interesse contratual positivo redundaria afinal na obtenção de um resultado equivalente àquele que o sistema jurídico repudia e que, por razões de interesse geral, pretende evitar com a cominação de nulidade ou de eficácia" – 4ª. ed., cit., pp. 226 e 227.

[751] Cit., pp. 355 e ss..

cimento devido", é tão restritivo no quadro da configuração dos "deveres de informação pré-negocial" e na admissibilidade da consequente responsabilidade que nada se pode retirar daquela proposição. O "tão restrito" "quadro de configuração dos 'deveres de informação pré-negocial'" é o do autor, claro. Se os eliminasse, mais fácil seria, pois o problema sumiria. Já Marcelo Rebelo de Sousa[752], analisando a situação da compra e venda das acções de uma sociedade[753] sobre a qual impendiam "garantias pessoais ocultas", aplica o regime da compra e venda de bens onerados, e afirma que, não tendo o comprador optado pela anulação do contrato, "tem o direito a que o vendedor expurgue o bem das garantias que o gravam (artigo 907º do Código Civil português)", escrevendo: "a este direito acresce, naturalmente, o direito à indemnização por todos os demais danos não cobertos por aquela 'reparação em espécie'", o que faz todo o sentido face ao regime da compra e venda de bens onerados que, com especificidades, é um regime de responsabilidade pré-contratual, dele dizendo o autor isso mesmo[754].

O artigo 4:106 dos PECL, sob a epígrafe "Informação incorrecta", dispõe o seguinte: "Uma parte que tenha celebrado um contrato confiando em informação incorrecta dada pela outra parte pode obter indemnização de acordo com o Artigo 4:117(2) e (3) mesmo que a informação não dê direito a anular [*avoid*] o contrato com fundamento em erro nos termos do Artigo 4:103, salvo se a parte que deu essa informação tinha razões para acreditar que a informação era correcta". De acordo com o § 1 deste artigo, "uma parte que anula [*avoid*] um contrato nos termos deste Capítulo pode obter indemnização da outra parte que coloque a parte que anula tanto quanto possível na mesma posição em que estaria se não tivesse celebrado o contrato, desde que a contraparte conhecesse ou devesse ter conhecido o erro, dolo [*fraud*], coacção ou obtenção de um benefício excessivo ou de uma vantagem não razoável [*unfair*]"; e o § 2: "Se uma das partes tem o direito de anular um contrato nos termos deste capítulo, mas não exerce o seu direito ou se perdeu o direito nos termos das disposições dos Artigos 4:113 ou 4:114, pode obter, nos termos do parágrafo (1), indemnização limitada à

[752] Op. e loc. cit., p. 396.

[753] Compra e venda que equipara, bem, à compra e venda da própria sociedade.

[754] Op. e loc. cit., p. 399.

perda causada pelo erro, dolo [*fraud*], coacção ou obtenção de um benefício excessivo ou de uma vantagem não razoável. A mesma medida de indemnização aplica-se quando a parte foi enganada por informação incorrecta nos termos do artigo 4:106".

No Brasil, há quem – criticando a situação – entenda que, se o contrato é anulável, mas o legitimado não requer a sua anulação, "não há nenhuma consequência", pois não pode, então, "pedir qualquer indenização pela má-fé da parte contrária".

Antônio Junqueira de Azevedo[755] acrescenta que "o que há de mais interessante é que, quando o dolo ou a coação não são determinantes do negócio – e, portanto, se referem a ponto secundário –, o negócio não é anulável, mas o prejudicado, mesmo assim, pode pedir perdas e danos, por ato ilícito do causador do prejuízo".

E há quem se preocupe em sublinhar – em particular nos casos de responsabilidade por ruptura das negociações – que só são indemnizáveis os prejuízos posteriores à existência de uma confiança fundada na conclusão do contrato[756], mas julgo que esta aparente restrição não carece de menção suplementar relativamente à que ficou feita um pouco ao longo de todas as Partes III e IV.

Justificativa de realce é a hipótese de ao contrato ter sido dado início de cumprimento, já nos casos em que ele ainda não se aperfeiçoou, já naqueles em que tenha sido celebrado, mas seja inválido ou ineficaz.

Caso o contrato ainda não se encontre concluído e uma (ou ambas) das partes tenha começado a cumpri-lo com o acordo da contraparte, a responsabilidade só depende da existência de prejuízos, podendo, se não faltar acordar um elemento essencial (ou, na ordem jurídica portuguesa, algum sobre o qual uma das partes tenha declarado necessário o acordo), a indemnização ser específica, consistindo em sentença que substitua o negócio.

[755] "A Boa-Fé...", op. e loc. cit., p. 83.

[756] Assim, Giorgio Afferni, op. e loc. cit., pp. 477 a 479.

Parte VIII
Regime da responsabilidade pré-contratual

Quanto ao problema do regime desta responsabilidade em qualquer das ordens jurídicas, a maioria das doutrinas e jurisprudências continua a propender para o da responsabilidade extracontratual[757], o mesmo sendo o entendimento do Tribunal de Justiça da União Europeia[758].

Julgo que isto é assim, já por razões históricas, já porque muitos autores confinam a responsabilidade contratual à que emerge do incumprimento de um contrato, quando tratam desta questão[759]. Colocando-se esta, as mais das vezes, antes da conclusão de um contrato, ela é vista em relação a ele. Não se encontrando o contrato formado, a responsabilidade não pode ser "contratual". Como afirma Renata Helena Paga-

[757] Assim, emblematicamente, em França; v., p. ex., Jacques Flour e Jean-Luc Aubert, cit., p. 276, Aurélien Bamdé, op. e loc. cit., e Joanna Schmidt-Szalewsk, op. e loc. cit., pp. 547-548 e 555.

[758] V. ac. de 17 de Setembro de 2002, *Fonderie Officine Mecccaniche Tacconi SpA* contra *Heinrich Sinto Maschinenfabrik GmbH (HWS)*, com o fundamento da "inexistência de um compromisso livremente assumido por uma parte perante a outra durante as negociações [...]".

[759] Veja-se, como exemplo, Daniel Ustárroz, op. e loc. cit., pp. 95 a 97. O mesmo autor (p. 94) diz que "o tema da responsabilidade pré-contratual encontra-se ainda distante de ser pacificado neste momento histórico, tanto na doutrina quanto na jurisprudência", referindo-se ao enquadramento dela no regime da responsabilidade obrigacional ou delitual. Também muito claramente, Caio Mário da Silva Pereira, *Responsabilidade Civil*, 9ª edição 1999, p. 74, Récio Cappelari, cit., pp. 62, 64 e 65, Karen F. Venazzi, cit., pp. 33 e 34, ou Luiz Edson Fachin, op. e loc. cit., p. 146.

noto Moura[760], a corrente maioritária na doutrina é neste sentido, "pois argumentam seus autores que por ainda não haver contrato a responsabilidade não surgiria de um vínculo entre as partes, mas do dever geral de não prejudicar outrem". E, se não é contratual, é extracontratual. As premissas desta conclusão são esteitas e, no essencial, erradas, mas podem compreender-se.

No Brasil, por exemplo, Clóvis do Couto e Silva[761] diz: "Se o contrato não chega a existir, ou se se trata de um contrato absolutamente nulo, a responsabilidade não pode ser qualificada como 'ex contractu'". Este autor parece entender que o regime da responsabilidade obrigacional (ou contratual) supõe a existência de um contrato. Daí que escreva[762]: "Mas há muitos autores que afirmam que, mesmo que não haja contrato, se deveriam aplicar as regras jurídicas da responsabilidade contratual, pois esta, na maior parte dos países, tem soluções diferentes da responsabilidade delitual. Para justificar esta conclusão fazem apelo à existência de um direito costumeiro que determinaria a aplicação das regras da responsabilidade contratual às hipóteses de 'culpa in contrahendo'. Esta conclusão é, parece, artificial. [...] Pode mesmo dizer-se que, em razão da especificidade da 'culpa in contrahendo', os deveres que se lhe ligam não são diferentes dos que nascem de um contrato, se bem que a categoria jurídica dos contatos sociais seja de ato material, perante a ausência de vontade. Tem de se considerar que, se o contrato chega a existir em razão da referida 'culpa in contrahendo', ou dá lugar à anulação por dolo, então a execução do contrato não é perfeita, o que permite ao credor recusar o pagamento ou obter indemnização"[763]. Orlando Gomes[764] observa que "a falta de um preceito que expressamente consigne essa conversão, levanta dúvidas quanto à natureza dessa *responsabilidade*. Nesses casos, não há cogitar de um **tertium genus** autônomo em relação à responsabilidade contratual e a responsabilidade extracontratual ou aquiliana. Há de se enquadrá-la numa dessas modalidades. [...]

[760] Op. e loc. cit..

[761] Cit., pp. 20-21.

[762] P. 21.

[763] Parece aderir a este entendimento Vera de Fradera, "Dano...", op. e loc. cit., p. 177.
É possível que exista aqui uma influência francesa. Nesta ordem jurídica, muitos autores afirmam que se está perante uma responsabilidade delitual, como se disse *supra*.

[764] Op. e loc. cit., pp. 183 e 184.

é de entender-se nos sistemas omissos quanto à existência manifesta e concludente da *boa-fé* no processo formativo do contrato. [...] o Direito brasileiro encontra-se entre as legislações que não consignaram explicitamente, devendo, pois, acompanhá-las na fundamentação da responsabilidade pré-contratual. Tal é a razão do entendimento de que entre nós a responsabilidade pré-contratual se rege pelas regras da *responsabilidade extracontratual*"[765] [766]. Karina Nunes Fritz analisando a natureza dos deveres pré-contratuais no Direito alemão, afirma que "o *contato negocial*, estabelecido entre as partes em função da preparação do negócio jurídico, cria *uma relação jurídica obrigacional* [...]", diversamente do que sucede no Brasil[767].

[765] Neste sentido, Récio Cappelari, cit., p. 56, apesar de dizer que os deveres pré-contratuais se encontram "inseridos no âmbito do direito obrigacional" (pp. 62 e 64).

[766] Assim, Fichtner Pereira, cit., pp. 247 a 273.
Para indicação de outros autores brasileiros que defendem a natureza delitual desta responsabilidade, v. Carlyle Popp, cit., pp. 148-149.

[767] Dizendo isto mesmo a propósito da maioria da doutrina brasileira, Renata Domingues Balbino Munhoz, op. e loc. cit., referindo Antônio Chaves, Pontes de Miranda, Caio Mário da Silva Pereira e Carvalho de Mendonça. A autora escreve o seguinte (que não se pode apoiar): "[...] devemos já esclarecer que a responsabilidade pré-contratual decorre "não do fato de a tratativa ter sido rompida e o contrato não ter-se concluído, mas do fato de uma das partes ter gerado, à outra, a expectativa legítima, de que o contrato seria concluído". A afirmação é ilustrativa.
Fernando Noronha, *Direito das Obrigações*, Vol. I, cit., p. 455, escreve: "o fato de os deveres fiduciários (de informação, cuidado e lealdade) a que as partes estão adstritas durante as negociações preliminares serem resultantes apenas do dever geral de agir em conformidade com a boa fé significa que o desrespeito por eles, se ocasionar danos, vai ficar inserido no âmbito da responsabilidade civil, não no da negocial".
V. Maristela Basso e Letícia Martins, op. e loc. cit., p. 273.
No mesmo sentido, Gustav Penna Gorski, cit., p. 71, e ainda José Alexandre Tavares Guerreiro, op. e loc. cit., p. 64.
Vinicius Dalazona, op. e loc. cit., diz, de forma pouco clara quanto ao fundamento: "No Brasil, a responsabilidade é legislativamente tratada como se aquiliana fosse, com base em dois argumentos precípuos: a) não há contrato a ser violado; b) os deveres de consideração decorrem da máxima do 'neminem laedere'".
Diz que "o princípio 'neminem laedere', criado pelo direito romano [...] serve de pilar para a sustentação desta responsabilidade", Phenélope Carvalho de Almeida, cit., p. 35, embora mais adiante (p. 37), escreva, aparentemente a propósito do contrato preliminar: "No caso de não se estabelecer a relação jurídica definitiva, e havendo um dano, logicamente, haverá direito a reparação, mas tal reparação terá por fundamento uma responsabilidade contra-

Numa outra linha de raciocínio, Lucimar Pedroso de Andrade[768] atribui a esta responsabilidade natureza contratual, pois – embora não seja inequívoco o seu texto neste ponto (e, por isso, se cita) – parece afirmar que existe um pré-contrato: "O que existe no pré-contrato é a vontade de ambos os contratantes para realização do contrato. Desse modo, uma das fontes do contrato é a vontade, que por sua vez enseja obrigações que geram responsabilidades. Portanto, cada contratante defenderá seus interesses buscando um acordo que melhor faça convergir as vontades em questão e que não representem qualquer prejuízo. Assim sendo, a responsabilidade civil pré-contratual se enquadra na responsabilidade contratual, pois decorre do ilícito rompimento injustificado praticado por uma das partes envolvida nas negociações antes da celebração do contrato".

Encontram-se, entretanto, autores, como Antônio Junqueira de Azevedo[769] que, depois de enunciar as diferenças de regime, diz: "pensamos que, embora surgindo de ato ilícito, a responsabilidade pré-contratual, por se tratar de descumprimento de deveres específicos, gerados pela boa-fé objetiva, deva se submeter ao tratamento da responsabilidade contratual". Adere a este entendimento, Renata Helena Paganoto Moura[770] dizendo que "mesmo na fase das negociações preliminares já existe um vínculo entre as partes, impondo a estas deveres de conduta". Também Calyle Popp[771], e Dallegrave Neto[772] a situam claramente na responsabilidade obrigacional. Referindo-se exclusivamente ao dever de informar do fabricante, no domínio do Código Civil de 1916, e não obstante a inexistência de contrato entre este e o consumidor/utilizador do produto, Vera Jacob de Fradera[773] escreve: "De acordo com nosso en-

tual, posto que o pré-contratual já estabelece uma relação obrigacional"; a primeira ideia parece confirmada a pp. 43 e 44.

Marcos José de Oliveira, op. e loc. cit., diz – o que dificilmente compreendo – "que é possível aplicar a responsabilidade civil [pré-contratual] nas relações de trabalho, mesmo que rara, por analogia, quando se verifica a ocorrência dos pressupostos da responsabilidade aquiliana".

[768] Op. e loc. cit..

V. decisões judiciais referidas por Edson Fachin, op. e loc. cit., pp. 140 e 141.

[769] "Responsabilidade Pré-contratual...", op. e loc. cit., pp. 23-24 e 29 e 31.

[770] Op. e loc. cit..

[771] Cit., pp. 148 a 150.

[772] Cit., p. 89, analisando a natureza absoluta ou relativa do direito da parte que é lesada.

[773] "O dever...", op. e loc. cit., p. 65.

tendimento, a tese contratualista tem aplicabilidade, desde que se considere o dever de informar sob a ótica do princípio da boa-fé, quando aquele é concebido como dever anexo, cujo adimplemento é devido juntamente com o dever principal".

A jurisprudência no Brasil nem sempre coloca esta questão. Encontram-se decisões que qualificam a responsabilidade pré-contratual como "aquiliana": assim, por exemplo, os já citados acórdãos do TJ-PR de 8 de Fevereiro de 2017 e do mesmo tribunal de 10 de Maio de 2016[774]. Mas também se encontram acórdãos que a qualificam como uma "responsabilidade pela confiança", "autónoma em relação à responsabilidade contratual e à extracontratual, constituindo-se em um terceiro fundamento ou 'terceira pista' (*drite Spur*) da responsabilidade civil, tendo carácter subsidiário: onde houver o dano efectivo, requisito essencial para a responsabilidade civil e não for possível obter uma solução satisfatória pelos caminhos tradicionais da responsabilidade, a teoria da confiança será a opção válida. [...] A responsabilidade pela quebra da confiança possui a mesma *ratio* da responsabilidade pré-contratual [...] O ponto que as aproxima é o fato de uma das partes gerar na outra uma expectativa legítima de determinado comportamento, que, após, não se concretiza. O ponto que as diferencia é o fato de, na responsabilidade pré-contratual, a formalização de um contrato ser o escopo perseguido por uma das partes, enquanto na responsabilidade pela confiança, o contrato, em sentido estrito, não será, ao menos necessariamente, o objectivo almejado"[775].

Dário Moura Vicente[776], perguntando a que condições se subordina, no novo Código brasileiro, a imputação de danos sofridos *in contrahendo*", escreve que "a respeito importa, antes de tudo, salientar não haver no art. 422º do Código – diversamente do que sucede no preceito correspondente do Direito português –, disciplina específica da responsabilidade pré-contratual. Nessa matéria, o intérprete é, por isso, remetido (com maior amplitude do que sucede no Direito português) para as regras gerais da responsabilidade civil". Ora, não é verdade que a omissão

[774] O ac. do TJ-PR-APL 4000012-59.2013.8.26.0011, de 22 de Fevereiro de 2016, 33ª Câmara de Direito Privado, relator Francisco Loureiro, fala em "responsabilidade aquiliana e pré-contratual (culpa in contrahendo)", mas talvez não seja de lhe atribuir grande significado.

[775] O já citado ac. do STJ de 27 de Abril de 2017.

[776] "A Responsabilidade Pré-Contratual...", op. e loc. cit., p. 36.

do enunciado das obrigações pré-contratuais seja característica diferenciadora do regime brasileiro em relação ao português, nem que se seja remetido, naquele, "com maior amplitude", para as regras da responsabilidade civil[777]. Daí que não possa dizer-se, com Moura Vicente[778], que, no Direito brasileiro, "o art. 422 [...] [seja], portanto, disposição paradigmática de certo afrouxamento da vinculação do julgador à lei e do reconhecimento deste a um poder modelador, fatores que caracterizam os Direitos contemporâneos em várias latitudes". Nem, neste domínio, a situação é recente nem diversa da da lei portuguesa.

A diversidade está, como ficou claramente explicado, no facto de o Código Civil português conter um preceito relativo à responsabilidade pré-contratual e de norma paralela inexistir no Código Civil brasileiro. Mas, em ambas as ordens jurídicas, o entendimento pacífico é o de que a relação pré-contratual entre as partes é regida pela boa fé objectiva. Em ambas, portanto, o aplicador do Direito tem grande margem de liberdade – vinculada, naturalmente – na apreciação dos factos, a fim de identificar as obrigações que da boa fé emergem, para, da avaliação do seu incumprimento, identificar o ilícito culposo causador dos prejuízos.

O nº 2 do artigo 227º do Código Civil português manda aplicar à prescrição do direito à indemnização o regime da responsabilidade delitual[779]. Mas esse elemento não contribui para qualquer solução geral: tanto pode ser interpretado no sentido de que a lei entende que se trata de responsabilidade delitual, como, até mais verosimilmente, de que, sendo o seu regime o da responsabilidade obrigacional, neste aspecto se remete para o da responsabilidade extraobrigacional[780]. Também do ele-

[777] Usando a formulação de Almeida Costa, "Intervenções...", op. e loc. cit., p. 359, "o acolhimento, por uma norma jurídica, de um modelo ideal de conduta, de um 'standard' ou padrão ético-jurídico, mercê da sua indeterminação deliberada, levanta o problema de uma contínua concreção, concretização ou [...] de um preenchimento com valorações. [...] Fornecerão mais ou menos luz as anteriores concretizações da cláusula [da boa fé]. De toda a sorte, há que encontrar dentro dos aludidos parâmetros uma normatividade exterior ao juiz, embora não rigorosamente fechada ou vinculativa, que afaste a insegurança jurídica e o arbítrio decorrentes de inconfinado subjectivismo jurisprudencial".

[778] *Ibidem*.

[779] O prazo é, pois, de três anos contados do "conhecimento do direito", isto é, do conhecimento dos factos constitutivos do direito. Neste último sentido, v. p. ex., o ac. do STJ português de 11 de Maio de 2000 (pr nº 00B268) (Duarte Soares).

[780] Sem detenção, mas neste sentido, parece, Almeida Costa, cit., p. 90.

mento histórico não se afigura que possa retirar-se argumento decisivo, pois, se é certo que o Ante-projecto de Vaz Serra apontava para o regime da responsabilidade obrigacional, da sua alteração nada de concludente resulta[781]. Naquela proposta, encontrava-se o regime da responsabilidade contratual para a pré-contratual e, autonomamente, remetia-se para o regime prescricional da responsabilidade contratual. A lei omitiu referências ao regime, apenas se ocupando do prazo de prescrição. Que pode retirar-se desta opção? ...

Em nenhum dos regimes fica claro, pois, se é aplicável à responsabilidade pré-contratual o regime da obrigacional ou o da extraobrigacional. É certo que o artigo 227º do Código Civil português enuncia, como requisitos da responsabilidade que prevê, o incumprimento culposo de qualquer das obrigações pré-contratuais e os danos por aquele causados, enquanto o artigo correspondente do Código brasileiro apenas refere o dever de conduta conforme com a boa fé e a probidade, mas, a haver consequência da omissão daquele dever, em qualquer das suas manifestações vinculativas, a responsabilidade, sendo subjectiva, tem de constituir-se pela verificação cumulativa dos seus pressupostos gerais[782 783].

No sentido de que a responsabilidade pré-contratual se reconduz à responsabilidade extraobrigacional se pronuncia uma parte da doutrina portuguesa, com fundamentos vários. Por exemplo, Pedro de Ascenção Barbosa[784], que vê no abuso do direito o fundamento desta responsabilidade, diz que ela "deriva [...] [deste] facto ilícito", não sendo uma res-

[781] No já citado articulado proposto por Adriano P. Vaz Serra, "Culpa do devedor...", op. e loc. cit., pp. 145-146, surgiam três artigos: o segundo preceito tinha um nº 1 com o seguinte texto: "A responsabilidade [...] mede-se pelas regras da relação contratual a que as negociações se destinavam, salvo se lhe não for aplicável a razão de ser delas. Observa-se a mesma doutrina quanto ao prazo de prescrição", acrescentando o nº 2 que o regime aplicável à responsabilidade por actos de auxiliares é o da responsabilidade obrigacional.

[782] O ac. da Relação de Lisboa de 10 de Novembro de 2005 (pr nº 3876/2005-6) (Aguiar Pereira) afirma que "os pressupostos da responsabilidade [...] também conhecida como responsabilidade *in contrahendo* são os seguintes: um facto voluntário, que pode consistir em acto ou omissão, a ilicitude dessa conduta, a culpa do agente e a verificação de um dano que a ela esteja ligado segundo um nexo de causalidade adequada".

[783] Sobre o entendimento de que, em Portugal, pode haver esta responsabilidade sem culpa e apreciação dessa posição, v. o meu *Notas...*, cit., pp. 156 a 158.

[784] Cit., p. 79.

ponsabilidade contratual; Heinrich Hörster[785] funda-se no facto de "a *culpa in contrahendo* abstrai[r] completamente da existência de um contrato!", o que, salvo se se confundir responsabilidade obrigacional com a resultante do não cumprimento de contratos, é irrelevante.

Numa afirmação equívoca, Pedro Romano Martinez[786] diz: "a *culpa in contrahendo* [...] e o regime, para além do disposto neste preceito [artigo 227º], resulta da violação de deveres especiais, sendo, assim, em princípio, responsabilidade obrigacional, podendo ser extra-obrigacional atendendo ao dano causado".

Marcelo Rebelo de Sousa[787] não toma posição coerente quanto à questão do regime aplicável à responsabilidade pré-contratual, porque, depois de defender a existência de presunção de culpa, sustenta ser aplicável o artigo 500º à responsabilidade do Estado por actuação do Governo na negociação da venda de acções de uma empresa.

Mas, na doutrina portuguesa, encontram-se também muitos autores – quiçá a maioria – para os quais esta responsabilidade constitui uma espécie de responsabilidade contratual, no mesmo sentido de detectando forte corrente jurisprudencial[788]. Desde logo, Vaz Serra[789], se

[785] Cit., pp. 475-476.
Na jurisprudência, entre outros, v. o citado ac. do STJ de 13 de Março de 2007 (Sebastião Póvoas), que, aliás, me atribui inexplicavelmente essa posição.

[786] *Direito das Obrigações, Programa* 2004/2005, Apontamentos, 2ª edição, com a colaboração de Pedro Ferreira Múrias e Pedro Paes de Vasconcelos, 2004.

[787] Op. e loc. cit., pp. 401 e 402.

[788] V. o ac. do STJ de 9 de Fevereiro de 1993, in *BMJ* nº 424, pp. 607 e ss., o já citado ac. do STJ de 8 de Fevereiro de 2001 (Ribeiro Coelho); também o ac. do mesmo tribunal de 5 de Fevereiro de 2002 (pr nº 01A3869) (Garcia Marques); o ac. do mesmo tribunal de 19 de Março de 2002 (pr 02A065) (Garcia Marques); ainda o já referido ac. de 21 de Maio de 2002 (Silva Paixão), onde se afirma que "a jurisprudência deste Supremo tem apontado neste sentido ultimamente"; também o referido ac. do STJ de 21 de Dezembro de 2005 (pr nº 05B2354) (Lucas Coelho); v. os também já citados acórdãos do mesmo tribunal de 1 de Junho de 2006 (Granja da Fonseca) e de 11 de Janeiro de 2007 (Custódio Montes); e o igualmente mencionado ac. do STJ de 11 de Setembro de 2007 (Fonseca Ramos), o ac. do STJ de 7 de Outubro de 2008 (pr nº 08B1355) (Salvador da Costa), os acórdãos de 24 de Junho de 2014 (já citado), e de 23 de Junho de 2016 (pr nº 3426/03.4TBMAI.P1.S1) (Lopes do Rego).
Sem tomar posição clara sobre a questão, mas dizendo aplicar-se a presunção de culpa do art. 799º, nº 1, do CC, v. o já citado ac. do STJ de 23 de Outubro de 2008 (João Bernardo).
Dizendo que o ónus da prova da culpa cabe ao lesado, o citado ac. do STJ de 28 de Maio de 2015 (Lopes do Rego).

[789] "Culpa do devedor...", op. e loc. cit., p. 131.

bem que opinando que o prazo de prescrição – diversamente do que veio a ser consagrado no artigo 127º, nº 2 – também deverá ser o aplicável "ao contrato em questão, e não o da prescrição no caso de factos ilícitos extracontratuais, se forem diferentes", pois "não há motivo para os negociadores serem tratados melhor ou pior do que depois de realizarem o contrato"[790]; mas, "quanto à responsabilidade dos negociadores por actos dos seus auxiliares, parece deverem aplicar-se as regras da responsabilidade do devedor pelos actos dos auxiliares, e não as da responsabilidade do comitente pelos actos dos prepostos", dizendo que, "iniciadas as negociações, surge logo entre as partes uma relação que as obriga a determinados deveres, de uma para com a outra, de sorte que, se alguma delas se serve de um auxiliar, é um devedor a utilizar-se de um auxiliar no cumprimento das suas obrigações, devendo, portanto, responder pela culpa deste, nos termos gerais respectivos"[791]. Também Antunes Varela[792] que, configurando o dever "de agir de boa fé" como tendo natureza legal, observa: "Dado [...] o nexo teleológico existente entre esta relação *ex lege* e a relação contratual para que ela tende, nada repugna aceitar a aplicabilidade à primeira relação, no caso de violação dos deveres dela decorrentes para qualquer das partes, das regras próprias da responsabilidade contratual. Apesar de não haver ainda nenhum vínculo contratual entre as pessoas que iniciam negociações para a realização do contrato, a verdade é que a relação criada entre essas pessoas determinadas está muito mais próxima da relação contratual do que da existente entre o titular do direito absoluto e o autor da violação ilícita dele". Galvão Telles[793] escreve: "A responsabilidade proveniente da *culpa in contrahendo* é, a meu ver, e de harmonia aliás com a doutrina generalizada, uma responsabilidade obrigacional ('contratual' no sentido amplo em que a expressão costuma ser usada) porque supõe a infracção de uma verdadeira obrigação – a [...] obrigação de contratar bem, de agir nos preliminares do contrato e na formação deste, por modo que o contrato nasça isento de mácula ou de deficiência. Trata-se de uma obrigação pré-contratual ou, me-

[790] P. 133.

[791] Pp. 136 e 137.

[792] Cit., p. 275.

[793] Op. e loc. cit., pp. 346-347.

lhor, paracontratual [...] uma obrigação, cujo desrespeito está sujeito ao regime de incumprimento das obrigações, constante dos artigos 798º e seguintes do Código Civil". No mesmo sentido, Carlos Alberto da Mota Pinto[794], justificando: "A sujeição a este regime específico da responsabilidade contratual, sendo a mais ajustada à ponderação dos interesses em jogo na situação, corresponde formalmente ao enquadramento técnico-jurídico respectivo"[795]. Se bem que negue a sua recondução à responsabilidade obrigacional, Paulo Sobral do Nascimento[796] diz que "faz sentido" "aplicar à violação dos deveres de actuação conforme à boa fé, no período das negociações, o regime estabelecido para a responsabilidade obrigacional", acrescentando que "porque o legislador quis sujeitar a responsabilidade por *c.i.c.* a um prazo de prescrição mais curto do que resultaria das regras gerais da responsabilidade obrigacional, achou necessário, no nº 2, adoptar expressamente o prazo de prescrição delitual".

E há quem defenda[797] estar-se perante uma responsabilidade autónoma daquelas, o que "não obsta à aplicação analógica de outro regime da responsabilidade civil para preencher lacunas de regime [...] conforme o grau de proximidade que a previsão das normas potencialmente aplicáveis apresente com cada uma das situações típicas da *culpa in contrahendo*". O acórdão do Supremo Tribunal de Justiça português de 18 de Novembro de 2004[798] contém a seguinte afirmação no seu sumário: "O regime aplicável no caso da obrigação de indemnizar por responsabilidade pré-contratual (artigo 227 do Código Civil) deve ser construído a partir da aplicação de normas de responsabilidade contratual

[794] *Cessão da Posição Contratual*, pp. 351 a 353.

[795] V. ainda Ribeiro de Faria, cit., p. 130, nota (2), sem justificações. Também neste sentido, sem fundamentação, Pedro Eiró, cit., p. 120.
Assim também, Menezes Cordeiro, "Dolo...", op. e loc. cit., pp. 165 e 167. Manuel Gomes da Silva e Rita Amaral Cabral, op. e loc. cit., p. 454, nota 15, embora sem tomarem posição sobre a questão – que, aliás, não analisam –, afigura-se entenderem que se aplica o regime da responsabilidade obrigacional, já que dizem, aprovadoramente parece, que "a doutrina maioritária defende que a culpa na formação do contrato se deve presumir".

[796] Op. e loc. cit., p. 250.

[797] Ferreira de Almeida, 4ª ed., cit., pp. 206 e 207.

[798] Pr nº 04B2992 (Ferreira Girão).

ou de responsabilidade delitual, consoante o que se considere mais adequado ao caso"[799] [800].

Se se pretender justificar juridicamente uma ou outra solução de regime para tudo – que é muitíssimo – o que é omisso, terá de ser ver, desde logo, de que natureza jurídica são os deveres resultantes da boa fé pré-contratual[801].

No Brasil[802], encontram-se algumas tomadas de posição – por enquanto minoritárias, tanto quanto pude perceber – como a de Carlyle Popp[803], e as referidas *supra*, de Renata Domingues Balbino Munhoz e de Vinicius Dalazona, ambos falando de responsabilidade objectiva.

No âmbito das relações de trabalho, Lucimar Pedroso de Andrade[804] reconduz esta responsabilidade ao § único do artigo 927º do Código Civil brasileiro, isto é, atribui-lhe natureza de responsabilidade objectiva, porque "o empregador [...] é o que deve assumir os riscos da atividade econômica", acrescentando que se percebe "que o dispositivo do artigo 927 do Código Civil de 2002 está inserido na atividade econômica do empregador, que está envolvido na relação de trabalho, gerando assim a responsabilidade civil quando causar dano a outrem da relação de trabalho".

[799] V. também V. Carneiro da Frada, "Contrato e deveres de protecção", *in Boletim da Faculdade de Direito de Coimbra*, separata do volume 38, 1994, pp. 188 e ss.
Dário Moura Vicente, "Culpa na formação... ", op. e loc. cit., pp. 275-276, afirma que "o regime da indemnização do dano *in contrahendo* [...] não se reconduz quer ao da responsabilidade delitual quer ao da responsabilidade contratual. [...] O regime da responsabilidade pré-contratual tem [...], entre nós, uma natureza híbrida ou mista. O que é inteiramente condizente com a índole – ela própria híbrida – das situações de culpa na formação dos contratos, localizadas numa 'zona cinzenta' entre as que dão lugar à responsabilidade contratual e à extracontratual".
Em sentido semelhante, Paulo Sobral do Nascimento, op. e loc. cit., pp. 248 a 250.

[800] Num texto pouco claro, Luciano A. de Toledo Coelho, cit., p. 137, acaba por optar por uma terceira via que não percebo o que seja.

[801] Em Portugal, Ferreira de Almeida, 4ª. ed., op. cit., pp. 206-207, afirma a impossibilidade de recondução à responsabilidade obrigacional, porque "as regras da boa fé na formação do contrato não são geradoras de obrigações em sentido próprio, porque não envolvem prestações". É tema de que me ocuparei brevemente *infra*.

[802] Fora do Brasil, temos a já referida de Giogio Afferni (op. e loc. cit., pp. 471-472 e 479) que vê na ruptura das negociações uma responsabilidade "por acto lícito".

[803] Cit., designadamente, pp. 243 (nota 945), 262, 270 e 273.

[804] Cit., pp. 53 a 55.

O mesmo não posso afirmar com segurança quanto a Récio Eduardo Cappelari, pois o seu texto é confuso[805]. Sem estar, parece-me, a tomar posição sobre a questão, mas em forma de raciocínio, Antônio Junqueira de Azevedo[806] diz: "A responsabilidade pelos danos resultantes de fatos na formação contratual, à semelhança de outros casos de responsabilidade não fundada na culpa (princípio do respeito), nem no inadimplemento (princípio da *fides*), estaria fundada no princípio maior, de solidariedade social, que justifica a distribuição equitativa dos prejuízos".

Na verdade, no Direito brasileiro, há que ter em consideração o Enunciado nº 24 do Conselho da Justiça Federal, emitido na 1ª Jornada de Direito Civil, em 11 a 13 de Setembro de 2002, com o seguinte teor: "[...] a violação dos deveres anexos constitui espécie de inadimplemento, independentemente de culpa. Assim, a inobservância de qualquer dos deveres laterais decorrentes da boa-fé objetiva gerará o dever de indenização". Este entendimento é comum a vários autores, como E. Milléo Baracat[807] que escreve o seguinte: "O dano pode decorrer de ato culposo, mas não é exigência para se caracterizar a responsabilidade pré-contratual, na medida em que o comportamento contrário à boa-fé viola deveres de conduta e, idependentemente de culpa, enseja a reparação do dano resultante".

Fichtner Pereira[808] coloca a questão de saber se pode falar-se "em natureza jurídica das negociações contratuais", opinando que "já existe, durante a fase das negociações, uma finalidade objetivamente verificável, de natureza econômica, para os atos praticados pelas partes", mas "não há ainda um liame de natureza contratual [...], [mas] já existe uma relação jurídica entre elas [...] de natureza pré-contratual [...] [que] faz com que se permita que se atribuam certos deveres jurídicos para as partes envolvidas nas negociações [...], deveres esses decorrentes da exigência de que as partes se comportem de boa-fé durante as tratativas". E continua: "As partes [...] não constituíram ainda uma relação jurídica obrigacional, no sentido de que uma deve prestar algo em favor da outra. [...] Não há como deixar de reconhecer [...] a existência de uma rela-

[805] Cit., pp. 34, 37, 38, 42 e 43.

[806] "A Boa-Fé...", op. e loc. cit., p. 90.

[807] Cit., p. 225. Em sentido contrário, são citados Délio Maranhão e Francisco Rossal de Araújo.

[808] Cit., pp. 53 a 55.

ção jurídica pré-contratual, cuja natureza jurídica é diversa da natureza jurídica da relação contratual, tendo em vista a ausência do dever jurídico de prestar alguma coisa ao credor, ou do direito de exigir do devedor a obrigação por ele assumida".

Na senda de Claus-Wilhelm Canaris e prosseguindo um caminho já explorado por Sinde Monteiro[809], Carneiro da Frada[810], ocupando-se do problema, escreve que "tem de romper-se com uma concepção dualista da responsabilidade que, a par do ilícito aquiliano, concebe essencialmente o contrato como 'pórtico' ou 'limiar' do dever de indemnizar", afirmação que, no contexto da civilística portuguesa, não pode deixar de estranhar-se tão adquirida é a concepção de que a responsabilidade dita contratual pode ser desencadeada pelo não cumprimento de qualquer obrigação, isto é, não releva necessariamente da existência de qualquer contrato. E, por se tratar de responsabilidade que, as mais das vezes, surge na fase dos preliminares ou na da conclusão de um contrato, não é admissível que tenhamos de recuar muitas décadas para a enquadrar no modelo contratual (isto é, dentro ou fora do contrato). O autor parte deste dado para, depois de afastar a natureza aquiliana – já que as respectivas normas "asseguram paradigmaticamente a tutela dos sujeitos e dos seus bens contra agressões perpetradas por terceiros 'anónimos' ou 'fungíveis'"[811] – desta responsabilidade, por o seu regime não se "adaptar" "às necessidades de juridificação dos preliminares e da formação do contrato, que envolvem uma interacção dos sujeitos", dizer que "a teoria da confiança poderia colmatar o espaço deixado a descoberto entre os pólos do contrato e do delito". Para justificar a sua análise, observa que, "para a doutrina da confiança, trata-se de dar relevo às expectativas de quem negoceia e se dispõe a entrar numa relação contratual com outrem" e que "visões mais exegéticas, preocupadas com uma 'justificação prática' da responsabilidade[812], enveredam antes por desvendar e explicitar o conteúdo dos ditames da boa fé e dos concretos deveres a que,

[809] Cit., pp. 509 e ss..

[810] Cit., pp. 99 e ss..

[811] O que não se comenta criticamente para não alongar este texto em excesso.

[812] Não se discute o que possa ser uma "visão mais exegética" preocupada com "justificações práticas", mas, seja isso o que for, assume-se tal posicionamento "mais exegético", pelo menos enquanto indemonstrado o fundamento de outro.

por via deles, a conduta das partes se encontra subordinada nos termos da lei". Em estendida prosa, escreve ainda Carneiro da Frada, entre muitas outras coisas, que "considera preferível" "conferir relevo ao *elemento teleológico* e considerar então a *função* que ele [instituto da responsabilidade pré-contratual] desempenha" e que, "quanto a este aspecto, é de reconhecer à culpa *in contrahendo* uma multiplicidade de desempenhos", que analisa, aliás, de forma pouco original, embora com abundante citação de autores alemães[813]. Adiante[814], diz que, "se o conceito da relação obrigacional sem deveres primários de prestação[815] [...] parece mesmo particularmente apto a enquadrar casos de responsabilidade situados, como muitos dos presentes, numa zona nebulosa intercalada entre o universo do direito dos contratos e o delito, a verdade é que ele é essencialmente *formal*, reflectindo uma mera *caracterização estrutural* de certo tipo de relações jurídicas. Não aponta o fundamento da responsabilidade e não dispensa, por conseguinte, a sua indagação". E acrescenta que "a teoria da confiança apresenta-se neste contexto especialmente idónea para a compreensão da responsabilidade por informações, permitindo fugir às restrições que traz consigo a escolha dilemática entre um enquadramento delitual e contratual"; o que também critica, no seu modo próprio de exposição, com o evidente argumento de a admissão de um contrato "relativo à *informação*" carecer as mais das vezes de fundamento, o que repete para a criação de um negócio jurídico unilateral[816 817].

[813] Que, além do próprio, constituem a doutrina quase exclusivamente utilizada.

[814] Pp. 165 e ss..

[815] Este entendimento da existência de "uma relação obrigacional sem dever de prestação" deve-se a Karl Larenz e tem perdurado sem grande análise. A ele aderem muitos autores: por todos, Rodrigo Magnos Soder, op. e loc. cit.. Vinicius Dalazona, op. e loc. cit., citando Menezes Cordeiro, escreve que a boa fé não constitui "fonte material ou causa genética" dos "deveres", pois esse "papel cabe aos fatos que formam a estrutura da relação contratual, de sorte que a fonte das imposições não é a cláusula geral ora estudada, mas o próprio negócio em si", acrescentando que "a incidência destes deveres satelitários na fase pré-contratual cria uma situação jurídica [...] marcada pela presença unicamente dos deveres de proteção, sem que haja uma obrigação prestacional. Depreende-se, portanto, que a responsabilidade pré-contratual é uma responsabilidade em função da quebra de algum destes deveres durante a fase de negociações preliminares".

[816] P. 178.

[817] Paulo Mota Pinto, *Interesse...*, cit., pp. 5-6 e 13, afirma que a distinção entre "interesse (contratual) negativo" e "interesse (contratual) positivo" é "central" no "direito privado"

Não vejo em que o recurso à "teoria" da confiança adiante relativamente à boa fé. É claro que a maioria das obrigações pré-contratuais tem por base a confiança entre os que negoceiam; dizer que é uma *ratio* suplementar relativamente à boa fé não se me afigura útil[818].

Como resulta de tudo quanto ficou escrito, subscrevo a afirmação de Francisco A. de Toledo Coelho[819] de que "a boa-fé é o fundamento e a razão da responsabilidade pré-contratual".

Colocando a questão de um ponto de vista puramente dogmático – e ignorando a origem da figura e os contornos históricos que condicionaram a sua concepção –, não vejo forma de negar que as vinculações emergentes da boa pré-contratual constituem obrigações em sentido próprio: cada uma das partes tem deveres para com a outra[820], traduzindo-se estes em *facere, non facere* e, mais eventualmente em *dare.*

também "enquanto reflexo ou resultado, com outras contraposições, cuja 'centralidade' para o 'mapa privatístico' é bem mais frequentemente sublinhada: entre responsabilidade contratual e extracontratual (ou pré-contratual, ou 'responsabilidade pela confiança'), entre autovinculação e heterovinculação, entre o contrato (ou o negócio jurídico) e outras fontes de obrigações".

818 Salientando a diversidade entre a confiança e a *culpa in contrahendo,* Carlyle Popp, cit., p. 147.

819 Cit., pp. 78 e 80.

820 Sem estar a pronunciar-se sobre este problema, mas apenas numa introdução ao instituto, Karina Nunes Fritz, op. e loc. cit., pp. 4 e 7, escreve: "A relação estabelecida no mundo dos fatos com o contato negocial transforma-se no plano jurídico em relação obrigacional, posto que geradora de deveres de conduta para as partes (e, portanto, deveres relativos), os quais distinguem-se em sua estrutura do simples dever geral de não lesar (dever absoluto)". E, falando do Direito alemão: "Lá, a relação obrigacional é entendida não apenas como um vínculo jurídico em função do qual o credor tem o direito de exigir do devedor o cumprimento de um dever de prestação (obrigação em sentido técnico), seja oriundo do contrato ou de ação ilícita, mas como um vínculo jurídico bem mais amplo que se forma já com os primeiros contatos negociais e só se finda depois da extinção do contrato, quando esgotado o risco de lesão à posição adquirida com o negócio, a qual os deveres pós-contratuais visam em última instância conservar. Por isso, a doutrina mais atualizada fala em relação obrigacional sem dever de prestação ou, dito de modo mais provocativo, em relação obrigacional sem obrigação, como é o caso daquela que une as partes antes e depois do contrato, quando as mesmas se encontram em uma situação jurídica negocial. Com isso, conclui-se que nem toda relação obrigacional gera deveres de prestação (sejam eles principais ou acessórios, primários ou secundários), mas pode ter por objeto apenas os deveres laterais decorrentes da boa-fé objectiva".
Dizendo também que, "mesmo antes da constituição contratual existem efeitos de cunho obrigacional, Paulo B. Dill Soares e Andreza A. Franco Câmara, op. e loc. cit., p. 10.

É fácil compreender o que leva alguns autores a defender que a natureza jurídica da relação pré-contratual não é obrigacional. Dado que não é comum – embora não veja por que não seja juridicamente admissível e possível – uma das partes exigir à outra o cumprimento das obrigações pré-contratuais, mas sim ressarcimento de danos decorrentes do não cumprimento culposo de alguma(s) dessa(s) obrigação(ões), não é imediatamente visível que cada uma delas tem de prestar algo à outra. E, como digo, não vejo razão para que um dos negociadores não exija ao outro o cumprimento de uma obrigação de informação ou de restituição de coisa entregue na fase pré-contratual. Diria que tal só não acontece por razões, à uma, sociológicas e, à outra, de inadequação do tempo de decisão dos tribunais às necessidades sentidas durante a fase dos preliminares. Quanto às primeiras, elas relevam, por um lado, de, em particular quanto às obrigações de informação, lealdade, clareza ou sigilo, um dos negociadores só se aperceber do seu incumprimento tarde demais, e, por outro, se ele se der durante a fase negociatória, essa circunstância mais rapidamente conduzir à desistência do projecto de contrato com aquele parceiro do que à prossecução de uma relação jurídica que tão mal começa[821]. Porém, a verdade é que ninguém nega a existência de deveres de prestar por uma das partes à outra e que só porque havia o dever de prestar, há o dever de indemnizar. Criar uma categoria autónoma de responsabilidade civil apenas porque a relação obrigacional

No seu estilo, se assim posso exprimir-me, Albuquerque Matos, op. e loc. cit., p. 323, nota 26, diz poder-se "com propriedade falar em concretos deveres de conduta" (seja isso o que for), com "características completamente diferentes" dos "deveres de prestação principal", caraterizando estes como os que "são estipulados pelas partes, com maior ou menor liberdade, aquando da conclusão do evento contratual", ao que acrescenta: "Por isso, no momento do cumprimento contratual, as partes encontram-se adstritas a respeitar um quadro de deveres por elas antecipadamente definido. Assim sendo, registam-se importantes diferenças, do ponto de vista estrutural, entre os deveres de prestação e os deveres de conduta. [...] não se poderá sustentar a admissibilidade de recurso à acção de cumprimento (artigo 817º) no âmbito dos deveres de conduta. A inviabilidade deste mecanismo de tutela prende-se precisamente com a mencionada falta de pré-estipulação dos deveres de conduta".

[821] Paulo Sobral do Nascimento, op. e loc. cit., pp. 248-249 e nota 251, escreve que "os deveres emergentes da boa fé não configuram obrigações; não lhes é aplicável, nomeadamente, a acção de cumprimento"; o autor reconhece, todavia, que não é "inteiramente líquido que todas as obrigações, quando violadas, possam dar lugar a acção de cumprimento (veja-se o caso da obrigação de prestação de facto negativo [...]".

pré-contratual não é idêntica à contratual é ver de menos ou com um horizonte acanhado; também outras relações obrigacionais não se confundem com as contratuais e nem por isso deixamos de estar perante obrigações[822] [823].

Não é uma característica privativa destas obrigações o facto de elas não serem, como regra, objecto de acção de cumprimento, mas de reacção ao não cumprimento: Assim acontece com as obrigações do gestor de negócios: o *dominus* não lhe exige judicialmente que respeite o seu interesse e vontade (real ou presumível), como não o faz, em regra, para o levar ao cumprimento da obrigação de o avisar da gestão logo que lhe seja possível ou para que não interrompa a gestão iniciada. Nestas hipóteses – cuja natureza obrigacional não se questiona –, o credor, perante o não cumprimento, reclama a indemnização que lhe cabe.

Não há contrato, mas há obrigações. Pode-se compreender por que é que, em certas épocas ou em certos ambientes culturais, foi difícil separar a obrigação da sua fonte privilegiada: o contrato. Mais se compreende que tal tenha sucedido num campo em que se está *antes* ou *na iminência* do contrato: a atracção por este é óbvia; a necessidade de distinção dele também. Mas que se persista no esquema dualista: "ou é contratual (literalmente)" "ou delitual", é que é mais difícil de aceitar. A chamada teoria da confiança, tal como foi concebida por W. Canaris e é adoptada pelos seus sucessores, tem propósitos ideológicos muito claros. E legítimos. Que pretendam obter-se através de uma construção dogmática aparentemente inocente não é mecanismo novo. Mas não há motivo para ser intimidatório ou hegemónico.

[822] Falando em geral das consequências da boa fé pré-contratual, diz Galvão Telles, "Culpa na formação do contrato", op. e loc. cit., p. 345: "Cada uma das partes de um contrato, na medida em que está em jogo o seu próprio interesse, tem o ónus de contratar bem, isto é, de proceder por forma a alcançar o seu desiderato de dar vida a um contrato isento de mácula. Mas, na medida em que está em causa o interesse da outra parte, tem mais do que um simples ónus, tem a verdadeira obrigação de contratar bem, agindo por forma que o negócio saia perfeito e se encontre assim em condições de surtir a plenitude dos seus efeitos. [...] A obrigação de bem contratar [...] é [...] uma imposição da boa-fé, com [...] explícita consagração no [...] artigo 227º".

[823] Acerca do regime aplicável à responsabilidade pré-contratual, Monsalve-Caballero, "The Legal and Historical Panorama...", op. e loc. cit., p. 140, realça o aspecto contraditório de, ao mesmo tempo que ele é considerado o da delitual, ser a lei aplicável a do contrato celebrado ou negociado.

Não se adopta a orientação, preconizada por alguns autores, de fazer "seguir" "o enquadramento teórico ou sistemático" "à determinação das soluções legais concretas mais adequadas", isto é, uma solução pragmática ostensivamente inspirada em opções ideológicas, seja qual for a formulação que se utilize[824]. E não se faz isto por se pretender que o intérprete e aplicado do Direito é isento de orientação ideológica no seu trabalho, isto é, que é um cientista imune aos interesses que o Direito protege ou pretere, mas porque não se vê necessidade de distorcer o nível dogmático para obter soluções consentâneas com a teleologia do instituto.

Sejamos claros: ao invés, enquanto a opção extraobrigacional tem, no essencial, a sua razão de ser na procura de restrição do âmbito da responsabilidade pré-contratual, a submissão ao regime da responsabilidade obrigacional tende a alargar esse âmbito. É o que acontece quanto à aplicação do regime da responsabilidade do devedor por actos de terceiros – artigo 800º do CC português, que dispensa os requisitos da

[824] É deste tipo a de Ferreira de Almeida, 4ª. ed., cit., p. 222, que defende estar-se perante uma responsabilidade autónoma daquelas (no sentido da identidade "prática" dos dois pontos de vista, o que "não obsta à aplicação analógica de outro regime da responsabilidade civil para preencher lacunas de regime [...] conforme o grau de proximidade que a previsão das normas potencialmente aplicáveis apresente com cada uma das situações típicas da *culpa in contrahendo*); ao analisar o ónus da prova da culpa, como se fosse questão autónoma, começa por dizer que "a alternativa [culpa a provar pelo lesado ou presumida] é apenas aparente se a ilicitude e a culpa forem *na prática* [sublinhado meu] indissociáveis", acrescenta que "é o que sucede quando o objecto de avaliação incida sobre a pretensa violação de deveres de lealdade e de diligência, porque a deslealdade e a negligência não são concebíveis sem culpa". Como ficou dito, não creio que haja autónomos deveres pré-contratuais de diligência e o dever de lealdade, tal como é concebido neste texto, não supõe necessariamente a culpa. O autor, sem tomar posição sobre a questão que classicamente se coloca, diz que "se inclina para a solução de presunção de culpa", justificando assim: "a valoração das insuficiências ou dos excessos de comunicação na relação pré-contratual têm com o incumprimento, pleno ou defeituoso, de obrigações a semelhança bastante para justificar a aplicação analógica", observando também que "a presunção de culpa nas relações pré-contratuais em que intervenham intermediários financeiros de valores mobiliários está legalmente consagrada no artigo 304º-A, nº 2, do Código dos Valores Mobiliários [cujo texto é o seguinte: "A culpa do intermediário financeiro presume-se quando o dano seja causado no âmbito de relações contratuais ou pré -contratuais e, em qualquer caso, quando seja originado pela violação de deveres de informação"]".
Em sentido idêntico, parece, o citado ac. do STJ português de 16 de Dezembro de 2010 (Silva Salazar).

relação de comissão exigidos pelo artigo 500º do mesmo diploma e, sobretudo, quanto ao ónus da prova da culpa do devedor. Um dos aspectos de regime que – em particular nos contratos de consumo – seria preferível, do ponto de vista teleológico, o regime da responsabilidade extracontratual é o da solidariedade passiva dos deveres pré-contratuais, embora, nesse domínio, possa haver regime próprio[825].

Não por acaso, Almeida Costa[826] afirma que "seria *excessivo* [sublinhado meu], quanto a nós, o recurso à norma do nº 1 do artigo 800º do Código Civil".

Não deixará de se manifestar discordância de Almeida Costa[827], quando este autor assinala, como uma das diferenças entre o regime da responsabilidade delitual e o da obrigacional, o da imputabilidade do sujeito por contraposição ao da capacidade de exercício. Para que o devedor seja responsabilizado pelo não cumprimento de uma obrigação, tem ele de ser imputável, nos termos do artigo 488º, pois esta é uma condição de lhe ser atribuível culpa[828]. Uma coisa é saber qual a capacidade que é exigida ao devedor para o cumprimento – que, aliás, não se rege pelos artigos 123º, 127º, 139º e 156º, que o autor refere, mas pelo nº 1 do artigo 764º, e outra a de saber quais os requisitos que a lei impõe ao obrigado a indemnizar em sede de responsabilidade subjectiva; apesar da colocação sistemática do artigo 488º, não creio que haja dúvidas sobre a sua aplicabilidade ao devedor inadimplente quando ele seja obrigado a indemnizar o seu credor[829].

[825] Neste sentido Paulo Luiz Netto Lôbo, op. e loc. cit., p. 64.

[826] Cit., p. 97.

[827] Cit. p. 94.

[828] Sem que o diga expressamente, por desnecessidade, v. Pessoa Jorge, *Ensaio*..., cit., pp. 331-332, que, ocupando-se da responsabilidade obrigacional, se refere à imputabilidade "como pressuposto da culpa".

[829] Em proposições confusas e não justificadas, Heinrich Hörster, cit., p. 476, depois de dizer que se aplica o artigo "489º (indemnização por pessoa não imputável, escreve que "não [...] [é] necessária para a invocação de direitos resultantes do art. 227º a capacidade de exercício (*argumentum a fortiori* do art. 489º). [...] Por outro lado, a responsabilidade dos próprios incapazes, quando baseada no art. 227º não pode dar origem a uma responsabilidade superior àquela com que arcariam na sua condição de incapazes de participar no tráfico jurídico negocial".
Também não se compreende a apreciação que Almeida Costa faz da competência do tribunal, ao dizer que, "na hipótese de frustração dos preliminares de um contrato, as partes não chegam, via de regra, a definir o lugar do cumprimento": sendo a obrigação incumprida a de

não romper as negociações, é fácil apurar onde deveria ela ser cumprida, isto é, onde deveriam prosseguir e alcançar o seu termo tais negociações. O que motiva o autor é, como diz mais adiante (pp. 94 e 95): "retomando o argumento de que a obrigação de indemnização representa, no caso de ruptura das negociações, um forte limite da liberdade contratual do responsável, julga-se solução apropriada a do foro que lhe será normalmente cómodo – o do lugar onde se verificou o facto lesivo, quer dizer, a quebra dos preliminares". Curiosamente, creio que o autor nem sequer vê bem a conclusão a que chega: consubstanciando-se a ruptura das negociações as mais das vezes numa declaração recipienda, ela produz efeitos ao chegar ao poder do destinatário: é esse o lugar do ilícito e esse será, em regra, o da sede ou domicílio da contraparte.

BIBLIOGRAFIA

AFFERNI, Giorgio – "Responsabilità precontrattuale e rottura delle trattative: danno risarcibile e nesso di causalità", in Danno e responsabilità, 5, 2009, pp. 469 e ss.

AGUIAR JÚNIOR, Ruy Rosado de – v. ROSADO DE AGUIAR JÚNIOR, Ruy

ALBUQUERQUE, Fabíola Santos – Contrato de adesão no novo Código Civil, *in* us.com.br/artigos/3914/contrato-de-adesao-no-novo-codigo-civil

ALBUQUERQUE MATOS, Filipe Miguel Cruz de – "A fase preliminar do contrato", in Comemorações dos 35 Anos do Código Civil e dos 25 Anos da Reforma de 1977, Volume II, A Parte Geral do Código e a Teoria Geral do Direito Civil, Coimbra Editora, Coimbra, 2006, pp. 309 e ss.

ALMEIDA, Carlos Ferreira de – v. FERREIRA DE ALMEIDA, Carlos

ALMEIDA, Margarida Azevedo de – "A Responsabilidade Civil Perante os Investidores por Realização Defeituosa de Relatórios de Auditoria, Recomendações de Investimento e Relatórios de Notação de Risco", Cadernos do Mercado de Valores Mobiliários, pp. 9 e ss.

ALMEIDA, Phenélope Carvalho de – Responsabilidade Pré-Contratual diante da Boa-Fé, in Presidente Prudente/SP 2003

ALMEIDA COSTA, Mário Júlio de – Responsabilidade Civil pela Ruptura das Negociações de um Contrato, Separata da Revista de Legislação e de Jurisprudência, Coimbra Editora, Coimbra, 1984

— "Intervenções fulcrais do boa fé nos contratos", in Estudos de Direito do Consumidor, nº 2, Coimbra, 2000, pp. 357 e ss.

ALPA, Guido – Precontractual Liability – Reports to the XIIIth Congress International Academy of Comparative Law, Montreal, Canada, 18-24 August 1990, policopiado

AMARAL, Diogo Freitas do – FREITAS DO AMARAL, Diogo

AMARAL, Maria Lúcia C. A. – Responsabilidade do Estado e dever de indemnizar do legislador, Coimbra Editora, Coimbra, 1998

AMARAL CABRAL, Rita – v. GOMES DA SILVA, Manuel e Rita Amaral Cabral

ANDRADE, Lucimar Pedroso de – A Responsabilidade Pré-Contratual no Direito do Trabalho, in http://www.calvo.pro.br/media/file/colaboradores/lucimarpedrosoandrade/lucimarandraderesponsabilidadeprecontratual.pdf

ANDRADE, Manuel de – Teoria Geral das Obrigações, com a colaboração de Rui de Alarcão, 2ª edição, Livraria Almedina, Coimbra, 1963

ANTUNES VARELA, João de Matos e PIRES DE LIMA, Fernando Andrade (com a colaboração de M. Henrique Mesquita) – Código Civil anotado, Volume I, 4ª edição revista e actualizada, Coimbra Editora, Coimbra, 1987

ANTUNES VARELA, João de Matos – Das Obrigações em geral, Volume I, 8ª edição, Almedina, Coimbra, 1994

ARAÚJO, Fernando – Da tutela negativa da confiança ao "paradoxo da indemnização": uma análise económica dos contratos, in Estudos em Memória do Professor Doutor António Marques dos Santos, Volume II, Almedina, Coimbra, 2005, pp. 441 e ss.

AUBERT, Jean-Luc e Jacques Flour – v. FLOUR, Jacques e Jean-Luc Aubert

AZEVEDO, Álvaro Villaça – Código Civil Comentado. Negócio jurídico. Atos jurídicos lícitos. Atos ilícitos, Volume II, Editora Atlas S.A., São Paulo, 2003

AZEVEDO, Antonio Junqueira de – v. JUNQUEIRA DE AZEVEDO

BAMDÉ, Aurélien – Liberté et rupture des négociations: regime juridique des pourparlers et reforme des obligations, in https://aurelienbamde.com/2017/01/12/liberte-et-rupture-des-negociations-regime-juridique-des-pourparlers/

BAPTISTA MACHADO, João – "A cláusula do razoável", in *Obra Dispersa*, Volume I, Scientia Jurídica, Braga, 1991

BARACAT, Eduardo Milléo A Boa-Fé no Direito Individual do Trabalho, Editora LTr, São Paulo, 2003

BARBOSA, Pedro de Ascenção – Do Contrato-promessa, Coimbra Editora, Lda., Coimbra, 1956

BASSO, Maristela e MARTINS, Letícia – "Responsabilidade Civil nas Negociações Preliminares: Boa-Fé, Deveres anexos e Relações Negociais", in Responsabilidade Civil Contemporânea Em homenagem a Sílvio de Salvo Venosa, Editora Atlas S.A., São Paulo, 2011, pp. 270 e ss.

BEALE, Hugh – Pré-contractual Obligations: The General Contract Law Background, in em www.juridicainternational.eu

BEBCHUK, Lucian Aryre e BEN-SHAHAR, Omri – "Precontractual Reliance", in Journal of Legal Studies, Vol. XXX (June 2001), pp. 422 e ss.

Benatti, Francesco – A responsabilidade pré-contratual, tradução de A. Vera Jardim e Miguel Caeiro, Almedina, Coimbra, 1970

Benjamin, Antônio Herman V. – v. Lima Marques, Cláudia e Antônio Herman V. Benjamin e Bruno Miragem

Ben-Shahar, Omri – v. Bebchuk, Lucian Aryre e Ben-Shahar, Omri

Bernstein, Herbert & Joachim Zekoll – "The Gentleman's Agreement in Legal Theory and in Modern Practice: United States" in The American Journal of Comparative Law, number 46, 1998, pp. 87 e ss.

Bessone, Mario – "Rapporto Precontrattuale e Doveri di Correttezza, in Rivista Trimestrale di Diritto e Procedura Civile, Giuffrè, Milano, Anno XXVI, 1972

Borges da Silva, Thais – "A responsabilidade civil pré-contratual", in http://www.egov.ufsc.br/portal/conteudo/responsabilidade-civil-pré-contratual

Cabral, Rita Amaral – V. Gomes da Silva, Manuel e Rita Amaral Cabral

Cachapuz, Maria Cláudia – Algumas notas sobre a responsabilidade pré--contratual, in Revista da AJURIS, Ano XXVI, Nº 76, Dezembro de 1999, pp. 65 e ss.

Caetano, Marcello – Manual de Direito Administrativo, Tomo I, 10ª. edição, revista e actualizada por Diogo Freitas do Amaral, 11ª reimpressão, Almedina, Coimbra, 2013

Caldeira, Mirella D'Angelo – "A Boa Fé Objetiva como Princípio Norteador das relações de Consumo", in Revista da Faculdade de Direito da Universidade Metodista de São Paulo, vol. 2, nº 2 (2005), pp. 193 e ss.

Calvão da Silva, João – "Negociações preparatórias de contrato-promessa e responsabilidade pré-contratual", in Estudos de Direito Civil (Pareceres), Livraria Almedina, Coimbra, 1996, págs. 77 e ss.

— "Compra e venda de empresas", in Estudos de Direito Comercial (Pareceres), Livraria Almedina, Coimbra, 1996, pp. 137 e ss.

— "Cartas de conforto", in Estudos de Direito Comercial (Pareceres), Livraria Almedina, Coimbra, 1996, pp. 363 e ss.

Câmara, Andreza Aparecida Franco e Paulo Brasil Dill Soares – v. Soares, Paulo Brasil Dill e Andreza Aparecida Franco Câmara

Cappelari, Récio Eduardo – "Responsabilidade pré-contratual", in Revista do Ministério Público do Rio Grande do Sul, nº 40, pp. 173 e ss.

— Responsabilidade pré-contratual (aplicabilidade ao Direito brasileiro), Livraria do Advogado Editora, Porto Alegre, 1995

Carneiro da Frada, Manuel António de Castro Portugal – Teoria da Confiança e Responsabilidade Civil, Almedina, Coimbra, 2004

— "Contrato e deveres de protecção", *in Boletim da Faculdade de Direito de Coimbra*, suplemento, separata do volume 38, Coimbra, 1994, pp. 188 e ss.

Carvalho, Jorge Morais – Os Limites à Liberdade Contratual, Almedina, Coimbra, 2016

Castro Mendes, João de –Teoria Geral do Direito Civil, Volume II, revisto e actualizado, edição AAFDL, Lisboa, 1979

Castro Mendes, José Roberto de – "Boa-fé Objetiva: Posição atual no ordenamento jurídico e perspectivas da sua aplicação nas relações contratuais", *in* BuscaLegis.ccj.ufsc.br

Caupers, João – Direito Administrativo I Guia de estudo, 3ª edição, Editorial Notícias, 1998

Cavalieri Filho, Sérgio – Programa de Responsabilidade Civil, 9ª edição revista e ampliada, São Paulo, Editora Atlas S.A., 2010

Chrestani, Louise – "Por um novo olhar acerca da teoria da aparência: a incidência do princípio da boa-fé objetiva", in http://www3.pucrs.br/pucrs/files/uni/poa/direito/graduacao/tcc/tcc2/trabalhos2013_1/louise_chrestani.pdf

Coelho, Luciano Augusto de Toledo – Responsabilidade Civil Pré-Contratual em Direito do Trabalho, Editora LTr, São Paulo, 2008

— "Testes psicológicos e o Direito – Uma aproximação à luz da dignidade da pessoa humana e dos direitos da personalidade", in http://www.egov.ufsc.br

Cordeiro, António Menezes – v. Menezes Cordeiro, António

Correia, A. Ferrer – v. Ferrer Correia, A.

Correia, José Manuel Sérvulo – v. Sérvulo Correia, José Manuel

Costa, Mariana Fontes da – "O dever pré-contratual de informação", in Revista da Faculdade de Direito da Universidade do Porto, nº 4, 2007, pp. 367 e ss.

Costa, Mário Júlio de Almeida – v. Almeida Costa, Mário Júlio de

Couto e Silva, Clóvis do – Principes fondamentaux de la responsabilité civile en droit brésilien et comparé, texto policopiado

Cuccuru, Alberto – Nota sobre adecisão da *Cassazione civile*, de 8 de Outubro de 2008 (processo nº 024795), in www.altalex.com 15 de Abril de 2009

Cuffaro, Vincenzo – "Responsabilità Precontrattuale", in Enciclopedia del Diritto, Giuffrè, Milano, 1988

Cunha Gonçalves, Luiz – Tratado de Direito Civil, Volume IV, Coimbra Editora Lda., Coimbra, 1934

— Dos Contratos em especial, Lisboa, sem data

Dalazona, Vinicius – "A incidência da boa-fé objetiva na fase pré-contratual. Um estudo a partir do «caso dos tomates»", in http://jus.com.br

DALLEGRAVE NETO, José Affonso – Responsabilidade Civil no Direito do Trabalho, Editora LTr, São Paulo, 2005

DEAKIN, Simon – "Personal rights and labour law in United Kingdom", in Quaderni di Diritto del Lavoro e delle Relazioni Industrialli. Diritti della persona e contratti di lavoro, Torino, 1994, pp. 99 e ss.

DIAS FERREIRA, José – Código Civil Portuguez Anotado, Volume III, 2ª edição, Coimbra, 1898

EIRÓ, Pedro – Do negócio usurário, Almedina, Coimbra, 1990

DEL FANTE, Anna – "Buona fede prenegoziale e principio costituzionale di solidarietà", in Rassegna di Diritto Civile, anno quarto-1983, pp. 122 e ss.

ESTEVES DE OLIVEIRA, Mário – Direito Administrativo, Vol. I, Almedina, Coimbra, 1980

FAGGELLA, Gabriele – "Dei periodi precontrattuali e della lora vera ed esatta costruzione scientifica", *in Studi Giuridici in Onore di Carlo Fadda pel XXV anno del suo insegnamento*, Vol. III, L. Pierro, Napoli, 1906, pp. 271 e ss.

FABIAN, Christoph – O dever de informar no direito civil, Editora Revista dos Tribunais, São Paulo, 2002

FACHIN, Luiz Edson – "O 'aggiornamento' do direito civil brasileiro e a confiança negocial", in Repensando Fundamentos do Direito Civil Brasileiro Contemporâneo (Coord. Luiz Edson Fachin), Renovar, Rio de Janeiro, 1998, pp. 115 e ss.

FACHIN, Luiz Edson e Gustavo Tepedino – v. FACHIN, Melina Giardi Fachin

FACHIN, Melina Giardi e Umberto Paulini – "Problematizando a eficácia dos direitos fundamentais nas relações entre particulares: ainda e sempre sobre a constitucionalização do direito civil", in Diálogos sobre Direito Civil, Vol. II, Renovar, Rio de Janeiro, 2008 (org. Gustavo Tepedino e Luiz Edson Fachin), pp. 195 e ss.

FAGELLA, Gabrielle – "Dei periodi precontrattuali e della lora vera ed esatta costruzione scientifica", in Studi Giuridici in Onore di Carlo Fadda pel XXV anno del suo insegnamento, Vol. III, pp. 271 e ss.

FARIA, Jorge Leite Areias Ribeiro de – v. RIBEIRO DE FARIA, Jorge Leite Areias

FERNANDEZ, Maria Rosario Valpuesta (Coordinadora) – v. VALPUESTA FERNANDEZ, Maria Rosario (Coordinadora)

FERREIRA DE ALMEIDA, Carlos – Contratos I, 4ª edição, Almedina, Coimbra, 2008

— Contratos I, 5ª edição, Almedina, Coimbra, 2013

— Contratos V, Almedina, Coimbra, 2017

FERRER CORREIA, A. – Erro e Interpretação na Teoria do Negócio Jurídico, 3ª Tiragem, Livraria Almedina, Coimbra, 1985

Fichtner Pereira, Regis – A responsabilidade civil pré-contratual, Renovar, Rio de Janeiro-São Paulo, 2001

Fine, Edith e Friederich Kessler – V. Kessler, Friederich e Edith Fine

Fior, Mirella Cristina – "A Responsabilidade Civil Pré-Contratual", in Revista da Faculdade de Direito da Faculdade de Humanidades e Direito da Universidade Metodista de São Paulo, Vol. 9, nº 9, 2012, pp. 127 e ss.

Flour, Jacques e Jean-Luc Aubert – Droit Civil. Les Obligations. 1. L'acte juridique, 7ème édition, Armand Colin, Paris, 1996

Frada, Manuel António de Castro Portugal Carneiro da – v. Carneiro da Frada, Manuel António de Castro Portugal

Fradera, Vera Jacob de – O Direito Privado brasileiro na visão de Clóvis do Couto e Silva, Livraria do Advogado Editora, Porto Alegre, 1997

— "Dano pré-contratual: uma análise comparativa a partir de três sistemas jurídicos, o continental europeu, o latino-americano e o americano do norte", in http://www2.senado.leg.br

— "O dever de informar do fabricante", in Revista dos Tribunais nº 656, São Paulo, Junho, 1990, pp. 53 e ss.

Freitas do Amaral, Diogo – Direito Administrativo, Volume II, edição policopiada, Lisboa, 1988

— Direito Administrativo, Volume II, edição policopiada, Lisboa, 1989

Fritz, Karina Nunes – "A responsabilidade pré-contratual por ruptura injustificada das negociações", in Revista dos Tribunais, Maio 2009, pp. 9 e ss., e in Civilistica, Ano 1, Número 2.2012, in http://civilistica.com

Galvão Telles, Inocêncio – Manual dos Contratos em geral, 4ª edição, Coimbra Editora, Coimbra, 2002

— "Culpa na formação do contrato", in O Direito, Ano 125º 1993 III-IV (Julho-Dezembro), pp. 333 e ss.

García Rubio, María Paz e Otero Crespo, Marta – La responsabilidade precontractual en el Derecho europeo, Barcelona, 2010

Geraldes, Sara – "A culpa do lesado", in O Direito, Ano 141º (2009), II, pp. 339 e ss.

Giorgio, Gianluca – Trattative e responsabilità precontrattuale nei rapporti di diritto amnistrativo, Maio, 2018, in https://www.diritto.it/trattative-responsabilita-precontrattuale-nei-rapporti-diritto-amministrativo/

Gomes, Orlando – "Responsabilidade pré-contratual", in Pareceres Inéditos, Edições Ciência Jurídica, Belo Horizonte, sem data

Gomes da Silva, Manuel – O Dever de Prestar e o Dever de Indemnizar, I, Lisboa, 1944

GOMES DA SILVA, Manuel e Rita Amaral Cabral – "Responsabilidade pré-contratual", in O Direito, Ano 127º, 1995, III-IV (Julho-Dezembro), pp. 439 e ss.

GORSKI, Gustav Penna – A economia da responsabilidade pré-contratual e contratual, Porto Alegre, 2005, in http://www.lume.ufrgs.br/

GONÇALVES, Luiz da Cunha – V. CUNHA GONÇALVES, Luiz

GONZÁLEZ, Clara I. Asúa – La culpa in contrahendo (Tratamiento en el derecho alemán y presencia en otros ordenamientos), Servicio Editorial Universidad del Pais Vasco, Bilbao, 1989

GOUVEIA, Jaime de – Da Responsabilidade Contratual, Edição do autor, Lisboa, 1932

GUERREIRO, José Alexandre Tavares – "A Boa-fé nas Negociações Preliminares", in Revista dos Tribunais, 100 anos – Doutrinas Essenciais, Responsabilidade Civil, Volume II, Direito de Obrigações (organização de Nelson Nery Junior e Rosa Maria de Andrade Nery), pp. 61 e ss.

GUERSONI, Angelo Junqueira – Boa-fé Objetiva no Direito Contratual do Código Civil Brasileiro, Curitiba, 2006

HORA NETO, João – "O princípio da boa-fé objetiva no Código de 2002", in Revista da Escola Superior da Magistratura de Sergipe. Aracaju: ESMESE/ /TJ, nº 2, 2002, pp. 228 e ss.

HÖRSTER, Heinrich Ewald – A Parte Geral do Código Civil Português. Teoria geral do Direito Civil, Almedina, Coimbra, 1992

ICHINO, Pietro – Il Contratto di Lavoro – VOL. III Sospensione, sciopero, riservatezza e segreto, potere disciplinare, cessazione del rapporto, gestione dei diritti, Giuffrè Editore, 30 Janeiro 2003

JORGE, Fernando Pessoa – v. PESSOA JORGE, Fernando

JUGLART, M. Michel – "L'obligation de renseignements dans les contrats", in Revue Trimestrielle de Droit Civil, Tome quarante-troisième, Année 1945, pp. 1 e ss.

JUNQUEIRA DE AZEVEDO, Antonio – Parecer – "Natureza jurídica da renúncia no quadro do negócio jurídico. A renúncia a direitos contratuais. Coligação por dependência entre a renúncia a direitos contratuais e o contrato fonte desses direitos", in Novos Estudos e Pareceres de Direito Privado, São Paulo, Editora Saraiva, 2009, pp. e ss.

— "Responsabilidade Pré-contratual no Código de Defesa do Consumidor: Estudo Comparativo com a Responsabilidade Pré-contratual no Direito Comum", in Revista de Direito do Consumidor, 18, Abril/Junho-1996, São Paulo, pp. 23 e ss.

— O princípio da boa-fé nos contratos, in www.cjf.jus.br/revista/numero9/artigo7.htm

— "Insuficiência, deficiências e desatualização do Projeto de Código Civil na questão da boa-fé objetiva nos contratos", in Revista Trimestral de Direito Civil, 2000, pp 3 e ss.

— "A Boa-Fé na Formação dos Contratos", in Revista do Direito do Consumidor, São Paulo, pp. 79 e ss.

KENNEDY, Duncan – "Form and Substance in Private Law Adjudication", in Harvard Law Review, Vol. 89, pp. 1685 e ss.

KESSLER, Friederich e Edith Fine – "Culpa in Contrahendo, Bargaining in Good Faith, and Freedom of Contract: A Comparative Study", in Harvard Law Review, Volume 77, January 1964, Number 3, pp. 401 e ss.

KIRCHHOFF, Priscila Novis – Responsabilidade pré-contratual, in http://www.migalhas.com.br/dePeso/16,MI192873,41046-Responsabilidade+precontratual

KOTTENHAGEN, R. J. P. – "From Freededom of Contract to Forcing Parties to Agreement", in From Freedom of Contract to Forcing Parties to Agreement. On the Consequences of Breaking Off Negotiations in different Legal Systems, 12 Ius Gentium, Journal of the University of Baltimore Center for International and Comparative Law 2006, pp. 61 e ss.

KUCHER, Alyona N. – "Pre-contractual Liability: Protecting the Rights of the Parties Engaged in Negotiations", May 2004, in centers.law.nyu.edu/jeanmonnet/archive/fellowsforum/Kucher-paper.rtf

LEITÃO, Luís Manuel Telles de Menezes – v. MENEZES LEITÃO, Luís Manuel Telles de

LETE DEL RÍO, José M. – Derecho de Obligaciones, Volumen II, Editorial Tecnos, Madrid, 1989

LIMA MARQUES, Cláudia e Antônio Herman V. Benjamin e Bruno Miragem – Comentários ao Códido de Defesa do Consumidor, 3ª edição revista, ampliada e actualizada, Editora Revista dos Tribunais, São Paulo, 2010

LIMA, Ricardo Sacramento – A Teoria do Risco do Desenvolvimento, in https://rsacramentolima.jusbrasil.com.br/artigos/327037801/a-teoria-do-risco-do-desenvolvimento

LÔBO, Paulo Luiz Netto – "A informação como direito fundamental do consumidor", in Revista do Direito do Consumidor, Volume 37, Janeiro/Março 2001, pp. 59 e ss.

LOURENÇO, Paula Meira – "Os deveres de informação no contrato de trabalho", in Revista de Direito e de Estudos Sociais, Ano XLIV (XVII da 2ª Série, nºs 1 e 2, Janeiro-Junho 2003), pp. 29 e ss.

MACNNEIL, Ian – "The New Social Contract: an inquiry into modern contractual relations, in New Haven, EUA, Yale University Press, 1980, pp. e ss.

MARTIN-LAVIGNE, Yann – "La rupture des pourparlers d'aqusition", *in* http://www.agorabiz.com/blog/article/la-rupture-des-pourparlers-dacquisition/86

MARTINEZ, Pedro Romano – v. ROMANO MARTINEZ, Pedro

MARTINS, Letícia – v. BASSO, Maristela e MARTINS, Letícia

MARTINS-COSTA, Judith – A Boa-Fé no Direito Privado, Revista dos Tribunais, São Paulo, 1999

— "O direito privado como um 'sistema em construção': as cláusulas gerais no Projeto do Código Civil Brasileiro", in http://www.ufrgs.br

MATOS, Filipe Miguel Cruz de Albuquerque – V. ALBUQUERQUE MATOS, Filipe Miguel Cruz de

MEDICUS, Dieter – "Culpa in contrahendo", in Rivista Critica del Diritto Privato, Anno II, n. 3, Settembre 1984, pp. 573 e ss.

MENDES, João de Castro – v. CASTRO MENDES, João de

MENEZES CORDEIRO, António – Tratado de Direito Civil I, 4ª edição, Almedina, Coimbra, 2012

— "A boa fé nos finais do século XX", in http://www.estig.ipbeja.pt

— "Dolo na conclusão do negócio. Culpa in contrahendo", in O Direito, Ano 125º, 1993 I-II (Janeiro-Junho), pp. 145 e ss.

MENEZES LEITÃO, Luís Manuel Telles de – "Negociações e responsabilidade pré-contratual nos contratos comerciais internacionais", in Revista da Ordem dos Advogados 60, 2000, pp. 49 e ss.

MESQUITA, M. Henrique – ANTUNES VARELA, João de Matos e PIRES DE LIMA, Fernando Andrade (com a colaboração de M. Henrique Mesquita)

MIRAGEM, Bruno – "Responsabilidade Pré-contratual da Administração e Proteção da Confiança no Direito Brasileiro", in Revista da Procuradoria-Geral do Estado, nº 58, Dez/2003, Porto Alegre, pp. 131 e ss.

— Curso de Direito do Consumidor, 4ª edição revista, atualizada e ampliada, São Paulo, Editora Revista dos Tribunais, 2013

— v. LIMA MARQUES, Cláudia e Antônio Herman V. Benjamin e Bruno Miragem

MONSALVE-CABALLERO, Vladimir – The Legal and Historical Panorama of Culpa in Contrahendo at Contractual Negotiations. An Approach from European and Latin American Law, in Revista de Derecho nº 39, Barranquilla, 2013, pp. 126 e ss.

MONSALVE-CABALLERO, Vladimir e Diana Paola RODADO-BARRETO, "La integración de la buena fe objetiva en la etapa de formación de los contratos de consumo", in Vniversitas Bogotá, nº 12, Janeiro-Junho 2011, pp. 483-518

MONTEIRO, Jorge Ferreira Sinde – v. SINDE MONTEIRO, Jorge Ferreira

MOREIRA DA SILVA, Eva Sónia – As Relações entre a Responsabilidade Pré-Contratual por Informações e os Vícios da Vontade (Erro e Dolo): O caso da Indução Negligente em Erro, Almedina, Coimbra, 2010

MOTA PINTO, Carlos Alberto da – "A responsabilidade pré-negocial pela não conclusão dos contratos", in Boletim da Faculdade de Direito (Suplemento XIV), Coimbra, 1966

— Cessão da Posição Contratual, Atlântida Editora, SARL, Coimbra, 1970

MOTA PINTO, Paulo – Nota introdutória a Culpa in Contrahendo *ou indemnização em contratos nulos ou não chegados à perfeição*, tradução de Paulo Mota Pinto, Almedina, Coimbra, 2008

— "Falta e vícios da vontade – o Código Civil e os regimes mais recentes", in Comemorações dos 35 Anos do Código Civil e dos 25 Anos da Reforma de 1977, Volume II, A Parte Geral do Código e a Teoria Geral do Direito Civil, Coimbra Editora, Coimbra, 2006, pp. 459 e ss.

— Interesse contratual negativo e interesse contratual positivo, Volume I, Coimbra Editora, Coimbra, 2008

— "Sobre a proibição do comportamento contraditório (Venire contra factum proprium) no direito civil", in Direito Civil. Estudos, Gestlegal, Coimbra, 2018, pp. 407 e ss.

MOURA, Renata Helena Paganoto – Responsabilidade Contratual, in http://mediacaoeadvocacia.com.br

MOURA VICENTE, Dário – "A Responsabilidade Pré-Contratual no Código Civil Brasileiro de 2002", in Revista CEJ, Brasília, nº 25, Abril/Junho 2004

— "Culpa na formação dos contratos", in Comemorações dos 35 Anos do Código Civil e dos 25 Anos da Reforma de 1977, Volume II, A Parte Geral do Código e a Teoria Geral do Direito Civil, Coimbra Editora, Coimbra, 2006, pp. 265 e ss.

MUNHOZ, Renata Domingues Balbino – "O princípio da boa-fé objetiva no novo Código Civil, in http://www.professorallan.com.br/UserFiles/Arquivo/Artigo/artigo o principio da boa fe objetiva no novo codigocivil.pdf

— A boa-fé objetiva nas fases contratuais, in http://www.justitia.com.br/artigos/7zz15z.pdf

NASCIMENTO, Paulo Fernando Modesto Sobral do – v. SOBRAL DO NASCIMENTO, Paulo Fernando Modesto

NETTO LÔBO, Paulo Luiz "A informação como direito fundamental do consumidor", in Revista de Direito do Consumidor, Volume 37, Jan./Março 2001, pp. 59 e ss.

NEVES, José Roberto de Castro – v. CASTRO NEVES, José Roberto de

NORONHA, Fernando – Direito das Obrigações, Volume I, 2ª edição revista e atualizada, Editora Saraiva, 2007

— Direito das Obrigações: fundamentos do direito das obrigações: introdução à responsabilidade civil, Volume I, São Paulo, Saraiva, 2003

NOVAES, Gretchen Lückeroth – "A boa-fé objetiva no direito civil", in http://jus.com.br/

OLIVEIRA, Marcos José de – Responsabilidade Civil Pré-contratual. Admissibilidade e Aplicabilidade no Direito Brasileiro, in http://tede.biblioteca.ucg.br

OLIVEIRA, Mário Esteves de – v. ESTEVES DE OLIVEIRA, Mário

OLIVEIRA, Nuno Manuel Pinto – v. PINTO OLIVEIRA, Nuno Manuel

OLIVEIRA, Ubirajara Mach de – "Princípios informadores do sistema de Direito Privado: a autonomia da vontade e a boa fé objetiva", in http://www.rkladvocacia.com/arquivos/artigos/art_srt_arquivo20090118234524.pdf

OTERO CRESPO, Marta – v. GARCÍA RUBIO, María Paz e Otero Crespo, Marta

PAIS DE VASCONCELOS, Pedro – Teoria Geral do Direito Civil, 5ª edição, Almedina, Coimbra, 2008

PAULINI, Umberto – V. FACHIN, Melina Giardi e Umberto Paulini

PEREIRA, Caio Mário da Silva – v. SILVA PEREIRA, Caio Mário da

PEREIRA, Regis Fichtner – v. FICHTNER PEREIRA, Regis

PESSOA JORGE, Fernando – Lições de Direito das Obrigações, 1º Volume, Edição da Associação Académica (Secção de Folhas), 1975-1976

— Ensaio sobre os pressupostos da responsabilidade civil" (Reimpressão), Coimbra, Almedina, 1995

PIGNATTA, Francisco Augusto – La Phase Précontractuelle sous l'Empire de la Convention de Vienne sur la Vente Internationale et des Droits Français et Brésilien, Julho 2008

PINTO, Carlos Alberto da Mota – V. MOTA PINTO, Carlos Alberto da

PINTO, Paulo Mota – MOTA PINTO, Paulo

PINTO OLIVEIRA, Nuno Manuel – "*Culpa in contrahendo.* Interesse contratual negativo e interesse contratual positivo – Ac. do STJ de 26.1.2006, Proc. 4063/05, anotado, in Cadernos de Direito Privado, nº 20 Outubro/Dezembro 2007, pp. 26 e ss.

PIRES DE LIMA, Fernando Andrade – v. ANTUNES VARELA, João de Matos e PIRES DE LIMA, Fernando Andrade (com a colaboração de M. Henrique Mesquita)

POLICARPO, Nathália Sant'Ana – O risco do desenvolvimento e a responsabilidade do fornecedor, in http://www.ambito-juridico.com.br/site/index.php/?n_link=revista_artigos_leitura&artigo_id=12402&revista_caderno=10

POPP, Carlyle – Responsabilidade Civil Pré-Negocial, 1ª edição, 5ª Tiragem, Juruá Editores, Curitiba, 2006

PRATA, Ana – Notas sobre Responsabilidade Pré-Contratual, reimpressão, Almedina, Coimbra, 2002

— O Contrato-Promessa e o seu Regime Civil, 2ª reimpressão da edição de 1994, Almedina, Coimbra, 2006

Princípios relativos aos Contratos Comerciais Internacionais, "versão provisória em língua portuguesa", Roma, 1995

QUIRINO, Matheus Adolfo Gomes – "Anotações acerca da Boa-Fé como Princípio de Direito Contratual no Estado Democrático de Direito", in DeJure – Revista Jurídica do Ministério Público de Minas Gerais, pp. 223 e ss.

REBELO DE SOUSA, Marcelo – Lições de Direito Administrativo I, Lisboa, 1994-1995

— "Responsabilidade pré-contratual – vertentes privatística e publicística", in O Direito, Ano 125º 1993 III-IV (Julho-Dezembro), pp. 383 e ss.

RIBEIRO DE FARIA, Jorge Leite Areias – Direito das Obrigações, Vol. I, Almedina, Coimbra, sem data

RODADO-BARRETO, Diana Paola – v. MONSALVE-CABALLERO, Vladimir e Diana Paola RODADO-BARRETO

RODRIGUES JUNIOR, Otavio Luiz – Distinção Sistemática e Autonomia Epistemológica do Direito Civil Contemporâneo em Face da Constituição e dos Direitos Fundamentais, Faculdade de Direito da Universidade de São Paulo, São Paulo, Maio de 2017

RODRIGUES, Silvio – Direito Civil, Volume 3, Dos contratos e das declarações unilaterais da vontade, 27ª edição revista, Editora Saraiva, 2000

RODRIGUES, Tainah Pereira – A cláusula geral da boa-fé (art. 51, IV do CDC) e sua aplicação no STJ, Brasília, 2009

ROMANO MARTINEZ, Pedro – Direito das Obrigações, Programa 2004/2005, Apontamentos, 2ª edição, com a colaboração de Pedro Ferreira Múrias e Pedro Paes de Vasconcelos, Lisboa, Associação Académica da Faculdade de Direito de Lisboa, 2004

ROPPO, Enzo – O Contrato, Livraria Almedina, Coimbra, 1988

ROSADO DE AGUIAR JÚNIOR, Ruy – "A boa-fé na relação de consumo", in Revista de Direito do Consumidor, nº 14, abr./jun. 1995, pp. 20 e ss.

SALEILLES, Raymond – "De la responsabilité précontractuelle. A propôs d'une étude nouvelle sur la matière", in Revue Trimestrielle de Droit Civil· Tome sixième-Année 1907, pp. 703 e ss.

SANTOS JÚNIOR, Eduardo – "Acordos intermédios: entre o início e o termo das negociações para a celebração de um contrato", in Revista da Ordem dos Advogados, Ano 57, Abril 1997, pp. 565 e ss.

SARLET. Ingo Wolfgang – "Direitos Fundamentais e Direito Privado: algumas considerações em torno da vinculação dos particulares aos direitos fundamentais", in A Constituição Concretizada, Livraria do Advogado, Porto Alegre, 2000, pp. 107 e ss.

SCHMIDT-SZALEWSKI, Joanna – "La période précontractuelle en doit Français, in Revue Internationale de Droit Comparé, 1990, Volume 4, pp. 545 e ss.

SCREIBER, Anderson – A Proibição de Comportamento Contraditório, 2ª edição revista e actualizada, Renovar, Rio de Janeiro, 2007

SCHWARTZ, Alan e Scott, Robert E. – "Precontractual Liability and Preliminary Agreements", Faculty Scholarschip Repository, in Harvard Law Review, Volume 120, January 2007, number 3, pp. 661 e ss.

SCOTT, Robert E. – v. SCHWARTZ, Alan e Scott, Robert E.

— Hoffman v. Red Owl Stores and the Myth of Precontractual Reliance, in http://moritzlaw.osu.edu/lawjournal/issues/volume68/number1/scott.pdf

SERRA, Adriano Paes da Silva Vaz – v. VAZ SERRA, Adriano Paes da Silva

SÉRVULO CORREIA, José Manuel – Legalidade e Autonomia Contratual nos Contratos Administrativos, Livraria Almedina, Coimbra, 1987

SILVA, Clóvis do Couto e – v. COUTO E SILVA, Clóvis do

SILVA, Eva Sónia Moreira da Silva – v. MOREIRA DA SILVA, Eva Sónia

SILVA, João Calvão da – v. CALVÃO DA SILVA, João

SILVA, Manuel Gomes da – v. GOMES DA SILVA, Manuel e Rita Amaral Cabral

SILVA, Thais Borges da – v. BORGES DA SILVA, Thais

SILVA PEREIRA, Caio Mário da – Responsabilidade Civil, 8ª edição revista, Rio de Janeiro, Editora Forense, 1998

— Responsabilidade Civil, 9ª edição, Rio de Janeiro, Editora Forense, 1999

SINDE MONTEIRO, Jorge Ferreira – Responsabilidade por Conselhos, Recomendações ou Informações, Almedina, Coimbra, 1989

SOARES, Paulo Brasil Dill e Andreza Aparecida Franco Câmara – "A quebra do contrato e do pré-contrato a partir da violação da boa fé objectiva", in Scientia Iuris, volume 15, nº 2, Dezembro 2011, pp. 9 e ss.

SOBRAL DO NASCIMENTO, Paulo Fernando Modesto – A Responsabilidade Pré-Contratual pela Ruptura das Negociações, in Estudos em Homenagem ao

Professor Doutor Inocêncio Galvão Telles, Volume IV, Almedina, Coimbra, 2003, pp. 179 e ss.

SODER, Rodrigo Magnos – Responsabilidade Pré-contratual no Código Civil Brasileiro: Apontamentos, in http://www.lex.com.br/doutrina 23891626_ RESPONSABILIDADE PRE-CONTRATUAL NO CODIGO CIVIL BRASILEIRO APONTAMENTOS.aspx

SOUSA, Marcelo Rebelo de – v. REBELO DE SOUSA, Marcelo

TADEU, Silney Alves – "A responsabilidade pela informação repassada a terceiros: comparações com o Código de Defesa do Consumidor", in Revista de Bioética 2007, Volume 15, Nº 2, pp. 186 e ss.

TARTUCE, Flávio – "O princípio da boa-fé objectiva em matéria contratual. Apontamentos em relação ao novo Código Civil e visão do Projeto nº 6.960/02", in http://www.flaviotartuce.adv.br/index2.php?sec=artigos

TELLES, Inocêncio Galvão – v. GALVÃO TELLES, Inocêncio

TEPEDINO, Gustavo – V. FACHIN, Melina Giardi e Umberto Paulini

USTÁRROZ, Daniel – Sobre a Responsabilidade Pré-negocial no Direito Brasileiro, in Revista Jurídica, Ano 55, Julho de 2007, nº 357, pp. 91 e ss.

VALPUESTA FERNANDEZ, Maria Rosario (Coordinadora) – Derecho de Obligationes y Contratos, 2ª. edição. Tirant lo Blanch, Valencia, 1995

VARELA, João de Matos Antunes – v. ANTUNES VARELA, João de Matos

VASCONCELOS, Pedro Pais de – v. PAIS DE VASCONCELOS, Pedro

VAZ SERRA, Adriano Paes da Silva – "Culpa do devedor ou do agente", in Boletim do Ministério da Justiça nº 68 – Julho – 1957, pp. 13 e ss.

— "Mora do devedor", in Boletim do Ministério da Justiça nº 48 – Maio –1955, pp. 5 e ss.

VENAZZI, Karen Fabricia – Responsabilidade Pré-Contratual. O dano extrapatrimonial e a expectativa de efetivação do contrato, Curitiba, 2011

VICENTE, Dário Moura – v. MOURA VICENTE, Dário

VISINTINI, Giovanna – Trattato dela responsabilità contrattuale, Volume I, Wolters Kluwer Italia, 2009

VON JHERING, Rudolf – Culpa in Contrahendo *ou indemnização em contratos nulos ou não chegados à perfeição*, tradução de Paulo Mota Pinto, Almedina, Coimbra, 2008

WHEAT Kay, Elaine Brohan, Claire Henderson e Graham Thornicroft – "Mental illness and the workplace: conceal or reveal?", in Journal of the Royal Society of Medicine, 2010, 103, pp. 83 e ss., in http://www.sapphire.iop.kcl.ac.uk/Publications/Wheat_2010_JRSM.pdf

ZEKOLL, Joachim & Herbert Bernestein – v. BERNSTEIN, Herbert & Joachim Zekoll

ZIMMERMANN, Fernando Henrique Guedes – "A Introdução da Boa-fé Objetiva nos Contratos sob a Égide do Novo Código Civil", in Jornal Síntese nº 97 – Março/2005, pp. 18 e 19

JURISPRUDÊNCIA PORTUGUESA

Acórdão do Supremo Tribunal de Justiça de 5 de Fevereiro de 1981, relator Sá Gomes

Acórdão do Supremo Tribunal de Justiça de 17 de Dezembro de 1985 (processo nº 072840), relator Senra Malgueiro

Acórdão do Supremo Tribunal de Justiça de 14 de Outubro de 1986 (processo nº 074022), relator Joaquim Figueiredo

Acórdão do Supremo Tribunal de Justiça de 3 de Outubro de 1989 (processo nº 075316), relator Ferreira Dias

Acórdão do Supremo Tribunal de Justiça português de 3 de Abril de 1990 (processo nº 080075), relator Santos Monteiro

Acórdão do Supremo Tribunal de Justiça de 9 de Julho de 1991 (processo nº 082163), relator Eduardo Martins

Acórdão do Supremo Tribunal de Justiça de 20 de Dezembro de 1992 (processo nº 084092), relator Folque Gouveia

Acórdão do Supremo Tribunal de Justiça de 13 de Janeiro de 1993, relator Ramiro Vidigal, in O Direito, Ano 125º, 1993, I-II (Janeiro-Junho), pp. 145 e ss.

Acórdão do Supremo Tribunal de Justiça de 9 de Fevereiro de 1993, in Boletim do Ministério da Justiça, nº 424, pp. 607 e ss.

Acórdão do Supremo Tribunal de Justiça de 9 de Setembro de 1993 (processo nº 082682), relator Sousa Macedo

Acórdão do Supremo Tribunal de Justiça de 26 de Abril de 1995 (processo nº 086417), relator Miguel Montenegro

Acórdão do Supremo Tribunal de Justiça de 5 de Março de 1996 (processo nº 087785), relator Ferreira da Silva

Acórdão do Supremo Tribunal de Justiça de 22 de Maio de 1996 (processo nº 004386), relator Loureiro Pipa

Acórdão do Supremo Tribunal de Justiça português de 22 de Janeiro de 1997 (processo nº 96B730), relator Nascimento Costa

Acórdão do Supremo Tribunal de Justiça de 11 de Novembro de 1997 (processo nº 97A557), relator Machado Soares

Acórdão do Supremo Tribunal de Justiça de 9 de Julho de 1998 (processo nº 98A516), relator Ferreira Ramos

Acórdão do Supremo Tribunal de Justiça de 9 de Julho de 1998 (processo 98B607), relator Lúcio Teixeira

Acórdão do Supremo Tribunal de Justiça de 15 de Dezembro de 1998, relator Noronha Nascimento

Acórdão do Supremo Tribunal de Justiça de 9 de Fevereiro de 1999 (processo nº 98A1238), relator Martins da Costa

Acórdão do Supremo Tribunal de Justiça de 16 de Março de 1999 (processo nº 99B136), relator Nascimento Costa

Acórdão do Supremo Tribunal de Justiça de 7 de Julho de 1999 (processo nº 99B552), relator Nascimento Costa

Acórdão do Supremo Tribunal de Justiça de 12 de Outubro de 1999 (processo nº 99A534), relator Ferreira Ramos

Acórdão do Supremo Tribunal de Justiça de 11 de Maio de 2000 (processo nº 00B268), relator Duarte Soares

Acórdão do Supremo Tribunal de Justiça de 11 de Maio de 2000 (processo nº 00B314), relator Sousa Inês

Acórdão do Supremo Tribunal de Justiça de 8 de Fevereiro de 2001 (processo nº 00A3812), relator Ribeiro Coelho

Acórdão do Supremo Tribunal de Justiça de 27 de Março de 2001 (processo nº 01A615), relator Lopes Pinto

Acórdão do Supremo Tribunal de Justiça de 5 de Fevereiro de 2002 (processo nº 01A3869), relator Garcia Marques

Acórdão do Supremo Tribunal de Justiça de 28 de Fevereiro de 2002 (processo nº 02B056), relator Joaquim de Matos

Acórdão do Supremo Tribunal de Justiça de 19 de Março de 2002 (processo 02A065), relator Garcia Marques

Acórdão do Supremo Tribunal de Justiça de 21 de Maio de 2002 (processo 02A999), relator Silva Paixão

Acórdão do Supremo Tribunal de Justiça de 8 de Outubro de 2002 (processo 02A2212), relator Lopes Pinto

Acórdão do Supremo Tribunal de Justiça de 14 de Janeiro de 2003 (processo 02A4257), relator Ponce de Leão

Acórdão do Supremo Tribunal de Justiça de 23 de Janeiro de 2003 (processo nº 02B4242), relator Neves Ribeiro

Acórdão do Supremo Tribunal de Justiça de 28 de Janeiro de 2003 (processo nº 02^{A}3541), relator Pinto Monteiro

Acórdão do Supremo Tribunal de Justiça de 13 de Maio de 2003 (processo nº 03^{A}878), relator Moreira Alves

Acórdão do Supremo Tribunal de Justiça de 22 de Maio de 2003 (processo nº 03B1334), relator Salvador da Costa

Acórdão do Supremo Tribunal de Justiça de 3 de Julho de 2003 (processo nº 03B1589), relator Ferreira Girão

Acórdão do Supremo Tribunal de Justiça de 15 de Janeiro de 2004 (processo nº 03B3834), relator Ferreira Girão

Acórdão do Supremo Tribunal de Justiça de 20 de Janeiro de 2004 (processo nº 03S3474), relator Fernandes Cadilha

Acórdão do Supremo Tribunal de Justiça de 29 de Janeiro de 2004 (processo nº 03B4187), relator Ferreira de Almeida

Acórdão do Supremo Tribunal de Justiça de 25 de Março de 2004 (processo nº 04^{A}968), relator Lopes Pinto

Acórdão do Supremo Tribunal de Justiça de 13 de Maio de 2004 (processo nº 04B1324), relator Araújo Barros

Acórdão do Supremo Tribunal de Justiça de 31 de Maio de 2004 (processo nº 04B4349), relator Ferreira de Almeida

Acórdão do Supremo Tribunal de Justiça de 12 de Outubro de 2004 (processo nº 05B687), relator Neves Ribeiro

Acórdão do Supremo Tribunal de Justiça de 26 de Outubro de 2004 (processo nº 04^{A}2983), relator Lopes Pinto

Acórdão do Supremo Tribunal de Justiça de 9 de Novembro de 2004 (processo 04^{A}3348), relator Faria Antunes

Acórdão do Supremo Tribunal de Justiça de 18 de Novembro de 2004 (processo nº 04B2992), relator Ferreira Girão

Acórdão do Tribunal da Relação de Lisboa de 13 de Janeiro de 2005 (processo nº 7480/2004-6), relator Aguiar Pereira

Acórdão do Supremo Tribunal de Justiça de 21 de Abril de 2005 (processo nº 05B490), relator Oliveira Barros

Acórdão do Tribunal da Relação de Lisboa de 21 de Abril de 2005 (processo nº 2219/2004-6), relatora Manuela Gomes

Acórdão do Supremo Tribunal de Justiça de 27 de Abril de 2005 (processo nº 05B687), relator Neves Ribeiro

Acórdão do Tribunal da Relação de Lisboa de 10 de Novembro de 2005 (processo nº 3876/2005-6), relator Aguiar Pereira

Acórdão do Supremo Tribunal de Justiça de 21 de Dezembro de 2005 (processo nº 05B2354), relator Lucas Coelho

Acórdão do Supremo Tribunal de Justiça de 26 de Janeiro de 2006 (processo nº 05B4063), relator Oliveira Barros

Acórdão do Supremo Tribunal de Justiça de 9 de Março de 2006 (processo nº 06B066), relator Pereira da Silva

Acórdão do Tribunal da Relação de Lisboa de 9 de Março de 2006 (processo nº 659/2006-6), relator Carlos Valverde

Acórdão do Supremo Tribunal de Justiça de 4 de Abril de 2006 (processo nº 06^{A}222), relator Nuno Cameira

Acórdão do Supremo Tribunal de Justiça de 18 de Abril de 2006 (processo nº 06^{A}818), relator Sebastião Póvoas

Acórdão do Tribunal da Relação de Lisboa de 21 de Abril de 2006 (processo nº 2219/2004-6), relatora Manuela Gomes

Acórdão do Supremo Tribunal de Justiça de 1 de Junho de 2006 (processo nº 4021/2006-6), relator Granja da Fonseca

Acórdão do Tribunal da Relação de Lisboa de 12 de Julho de 2006 (processo nº 6361/2006-8), relator Ilídio Sacarrão Martins

Acórdão do Tribunal da Relação de Lisboa de 26 de Setembro de 2006 (processo nº 2519/2006-7), relator Luís Espírito Santo

Acórdão do Supremo Tribunal de Justiça de 28 de Setembro de 2006 (processo nº 06B2997), relator Salvador da Costa

Acórdão do Tribunal da Relação de Lisboa de 28 de Novembro de 2006 (processo nº 7390/2006-1), relator Rijo Ferreira

Acórdão do Supremo Tribunal de Justiça de 11 de Janeiro de 2007 (processo nº 06B4223), relator Custódio Montes

Acórdão do Supremo Tribunal de Justiça de 8 de Março de 2007 (processo nº 07B131), relator Custódio Montes

Acórdão do Supremo Tribunal de Justiça de 13 de Março de 2007 (processo nº 07^{A}402), relator Sebastião Póvoas

Acórdão do Supremo Tribunal de Justiça de 29 de Março de 2007 (processo nº 07B764), relator Salvador da Costa

Acórdão do Supremo Tribunal de Justiça de 24 de Maio de 2007 (processo nº 07^{A}1337), relator Sebastião Povoas

Acórdão do Supremo Tribunal de Justiça de 21 de Junho de 2007 (processo nº 07B1815), relator Salvador da Costa

Acórdão do Tribunal da Relação de Lisboa de 12 de Julho de 2007 (processo nº 5170/2007-7), relatora Dina Monteiro

Acórdão do Supremo Tribunal de Justiça de 11 de Setembro de 2007 (processo nº 07A2402), relator Fonseca Ramos

Acórdão do Tribunal da Relação de Lisboa de 13 de Setembro de 2007 (processo nº 10766/2006-1), relator Rui Vouga

Acórdão do Supremo Tribunal de Justiça de 25 de Setembro de 2007 (processo nº 07A2385), relator Nuno Cameira

Acórdão do Supremo Tribunal de Justiça de 3 de Abril de 2008 (processo nº 07B4498), relator Santos Bernardino

Acórdão do Supremo Tribunal de Justiça de 8 de Abril de 2008 (processo nº 07A381), relator Alves Velho

Acórdão do Supremo Tribunal de Justiça de 20 de Maio de 2008 (processo nº 08A1253), relator Fonseca Ramos

Acórdão do Supremo Tribunal de Justiça de 5 de Junho de 2008 (processo nº 08B1355), relator Oliveira Rocha

Acórdão do Supremo Tribunal de Justiça de 10 de Julho de 2008 (processo nº 08B2174), relator Salvador da Costa

Acórdão do Tribunal da Relação de Lisboa de 7 de Agosto de 2008 (processo nº 1536/2008-1), relator Rui Vouga

Acórdão do Supremo Tribunal de Justiça de 16 de Setembro de 2008 (processo nº 08A2265), relator Fonseca Ramos

Acórdão do Supremo Tribunal de Justiça de 7 de Outubro de 2008 (processo nº 08B1355), relator Salvador da Costa

Acórdão do Supremo Tribunal de Justiça de 23 de Outubro de 2008 (processo nº 08B2943), relator João Bernardo

Acórdão do Supremo Tribunal de Justiça de 30 de Outubro de 2008 (processo nº 08B2741), relatora Maria dos Prazeres Pizarro Beleza

Acórdão do Supremo Tribunal de Justiça de 25 de Novembro de 2008 (processo nº 08P3428), relator João Camilo

Acórdão do Supremo Tribunal de Justiça de 18 de Dezembro de 2008 (processo nº 08B3307), relator Bettencourt de Faria

Acórdão do Supremo Tribunal de Justiça de 8 de Janeiro de 2009 (processo nº 08B2772), relator Oliveira Rocha

Acórdão do Supremo Tribunal de Justiça de 22 de Janeiro de 2009 (processo nº 08B3301), relator Santos Bernardino

Acórdão do Supremo Tribunal de Justiça de 12 de Fevereiro de 2009 (processo nº 08A2605), relator Moreira Alves

Acórdão do Supremo Tribunal de Justiça de 12 de Fevereiro de 2009 (processo nº 09A0078), relator Paulo Sá

Acórdão do Supremo Tribunal de Justiça de 12 de Março de 2009 (processo nº 08B0532), relator Salvador da Costa

Acórdão do Supremo Tribunal de Justiça de 28 de Abril de 2009 (processo nº 09A0457), relator Azevedo Ramos

Acórdão do Supremo Tribunal de Justiça de 7 de Julho de 2009 (processo nº 5728/1992.S1), relator Sebastião Povoas

Acórdão do Supremo Tribunal de Justiça de 14 de Julho de 2009 (processo nº 370/09.5YFLSB), relator Paulo Sá

Acórdão do Supremo Tribunal de Justiça de 8 de Setembro de 2009 (processo nº 456/09.6YFLSB), relator Urbano Dias

Acórdão do Supremo Tribunal de Justiça de 10 de Dezembro de 2009 (processo nº 3795/04.9TVLSB.S1), relator Salazar Casanova

Acórdão do Supremo Tribunal de Justiça de 4 de Fevereiro de 2010 (processo nº 09B0263), relatora Maria dos Prazeres Pizarro Beleza

Acórdão do Supremo Tribunal de Justiça de 21 de Abril de 2010 (processo nº3988/05.1TTLSB.S1), relator Bravo Serra

Acórdão do Supremo Tribunal de Justiça de 19 de Maio de 2010 (processo nº 369/05.0TBGLG.E1.S1), relator Fonseca Ramos

Acórdão do Supremo Tribunal de Justiça de 25 de Maio de 2010 (processo nº 9934/03.0TVLSB.L1.S1), relator Helder Roque

Acórdão do Supremo Tribunal de Justiça de 14 de Julho de 2010 (processo nº 3684/05.0TVLSB.L1.S1), relator Serra Baptista

Acórdão do Supremo Tribunal de Justiça de 19 de Outubro de 2010 (processo nº 155/2002.L1.S1), relator Salazar Casanova

Acórdão do Supremo Tribunal de Justiça de 16 de Dezembro de 2010 (processo nº 44/07.1TBGDL.E1.S1), relator Silva Salazar

Acórdão do Supremo Tribunal de Justiça de 16 de Dezembro de 2010 (processo nº 1212/06.9TBCHV.P1.S1), relator Fonseca Ramos

Acórdão do Supremo Tribunal de Justiça de 31 de Março de 2011 (processo nº 3682/05.3TVSLB.L1.S1), relator Fernando Bento

Acórdão do Supremo Tribunal de Justiça de 31 de Março de 2011 (processo nº 4004/03.3TJVNF.P1.S1), relator Sérgio Poças

Acórdão do Supremo Tribunal de Justiça de 12 de Maio de 2011 (processo nº 1593.08.0TJLSB.LL. S1), relator Silva Gonçalves

Acórdão do Supremo Tribunal de Justiça de 30 de Junho de 2011 (processo nº 1440/07.0TVLSB.L1.S1), relator Orlando Afonso

Acórdão do Supremo Tribunal de Justiça de 27 de Outubro de 2011 (processo nº 6152/03.0TVLSB.S1), relator Gregório Silva Jesus

Acórdão do Supremo Tribunal de Justiça de 27 de Outubro de 2011 (processo nº 2279/07.8TBOVR.C1.S1), relator Oliveira Vasconcelos

Acórdão do Supremo Tribunal de Justiça de 24 de Janeiro de 2012 (processo nº 239/07.8TBSTS.P1.S1), relator Gregório Silva Jesus

Acórdão do Supremo Tribunal de Justiça de 23 de Fevereiro de 2012 (processo nº 1674/07.7TVLSB.P1.S1), relator Távora Vítor

Acórdão do Supremo Tribunal de Justiça de 10 de Julho de 2012 (processo nº 3113/06. 1TVLSB. L1.S1), relator Abrantes Geraldes

Acórdão do Supremo Tribunal de Justiça de 25 de Outubro de 2012 (processo nº 2625/09.0TVLSB.L1. S1), relator Bettencourt de Faria

Acórdão do Supremo Tribunal de Justiça de 6 de Novembro de 2012 (processo nº 4068/06.8TBCSC.L1.S1) relator Nuno Cameira

Acórdão do Supremo Tribunal de Justiça de 18 de Dezembro de 2012 (processo nº 1610/07.0TMSNT.L1.S1), relator António Joaquim Piçarra

Acórdão do Supremo Tribunal de Justiça de 21 de Março de 2013 (processo nº 6805/03.3TBCSC.S1), relator Gabriel Catarino

Acórdão do Supremo Tribunal de Justiça de 25 de Junho de 2013 (processo nº 2449/10.1TBAMT-A.P.S1), relator Fernandes do Vale

Acórdão do Supremo Tribunal de Justiça de 4 de Julho de 2013 (processo nº 2625/09.0TVLSB.L1.S1-A), relator Bettencourt de Faria

Acórdão do Supremo Tribunal de Justiça de 11 de Julho de 2013 (processo nº 5523/05.2TVLSB.L1.S1), relator Gregório Silva Jesus

Acórdão do Supremo Tribunal de Justiça de 11 de Fevereiro de 2014, (processo nº 6723/09.1TVLSB.L1.S1), relatora Maria Clara Sottomayor

Acórdão do Supremo Tribunal de Justiça de 25 de Fevereiro de 2014, processo nº 287/10.0 TBMIR. S1), relatora Maria Clara Sottomayor

Acórdão do Supremo Tribunal de Justiça de 24 de Junho de 2014, processo nº 4806/07.1TVLSB.L1.S1), relatora Ana Paula Boularot

Acórdão do Supremo Tribunal de Justiça de 2 de Agosto de 2014, processo nº 934/11.7TBOAZ.S1), relator Pinto de Almeida

Acórdão do Supremo Tribunal de Justiça de 26 de Fevereiro de 2015, processo nº 4313/08.5TBSTB.L1.S1), relator Granja da Fonseca

Acórdão do Supremo Tribunal de Justiça de 28 de Maio de 2015, processo nº 1340/08.6TBFIG.C1.S1), relator Lopes do Rego

Acórdão do Supremo Tribunal de Justiça de 3 de Novembro de 2015, processo nº 784/03.4TBTM-AR.C1.S1), relator Pinto de Almeida

Acórdão do Supremo Tribunal de Justiça de 5 de Maio de 2016 (processo nº 8013/10.8TBBRG.G2.S1), relator Gabriel Catarino

Acórdão do Supremo Tribunal de Justiça de 23 de Junho de 2016 (processo nº 3426/03.4TBMAI.P1.S1), relator Lopes do Rego
Acórdão do Supremo Tribunal de Justiça de 8 de Setembro de 2016 (processo nº 21769/10.9T2SNT.L1.S1), relator Lopes do Rego
Acórdão do Supremo Tribunal de Justiça de 11 de Janeiro de 2017 (processo nº 2644/13.1TJVNF.G1.S1), relator Alexandre Reis
Acórdão do Supremo Tribunal de Justiça de 5 de Abril de 2017 (processo nº 75193/05.0YYLSB-A.L1.S1), relator Sebastião Póvoas
Acórdão do Supremo Tribunal de Justiça de 6 de Abril de 2017 (processo nº 1046/13.4TBVCD.P1.S1), relator Olindo Geraldes
Acórdão do Supremo Tribunal de Justiça de 27 de Abril de 2017 (processo nº 4154/15.3TBLSB.L1.S1), relator Abrantes Geraldes
Acórdão do Supremo Tribunal de Justiça de 14 de Setembro de 2017 (processo nº 2568/13.2T2AVR.P1.S1), relator Tomé Gomes
Acórdão do Supremo Tribunal de Justiça de 20 de Dezembro de 2017 (processo nº 1299/11.2TBPVZ.P1.S1), relatora Maria da Graça Trigo
Acórdão do Supremo Tribunal Administrativo de 13 de Março de 2001, relator Pires Esteves
Acórdão do Supremo Tribunal Administrativo de 16 de Maio de 2001 (processo nº 046227), relator Simões de Oliveira
Acórdão do Supremo Tribunal Administrativo de 31 de Maio de 2001 (processo nº 046919), relator João Cordeiro
Acórdão do Supremo Tribunal Administrativo de 23 de Outubro de 2003 (processo nº 01527/02), relator São Pedro
Acórdão do Supremo Tribunal Administrativo de 12 de Fevereiro de 2009, relator Rui Botelho
Acórdão do Supremo Tribunal Administrativo de 10 de Setembro de 2009 (processo nº 0299/09), relator Rui Botelho
Acórdão do Supremo Tribunal Administrativo de 7 de Outubro de 2009, relator João Belchior
Acórdão da 1ª secção do Tribunal Central Administrativo Sul de 30 de Junho de 2011, relatora Teresa de Sousa
Acórdão do Supremo Tribunal Administrativo de 20 de Junho de 2013 (processo nº 01360/12), relator Costa Reis
Acórdão do Supremo Tribunal Administrativo de 31 de Outubro de 2013, relator São Pedro
Acórdão do Supremo Tribunal Administrativo de 15 de Abril de 2014 (processo nº 01403/12), relator Vítor Gomes

JURISPRUDÊNCIA BRASILEIRA

Acórdão do Tribunal Regional do Trabalho do Maranhão, 1ª Turma (RO 0113500-78.2010.5.16.0016)

Acórdão do Tribunal Regional do Trabalho do Maranhão, 1ª Turma (RO 0004100-95.2011.5.16.0016)

Acórdão do Tribunal Regional do Trabalho do Maranhão, 2ª Turma (RO 020120 0-62.2009.5.16.0005)

Acórdão do Tribunal Regional do Trabalho do Maranhão, 1ª Turma (RO 1 0000515-42.2011.5.0071)

Acórdão do Tribunal Regional do Trabalho de Mato Grosso do Sul, 2ª Turma (RO. 1 0001435-95.2012.5.24.0001)

Acórdão do Tribunal Regional do Trabalho de Pará e Amapá, 1ª Turma (RO 0001396-70.2011.5.08.0004)

Acórdão do Tribunal Regional do Trabalho de Pará e Amapá, 3ª Turma (RO 0000469-49.2012.5.08.0205)

Acórdão do Tribunal Regional do Trabalho de Pará e Amapá, 2ª Turma – RO 0001244-80.2011.5.08.0114

Acórdão do Tribunal de Justiça do Distrito Federal e dos Territórios, 6ª Turma Cível, (Processo nº 20070110517926)

Acórdão nº 246986 do Tribunal de Justiça do Distrito Federal e dos Territórios, 2ª Turma Recursal dos Juizados Especiais Cíveis e Criminais do DF

Acórdão nº 293449 do Tribunal de Justiça do Distrito Federal e dos Territórios, 2ª Turma Recursal dos Juizados Especiais Cíveis e Criminais do DF (processo nº 20070710055819acj)

Acórdão do Supremo Tribunal de Justiça de 17 de Fevereiro de 2000, 4ª turma, relator Barros Monteiro

Acórdão do Supremo Tribunal de Justiça de 12 de Junho de 2001, relator Ari Pargendler

Acórdão do Supremo Tribunal de Justiça de 2 de Agosto de 2001, relator Sálvio Figueiredo

Acórdão do Supremo Tribunal de Justiça de 15 de Outubro de 2004, 1ª Turma, relator Francisco Wildo

Acórdão do Supremo Tribunal de Justiça de 11 de Novembro de 2004, 3ª Turma

Acórdão do Supremo Tribunal de Justiça de 17 de Fevereiro de 2005, 3ª Turma, relator Antônio de Pádua Ribeiro

Acórdão do Supremo Tribunal de Justiça de 24 de Abril de 2007, 3ª Turma, relator Ari Pargendler

Acórdão do Supremo Tribunal de Justiça de 29 de Outubro de 2007, 1ª Turma, relator José Delgado

Acórdão do Supremo Tribunal de Justiça de 1 de Agosto de 2007, 3ª Turma

Acórdão do Supremo Tribunal de Justiça de 21 de Agosto de 2008, 3ª Turma, relator Humberto Gomes de Barros

Acórdão do Tribunal Regional do Trabalho, 3ª Turma, de 8 de Setembro de 2010

Acórdão do Tribunal Regional do Trabalho, 2ª Turma, de 26 de Janeiro de 2011

Acórdão do Tribunal Regional do Trabalho de Santa Catarina, 2ª Turma, de 1 de Agosto de 2011

Acórdão do Tribunal Superior do Trabalho, 1ª Turma, de 3 de Agosto de 2011 (processo nº NÂ Ag-AIRR-311500-79.2009.5.09.0654)

Acórdão do Supremo Tribunal de Justiça de 18 de Agosto de 2011, 3ª Turma, relator Massami Uyeda

Acórdão do TJ-SP, 4ª Câmara de Direito Privado, de 20 de Setembro de 2011, relator Francisco Loureiro

Acórdão do Supremo Tribunal de Justiça de 21 de Fevereiro de 2012, 4ª Turma, relator Sálvio Figueiredo

Acórdão do Supremo Tribunal de Justiça de 16 de Outubro de 2012, relator Ruy Rosado de Aguiar

Acórdão do Supremo Tribunal de Justiça de 27 de Fevereiro de 2013, 3ª Turma, relator Ricardo Villas Bôas Cueva

Acórdão do TJ-SP, 33ª Câmara de Direito Privado, de 21 de Outubro de 2013, relator Hamid Bdine

Acórdão do Supremo Tribunal de Justiça de 10 de Março de 2017, 3ª Turma, relator Paulo de Tarso Sanseverino

Acórdão do TJ-SP, 6ª Câmara de Direito Privado, de 11 de Março de 2015, relator Francisco Loureiro

Acórdão do TJ-PR-APL 12593594 P 1259359-4, de 12 de Março de 2015, relatora Lilian Romero

Acórdão do TJ-SP-APL 0030835-03.2012.8.26.0114, de 9 de Junho de 2015, 10ª Câmara de Direito Privado, relator J. B. Paula Lima

Acórdão do TJ-PR-APL 0037408-65.2012.8.26.0564, de 16 de Setembro de 2015, relator Alexandre Coelho

Acórdão do TJ-PR-APL 0143628-24.2012.8.26.0100, de 1 de Fevereiro de 2016, 20ª Câmara de Direito Privado, relator Luis Carlos de Barros

Acórdão do TJ-PR-APL 1050173-51.2013.8.26.0100, de 22 de Fevereiro de 2016, 33ª Câmara de Direito Privado, relator Sá Moreira de Oliveira

Acórdão do TJ-PR-APL 4000012-59.2013.8.26.0011, de 22 de Fevereiro de 2016, 33ª Câmara de Direito Privado, relator Francisco Loureiro

Acórdão do TJ-PR, de 14 de Abril de 2016, 18ª Câmara Cível, relator Heleno Tregnago Saraiva

Acórdão do TJ-PR-APL 0112743-61.2011.8.26.0100, de 10 de Maio de 2016, 1ª Câmara de Direito Privado, relator Francisco Loureiro

Acórdão do TJ-PR, de 16 de Junho de 2016, 3ª Câmara de Direito Privado, relatora Marcia Dalla Déa Barone

Acórdão do TJ-PR, de 30 de Junho de 2016, 1ª Turma Recursal da Fazenda Pública dos Juizados Especiais, relatora Thais Coutinho de Oliveira

Acórdão do TJ-RGS de 31 de Agosto de 2016, 5ª Câmara Cível, Apl nº 70059638981, relatora Maria Cláudia Mércio Cachapuz

Acórdão do TJ-RGS de 31 de Agosto de 2016, 5ª Câmara Cível, Apl nº 70049657893, relatora Maria Cláudia Mércio Cachapuz

Acórdão do TJ-PR-APL 0006073-91.2013.8.26.0564, de 9 de Novembro de 2016, relator Alexandre Coelho

Acórdão do TJ-PR-APL 1005560-41.2016.8.26.0002., 36ª Câmara de Direito Privado, de 8 de Fevereiro de 2017, relator Milton de Carvalho

Acórdão do Supremo Tribunal de Justiça de 27 de Abril de 2017, 4ª Turma, relator Luis Felipe Salomão

Acórdão do TJ-RGS de 5 de Maio de 2017, 4ª Turma Recursal Cível dos Juizados Especiais Cíveis, relatora Glaucia Dipp Dreher

Acórdão do Supremo Tribunal de Justiça de 8 de Agosto de 2017, 4ª Turma, relator Luis Felipe Salomão

Acórdão do TJ-RGS de 26 de Julho de 2017, 9ª Câmara Cível, Apl nº 70068354216, relator Túlio de Oliveira Martins

Acórdão do TJ-RGS de 26 de Julho de 2017, 9ª Câmara Cível, Apl nº 70069100501, relator Túlio de Oliveira Martins

Acórdão do TJ-RGS de 26 de Outubro de 2017, 6ª Câmara Cível, relator Ney Wiedemann Neto

Acórdão do TJ-RGS de 22 de Fevereiro de 2018, 6ª Câmara Cível, relatora Elisa Carpim Corrêa

Acórdão do TJ-SP, APL 1011950-34.2015.8.26.0011, de 1 de Março de 2018, 25ª Câmara da Seção de Direito Privado, relator Edgard Rosa

Acórdão do TJ-SP, APL 0000320-86.2013.8.26.0069,de 13 de Março de 2018, 3ª Câmara de Direito Privado, relatora Marcia Dalla Déa Barone

Acórdão do TJ-RGS de 22 de Março de 2018, 10ª Câmara Cível, relator Jorge Alberto Schreiner Pestana

Acórdão do TJ-RGS de 27 de Março de 2018, 1ª Turma Recursal Cível dos Juizados Especiais Cíveis, relatora Mara Lúcia Coccaro Martins-Facchini

Acórdão do TJ-RGS de 29 de Março de 2018, 6ª Câmara Cível, relator Ney Wiedemann Neto

Acórdão do TJ-RGS de 24 de Maio de 2018, 6ª Câmara Cível, relator Ney Wiedemann Neto

ÍNDICE